서울대학교 아시아태평양법 총서 5

중국법의 새로운 변화

강광문 편저

집필

강광문 김영미 김혜숙

민수현 이 연 임춘광

장지화 장혜진 황리나

박영사

머리말

중국은 2012년 시진핑 체제가 들어선 이후 다시 큰 변화를 겪고 있다. 이 같은 변화는 시진핑 국가주석이 두 번째 임기를 시작한 2018년 전후로 더욱 명확히 나타났다. 이 시기 중국공산당과 정부가 추진한 일련의 정책은 중국의 법제와 사법제도의 발전에도 큰 영향을 미치게 된다. 이른바 사회주의 법제건설은 시진핑이 주창한 여러 가지 이념을 반영함으로써 새로운 방향으로 전개되고 있다.

이 책은 그동안 새롭게 개정된 중국의 주요 법률들을 소개하고 중국법의 변화를 엿볼 수 있도록 마련되었다. 2018년 이후 개정된 중국법의 구체적인 내용은 본문 각 장에 자세히 기술되었으므로 여기서 생략하고, 이하에서는 최근 중국의 입법 활동 과정에서 눈에 띄는 몇 가지 변화에 대해 간단히 살펴본다.

첫째, 각종 입법의 배경 설명뿐만 아니라 법률 조문에도 법과 법치에 대한 시진핑의 생각들이 언급되고 이른바 시진핑법치사상의 지도하에서 입법과 법치를 추진해 가야 한다는 점이 강조되었다. 시진핑의 법치사상은 현재 중국공산당과 정부 문헌에서 자주 이용되는 다음의 구절에서 집중적으로 드러난다. “법률은 치국의 중기(重器)이고 양법은 선치(善治)의 전제이다”. 즉 사회주의 현대화국가 건설 나아가 중화민족의 부흥은 좋은 법이 필요하고 법을 가장 중요한 수단으로 삼아야 한다. 법과 법치에 대한 중국의 전통적인 도구주의 이해가 재차 강조된 것이다.

둘째, 입법에 대한 공산당 영도를 강화하고 법률의 내용에 도덕과 사회주의 가치관이 반영되어야 한다는 것이다. 1978년 이후 제정된 중국의 각종 법률 중 헌법을 제외하고는 중국공산당 또는 공산당의 영도를 직접 언급한 경우는 흔치 않았으나 최근에 개정된 법률에는 관련 내용이 추가되고 있다. 예컨대 2023년에 개정된 행정심판법에서는 "행정심판업무는 중국공산당의 영도를 견지한다"라는 문구가 새롭게 삽입되었다(제3조). 또한 각종 법률의 제정은 의법치국과 함께 이덕치국(以德治国)을 결합시켜야 하고 사회주의 가치관을 창도하고 선양하여야 한다는 점도 언급되고 있다. 이처럼 위의 법의 도구화와 더불어 법의 정치화 및 법과 도덕의 결합이 강조되므로, 이는 향후 중국에서 상대적으로 자율적인 법 제정과 법 시행이 쉽지 않을 것임을 시사한다.

마지막으로, 입법과 법은 중국사회의 개혁과 발전의 수요에 적응하여야 하고 그러한 개혁과 발전의 순조로운 진행을 뒷받침하여야 한다. 이를 위해서는 필요한 법을 적시에 제정, 개정해야 하고 상황에 따라 일부 지역에서 또는 일정 기간 법의 시행을 정지 및 변경할 수도 있어야 한다. 현재 중국공산당과 정부는 특히 '중점영역, 신흥영역, 외국과의 관계 영역'에서의 입법을 강조하고 관련 법률의 제정을 서두르고 있다. 2018년 이후 제정된 수출통제법, 생물안전법, 반외국제제법(反外国制裁法), 개인정보보호법, 대외관계법 및 식량안보법 등 법률이 대표적이다. 최근 격변하는 국제정세와 기술 발전의 배경하에서 법의 제정을 통해 국가이익을 보호하고 외국과의 무역전쟁을 대비해야 한다는 점이 특별히 강조되고 있다. 법의 도구화를 넘어서 법의 무기화로 전개되는 것이다.

이하 본문의 내용은 헌법, 입법법, 행정법 각 법률, 형법, 형사소송법, 민사소송법, 회사법, 지식재산권법 및 환경법 순으로 구성되었다. 민법의 경우, 사회주의 중국의 첫 민법전이 2020년에 통과되어 2021년 1월 1일부터 시행되었으나 관련 입법 과정과 내용에 관해서는 전에 출간된 서울대학교 아시아태평양법 총서 4 『중국법 강의』(박영사, 2022년, 제6장)에서 자세히 기술되어 있으므로 이 책에서는 생략하였다.

본문의 내용과 더불어 책의 부록으로 〈중국의 법률제정 · 개정 연표〉 및 주요 법률의 〈신구조문 대비표〉를 차례로 소개하였다. 이 대비표에서는 개정 전후의 조문을 전부 한국어로 번역하고 개정된 부분을 표기해둠으로써 각 법률 내용의 변화를 쉽게 알아볼 수 있도록 하였다.

이 책은 서울대학교 아시아태평양법 총서 제5권으로 기획·출간되었다. 책 집필에 참여한 저자 여러분과 서울대학교 아시아태평양법연구소 관계자 여러분께 감사드린다. 또한 책 출간을 위해 수고해주신 박영사 조성호 이사님, 편집과 교정을 맡아주신 이승현 차장님께 감사의 말씀을 전한다.

2025년 4월 30일

집필자를 대표하여

강 광 문

주요차례

세부차례

제1장 중국 헌법의 개정과 변화

제2장 중국 입법법의 개정과 변화

제3장 중국 행정법 각 법률의 개정과 변화

제4장 중국 형법의 개정과 변화

제5장 중국 형사소송법의 개정과 변화

제6장 중국 민사소송법의 개정과 변화

제7장 중국 회사법의 개정과 변화

제8장 중국 지식재산권 법제의 개정과 변화

제9장 중국 환경법의 변화와 현황

부록

제 1 장

중국 헌법의 개정과 변화

제1장

중국 헌법의 개정과 변화*

제1절 중국 헌법의 역사

'憲' 또는 '憲法'이라는 용어는 중국 고서에도 일부 쓰인 적이 있으나 이는 주로 법, 군주의 명령 또는 법의 공포를 의미하는 것으로 근대 의미의 헌법과 크게 다르다.[1] 근대 이후 중국의 헌법제도와 관념은 서양과의 교류 과정에서 도입된 것이다.

* 이하 본 장의 내용은, 필자가 출간한 아래 문헌을 토대로 수정, 보완하여 작성한 것이다. 제1절/제2절: 정영진 · 강광문, 『중국법 강의』, 박영사, 2022, 39~76면, 제3절/제4절: 강광문, "2018년 중국의 헌법 개정과 감찰제도 개혁에 관한 고찰 — 중국식 법치의 개념을 중심으로 —", 「중국법연구」 제49집(2022), 1~28면. 아래 내용 중 이 두 문헌과 중복되어 기술된 부분은 일일이 각주로 표시하지 않는다.

1) 예컨대, '赏善罚奸, 国之宪法也'(国语 · 晋语). 张晋藩, 『中国宪法史(修订本)』, 中国法制出版社, 2016年, 7页.

Ⅰ. 1949년 이전 중국의 헌법사

오랜 기간 독자적인 통치체제와 정치문화를 유지해오던 중국은 19세기 중반 이후 큰 변화를 겪게 된다. 서구열강의 압박과 침략, 내전과 동란으로 중국사회는 점차 붕괴의 위기에 처하게 된다. 이 위기를 타파하고 국가의 독립과 민족의 부흥을 이루고자 중국은 서양의 선진적인 과학기술은 물론, 기존 체제를 개혁하고 새로운 정치제도와 법률제도를 도입할 수밖에 없었다. 즉 '변법'이 필요한 것이다. 이 변법의 중심에는 헌법의 제정 및 근대 헌법에 부수한 일련의 제도 개혁이 놓여 있다. 요컨대, 국가 부강을 위한—인민의 자유와 권리를 보장하거나 권력을 제어하기 위함이 아닌—헌법과 헌정체제의 수립이다.[2)]

1. 청나라 말기의 예비입헌

중국의 마지막 전제 왕조인 청나라는 1900년대 이후 국내외의 압력에 의회를 개설하고 헌법을 제정할 것을 약속한다. 1908년에 청나라 정부는 「흠정헌법대강」을 반포하고 입헌을 위한 예비기간을 9년으로 정하였다. 주로 일본의 메이지헌법(1889)을 참조하여 제정된 이 헌법대강은 청 황제의 신성불가침과 황제가 행사하는 각종 대권을 열거하여 규정하였다. 그 외 의회의 개설과 선거 관련 법령을 제정하고 지방의회와 의회개설을 위한 준비조직을 설립하게 된다.

1911년 청 왕조는 「헌법중대신조19조(宪法重大信条十九条)」를 제정함으로써 황제의 권력은 헌법에 정한 범위에 한정되고 총리대신은 국민이 선거한 국회에서 정하는 등 입헌군주제 관련 규정을 도입하였다. 그러나 이러한 개혁조치와 노력에도 불구하고 청 왕조의 멸망을 돌이킬 수는 없었다.

2. 중화민국시기의 헌법제정

1912년에 남경임시정부가 제정한 「중화민국임시약법」은 중국에서 처음

---

2) 张晋藩, 위의 책, 8页.

으로 공화국 체제를 규정한 헌법성격의 문건이며, 그 내용은 손문의 헌정사상을 어느 정도 반영하였다. 이후 중국에서 권력을 장악한 북양군벌정부는 「중화민국헌법(초안)」(1913), 「중화민국약법」(1914), 「중화민국헌법」(1923), 「중화민국헌법초안」(1925)을 잇달아 반포하였지만 사실상 제대로 시행되지는 못하였다.[3)]

국민당이 형식상 전국을 통일한 후 1931년에 제정한 「중화민국훈정시기약법」은 헌정을 준비하는 단계인 이른바 '훈정시기'의 헌법강령으로, 여기에서는 헌정을 실시하기 전까지 국민당이 국민대회를 대신하여 최고 권력을 행사한다고 규정하였다. 그 후 1936년에 제정된 「중화민국헌법초안」에서는 '권력을 국민에게 돌려줄 것(还政于民)'을 요구하였고 국민대회를 국가의 최고권력기구로 정하였지만, 이 초안 역시 정식으로 효력을 발생하지 못하였다. 항일전쟁 승리 후 국민당정부는 헌법제정을 주요 목적으로 한 국민대회를 개최하여 국민당이 제출한 헌법초안을 심의, 통과시킴으로써 「중화민국헌법」을 공포하게 된다. 이 헌법은 손문의 삼민주의를 지도사상으로 하고 최고권력기구인 국민대회 아래 입법원, 행정원, 사법원, 감찰원, 고시원이 병립하는 5권분립의 체제를 채택하였다.

3. 중국공산당 통치 지역의 헌법 문서(1949년 이전)

1949년 이전에 중국공산당은 실제로 통치하고 있는 지역에서 시행해야 하는 일부 헌법 문서를 제정하였는데, 그 대표적인 법령으로 「중화소비에트헌법대강」(1931)과 「섬감영변구헌법원칙(陕甘宁边区宪法原则)」(1946)이 있다. 당시 소련의 헌법을 참조하여 제정되었다고 알려진 이 「중화소비에트헌법대강」은 소비에트대표대회를 최고 권력기관으로 정하고 소비에트대표대회 폐회기간에는 소비에트임시중앙집행위원회가 최고 권력을 행사하며, 중앙집행위원회 산하에 다시 인민위원회를 설치하여 일상적인 업무를 처리하게 하고 법령과 결의안을 반포하도록 하였다.

한편으로, 1946년의 「섬감영변구헌법원칙」은 '소비에트' 대신에 '인민대

---

3) 〈宪法學〉編写組, 『宪法學』, 高等教育出版社/人民出版社, 2016年, 65~66页.

표회의'라는 용어를 사용하면서 각 지역 인민대표회의가 그 지역의 권력기구이고 각급 인민정부는 각급 대표회의에 대해 책임을 진다고 하였다. 그 외 혁명근거지 내에서 인민이 누리는 각종 권리와 시행되는 사법, 경제 및 문화제도를 정하였다.

Ⅱ. 1949년 이후 사회주의 중국의 헌법사

1949년 이후 사회주의 중국에서는 현재까지 1954년 헌법, 1975년 헌법, 1978년 헌법과 1982년 헌법 총 4부의 헌법을 제정하였다(1954년 헌법 외에는 형식적으로 헌법개정 절차에 따라 제정됨).

1. 공동강령과 1954년 헌법

1954년 헌법제정 이전까지 중국에서는 중국인민정치협상회의가 1949년에 제정한 「중국인민정치협상회의공동강령」이 국가기본법의 역할을 하였다. 이 공동강령은 국가의 성격을 新민주주의국가, 즉 인민민주주의국가로 정하고 노동자계급이 영도하고 공농연맹을 기초로 하며, 각 민주계급과 국내 각 민족을 단결하는 인민민주독재를 시행한다고 하였다. 보통선거를 통해 구성된 전국인민대표대회가 개최되기 전에는 중국인민정치협상회의전체회의가 전국인민대표대회의 기능을 행사한다.

1953년에 중국공산당과 정부는 사회주의 헌법의 제정에 착수하였다. 우선, 중국공산당이 헌법 초안을 작성한 후 새로 설립된 중화인민공화국헌법기초위원회에 건넸고 헌법기초위원회는 초안을 공개하여 사회 각계의 의견을 수렴한다. 중국공산당이 제안한 이 헌법 초안은 헌법기초위원회의 수정 및 중앙인민정부의 심의를 거친 후, 1954년 9월에 개최된 제1기전국인민대표대회 제1차회의에 보고되어 1954년 9월 20일에 정식으로 통과, 반포된다.

이는 사회주의 중국이 제정한 첫 헌법으로 서문 이외에 총 4장, 106개 조항으로 구성되었다. 이 헌법은 소련의 사회주의 헌법과 1949년의 「중국인민정치협상회의공동강령」 및 1949년 이전에 중국공산당이 제정한 일련의 헌법 문서를 토대로 제정되었다. 헌법은 중국의 사회주의 기본원칙을 명확히 하고 사회주의 과도기의 경제제도를 규정하였으며 중국 공민이 누리는 기본적인 권리와 자유를 보장하고 있다.

2. 1975년 헌법과 1978년 헌법

1954년에 헌법이 제정되었으나 이 헌법은 그 후에 일어난 일련의 정치운동의 소용돌이 속에서 제대로 시행되지 못하였다. 특히 10년에 걸친 문화대혁명(1966~1976) 기간에 헌법 질서는 크게 파괴되었다.

문화대혁명이 끝나기 전에 중국공산당과 정부는 1975년에 새 헌법을 통과하게 된다. 1975년 헌법은 기본적인 구성과 주요 내용에 있어서는 1954년 헌법을 승계하였으나, '계급투쟁을 강령으로 하는' 노선을 강조하고 공민의 기본권리와 자유를 대폭 제한하는 등 여러 가지 면에 있어서 불완전하고 퇴보한 헌법으로 불린다.

1978년에 중국은 문화대혁명을 종결하고 과거의 잘못을 시정하기(拨乱反正) 위하여 다시 한차례 헌법을 수정하게 된다. 하지만 당시 역사적 상황과 인식의 한계로 1978년 헌법은 1975년 헌법의 영향을 완전히 해소하지 못하여 과도기적인 성격을 띤 헌법으로 평가받고 있다.[4)]

3. 1982년 헌법의 제정

1978년 12월에 개최된 중국공산당 제11기3중전회는 사회주의 중국 역사의 전환점으로 평가받는다. 국가의 주요 임무를 과거의 계급투쟁에서 사회주의현대화건설로 옮기고 사회주의 민주제도와 법제건설을 강화할 것을 결정하였다. 이를 위해서는 새로운 사회주의 헌법이 필요한 것이다.

1980년 8월에 중국공산당은 전국인민대표대회에 헌법의 전면 개정을 건의한다. 이 건의에 따라 전국인민대표대회는 총 103인으로 구성된 헌법개정위원회를 설치하여 헌법개정 초안의 작성에 착수한다. 작성된 헌법개정 초안은 공포되어 사회 각계각층의 의견을 청취하고 2년 3개월간, 5차례의 수정을

---

4) 张晋藩, 앞의 책, 375页.

거친 후 1982년 12월 4일에 제5기전국인민대표대회 제5차회의에서 통과되어 반포된다. 헌법은 서문 이외에 총 4장, 138개 조항으로 구성되어 있다.

4. 1982년 헌법의 개정

현행 헌법(1982년 헌법)에 따르면 전국인민대표대회가 헌법개정권을 행사한다. 전국인민대표대회상무위원회 또는 1/5 이상의 전국인민대표대회 대표는 헌법개정을 발의할 권한이 있다. 헌법개정안은 전국인민대표대회 전체 대표의 2/3 이상이 찬성하여야 통과된다. 헌법개정안이 통과되면 중화인민공화국 주석이 공포한다.

현행 헌법은 1982년에 공포된 이후 1988년, 1993년, 1999년, 2004년 및 2018년 총 5차례 개정되었다. 헌법 개정의 형식에 있어서 중국은 '헌법수정안'이 통과되면 그 내용을 그 후의 헌법에 반영하는 방식을 취하고 있다. 지금까지의 헌법 개정을 보면, 1988년 헌법 개정은 총 2개 조항(수정안 제1조~제2조), 1993년 헌법개정은 총 9개 조항(수정안 제3조~제11조), 1999년 헌법개정은 총 6개 조항(수정안 제12조~제17조), 2004년 헌법 개정은 총 14개 조항(수정안 제18조~제31조), 2018년 헌법 개정은 총 21개 조항(수정안 제32조~제52조)으로 구성되었다. '헌법수정안'이 통과되면 기존 헌법은 새로이 구성되고, 조문수 및 조문의 번호도 변화하고 수정된 내용은 더 이상 새 헌법에서 확인할 수 없다.

제2절 중국 헌법제도 개관

Ⅰ. 공민의 기본 권리와 의무

근대 이후 제정된 성문헌법은 일반적으로 통치구조 관련 규정과 함께 국민의 권리나 자유에 관한 규정으로 구성되어 있다. 중국 헌법도 제1장 총강에 이어 제2장 '공민의 기본 권리와 의무'에서 국민이 보장받는 각종 권리 및 의무를 열거하고 있다.

구체적인 조항의 내용을 살펴보면 중국 헌법은 '공민의 기본 권리', '공민의 자유 또는 권리'라는 표현을 사용하고 있다. 여기서 공민은 중국 국적을 가진 모든 자연인을 가리킨다. 한편으로 인권이라는 표현은 2004년 헌법 개정을 통해 중국 헌법에 도입되었다. "국가는 인권을 존중하고 보장한다."(제33조 제3항). 다만 중국 헌법에서 보장하는 공민의 기본 권리는 인간으로서 누구든지 누려야 하는 자연적 권리와는 차이가 있고 중국 헌법과 헌법학은 소위 천부인권의 이념을 인정하지 않고 있다. 공민의 권리는 단지 "헌법과 법률에서 규정한 권리"(제33조 제4항)에 불과하다. 또한 현행 중국 헌법은 헌법재판제도나 위헌심사제도를 규정하고 있지 않아, 국민의 기본 권리가 법률 등에 의해 실제로 침해되더라도 구제받을 제도적 장치가 마련되어 있지 않다.

중국 헌법이 보장한 공민의 기본적 권리는 구체적으로 평등권, 정치적 권리, 종교신앙의 자유, 인신의 자유, 사회경제적 권리, 문화교육 관련 권리 및 감독권과 청구권 등 7가지 유형으로 나눌 수 있다.[5] 근내 서양 헌법의 권리보장은 개인을 출발점으로 하고 국가에 대항하여 개인이 보장받아야 하는 각종 자유권을 우선으로 강조한다. 이에 비해 중국 헌법을 포함한 사회주의 헌법은 헌법과 법률의 테두리 안에서 자유권을 보장하는 한편, 국가로부터 보장받는 각종 사회권을 중요시하는 경향을 보인다. 예컨대, 중국 헌법은 노동력을 상실한 모든 공민에게 생존권을 보장하도록 규정하고 각종 취약계층의 권리보호와 이익보장에 대해서도 비교적 자세하게 규정하였다.[6]

기본 권리 외에, 중국 헌법은 병역의 의무, 납세의 의무 등 공민의 기본적인 의무를 규정하였다.

---

5) 〈宪法學〉编写组, 앞의 책, 208页.

6) 헌법 제45조: 중화인민공화국 공민은 고령·질병 혹은 노동능력을 상실하게 되면 국가와 사회로부터 물질적 조력을 받을 권리가 있다. 국가는 공민이 이러한 권리를 누리도록 필요한 사회보험, 사회구제 및 의료위생 사업을 발전시킨다. 국가와 사회는 상이군인의 생활을 보장하고, 열사의 가족을 구휼하며, 군인의 가족을 우대한다. 국가와 사회는 시각 장애인, 청각 장애인, 언어 장애인 및 기타 장애를 가진 공민의 노동, 생활과 교육이 잘 이루어지도록 돕는다.

Ⅱ. 사회주의 중국의 통치구조

1. 국체와 정체

중국 헌법에서 규정한 통치구조에 관해서는 이른바 국체와 정체로 구분하여 이해하는 방법이 있다. 여기서 국체는 중국의 국가 성격을 일컫는 용어이다. 국가 성격은 국가의 계급적 본질이고 사회 각 계급과 계층이 국가에서 차지하는 지위를 나타낸다. 국체에 관한 중국 헌법의 규정에 따르면, 현재 중국은 노동자계급이 영도하고 노동자와 농민의 연맹을 기초로 하는 인민민주독재의 사회주의국가이다. 인민민주독재의 실질은 프롤레타리아독재이다.

국체에 대응하는 개념은 국가의 정권 형식을 나타내는 정체이다. 현재 중국은 인민대표대회제도라고 하는 정권조직의 형식을 취하고 있다. 한마디로, 국가의 모든 권력은 인민에게 귀속되지만, 인민은 전국인민대표대회와 지방 각급 인민대표대회를 통하여 국가권력을 행사한다. 국가의 행정기관, 감찰기관, 재판기관, 검찰기관은 모두 인민대표대회를 통해 구성되고 인민대표대회에 대하여 책임지고 인민대표회의 감독을 받는다.

즉, 국체가 국가의 실질적 성격을 나타낸다고 한다면 정체는 국가의 형식적 통치방식을 보여주고 있다.

2. 중국공산당의 영도적 지위

중국의 국가 성질, 즉 국체는 중국공산당 정관 및 헌법 등의 규정에 집중적으로 나타나 있다. 이에 따르면, 중국공산당이 중국 사회와 인민을 영도하고, 이는 중국공산당이 중국의 선진적인 생산력의 발전에 대한 요구를 대표하고 중국의 선진적인 문화의 나아갈 방향을 대표하며 중국의 가장 광범위한 인민의 근본적인 이익을 대표하기 때문이다. 동시에, 중국공산당은 중국 노동자계급의 선봉대이자 중국 인민과 중화민족의 선봉대이며 중국특색 사회주의사업의 핵심 지도자이기 때문이다(중국공산당 정관).

이로써 중국은 현재 "노동자계급이 영도하고 노동자와 농민의 연맹을 기초로 하는 인민민주독재의 사회주의국가"이고 이러한 사회주의제도는 중국의 근본제도이다. 또한 "중국공산당의 영도는 중국특색의 사회주의의 가장 본질적인 특징"이고 그 누구도 이 사회주의제도를 파괴하는 것을 허용하지 않는다(헌법 제1조).

3. 인민대표대회제도

헌법에 따르면 중국에서 전국인민대표대회가 전국 인민을 대표하는 최고 권력기관이다. 국가주석, 행정기관인 국무원, 사법기관인 최고인민법원과 최고인민검찰원 및 2018년 이후 도입된 국가감찰위원회는 전국인민대표대회에 대하여 책임을 지고 전국인민대표대회를 통하여 간접적으로 전체 인민에 대하여 책임을 진다. 또한 지방 각급 인민대표대회는 지방 각급 인민정부, 인민법원과 인민검찰원 및 감찰기관을 선출하고 그 업무를 감독한다.

전국인민대표대회가 행사하는 주요 권한에는 입법권, 주요 인사 임면권, 중요 사안 결정권 및 감독권이 포함된다. 구체적으로, 전국인민대표대회는 헌법을 개정하고, 형사 · 민사 · 국가기구 및 기타 기본법률을 제정하고 개정한다. 또한 전국인민대표대회상무위원회의 구성원을 선출하고, 중화인민공화국 주석과 부주석을 선출하며, 국무원 총리, 국무원 부총리, 국무위원, 각 부처 장관, 각 위원회 주임, 감사원장 및 비서실장의 인선을 결정하고 중앙군사위원회 주석을 선출하며 중앙군사위원회 기타 구성원의 인선을 결정하고 최고인민법원 원장과 최고인민검찰원 검찰장 및 국가감찰위원회 주임을 선출한다. 전국인민대표대회의 상설기관인 전국인민대표대회상무위원회(이하 '전인대상무위원회'로 약칭)의 주요 권한으로는 입법권, 헌법과 법률의 해석, 헌법실시의 감독 및 국무원, 중앙군사위원회, 국가감찰위원회, 최고인민법원과 최고인민검찰원 사무의 감독권 등이 있다(제62조 · 제63조 · 제67조).

제3절 중국 헌법의 최신 개정과 주요 변화

2018년에 중국은 헌법 개정을 단행하였다. 1982년에 현행 중국 헌법이 반포된 후 몇 차례 헌법 개정이 있었지만 이번에 그 개정의 폭이 가장 크다.

Ⅰ. 헌법 개정의 과정

중국에서 이번 헌법 개정이 공식적으로 언급된 것은 2017년이고 새로운 감찰제도의 도입을 공론화한 것은 2016년이다. 그 배경에는 2012년에 시작한 시진핑 체제 및 그 체제하에서 이루어진 강력한 반부패 캠페인이 있다. 시진핑 체제가 시작된 이후 중국공산당 지도부는 광범위하고 강력한 반부패 캠페인을 진행하면서 몇몇 최고위 지도자를 포함한 공산당 간부, 공직자를 대거 검거하고 처벌하였다. 이와 동시에 시진핑 국가주석은 관련 회의에서 중국의 감찰제도를 개혁하고 반부패기구를 보다 효율적으로 구성할 것을 여러 차례 강조하였다. 이를 위해서는 헌법의 개정이 필요한 것이다.

헌법 개정의 과정을 보면, 2017년 9월 중국공산당정치국회의에서 헌법 개정 작업을 시작할 것을 결정하고 중국공산당 헌법개정소조를 설립하여 당내 의견을 수렴한 후 헌법 개정에 관한 건의안(초안)을 작성하고, 2018년 1월에는 중국공산당의 헌법개정안을 전국인민대표대회에 건의할 것으로 정식으로 결정하였다.

그 후 2018년 3월 전국인민대표대회 제13기 대회에서는 위의 중국공산당이 건의한 헌법개정안을 통과시키고, 이어서 중국공산당과 전인대상무위원회의 관련 부처가 연합하여 기초한 「중화인민공화국감찰법」(이하 '감찰법'으로 약칭)을 제정함과 함께 형사소송법 등 관련 법률을 일괄적으로 개정함으로써 새로운 감찰제도의 운영이 전국 범위로 확대되었다.

도표 1. 2018년 헌법개정 연표

시간	사건	주요 내용
2012년 11월	중국공산당 제18기 전국대표대회	시진핑 등 새로운 중국공산당 지도부 선임, 시진핑 체제 시작
2017년 9월	중국공산당 헌법개정소조 설립	중국공산당 헌법개정 필요성 인정, 헌법개정 작업 시작
2017년 11월	중국공산당 헌법개정건의 초안 작성	헌법개정에 관한 각계 의견 청취, 중국공산당의 헌법개정안 작성
2018년 1월	중국공산당 제19기2중회의 헌법개정건의안 통과	중국공산당중앙위원회 헌법개정 내용 확인
2018년 1월	전인대상무위원회 헌법개정안 차기 대회에서 심의하기로 결정	공식적인 헌법개정 절차 시작
제13기 전국인민대표대회 개최		
2019년 3월	3월 5일	전인대상무위원회 부위원장 王晨 전국인민대표대회에서 헌법개정안(초안) 설명
	3월 11일	전국인민대표대회 헌법개정안 통과
	3월 13일	전인대상무위원회 부위원장 李建国 전국인민대표대회에서 감찰법(초안) 설명
	3월 20일	전국인민대표대회 감찰법 통과

Ⅱ. 헌법 개정의 주요 내용[7)]

전인대상무위원회의 설명에 따르면 이번 헌법 개정은 헌법 개정에 대한 중국공산당의 영도를 견지하고, 법과 절차를 엄격히 따르고, 민주를 충분히 발휘하여 합의를 광범하게 이루고, 헌법을 부분적으로 수정하고 큰 수정은 하지 않는다는 원칙에 근거하여 이루어졌다.[8)]

7) 이번에 개정된 헌법조문의 전체 내용에 대해서는 이 책 부록에 수록된 〈신구조문 대비표〉 참조.

8) 王晨, "关于中华人民共和国宪法修正案(草案)的说明(2023年 3月)".

이번 '헌법수정안'은 총 21개 조항으로 구성되어 있는데 그중 11개 조항은 새로 도입된 국가감찰제도에 관한 것이다.[9] 개정된 내용은 크게 3가지로 나눌 수 있다.

첫째, 헌법의 서문 및 일반원칙 관련 조항에 시진핑 체제 이후 중국공산당이 제창한 일련의 새로운 이념, 목표, 핵심가치를 추가하였다. 예컨대, 중국이 견지해온 지도사상에 "과학발전관 및 시진핑새시대중국특색사회주의사상(习近平新时代中国特色社会主义思想)"을 추가하고, 사회주의중국이 지향하는 목표를 기존의 "물질문명, 정치문명, 정신문명의 조화로운 발전 및 부강·민주·문명의 사회주의국가"에서 "물질문명, 정치문명, 정신문명, 사회문명, 생태문명의 조화로운 발전 및 부강·민주·문명·화합·아름다운 사회주의현대화강국"으로 수정하였다(헌법 서문). 또한 기존의 국가성격 규정에 있어서 사회주의제도와 더불어 "중국공산당의 영도는 중국특색사회주의의 가장 본질적인 특징"이라는 내용을 넣었다(제1조). 그 외 국가가 제창하는 도덕이념에 "사회주의핵심가치관"을 추가하고 국가공직자의 헌법선서의 의무를 새로이 규정하였다(제24조·제27조).

둘째, 이번 헌법 개정에 있어서 해외 언론이 가장 주목한 국가주석 임기 규정의 폐지이다. 기존 헌법 규정에 따르면, 중국의 국가주석과 부주석은 전국인민대표대회를 통해 선출되고 만 45세 이상인 중국 공민은 모두 국가주석과 부주석으로 선출될 수 있다. "국가주석과 부주석의 매번 임기(每届任期)는 전국인민대표대회의 매번 임기와 같고 2기를 초과하여 연임할 수 없다"(제79조). 한편으로, 전국인민대표대회의 매번 임기는 5년이므로 이 헌법 규정에 따르면 국가주석과 부주석은 두 차례 연임하더라도 총 10년 이상 재직할 수 없다. 그러나 이번 개정을 통해 '2기를 초과하여 연임할 수 없다' 부분을 삭제함으로써 헌법 규정상 국가주석과 부주석은 횟수 제한 없이 연임할 수 있게 되었다.

이 임기 규정의 폐지에 관하여 전인대상무위원회는 다음과 같이 설명하

9) 2018년 헌법수정안은 제32조에서 제52조까지 총 11개 조항으로 구성되어 있는데, 마지막 제52조는 새로이 추가된, 감찰위원회 관련 5개 조항으로 구성되어 있다.

고 있다. 중국공산당중앙위원회 총서기 및 중국공산당중앙군사위원회 주석 임기에 관해 당의 정관에서는 제한을 두지 않았고, 중화인민공화국 중앙군사위원회 주석 임기에 관해서도 헌법은 별도로 정하지 않았으므로, 국가주석 관련 규정도 이에 대응하여 수정하여야 한다. 이는 "시진핑 동지를 핵심으로 하는 공산당중앙의 권위 및 집중·통일적 영도를 수호하고, 국가영도체제를 강화하고 정비하는 데 유리하기 때문이다".[10] 이 점은 많은 공산당 당원과 군중들이 요구하는 바이고 당의 회의에서 참가자들이 강하게 바라는 점이다. 즉 국가주석의 연임제한 규정을 폐지함으로써 당 총서기 및 국가와 당의 중앙군사위원회 주석이 국가주석의 직을 계속 수행할 수 있게 되고, 이는 당의 집중적 영도를 수호하고 국가체제를 안정시키는 데 필요하기 때문이다.

2013년 제12기 전국인민대표내회에서 국가주석으로 당선된 시진핑 당시 중국공산당 총서기는 2018년 제13기 전국인민대표대회에서 연임되었다. 기존 헌법 규정에 따르면 시진핑은 두 차례 연임을 마친 2023년에 국가주석의 직에서 물러나야 한다. 하지만 이 헌법개정으로 임기 제한의 적용을 받지 않게 되고 결국 2023년 제14기 전국인민대표대회에서 국가주석으로 낭선되고 자신의 3기 임기를 시작하게 되었다.

셋째, 이번 헌법개정의 가장 중요한 부분은 국가감찰제도를 중심으로 한 중국의 사법제도 및 공직자범죄 수사제도의 변화이다. 이 점에 관해서는 아래에서 자세히 살펴보도록 한다.[11]

Ⅲ. 헌법제도의 변화: 새로운 국가감찰제도 도입

1. 기존의 중국 헌법 규정 및 감찰제도

2018년 이전 중국 헌법의 규정에 따르면 전국인민대표대회가 국가의 최

10) 王晨, "关于中华人民共和国宪法修正案(草案)的说明".

11) 그 외 국가기구의 변화와 관련해서는 지방입법권 주체를 확대하는 규정을 추가하였다. "구를 설치한 시의 인민대표대회와 그 상무위원회는 헌법, 법률, 행정법규 및 본 성, 자치구의 지방성법규와 저촉되지 않는 전제하에서 법률 규정에 따라 지방성법규를 제정할 수 있고, 본 성, 자치구 인민대표대회상무위원회의 비준을 거쳐 시행한다" (헌법 제100조 제2항).

고 권력기관이고 그 산하에 중앙 행정기관인 국무원, 재판기관인 최고인민법원, 검찰기관인 최고인민검찰원이 설치되어 있다. 이른바 전국인민대표대회 산하의 '일부양원'제이다.

여기서 인민검찰원은 국가의 법률감독기관으로 규정되어 있고, 인민검찰원의 구체적인 권한에는 공소권과 더불어 공무원의 직무 관련 범죄에 대한 수사권, 기타 일반 형사사건에 대한 법률감독권 및 민사·행정사건에 대한 법률감독권이 포함된다. 따라서 개정 전 중국의 헌법과 형사소송법에 따르면, 공직자의 직무범죄, 예컨대 뇌물죄, 공금횡령이나 독직범죄와 같은 범죄에 대해서는 인민검찰원이 직접 수사하고 그 밖의 일반 형사사건은 경찰이 그 수사를 진행하며 인민검찰원은 이에 대해서는 체포 비준, 보충 수사 결정 등을 통한 감독권을 행사한다. 각급 인민검찰원 내에는 공직자의 직무범죄 수사를 위하여 반부패뇌물국과 같은 전담 부서가 설치되어 있다.

헌법은 인민법원과 인민검찰원 외에 감찰 또는 감찰기관에 대해서는 별도로 언급하지 않았다. 인민검찰원이 공무원 범죄에 대하여 수사·기소하는 한편, 행정공무원의 규정위반행위 등에 대해서는 행정감찰법에 따라 국무원 산하의 감찰부 및 각급 인민정부의 감찰부서에서 관할하고 공산당 당원의 기율위반행위에 대해서는 각급 공산당위원회 산하의 기율검사위원회가 담당하였다.

위와 같은 기존의 제도는 행정감찰의 감찰 범위가 너무 협소하여 전체 공직자를 망라하지 못하고, 반부패업무를 담당하는 국가기관이 인민검찰원, 행정부서, 공산당 기관 등에 분산됨으로써 그 효율성이 떨어지고, 책임전담과 집중통일이 효율적으로 되지 않는다고 한다.[12] 한마디로, 중국의 반부패

---

12) 입법기관의 설명에 따르면, 감찰제도의 개혁 및 새로운 감찰법의 제정은 중국의 기존 감찰체제가 반부패투쟁의 현실과 요구에 부응하지 못하기 때문이다. 구체적으로는 첫째, 기존의 감찰체제하에서 — 행정감찰법은 감찰의 대상을 행정기관 및 그 공직자들에 한정 — 감찰의 범위가 너무 협소하고 모든 공직자를 포함하지 못하였다. 둘째, 반부패를 위한 기구가 분산되었다. 기존 국가체제하에서, 공산당의 기율검사기관은 공산당 정관과 규율에 따라 공산당 당원의 기율위반행위에 대하여 조사하고, 행정감찰기관은 행정감찰법에 따라 행정기관 일꾼들의 법과 규율 위반행위에 대하여 감찰하며, 검찰기관은 형사소송법에 근거하여 국가 공직자의 직무범죄행위에 대하여 조사·

투쟁의 현실과 요구에 부응하지 못한다는 것이다. 따라서 시진핑과 중국공산당 지도부는 각 국가기관과 공직자들에 대한 더욱 강력하고 통일적인 감찰, 수사제도가 필요하다고 생각한 것이다.

2. 국가감찰제도 관련 헌법 개정의 내용

이번 헌법 개정에서 가장 큰 부분을 차지하는 내용은 새로운 감찰제도의 도입 및 각급 감찰위원회의 조직에 관한 것이다. 개정된 헌법에서는 '제3장 국가기구'에서 '제7절 감찰위원회'를 신설하고 '인민법원과 인민검찰원'을 규정한 제8절 앞에 두었다. 제7절은 감찰위원회의 설립에 관한 아래 5개 조항으로 구성되었다. 헌법에 5개 조항이 신설되면서 그 이하 조항의 순번이 모두 바뀌게 되고 헌법의 총 조항도 138개 조항에서 143개 조항으로 늘었다.

도표 2. 2018년 감찰제도 개혁에 관련해 새로 추가된 헌법 조항

제123조 중화인민공화국 각급 감찰위원회는 국가의 감찰기관이다.
제124조 중화인민공화국은 국가감찰위원회와 지방 각급 감찰위원회를 설립한다. 감찰위원회는 아래와 같은 인원으로 구성한다. 주임, 부주임 약간 명, 위원 약간 명. 감찰위원회 주임의 임기는 해당 인민대표대회 임기와 동일하다. 국가감찰위원회 주임은 연속 2회를 초과하여 연임할 수 없다. 감찰위원회 조직과 직권은 법률이 규정하는 바에 따른다.
제125조 중화인민공화국 국가감찰위원회는 최고 감찰기관이다. 국가감찰위원회는 지방 각급 감찰위원회 업무를 영도하고, 상급 감찰위원회는 하급 감찰위원회의 업무를 영도한다.
제126조 국가감찰위원회는 전국인민대표대회와 전국인민대표대회상무위원회에 대하여 책임을 진다. 지방 각급 감찰위원회는 그를 있게 한 국가 권력기관과 상급 감찰위원회에 대하여 책임을 진다.
제127조 감찰위원회는 법률이 규정하는 바에 따라 독립적으로 감찰권을 행사하고

처벌함으로써 국가의 반부패의 기능이 분산되고 중첩되어 합력(合力)을 형성하지 못하였다. 마지막으로 책임전담과 집중통일이 부족하다. 李建国, "关于〈中华人民共和国监察法(草案)〉的说明(2015年 3月)".

> 행정기관, 사회단체, 개인의 간섭을 받지 아니한다. 감찰기관은 직무위법과 직무범죄 사건의 처리에 있어서 재판기관, 검찰기관, 법집행기관과 상호 협력하고 상호 견제하여야 한다.

이로써 국가감찰위원회는 독립된 최고 감찰기관으로서 국무원, 최고인민법원 및 최고인민검찰원과 동격으로 전국인민대표대회 및 그 상무위원회에 의하여 선출되고 그에 대하여 책임을 진다. 이는 각급 지방정부에서도 마찬가지이다.

도표 3. 2018년 이후 전국인민대표대회 산하 '일부일위양원' 체제

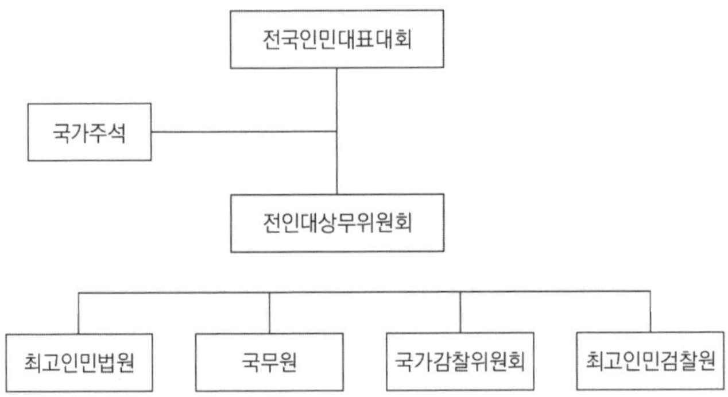

3. 2018년 이후 도입된 새로운 감찰제도

헌법개정과 함께 2018년에 감찰법이 제정되고 기존 행정감찰법이 폐지되었다. 감찰법이 제정된 이후 공무원 범죄에 대한 수사를 담당하던 인민검찰원의 반부패뇌물국, 독직범죄국 및 직무범죄예방국 등 부처의 검찰 인원들은 각급 감찰위원회로 병합이전(转隶)되었다. 새로이 설립된 감찰위원회는 기존에 분산되어 있던 인민검찰원의 공직자 직무범죄 수사부서, 각급 행정부의 감찰부서와 공산당의 기율검사위원회 및 국가부패예방국의 인원을 통합하고 각 기관의 권한을 통일적으로 행사하게 된다. 즉 새로운 감찰제도에 의하여 '공권력을 행사하는 모든 공직자에 대한 국가감찰의 전면적인 적용을

가능하게 하였다.[13]

국가감찰위원회는 전국인민대표대회 및 그 상무위원회에 대하여 책임을 지며 감독을 받는다. 마찬가지로 지방 각급 감찰위원회는 동급 인민대표대회 및 그 상무위원회에 대하여 책임을 지며 감독을 받는다. 각급 감찰위원회는 법에 따라 감독, 조사 및 처치(处置)의 권한을 행사한다.

이처럼 개정 후의 헌법 및 새로 제정된 감찰법 및 기타 관련 법률 규정에 따르면, 독립적인 국가기관으로서의 감찰위원회는 모든 공직자의 규정위반 및 법률위반 행위에 대하여 통일적인 감찰을 시행하고 구체적으로는 공직자에 대한 감독·조사·처치의 권한을 행사한다. 비록 '수사(侦察)' 대신에 '조사(调查)'라는 용어를 사용하였지만 실제로 감찰기관은 공직자의 범죄행위에 대한 수사권을 행사할 수 있게 된 것이다. 이는 감찰법이 각급 감찰위원회에 부여한 조사권의 내용을 보면 명확해진다. 감찰위원회의 조사 권한에는 담화, 심문(询问), 신문(讯问), 조회, 동결, 열람확인(调取), 봉인, 압수, 수색, 검증검사(勘验检查), 감정, 유치(留置), 기술조사, 지명수배, 출국금지가 포함되어 있는데, 이는 공안기관과 인민검찰원이 수사 단계에서 행사할 수 있는 각종 조치와 큰 차이가 없다.

이로써 기존의 중국 형사소송의 절차 또는 범죄피의자에 대한 수사 절차는 적어도 공직자범죄에 한해서 근본적인 변화를 겪게 되었다. 구체적으로, 공직자 범죄에 대하여(일부 제외) 인민검찰원은 더는 수사하지 않고 감찰기관이 직접 조사 후 기소 단계로 넘겨진다. 그러므로 대부분의 공직자 범죄가 인민검찰원에 의한 '수사－기소' 모델에서 '조사(감찰위원회)－기소(인민검찰원)' 모델로 변경된 것이다.

제4절 중국에서 헌법과 헌정주의의 의미와 한계

2012년 이후 중국에서 최고 권력자로 부임한 시진핑은 자신의 임기 중

13) 李建国, "关于〈中华人民共和国监察法(草案)〉的说明".

국가주석의 임기제한 관련 헌법 규정을 삭제한 후, 개정된 헌법에 따라 3기 연임을 실현하였다. 이러한 헌법 개정의 움직임에 대하여 중국공산당과 중국 국민은 절대적인 지지를 보냈다.

이번 헌법 개정 및 그에 따른 일련의 입법과 법률 개정을 통하여 국가의 기본구조에 변화가 생기고 새로운 국가감찰제도가 도입되었다. 중국공산당과 정부가 감찰위원회를 신설하고 공직자범죄에 대한 조사 등의 권한을 감찰기관에 집중시킨 가장 큰 이유는 "반부패 업무에 대한 공산당의 영도를 강화하고, 집중통일의 권위 있고 효율적인 국가감찰체계"를 수립하려는 데 있다.[14)]

이처럼 중국공산당과 정부는 신속한 헌법 개정을 통해 국가주석의 임기를 연장하고 공직자에 대한 감찰 및 수사 권력을 집중시킨 것이다. 이러한 일련의 법규와 제도의 변화에 대하여 일부 학자들은 이의를 제기하기도 하였지만, 전반적으로 봤을 때 이번 헌법 개정과 감찰제도 개혁은 일사천리로 이루어졌다고 볼 수 있다. 이는 무엇보다도 중국의 사회주의 체제의 특성에 기인하고, 특히 시진핑을 중심으로 한 현 중국공산당 지도부의 강력한 의지에 의한 것이다.

그렇다면 중국에서 헌법 및 헌정주의는 어떤 의미를 지니는가?

우선, 중국공산당과 정부 역시 국가의 근본법으로서의 헌법의 지위 및 헌법을 통한 국가통치를 강조하고 있다.

> 헌법은 국가의 근본법이고 치국안방(治国安邦)의 총체적인 규정(总章程)이며, 공산당과 인민의 의지의 집중적인 구현이다. …… 이번 인민대표대회에서 우선 헌법개정안을 통과하고, 다음에 감찰법 초안을 심의함으로써 헌법개정을 통해 확립한 감찰제도를 적시에 한층 구체화한 것은, 우리 당이 헌법에 따라 통치하고, 헌법에 근거하여 치국한다는 것의 생동한 실천이고 선명한 표현이다. 인민대표대회제도는 우리나라의 근본적인 정치제도이고 공산당의 영도, 인민이 주인으로 되는 원리(人民大当家作主) 및 의법치국이

14) 李建国, "关于〈中华人民共和国监察法(草案)〉的说明".

유기적으로 통일된 근본적인 정치제도의 설계이다.[15)]

그러므로 국가주석의 임기변화 등 국가 기본제도의 변화는 헌법 개정을 통해 이루어져야 하고, 헌법 개정은 기존의 헌법 개정 절차에 따라야 한다. 전인대상무위원회는 헌법 개정은 엄격히 법에 근거하고 절차에 따라 진행되어야 하고 이미 형성된 헌법 개정 관련 절차와 메커니즘에 따라야 한다는 점을 강조하고 있다.[16)] 실제로 중국공산당이 심의·통과시킨 헌법초안은 각계의 의견 수렴을 거친 후, 공식적인 개헌 절차에 따라 전인대상무위원회에서 개헌안으로 확정되고 이 개헌안은 다시 전인대상무위원회에 의하여 전국인민대표대회에 제출되고, 전국인민대표대회에서 최종적으로 심의·통과되었다.

이처럼 정해진 절차에 따라 먼저 헌법을 개정하고 그 개정 내용에 알맞게 일련의 법률을 제정·개정한다는 것이, 중국이 주장하는 의법치국과 헌법을 통한 국가통치 원리의 구성 부분이다. 국가감찰제도의 개혁에 있어서도, 헌법을 먼저 개정하고 그에 맞추어 적법 절차에 따라 관련 법률을 제정·개정함으로써 새 제도의 형식적 합헌성과 합법성을 보장하였다. 또한 헌법의 개정과 감찰법의 초안 작성, 통과 등 과정에서도 정해진 법적인 절차를 준수하고자 하는 노력을 보였다. 시진핑 및 중국공산당이 강조하는 법치와 헌정의 첫 번째 의미이다.

다음으로 헌법은 국가의 기본법이므로 그 연속성과 안정성, 권위성은 어느 정도 유지되어야 한다. 헌법의 개정 또한 일반 법률의 개정에 비하여 상대적으로 어려운 절차를 거쳐야 한다. 하지만 헌법 규정은 필요할 경우—예컨대, 국가주석의 임기를 연장하기 위하여 또는 반부패투쟁이라고 하는 현실적 수요에 대응하여—신속하게 개정되어야 한다. 사회주의 체제의 특성상 헌법개정권을 가진 전국인민대표대회가 중국공산당이 제시한 헌법개정안을 거부하거나 통과시키지 않는다는 일은 상상할 수 없다. 이는 이론적으로 공산당의 영도, 인민주권 및 의법치국이 유기적으로 통일되어야 한다는 기본원

---

15) 李建国, "关于〈中华人民共和国监察法(草案)〉的说明".

16) 王晨, "关于中华人民共和国宪法修正案(草案)的说明".

칙에 의하여 정당화된다. 즉 국가 최고의 법으로서의 헌법은 존중되어야 하지만 인민의 의지 및 그를 대표하는 중국공산당의 의지에 따라 헌법은 개정될 수 있고, 개정되어야 한다. 여기에는 헌법을 포함한 국가의 법은 언제든지 필요에 따라 제정·개정될 수 있다는 인식이 밑바탕에 깔려 있다.

이번 헌법개정에 관한 시진핑과 중국공산당의 입법 설명에서, 법치와 헌법에 대하여 중국 지도부가 어떤 생각을 가지고 있는지가 잘 드러나 있다.

> 헌법은 오로지 새로운 형세에 부단히 적응하여야만 생명력을 가질 수 있다.…… 헌법의 개정은 공산당과 인민 사업발전의 요구에 부응하여야 하는 한편, 헌법과 법률의 발전 규칙을 준수하여야 한다.…… 헌법은 공산당과 인민의 의지의 집중적인 구현이고 과학적이고 민주적인 절차를 통해 형성된 국가의 근본법이다. 헌법의 개정은 국가의 전체 국면에 관계되는 중대한 정치활동이고 중대한 입법활동이므로, 반드시 중국공산당의 통일적인 영도 아래에서 진행되어야 하고 공산당의 영도, 인민이 주인으로 되는 원리 및 의법치국의 유기적인 결합을 견지하여야 한다.[17)]

독일의 저명한 법학자 옐리네크(Georg Jellinek, 1851~1911)는 '법을 변경하는 권력에 대한 법의 무력'을 역설하였다고 한다.[18)] 법 특히 헌법이 그때그때의 권력, 의지를 통해 수시로 개정된다면 그 법의 효력과 규범성이 크게 손상될 수밖에 없다. 중국공산당과 정부가 현실의 필요에 따라 수시로 헌법을 개정하는 것은, 결국 국가의 최고법인 헌법의 규범성을 약화시키고 근본법으로서의 지위를 훼손하는 효과를 초래하게 될 것이다. 이는 상대적으로 쉽게 이루어지는 헌법 개정이 헌법의 규범력과 헌정주의에 미치는 부정적인 영향이다.

마지막으로, 헌법 개정의 정당성에 관해 중국에서는 인민의 의사와 이익이 강조되고 마침 중국공산당이 이러한 인민의 의사를 대변한다고 함으로써,

---

17) 习近平, "中共中央关于修改宪法部分内容党外人士座谈会 讲话"(2017年12月15日). https://baijiahao.baidu.com/s?id=1590096764627825270&wfr=spider&for=pc

18) 베르너 캐기(홍성방 옮김), 『국가의 법적 기본질서로서의 헌법』, 유로, 2011, 191면에서 재인용.

헌법 개정에 대한 중국공산당의 영도가 옹호되고 있다. 즉 중국공산당이 인민의 의지를 대표하여 헌법 개정을 주도하기 때문에 헌법 개정 및 그 내용의 정당성이 확보된다. 그러므로 중국공산당은 헌법 위에 또는 헌법체제 밖에 놓여 있는 듯이 보인다.

헌법과 헌정주의의 가장 중요한 목표가 권력과 통치자에 대한 법적인 제어에 있다고 한다면, 중국에서 헌법은 권력의 제어보다는 중국공산당이 인민의 의사와 이익을 대표하여 부강하고 발전한 사회주의국가를 건설하기 위하여 존재하는 것이다. 이는 '국가 부강'이라고 하는, 근대 이후 중국이 헌법 제정과 헌정체제의 수립을 통해 실현하고자 한 목표이기도 하다.[19] 마침 여기에 중국이 주장하는 헌법과 헌정주의의 한계가 놓여 있다.

주요 참고문헌

정영진 · 강광문, 『중국법 강의』, 박영사, 2022년.

강광문, "2018년 중국의 헌법 개정과 감찰제도 개혁에 관한 고찰 — 중국식 법치의 개념을 중심으로 —", 「중국법연구」 제49집(2022).

张晋藩, 『中国宪法史(修订本)』, 中国法制出版社, 2016年.

〈宪法學〉編写組, 『宪法學』, 高等教育出版社/人民出版社, 2016年.

19) 위의 각주 2) 참조.

제 2 장

중국 입법법의 개정과 변화

제2장

중국 입법법의 개정과 변화*

제1절 중국 입법제도의 역사와 입법 현황

Ⅰ. 중국 입법제도의 역사

중국공산당과 정부는 1949년에 사회주의중국, 즉 이른바 신중국 수립 이후 기존의 국민당 시기의 법률과 사법제도를 전면적으로 부정하고 사회주의 법체계를 새로이 수립한다는 방침을 정했다.[1] 1949년 이후 중국 입법제도의

* 이하 본 장의 내용은, 필자가 출간한 아래 논문을 토대로 수정, 보완하여 작성한 것이다. 강광문, "중국 입법법의 제정과 개정에 대한 고찰 — 법치와 법제정의 관계를 중심으로 —", 「동북아법연구」 제18권 제2호(2024), 147-185면.

1) 1949년 2월 중국공산당이 반포한 「국민당 육법전서의 폐지 및 해방구 사법원칙의 확정에 관한 지시」에서는 신중국의 사법업무는 더 이상 국민당의 육법전서에 의거하지 않고, 새 법률들이 제정되기 전까지는 일단 중국공산당의 정책 및 인민정부와 인민해방군이 제정한 각종 강령, 법률, 명령, 결의에 의거한다고 하였다. 关于废除国民党的六

역사는 크게 다음과 같은 단계로 구분할 수 있다.[2)]

1. 사회주의 입법제도의 초기 모색 단계(1949~1958년)

1954년에 중국은 첫 사회주의 헌법전인 중화인민공화국헌법(이하 '1954년 헌법')과 그에 대응한 전국인민대표대회조직법, 국무원조직법 등 국가기구 관련법을 제정하고 형법을 포함한 일부 기본법의 제정을 준비하기 시작하였다.[3)]

1954년 헌법에 따르면 전국인민대표대회는 "국가입법권을 행사하는 유일한 기관"이고 전인대상무위원회는 법률을 해석하고 법령을 제정하며, 국가의 최고 행정기관인 국무원은 "헌법, 법률 및 법령에 근거하여 행정조치를 규정하고, 결의와 명령을 반포"한다. 그 외 지방의 국가권력기관인 지방 각급인민대표대회는 법률이 규정한 권한에 따라 결의를 통과, 반포한다.[4)] 따라서 이 헌법은 국가의 입법권, 즉 법률의 제정권을 전국인민대표대회에 집중시키고 기타 국가기관의 입법권을 인정하지 않았다.

하지만 사회주의국가체제의 특성상 非상설기구로 소집되는 전국인민대표대회가 국가의 모든 입법권을 행사하는 데는 한계가 있으므로, 1955년에는 전인대상무위원회가 일부 법률을 제정할 수 있다고 수권함으로써 입법권을 전인대상무위원회에 확대하게 된다.[5)]

法全书与确定解放区的司法原则的指示(1949年).

2) 周旺生, 『立法学教程』, 北京大学出版社, 2010年, 127－136页; 李林, 『中國的法治道路』, 社會科學出版社, 2016年, 1~33页; 정영진 · 강광문, 『중국법 강의』, 박영사, 2022, 34~36면 참조.

3) 전국인민대표대회가 공식적으로 출범하기 전에 그 역할을 대행한 전국인민정치협상회의 및 전국인민정치협상회의에서 선출된 중앙인민정부위원회(中央人民政府委员会)가 1954년 9월에 사회주의 첫 헌법이 제정되기 이전까지 일부 법률 또는 법률문제 관련 결정을 내린 기간이 있었다. 당시 전국인민정치협상회의가 4건의 법률, 중앙인민정부위원회가 25건의 법률, 총 29건의 법률을 제정하였다. 대표적인 법률로는 혼인법(1950년 4월), 토지개혁법(1950년 6월) 등이 있다. 全国人大常委会法工委立法规划室编, 『中华人民共和国立法统计(2018年版)』, 中国民主法制出版社, 2019年, 251~253页.

4) 1954년 헌법 제22조, 제31조, 제49조, 제60조.

5) 李林, 앞의 책, 76页.

2. 사회주의 입법제도의 정체기(1958~1978년)

1950년대 중반 이후 중국은 각종 정치투쟁에 휘말리게 되고 막 시작한 법률제정 작업도 중단된다. 1957년의 반우파운동을 시작으로 10년에 걸친 문화대혁명(1966~1976년) 기간에 중국의 사회적 혼란은 극에 달했다. 이 시기 중국에서는 법과 입법이 경시되고 지도자의 담화나 의견, 공산당과 정부의 각종 결의, 명령, 통지, 결정 등을 통해 국가가 운영되었다.[6)]

3. 사회주의 입법제도의 형성·정착의 시기(1978~2000년)

중국이 개혁개방정책을 도입한 1978년은 이른바 사회주의 법제건설이 본격적으로 추진되기 시작한 해이기도 하다. 이는 당시 등소평이 중국공산당 회의에서 한 다음의 발언에서 잘 나타나 있다.

> “인민민주를 보장하기 위하여 반드시 법제를 강화하여야 한다. 민주[주의]가 제도화되고 법률화되어야 하고, 이러한 제도와 법률이 지도자의 변화에 따라 변하지 않고, 지도자의 의견과 관심의 변화에 따라 변하지 않아야 한다”.[7)]

즉 사람에 의한 통치가 아닌 법에 의한 통치, 법제와 법률을 통한 국가제도의 운영을 강조한 것이다. 그 후 형법과 형사소송법을 시작으로 각종 법률이 제정되고 1982년에 새로운 헌법이 통과된다(현행 헌법, 2018년 최근 개정). 1954년 헌법에 비하여 이 헌법은 전국인민대표대회와 전인대상무위원회가 국가입법권을 행사한다고 하고, 국무원은 “헌법과 법률에 근거하여 행정조치를 규정하고, 행정법규를 제정하며 결정과 명령을 반포”하고 성급 인민대표대회와 그 상무위원회는 “헌법, 법률과 행정법규에 저촉되지 않는 전제

---

6) 周旺生, 앞의 책, 131~132页.

7) 등소평의 발언 원문은 “为了保障人民民主, 必须加强法制。必须使民主制度化、法律化, 使这种制度和法律不因领导人的改变而改变, 不因领导人的看法和注意力的改变而改变”. 邓小平, 「解放思想, 实事求是, 团结一致向前看」(1978年).

하에 지방성법규(地方性法规)를 제정"할 수 있다고 규정하였다.[8)]

전국인민대표대회와 전인대상무위원회의 입법권 행사와 관련하여, 헌법은 전국인민대표대회가 이른바 기본법률을 제정하고 전인대상무위원회는 전국인민대표대회가 제정한 법률 이외의 기타 법률을 제정하도록 규정하였다.[9)] 또한 전인대상무위원회는 전국인민대표대회 폐회 기간에 전국인민대표대회가 제정한 법률을 부분적으로 개정할 수 있다. 당시 이러한 제도설계의 이유로, 대표자 수가 많은 전국인민대표대회는 수시로 회의를 개최할 수 없고 그에 비해 상설기구인 전인대상무위원회가 다양한 입법업무를 수행하는데 더욱 적합하기 때문이라고 설명되었다.[10)]

이 시기에 전국인민대표대회와 전인대상무위원회가 제정한 법률과 더불어 국무원이 제정한 행정법규, 지방 인민대표대회가 제정한 지방성법규가 지속적으로 증가하게 됨으로써 중국의 입법체계가 어느 정도 형성하게 된다. 한편으로 복수 주체가 제정한 법규범의 증가로 입법권한의 충돌, 법규 간 모순과 불일치, 법제정 절차의 미비 등 문제가 대두하면서, 입법제도들 규율하는 일반법의 제정 필요성이 제기되었다. 2000년 입법법이 탄생하게 된 배경이다.

4. 사회주의 입법제도의 정비·발전의 시기(2000년~현재)

중국 입법제도에 관해 사실상 헌법적 역할을 수행하게 될 입법법은, 크게 법률과 행정법규 및 지방성법규의 범위, 제정절차, 사후 비안(备案)과 심사 및 각 규범 간의 효력관계 및 충돌 시 해결 방법 등의 내용을 담고 있다. 특히 입법권한의 배분 문제와 관련하여 반드시 법률을 통해 규정해야 하는 내용, 즉 이른바 법률전속권(法律专属权)의 사항을 열거하여 규정한 점이 높

8) 1982년 헌법 제58조, 제89조, 제100조.

9) 중국의 헌법과 입법법에서는 전국인민대표대회가 기본법률을 제정, 개정한다고 하고 있으나 기본법률의 개념과 범위 등에 대해서는 명확히 규정하지 않고 있다. 기본법률의 개념 등에 관해서는 강광문, "중국에서 기본법률의 효력에 관한 고찰", 「중국법연구」 제20집(2013), 25~54면 참조.

10) 徐向華·林彦, "我國〈立法法〉的成功和不足", 『法學(華東政法大學)』, 2000年第6期, 4页.

게 평가되고 있다. 일종의 중국식 법률유보원칙을 도입한 것이다.[11]

2000년 입법법은 각종 법규범의 사후등록과 심사를 위한 이른바 비안심사제도를 규정하였지만 실제로는 오랫동안 기능하지 않았다. 법률의 합헌성 및 기타 법규범의 합헌성과 합법성 심사를 포함한 모든 법규범에 대한 사후 통제를 강화하는 것이 2015년 및 2023년 입법법 개정의 주요 내용이 되었다.

Ⅱ. 중국 입법 현황

1. 중국의 주요 법률

중국 정부의 공식 통계에 따르면, 현재(2024년 5월 30일) 중국에서 유효하게 시행되고 있는 법률은 총 313건이다(헌법 제외). 그중 전국인민대표대회가 제정한 법률은 34건, 전인대상무위원회가 제정한 법률은 279건이다. 전인대가 제정한 법률은 다음과 같다.

도표 1. 전국인민대표대회가 제정한 법률[12]

연번	법률 명칭	제정 연도
1	형법	1979년(2023년 최신 개정)
2	형사소송법	1979년(2018년 최신 개정)
3	인민법원조직법	1979년(2018년 최신 개정)
4	인민검찰원조직법	1979년(2018년 최신 개정)

11) 구체적으로는 아래와 같은 10가지 사항에 관해서는 반드시 법률로 정해야 한다고 하였다. ① 국가주권 ② 각급 인민대표대회, 인민정부, 인민법원, 인민검찰원의 설치, 조직과 기능 ③ 민족구역자치제도, 특별행정구제도, 기층군중자치제도 ④ 범죄와 형벌 ⑤ 공민(公民)의 정치권의 박탈, 인신의 자유를 제한하는 강제조치와 처벌 ⑥ 비국유재산의 징수 ⑦ 민사기본 제도 ⑧ 기본 경제 제도와 재정, 세금, 세관, 금융, 대외무역의 기본 제도 ⑨ 소송과 중재제도 ⑩ 반드시 전국인민대표대회와 그 상무위원회가 법률로 정해야 하는 기타 사항. 2000년 입법법 제8조.

12) 아래 중국 사법부 홈페이지 자료를 토대로 정리. https://flk.npc.gov.cn/(최종 접속: 2024.8.1.).

연번	법률 명칭	제정 연도
5	전국인민대표대회 및 지방 각급인민대표대회 선거법	1979년(2020년 최신 개정)
6	지방 각급인민대표대회 및 지방 각급인민정부 조직법	1979년(2022년 최신 개정)
7	국적법	1980년
8	개인소득세법	1980년(2018년 최신 개정)
9	전국인민대표대회조직법	1982년(2021년 최신 개정)
10	국무원조직법	1982년(2024년 최신 개정)
11	민족구역자치법	1984년(2001년 최신 개정)
12	병역법(兵役法)	1984년(2021년 최신 개정)
13	의무교육법	1986년(2018년 최신 개정)
14	전민소유제공업기업법	1988년(2009년 최신 개정)
15	전국인민대표대회의사규칙	1989년(2021년 최신 개정)
16	행정소송법	1989년(2017년 최신 개정)
17	홍콩특별행정구기본법	1990년(2021년 최신 부록 개정)
18	마카오특별행정구기본법	1990년(2021년 최신 부록 개정)
19	민사소송법	1991년(2023년 최신 개정)
20	전국인민대표대회 및 지방 각급인민대표대회 대표법	1992년(2015년 최신 개정)
21	공회법	1992년(2021년 최신 개정)
22	부녀권익보장법(妇女权益保障法)	1992년(2022년 최신 개정)
23	예산법	1994년(2018년 최신 개정)
24	인민은행법	1995년(2003년 최신 개정)
25	교육법	1995년(2021년 최신 개정)
26	행정처벌법	1996년(2021년 최신 개정)

연번	법률 명칭	제정 연도
27	국방법	1997년(2020년 최신 개정)
28	입법법	2000년(2023년 최신 개정)
29	국가분열반대법	2005년
30	기업소득세법	2007년(2018년 최신 개정)
31	자선법(慈善法)	2016년(2023년 최신 개정)
32	감찰법	2018년
33	외상투자법	2019년
34	민법전	2020년

이 표에서 보는 바와 같이, 전국인민대표대회는 대체로 헌법과 입법법에서 규정한 이른바 기본법률에 해당하는 법령을 입법하지만 자선법(慈善法)이나 공회법(노동조합법)과 같이 반드시 국가의 기본법으로 간주하기 어려운 법을 제정하기도 하고, 반대로 회사법이나 노동법과 같은 국가의 기본적인 법률을 전국인민대표대회가 아닌 전인대상무위원회가 입법하는 경우가 있다.[13]

2. 역대 전국인민대표대회 및 전인대상무위원회의 입법 건수

1978년 이후 각 기 전국인민대표대회 및 전인대상무위원회에서 제정, 개정한 법률의 수는 다음과 같다.

13) 법률 외에 국무원이 제정, 반포한 행정법규는 약 590건이고 이보다 훨씬 많은 지방성 법규 및 부문규장과 지방정부규장이 제정되어 왔다. 아래 중국 사법부 홈페이지의 자료에 근거. http://xzfg.moj.gov.cn/search2.html(최종 접속: 2024.8.1.).

도표 2. 역대 전국인민대표대회 및 전인대상무위원회가 제정한 법률[14)]

회의 기간	입법 기관	입법 건수	합계
제5기 전국인민대표대회(1978~1983)	대회	26	66
	전인대상무위원회	40	
제6기 전국인민대표대회(1983~1988)	대회	12	65
	전인대상무위원회	53	
제7기 전국인민대표대회(1988~1993)	대회	27	88
	전인대상무위원회	61	
제8기 전국인민대표대회(1993~1998)	대회	26	119
	전인대상무위원회	93	
제9기 전국인민대표대회(1998~2003)	대회	13	114
	전인대상무위원회	101	
제10기 전국인민대표대회(2003~2008)	대회	12	100
	전인대상무위원회	88	
제11기 전국인민대표대회(2008~2013)	대회	8	86
	전인대상무위원회	78	
제12기 전국인민대표대회(2013~2018)	대회	9	127(207)[15)]
	전인대상무위원회	118	
제13기 전국인민대표대회(2018~2023)	대회	15	211
	전인대상무위원회	196	

14) 이는 전국인민대표대회와 전인대상무위원회가 제정한 법률, 법률해석, 법률문제 관련 결정 및 헌법개정안을 포함한 수치이다. 2018년까지의 통계는 全国人大常委会法工委立法规划室 编, 『中华人民共和国立法统计(2018年版)』 中国民主法制出版社, 2019年, 327页에 의함. 2018년 이후 통계는 전인대상무위원회업무보고(2023)를 토대로 저자가 작성. https://www.gov.cn/xinwen/2023-03/16/content_5747071.htm(최종 접속: 2024.8.1.).

15) 全国人大常委会法工委立法规划室 编, 『中华人民共和国立法统计(2018年版)』 中国民主法制出版社, 2019年, 327면에 의하면, 제12기 전국인민대표대회 기간에 전국인민대표대회는 총 9건의 법률(법률해석, 법률 관련 결정 등 포함)을, 전인대상무위원회는 총

제2절 중국 입법법의 제정과 개정

Ⅰ. 2000년 중국 입법법의 제정 배경과 논의

1978년 이후 중국공산당과 정부가 사회주의 법제건설을 표방하고 헌법과 관련법의 제정으로 중국에서는 각종 법규의 제정이 활발히 진행되었다.[16] 이러한 입법 활동은 법규범의 체계를 수립하는 등 긍정적인 측면과 더불어 일련의 문제를 초래하였다.[17] 요컨대, 입법권한 경계의 모호함에 따른 월권입법의 문제, 법규범 간의 모순과 불일치, 입법 절차의 미비, 나아가 정부 부처나 지방정부가 입법의 형식을 빌려 편협적인 부처이익이나 지방이익을 추구하는 현상들이 나타났다. 이로써 법질서의 통일성이 부족하고 제정된 법의 질이 저하되고, 이는 결국 법에 대한 사람들의 신뢰를 저하시키는 결과로 이어진다.

위와 같은 문제를 해결하기 위하여, 1990년대 이후 중국에서는 입법절차 전반을 규제하는 입법법의 제정 필요성이 제기되었다.

당시 입법법의 초안 작성 과정에서 관련 논의는 주로 입법 권한의 배분을 둘러싸고 이루어졌다. 우선, 중국 헌법에서 국가입법권을 함께 행사한다

118건의 법률을 제정한 것으로 되어 있다. 한편으로, 전인대상무위원회업무보고(2023)에 따르면 같은 기간 전국인민대표대회와 전인대상무위원회는 총 207건의 법률, 법률개정안, 법률관련 결정 및 법률해석을 심의시켰다고 한다. 이러한 통계수치의 불일치에 대해서는 향후 보다 세밀한 검증이 필요해 보인다.
https://www.gov.cn/xinwen/2018-03/24/content_5277073.htm.

16) 2000년 입법법 제정 이전까지 전국인민대표대회와 전인대상무위원회는 총 373건의 법률 또는 법률 관련 결의를 통과하고, 국무원은 800여 건의 행정법규를 제정하였으며 성급 인민대표대회와 상무위원회는 7,000여 건의 지방성법규를 제정하였다. 刘莘 主编, 『立法法』, 北京大学出版社, 2008年, 32页.

17) 당시 입법법의 초안 작성에 참여한 전문가에 의하면 중국 입법제도는 다음과 같은 문제점을 안고 있다. ① 헌법에 규정한 입법권한이 명확하지 않다. 여기에는 다시, 전국인민대표대회와 전인대상무위원회 간의 입법권 배분이 불명확하고, 행정법규와 법률의 구분이 불명확하며, 지방성법규의 권한이 불명확하다는 점이 포함된다. ② 입법과정에서 부처이익, 지방이익 편향 문제가 심각하다. ③ 법률해석의 성격, 권한 및 위치 설정이 명확하지 않다. ④ 입법절차의 무질서 상태가 보인다. 刘莘, 앞의 책 34~36页.

고 한 전국인민대표대회와 전인대상무위원회의 권한을 명확히 구분할 것인가 및 어떻게 구분할 것인가이다. 다음으로, 행정입법에 관련하여 국무원 등 행정기관에 입법권을 부여할 것인가, 나아가 어떠한 사항은 행정입법을 통해 규정할 수 있고 어떠한 사항은 반드시 법률을 통해 규정해야 할 것인가다. 또한 이러한 법률유보사항을 입법법에 구체적으로 열거하여 규정해야 하는지 아니면 일반적인 규정을 두는 데 그쳐야 하는지도 논의되었다.

II. 2000년 중국 입법법의 제정

1. 입법법의 목차와 주요 내용

실제로 2000년에 제정된 입법법의 목차를 보면 제1장 총칙에 이어 제2장 법률, 제3장 행정규장, 제4장 지방성법규·자치조례·단행조례·규장, 제5장 적용과 비안, 제6장 부칙 등 총 6장 94조항으로 구성되었다. 그 주요 조문의 내용은 다음과 같다.

도표 3. 2000년 입법법의 주요 내용

	주요 내용
입법법의 적용 범위	**제2조** 법률, 행정법규, 지방성법규(자치조례와 단행조례 포함)의 제정, 개정 및 폐지는 이 법을 적용한다. 국무원의 부문규장과 지방정부규장의 제정, 개정 및 폐지는 이 법의 관련 규정에 따라 집행한다.
기본법률과 법률	**제7조** 전국인민대표대회와 전인대상무위원회가 국가입법권을 행사한다. 전국인민대표대회가 형사, 민사, 국가기구 관련 및 기타 기본법률을 제정한다. 전인대상무위원회는 전국인민대표대회가 제정한 법률 이외의 기타 법률을 제정한다. [이하 생략]
법률전속사항	**제8조** 아래 사항은 오로지 법률만을 [통해] 제정할 수 있다. ① 국가주권 사항 ② 각급 인민대표대회, 인민정부, 인민법원과 인민검찰원의 생성, 조직과 기능 ③ 민족구역자치제도, 특별행정구제도, 기층군중자치제도 ④ 범죄와 형벌 ⑤ 공민(公民) 정치권리의 박탈, 인신자유를 제한하는 강제조치와 처벌 ⑥ 非국유재산의 징수 ⑦ 민사기본제도 ⑧ 기본 경제제도와 재정, 세금, 세관, 금

		융, 대외무역의 기본제도 ⑨ 소송과 중재제도 ⑩ 반드시 전국인민대표대회와 그 상무위원회가 법률로 정해야 하는 기타 사항
행정규장 관련	수권입법	**第9조** 이 법 제8조가 규정한 사항에 관하여 아직 법률이 제정되지 않은 경우, 전국인민대표대회와 그 상무위원회는 결정을 통하여 국무원에 수권하므로 [국무원이] 실제 수요에 따라 그중의 일부 사항에 관해 우선 행정법규를 제정하게 할 수 있다. 단 범죄와 형벌, 공민의 정치적 권리를 박탈하거나 인신자유를 제한하는 강제조치와 처벌, 사법제도 등 사항은 제외한다.
	행정법규의 범위	**第56조** 국무원은 헌법과 법률에 근거하여 행정규장을 제정한다. 행정규장은 다음과 같은 사항에 관하여 규정할 수 있다. ① 법률의 규정을 집행하기 위하여 행정법규의 제정이 필요한 사항 ② 헌법 제89조가 규정한 국무원의 행정관리기능 관련 사항. 전국인민대표대회와 전인대상무위원회가 법률을 제정하여야 하는 사항에 대하여 국무원이 전국인민대표대회와 전인대상무위원회의 수권결정에 근거하여 행정법규를 미리 제정한 경우, 실천의 점검을 거쳐 법률을 제정할 조건이 성숙되었다면, 국무원은 반드시 전국인민대표대회와 전인대상무위원회에 법률을 제정하도록 제청하여야 한다.
지방성법규 관련		**第63조** 성, 자치구, 직할시의 인민대표대회와 그 상무위원회는 본 행정구역의 구체적 상황과 실제적 수요에 따라 헌법, 법률 및 행정법규와 저촉하지 않는 전제하에서 지방성법규를 제정할 수 있다. [이하 생략]
비안 등 사후심사 관련		**第88조 제2항** 전인대상무위원회는 헌법과 법률에 저촉되는 행정법규를 취소할 수 있고, 헌법, 법률 및 행정법규에 저촉하는 지방성법규를 취소할 수 있다. [이하 생략].
		第89조 행정법규, 지방성법규(자치조례, 단행조례 포함), 규장은 공포 후 30일 이내에 아래와 같이 비안하여야 한다. ① 행정규장은 전인대상무위원회에 비안하여야 한다. ② 성급 인민대표대회와 그 상무위원회가 제정한 지방성법규는 전인대상무위원회와 국무원에 비안하여야 한다. [이하 생략]

2. 입법법 관련 내용 분석

2000년에 제정된 이 입법법은 당시 논의된 중국 입법권의 권한배분 관련 쟁점들에 대해 일부 답을 제시하였다.

첫째, 전국인민대표대회와 전인대상무위원회의 입법권한 문제에 관해서는 기존 헌법의 규정을 그대로 답습하고 새로운 내용을 추가하지 않았다. 즉 기본법률과 법률의 구분 기준을 명확히 하거나 전인대상무위원회의 입법범위를 구체적으로 열거하거나 제한하는 방식을 취하지 않았다. 오히려 제8조는 전국인민대표대회의 전속입법 사항을 규정하지 않고 전국인민대표대회 또는 전인대상무위원회가 모두 제정 가능한 '법률'의 전속사항을 규정함으로써, 전국인민대표대회와 전인대상무위원회의 입법권 구분이 모호하게 되었다.[18] 중국의 현실을 고려한 이러한 방식은 — 전국인민대표대회와 전인대상무위원회의 입법권을 명확히 구분하지 않고 기본법률과 법률 간의 효력 우위를 정하지 않는 방식 — 그 후 변함없이 현재에 이르게 된다.

둘째, '행정입법권'이라는 용어를 사용하지는 않았지만 법률 외에 행정규장의 제정권을 실질적인 입법으로 간주하고 국무원의 입법권을 인정하였다. 이는 입법법에서 법률과 더불어 행정법규를 별도의 장에서 다루고 있고 "행정법규의 제정, 개정, 폐지는 이 법을 적용한다"는 규정에서 명확해진다.

셋째, 형식상 반드시 법률로 정하여야 하는 사항, 즉 전국인민대표대회와 전인대상무위원회의 입법권의 범위를 열거하여 규정하는 방식을 채택하였다. 입법법에서 열거한 10가지 사항에 관해서는 반드시 법률을 통해 규제되어야 하고, 필요할 경우 행정입법에 위임할 수 있지만 "범죄와 형벌, 공민의 정치적 권리를 박탈하거나 인신자유를 제한하는 강제조치와 처벌, 사법제도 등 사항"은 위임할 수 없다.

마지막으로, 입법법은 각종 법규범의 효력관계에 대하여 보다 명확히 하고 행정법규를 포함한 하위 법규범에 대한 사후 심사제도인 비안심사제를 도입하였다. 입법권한을 복수의 주체에 인정하면서 사후통제 제도를 도입하여 법질서의 통일성을 어느 정도 확보하고자 한 것이다.

Ⅲ. 2015년 중국 입법법의 개정

2012년 시진핑 체제가 시작된 이후 이른바 사회주의법치국가의 건설이

---

18) 徐向華·林彦, 앞의 논문, 9页.

더욱 강조되고 2014년에 중국공산당은 '의법치국을 전면적으로 추진함에 있어서 중대 문제에 관한 결정'을 반포하면서 향후 중국 법제건설의 방향을 제시하였다.[19] 입법제도에 관해서는 "헌법을 중심으로 하는 사회주의 법률체계를 정비하고 헌법의 실시를 강화"할 것을 요구하였다. 특히 "법률은 치국의 중기(重器)이고 양법은 선치(善治)의 전제"이므로, 입법이 경제발전과 사회개혁에 선행되어야 하고, 이를 위해서는 과학적인 입법과 중점 영역 입법을 강화하여야 한다.

2015년 입법법 개정안에 대한 전인대상무위원회의 설명에 따르면, 이번 개정에는 크게 입법체제의 정비, 입법에서 전국인민대표대회와 전인대상무위원회의 역할 강화, 과학입법과 민주입법의 추진, 행정법규 제정절차의 강화, 비안심사제도의 보완 및 사법해석에 대한 규범과 감독 등의 내용이 포함되었다.[20] 이하에서는 2015년 법개정 내용 중 본문의 논의와 관련된 몇 가지 부분을 간단히 살펴보도록 한다.

첫째, 입법이 경제개혁과 사회발전의 수요에 적응하도록 하기 위하여 법의 적용을 필요에 따라 변경할 수 있도록 한다. 기존의 수권입법과 더불어, 전국인민대표대회와 전인대상무위원회는 "개혁발전의 수요에 근거하여, 행정관리영역의 특정 사항에 관하여 일정 기간 동안, 부분 지역에서 법률의 일부를 임시로 변경하여 적용하거나 또는 임시로 그 적용을 정지시키는 결정을 내릴 수 있다"(2015년 입법법 제13조).

둘째, 지방입법권의 주체를 확대하였다. 기존 입법법은 성급 인민대표대회와 그 상무위원회 및 예외적으로 '비교적 규모가 큰 시'의 인민대표대회가 지방성법규를 제정한다고 하였으나 개정 후에는 모든 '구를 설치한 시'는 도시건설, 환경보호, 역사문화보호 등 사항에 대하여 지방성법규를 제정할 수 있게 되었다(제72조).

마지막으로, 제대로 작동하지 않는 비안심사제도와 관련하여 일부 내용을 보완하였다. 구체적으로, 전국인민대표대회의 관련 전문위원회와 상무위

---

19) 「中共中央关于全面推进依法治国若干重大问题的决定」(2014年).

20) 李建国, "关于〈中华人民共和国立法法修正案(草案)的说明〉"(2015年3月).

원회공작기구(常务委员会工作机构)는 사후에 등록된 행정법규 등 규범성문건에 대하여 주동적 심사(主动审查)을 실시할 수 있고, 관련 전문위원회와 상무위원회공작기구는 심사 후 반드시 그 심사결과를 공민 등 신청인에게 회신하고 필요할 경우 사회에 공개하여야 안다(제99조 · 제101조).

결론적으로, 2015년에 실제로 개정된 입법법의 내용을 살펴보면 입법권한의 배분 문제에 관해서는 큰 변함이 없고 — 오히려 지방입법권을 일부 확대함 —, 사후심사와 규범통제를 강화하기 위한 일부 내용을 추가하였다고 평가할 수 있다.

제3절 중국 입법법 최신 개정의 주요 내용

Ⅰ. 2023년 중국 입법법의 개정

2018년에 중국은 헌법을 개정하고 국가감찰위원회를 중심으로 하는 공직자에 대한 새로운 감찰 · 수사제도를 도입하였다. 이를 위하여 감찰법과 감찰관법을 제정하고 형사소송법을 포함하여 일련의 법률을 개정하였다.[21] 그 과정에서 입법체제가 국가기구의 개혁 등 실제 수요에 부응하지 못하는 문제가 생기게 되고, 이런 배경 하에 입법법을 다시 한차례 개정하기에 이른다. 전인대상무위원회는 입법법의 개정 필요성에 대하여 다음과 같이 설명한다.

> "입법은 의법치국을 전면적으로 실현하기 위한 전제이자 기초이고, 우리나라[중국] 사회주의법치건설의 가장 우선적인 고리이다. 국가의 개혁발전의 새로운 형세와 새로운 요구에 적응하기 위하여 새 시대 입법업무의 실천경험을 총화하고 우리나라 입법제도, 메커니즘을 완비하여야 한다. 입법법을 개정하는 중요한 목적은, 의법치국의 전면적인 실현에 관한 공산당중앙의 전략배치에 따라, 입법이라고 하는 핵심 고리를 중심으로 새 시대의 입

21) 강광문, "2018년 중국의 헌법 개정과 감찰제도 개혁에 관한 고찰 — 중국식 법치의 개념을 중심으로 —", 「중국법연구」 제49집(2022), 8~12면.

법업무를 강화하고 개진함으로써, 헌법을 핵심으로 하는 중국특색의 사회주의법률체계를 완성하고 중국특색의 사회주의법치체계를 수립하고, 사회주의법치국가를 건설하는 것이다".[22]

도표 4. 2023년 입법법의 주요 개정 내용

	2023년 입법법에 추가된 내용(일부)[24]	주요 변화
총칙 부분	**제3조** (추가된 내용) 입법은.......'3개 대표'의 중요사상과 과학발전관, 시진핑새시대중국특색사회주의사상(习近平新时代中国特色社会主义思想)의 지도하에 중국특색사회주의법치체계의 건설을 추진하고, 법치의 궤도에서 사회주의 현대화국가를 전면적으로 건설할 것을 보장하여야 한다.	입법의 지도이념에 시진핑사상 추가 '중화민족의 위대한 부흥'을 입법목적으로 정함 입법에 노넉적 목표 반영 개혁개방에 부응한 입법과 법치
	제4조 입법은 경제건설을 중심으로 개혁개방을 견지하며 새로운 발전 이념을 관철하고 중국식 현대화를 통해 중화민족의 위대한 부흥을 전면적으로 추진하도록 보장해야 한다.	
	제8조 입법은 사회주의핵심가치관을 창도, 선양하여야 하고 의법치국과 이덕치국(以德治国)을 결합시켜야 하며 중화민족의 공동체의식을 구축하고 사회주의정신문명건설을 추진하여야 한다.	
	제9조 입법은 개혁개방의 수요에 적응하여야 하고, 법치하의 개혁추진과 개혁속의 법치정비의 상호 통일을 견지하고, 관련 개혁을 인도, 추진, 규범화 및 보장하고, 법치가 국가통치의 체계와 통치능력의 현대화에 있어서 중요한 역할을 하도록 하여야 한다.	
입법권한 등	**제10조** [생략] 전국인민대표대회는 전인대상무위원회에 관련 법률을 제정하도록 수권할 수 있다.	전인대상무위원회에 대한 수권
	제16조 전국인민대표대회와 전인대상무위원회는 개혁발전의 수요에 근거하여, 특정 사항에 관하여 일정 기간 동안, 부분 지역에서 법률 일부의 석용을	개혁발전의 수요에 따라 일부 지역에 있어서 일정

22) 王晨, "关于〈中华人民共和国立法法(修正草案)的说明〉"(2023年3月).
23) 2023년 입법법 개정 조항의 전체 내용은 부록 〈입법법 신구조문 대조표〉 참조.

	임시로 변경하여 적용하거나 또는 임시로 그 적용을 정지시키는 결정을 내릴 수 있다. (이하 추가된 내용) 임시로 변경하여 적용하거나 임시로 그 적용을 정지시킨 사항에 관하여 실천이[실천을 통해] 그 가능성을 증명하였다면, 전국인민대표대회와 전인대상무위원회는 제때에 관련 법률을 개정한다. 법률개정의 조건이 아직 성숙되지 않을 경우 수권 기한을 연장하거나 또는 관련 법 규정의 시행을 회복할 수 있다.	기간 동안 법적용의 임시 변경, 정지 등
	제79조 국무원은 개혁발전의 수요에 따라 행정관리 등 영역의 특정 사항에 관하여 행정법규의 일부 규정이 일정 기간 동안, 일정 범위 내에서 임시로 변경하여 적용하거나 임시로 그 적용을 정지하도록 결정할 수 있다.	행정법규의 시행을 일부 지역에 있어서 일정 기간 동안 임시 변경, 정지
	제84조 [생략] 상해시인민대표대회 및 그 상무위원회는 전인대상무위원회의 수권결정에 따라, 포동신구의 법규를 제정하여 포동신구에서 시행한다. 하이난성인민대표대회 및 그 상무위원회는 전인대상무위원회의 수권결정에 따라 하이난자유무역항 법규를 제정하고 하이난자유무역항 범위에서 시행한다.	포동신구 등 경제특구 입법위임
기층입법연락제도 및 협동입법제도	**제70조** 전인대상무위원회 공작기구는 실제 수요에 따라 기층입법연락처를 설치하고 법률 초안과 입법 업무에 대한 기층군중과 유관 방면의 의견을 심도 있게 청취한다.	입법 과정에 기층인민의 목소리 반영하기 위한 제도 마련
	제90조 성, 자치구, 직할시, 구를 설치한 시, 자치주의 인민대표대회 상무위원회는 실제 수요에 따라 기층입법연락처를 설립하고 지방성법규, 자치조례와 단행조례 초안에 대한 기층군중과 유관 방면의 의견을 주의 깊게 청취하여야 한다.	
	제83조 성, 자치구, 직할시, 구를 설치한 시, 자치주의 인민대표대회와 그 상무위원회는 지역 간의 조화로운 발전의 수요에 따라 지방성법규를 협동하여 제정하여 관할 행정구역 또는 관련 지역 내에서 시행할 수 있다. 성, 자치구, 직할시, 구를 설치한 시, 자치주는 지역간협동입법업무시스템을 구축할 수 있다.	각 지방입권 주체는 필요시 공동으로 입법
	제111조 전국인민대표대회의 각 전문위원회, 상무위	행정법규 등에 대

사후심사(비안심사) 관련	원회 공작기구는 비안을 위하여 보내온 행정법규, 지방성법규(자치조례, 단행조례 포함) 등에 대하여 주동적으로 심사를 진행하고, 필요에 따라서는 전문항목심사를 실시할 수 있다. 국무원 비안심사공작기구는 비안을 위해 보내온 지방성법규(자치조례, 단행조례 포함), 부문규장과 성급 인민정부의 규장에 대하여 주동적으로 심사할 수 있고 필요에 따라서는 전문항목심사를 실시할 수 있다.	한 주동심사와 전문항목심사
	제115조 비안심사기관은 비안심사연결협동시스템(备案审查衔接联动机制)을 구축하고 체계화하여, 다른 기관에서 처리해야 할 심사요청이나 심사건의를 관련 기관에 제때에 이송하여 처리하도록 하여야 한다.	비안심사기관 간의 비안심사연결 및 협동체제

Ⅱ. 2023년 중국 입법법 개정의 주요 내용

전인대상무위원회의 공식적인 입법 설명에 따르면, 이번 입법법 개정의 내용은 크게 7개 부분으로 구성된다.[24) ① 입법 지도사상과 원칙의 정비 ② 합헌성심사 관련 내용의 명확화 ③ 입법정책과 개혁정책이 서로 맞물리고 서로 통일되게 하는 제도와 메커니즘 보완 ④ 전국인민대표대회와 전인대상무위원회의 입법권한, 입법절차 및 업무메커니즘 정비 ⑤ 감찰체제개혁의 수요에 알맞은 관련 내용 보완 ⑥ 지방성법규 및 규장의 권한과 절차 정비 ⑦ 비안심사제도 관련 내용 보완.

구체적으로 2023년 입법법 개정의 내용을 다음과 같이 정리할 수 있다.

1. 입법의 원칙과 지도사상: 시진핑 법치이념 반영

이번 입법법 개정에서는 입법의 원칙과 지도사상을 정한 총칙 부분의 내용을 크게 추가했는데, 그 내용을 보면 주로 법과 입법에 관한 시진핑의 생각을 그대로 법조문화한 듯이 보인다.[25)]

24) 王晨, "关于〈中华人民共和国立法法(修正草案)的说明〉".

25) 시진핑의 법이론과 법치사상에 관해서는 중국공산당선전부가 주도하여 출간한 『习近平法治思想概論』, 高等教育出版社, 2021年 참조.

우선, 입법의 지도사상에 기존의 "중국공산당의 영도, 마르크스레닌주의, 모택동사상 및 등소평이론"과 더불어, 이른바 "3개 대표의 중요사상과 과학발전관", "시진핑새시대중국특색사회주의사상의 지도하에 중국특색사회주의법치체계의 건설" 및 "법치의 궤도에서 사회주의 현대화국가 전면 건설의 보장"을 추가하였다(2023년 입법법 제3조).

다음으로, 시진핑의 취임 초기부터 강조해온 중국식 현대화와 중화민족의 위대한 부흥을 입법의 기본 목표로 설정하였다. 입법은 경제건설을 중심으로 개혁개방을 견지하며 새로운 발전 이념을 관철하고 중국식 현대화를 통해 중화민족의 위대한 부흥을 전면적으로 추진하도록 보장해야 한다(제4조).

그 외 법률의 제정은 각종 도덕이념과 사회주의 가치관을 반영할 것을 요구하고 법치와 더불어 도덕을 통한 통치도 결합하여야 한다는 점을 명시하였다. 사회주의 입법에 반영하여야 하는 도덕 이념에는 "사회주의핵심가치관", "중화민족의 공동체의식", "사회주의정신문명건설"이 포함된다(제8조). 도덕에 대한 법의 자율성이 아닌 법률과 도덕의 결합을 법에 명시한 것이다.

이처럼 중국특색사회주의법치체계의 건설, 중화민족의 위대한 부흥, 도덕을 통한 통치, 사회주의 핵심가치관, 중화민족의 공동체의식 및 중국식 현대화 등 2012년 시진핑 취임 이후 시진핑과 중국공산당이 강조해 온 이론, 개념들이 이번에 개정된 입법법 총칙에 그대로 추가되었다.

2. 개혁과 입법: 입법의 융통성 발휘

위에서 보다시피, 2000년 입법법은 입법주체를 다양하게 규정하고 2015년에 개정 시에는 법의 적용을 개혁발전의 수요에 근거하여 변경할 수 있다는 조항 등을 추가함으로써 입법의 융통성을 강조하였다. 이러한 경향은 이번 개정에서 한층 선명히 드러났다.

우선, 개혁과 입법의 관계 일반에 있어서 개혁을 위한 법제정이 강조되었다. 즉 입법은 개혁개방의 수요에 적응하여야 하고, 법치 하의 개혁추진과 개혁 속의 법치정비가 상호 결합되고, 입법을 통해 개혁을 인도, 추진, 규범화 및 보장하여야 한다(제9조). 한마디로, 입법은 개혁을 위해야 하고 법치의 추구가 제도개혁과 경제발전의 걸림돌이 되어서는 안 된다.

다음으로, 구체적인 규정에 있어서도 입법의 융통성을 위한 여러 조항들이 추가되었다.

첫째, 기존의 법적용의 임시 변경 조항을 확대하여 규정하였다. 전국인민대표대회와 전인대상무위원회는 개혁발전의 수요에 근거하여 일부 법률의 적용을 변경, 정지 한 후 상황에 따라 다음과 같이 처리한다. 즉 "임시로 변경하여 적용하거나 임시로 그 적용을 정지시킨 사항"에 관해 실천을 통해 변경 또는 정지 적용의 가능성이 증명되었다면 그에 대응하여 제때에 법률을 개정하고, 법률개정의 조건이 아직 성숙되지 않을 경우에는 변경을 위한 수권을 연장하거나 또는 정지된 법률규정의 시행을 회복할 수 있다(제16조). 법적용의 융통성은 행정법규에 관해서도 강조되었다. "국무원은 개혁발전의 수요에 따라 행정관리 등 영역의 특정 사항에 관하여 행정법규의 일부 규정이 일정 기간 동안, 일정 범위 내에서 임시로 변경하여 적용하거나 임시로 그 적용을 정지하도록 결정할 수 있다"(제79조).

둘째, 입법권한의 배분에 있어서 전국인민대표대회는 전인대상무위원회에 관련 법률을 제정하도록 수권할 수 있다는 점을 명확히 하였다(제10조). 중국 헌법과 2023년 개정 이전 입법법에 따르면, 전국인민대표대회와 전인대상무위원회는 공동으로 입법권을 행사하고 전국인민대표대회가 기본법률을 제정하고 전인대상무위원회가 전국인민대표대회가 제정한 법률 이외의 기타 법률을 제정하도록 규정하였다. 다만 전국인민대표대회와 전인대상무위원회의 입법권 명확히 구분되지 않고, 실제로는 전인대상무위원회가 일부 국가의 기본적인 법률을 포함한 대부분의 법률을 제정해 왔다. 이 조항의 추가로 비록 전국인민대표대회가 제정하여야 하는 법이라고 할지라고 전인대상무위원회가 필요에 따라 그때그때에 신속하게 제정할 수 있는 제도장치가 마련되었다.

셋째, 전인대상무위원회의 심의절차에 있어서 기존 규정에 따르면 법률안은 두 차례의 상무위원회 심의를 거친 후 표결에 부치고 사항이 단순하거나 부분 개정의 경우 또는 의견이 비교적 일치한 경우에는 한 차례 심의 후 즉시에 표결을 진행할 수 있는데, 이번 개정에는 한 차례 심의할 수 있는 경우로 "상황이 긴급할 때에는(遇有紧急情形的)"을 추가하였다(제33조). 즉 상황이 긴박하다고 판단되면 관련 법률안 사안의 경중과 의견이 일치여부와 관계없이 한 차례 회의를 거친 후 표결에 부칠 수 있다.

3. 지방입법권의 진일보 확대

2015년에 개정된 입법법은 지방입법권의 주체를 일부 확대하였는데, 이번 개정에서는 지방입법권을 진일보 확대시키는 일부 내용을 추가 규정하였다.

우선, 구를 설치한 시의 인민대표대회와 상무위원회는 기존의 "도시와 농촌 건설관리, 환경보호, 역사문화 보호" 영역에서 지방성법규를 제정할 수 있는데 여기에 "기층지방의 통치와 관리(基层治理)"가 추가되고 "환경보호"는 "생태문명건설"로 확대되었다(제81조).

다음으로, 새로 건설되는 상해포동신구와 하이난자유무역항의 발전을 위하여 상하이시 인민대표대회와 그 상무위원회, 하이난성 인민대표대회와 그 상무위원회에 경제특구 법규를 제정할 권한이 일괄적으로 수권되었다(제84조). 1980년대 중국 개혁개방 초기에 심천 등 경제특구의 발전을 위한 포괄적 위임의 입법모델이 상하이시와 하이난성으로 확대된 것이다.

마지막으로, 지방입법권의 효율적인 행사를 위하여 새로운 제도, 즉 지역간협동입법업무시스템을 도입하도록 하였다. 이에 따르면, 각 지방의 인민대표대회 및 그 상무위원회는 "지역 간의 조화로운 발전의 수요에 따라 지방성법규를 협동하여 제정"할 수 있고, 이를 위하여 협동입법을 수행하기 위한 업무조직을 만들 수 있다(제83조). 이는 각 지역이 협동하여 그 지역에 공동으로 적용되는 지방법규를 입법하는 한 형식이다.

4. 기타 내용

이번 입법법 개정의 기타 주요 내용에는, 우선 시진핑이 제기한 이른바 '국가생활 전 과정에서 인민주권의 구현'을 위한 제도로서 기층입법연락처의 설치 조항이 있다. "전인대상무위원회공작기구는 실제 수요에 따라 기층입법연락처를 설치하고 법률 초안과 입법 업무에 대한 기층군중과 유관 방면의 의견을 청취하여야 한다"(제70조). 입법 과정에서 인민의 목소리를 직접 반영하고자 도입한 이러한 기층입법연락처 제도가 향후 어떻게 정착되고 발전할지는 시간을 두고 봐야 할 것이다.

그 외 2018년 헌법 개정과 국가감찰제도의 개혁에 상응하여 감찰법규에 관한 조항을 추가하고(제118조), 기타 국가기구 관련 조항에 '감찰위원회' 또는 '국가감찰위원회'를 추가하였다(제11조, 제17조, 제29조 등).[26]

마지막으로, 이번 입법법 개정은 2015년 개종 후 본격적으로 시작한 비안심사제도 관련 내용을 보완하였다. 비안심사제도에 관해서는 아래에서 보다 자세히 살펴보기로 한다.

Ⅲ. 입법법의 개정과 비안심사제도: 중국식 위헌심사제도의 시도

중국에는 헌법재판소가 존재하지 않고 공식적인 위헌심사제도도 존재하지 않는다. 비록 중국 헌법에서는 전인대상무위원회가 헌법을 해석하고 헌법의 시행을 감독하며 법률을 해석한다고 규정하고, 입법법은 법률 외의 행정법규 등 법규범에 대한 사후 비안과 심사를 규정하고 있었으나 오랫동안 법률의 위헌성 심사, 행정법규 등의 위헌성 및 법률적합성 심사는 실제로 이루어지지 않았다. 시진핑 체제가 시작된 2012년 이후, 중국공산당은 국가 법체계의 통일성을 유지하고 헌법의 실시와 감독을 강화한다는 명분하에 합헌성 심사를 포함한 각종 법규범에 대한 비안심사제도를 강화해 나갈 것을 거듭 강조하였다.

---

26) 2018년 중국의 헌법 개정과 국가감찰제도 개혁에 관련해서는 위의 제1장 내용 참조.

위와 같이 입법법의 두 차례 개정을 통해 비안심사제도 관련 내용이 추가됨과 더불어 전인대상무위원회는 통지, 규정 등의 방식으로 비안심사제도 관련 실무지침을 규정해 오다가, 2023년에는 비교적 체계적인 '비안심사제도의 정비와 강화에 관한 전인대상무위원회의 결정'(이하 '비안심사제도결정')을 반포하였다.[27]

도표 5. 2023년 '비안심사결정'의 주요 내용

<table>
<tr><th colspan="2">항목</th><th>주요 내용</th></tr>
<tr><td colspan="2">기본 요구</td><td>有件必备、有备必审、有错必纠(행정법규 등 제정된 각종 법규범은 모두 비안하여야 하고, 비안된 법규범은 반드시 심사하여야 하고, 잘못된 부분이 있으면 반드시 바로 잡아야 한다)</td></tr>
<tr><td colspan="2">전인대상무위원회 비안심사 대상</td><td>행정법규, 감찰법규,[28] 지방성법규(자치조례, 단행조례 포함), 경제특구법규, 포동신구법규, 하이난자유무역항법규 및 최고인민법원과 최고인민검찰원의 사법해석</td></tr>
<tr><td colspan="2">비안심사의 방식</td><td>신청하여 심사, 주동적 심사, 전문항목 심사, 이송심사, 연합심사 등</td></tr>
<tr><td colspan="2">비안심사의 담당부서</td><td>전국인민대표대회 각 전문위원회와 상무위원회공작기구</td></tr>
<tr><td colspan="2">중점적으로 심사할 내용</td><td>① [관련 법규가] 헌법규정, 헌법원칙 및 헌법정신에 부합하는지 여부 ② 공산당중앙의 중대 결정과 국가의 중대 개혁방향에 부합하는지 여부 ③ 월권하여 공민, 법인 기타 조직의 권리를 제한하였는지 또는 그들의 의무를 증가시켰는지 여부 ④ 상위법에 위배되는지 여부 ⑤ 법정 절차를 위반했는지 여부 ⑥ 취한 조치와 그 목적이 비례원칙에 부합하는지 여부</td></tr>
<tr><td>비안심사 후 처리</td><td>제정기관과 소통 후, 제정기관이 해당 법규의 개정, 폐지에</td><td>별도의 서면심사 의견 없이 심사 중단(中止)</td></tr>
</table>

27) 「全国人民代表大会常务委员会关于完善和加强备案审查制度的决定」(2023年).

	동의할 경우	
	제정기관이 개정, 폐지에 동의하지 않을 경우	제정기관에 서면심사의견 제출, 심사의견 대로 개정, 폐지 시 심사 종결
	제정기관이 서면심사의견에 따라 개정, 폐지하지 않을 경우	전국인민대표대회 각 전문위원회와 상무위원회공작기구는 위원장회의의 결정을 거쳐 전인대상무위원회에서 [아래와 같이] 심의 결정하도록 함. ① 헌법과 법률에 저촉되거나 헌법과 법률의 원칙과 정신에 위배되는 점 확인 후, 제정기관에 기한 내에 개정, 폐지 요구 ② 제정기관이 스스로 개정하거나 정리할 것을 요구 ③ 법에 따라 취소 ④ 법에 따라 법률해석을 내림

2023년 입법법의 개정 및 그에 이어 제정된 '비안심사결정'에서 입법에 대한 중국식 사후감독체제의 일부 내용을 엿볼 수 있다. 우선, 행정법규 등 각종 법규범은 제정 이후 빠짐없이 전인대상무위원회에 비안하여 사후 심사를 받아야 한다. 사후심사의 구체적인 업무는 전국인민대표대회 각 전문위원회와 상무위원회공작기구가 담당하여 처리한다. 심사기구는 심사 후, 원 제정기관에 건의하거나 서면 의결을 제시하거나 할 수 있고 원 제정기관이 이에 따라 법규범을 개정, 폐지하지 않을 경우 전인대상무위원회에 심의, 결정하도록 요구할 수 있다. 전인대상무위원회는 심의 후, 원 제정기관에 개정과 폐지를 요구하거나 원 제정기관이 스스로 개정, 폐지하도록 요구할 수 있고, 또는 전인대상무위원회가 직접 취소하거나 관련하여 법률해석을 내릴 수 있다. 이러한 비안심사제도가 향후 중국에서 어떻게 정착되고 운영될 지는 좀 더 지켜봐야 할 것이다.

참고로 2018년 이후 전인대상무위원회가 접수한 각종 법규에 대한 심사건의의 상황은 다음과 같다.

28) 2018년 헌법 개정 이후 새로 도입된 법규형식.

도표 6. 비안심사를 위해 전인대상무위원회에 접수된 사안 유형(2018~2022)[29]

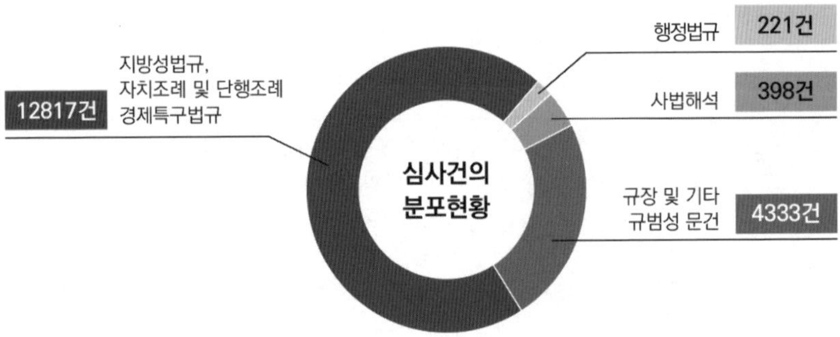

제4절 중국 입법법 개정의 의미와 한계

현재 중국공산당과 정부는 의법치국을 실현하고 이른바 사회주의 법치국가의 건설을 국가 목적으로 하고 있다(헌법 제5조). 이를 위하여 중국공산당은 인민을 영도하여 사회주의 민주정치를 발전시키고 사회주의 법제를 체계화하여야 한다(중국공산당 정관). 사회주의 법치국가의 실현에 있어서 입법, 즉 필요한 법률의 제정, 개정 및 입법체제의 정비가 최우선 과제이다. 2012년에 중국공산당과 정부는 사회주의 법제건설의 목표로서 '科学立法·严格执法·公正司法·全民守法'라고 하는 이른바 16자방침을 발표하였다.[30] 여기서도 법을 과학적으로 제정하여야 한다는 점이 가장 우선의 순위에 놓여 있다.

중국이 2000년에 입법법을 별도로 제정하고 2015년과 2023년에 두 차례에 걸쳐 입법법을 개정, 보완한 것은 바로 이러한 방침에 따른 것이다. 특히 시진핑 체제가 시작된 2012년 이후 중국특색의 사회주의 법치를 실현하기 위해서는 사회주의 법률체계의 정비가 전제되어야 한다는 점이 강조되고 입

29) 비안심사제도의 실행상황에 관한 전인대상무위원회 법제공작위원회(全国人民代表大会常务委员会法制工作委员会)의 업무보고(2022年12月). http://www.npc.gov.cn/c2/c30834/202301/t20230113_423338.html(최종 접속: 2024.8.1.).

30) 「中共中央关于全面推进依法治国若干重大问题的决定」(2014年).

법의 양도 최근 10년간 크게 늘었다.

구체적으로 입법법의 제정을 중심으로 논의되었던 입법권한의 배분과 행정입법의 문제에 관해, 중국공산당과 정부는 입법권을 형식상 입법기관인 전국인민대표대회와 전인대상무위원회에 한정하지 않고 행정입법권한을 상대적으로 넓게 인정하는 방식을 선택하였다. 또한 입법법에 법률전속사항을 열거하여 규정하고는 있지만 전국인민대표대회와 전인대상무위원회의 법률제정권에 관해서는 명확히 구분하지 않았다. 개혁과 경제발전을 위해서는 그때그때 신속하게, 실험적으로 법규범을 제정하여야 한다는 현실적 필요성이 이러한 입법체제를 옹호하는 가장 강력한 이유이다.

2015년 및 2023년 입법법의 개정 내용을 보면, 법규제정의 권한 배분에 관해 형식적 법률의 영역을 제한하기보다는 오히려 이른바 수권입법의 범위와 지방입법권 주체를 확대하고, 법률과 행정법규의 효력을 필요에 따라 잠정적으로 변경하여 적용하거나 적용을 중지시키는 조항들을 추가해 왔다. 입법을 통한 개혁, 입법을 통한 경제발전, 입법을 통한 국가 통치체계의 효율화 등이 그 배후에 놓인 기본 이념들이다.

입법이 사회주의법치국가 건설에서 수행해야 할 역할은 아래 중국공산당의 요구에서 명확히 드러난다.

> "법률은 치국의 중기이고 양법은 선치의 전제이다. 중국특색의 사회주의 법치체계를 건설하기 위해서는, 반드시 입법이 선행되어야 하고 입법의 인도와 추진 역할을 발휘하고 입법의 질이라고 하는 이 핵심을 파악하여야 한다.......공정, 공평, 공개의 원칙을 입법의 전 과정에 관철하고 입법의 메커니즘을 정비하며, [법의]제정, 개정, 폐지 및 해석을 함께 중요시하므로, 법률·법규의 즉시성, 체계성, 맞춤성, 유효성을 강화하여야 한다."[31]

입법의 내용에 관해 중국공산당은 이른바 '중점영역, 신흥영역, 외국과의 관계영역'에서의 입법을 강화하고 이를 통해 국내외에서 법치를 추진할

31) 「中共中央关于全面推进依法治国若干重大问题的决定」(2014年).

것을 요구하고 있다.[32] 이는 예컨대, 국내 산업의 보호와 발전에 필요한 법률이나 외국과의 무역전쟁에 대응하기 위한 법률들을 신속하게 제정, 개정할 것을 의미한다. 여기서 법률과 입법은 국가정책을 실현하고 개혁을 추진하는 강력하고 효율적인 수단이다.

1990년대 말 중국에서 입법법의 제정이 논의될 때 어떤 학자는 중국의 입법체제와 실무의 배후에 놓인 이념을 '실용주의 입법관념'으로 명명하고 그 주요 특징으로 '도구적 구성주의(工具建构主义)', '엘리트결정론(精英决定论)', '실험주의' 및 '경제중심주의'로 개괄하였다.[33] 이러한 입법을 통한 경제발전, 입법실험을 통한 개혁추진 및 법과 입법에 대한 도구주의, 실용주의적 이해는 그 후 중국 입법법의 제정, 개정 과정에서도 변함없이 이어져 왔다.

이처럼 법을 그때그때 필요에 부응하여 과학적으로, 체계적으로 제정, 개정함으로써 법치를 실현하고자 하는 중국공산당과 정부의 목적은 어느 정도 실현가능한가?

법치 또는 법의 지배는 일반적이고 추상적인 규범을 사전에 제정, 공포하고 그러한 규범의 안정적인 적용을 전제로 하기 때문에, 궁극적으로 현상유지의 성격을 지니고 있고 끊임없이 변화하는 현실과 필연적으로 긴장관계를 형성하게 된다. 따라서 법의 끊임없는 제정과 개정은 법치를 위하여 조건을 마련함과 동시에 법의 안정성, 지속성을 저하시킴으로서 결국에는 법치에 부정적인 영향을 미칠 수 있다. 특히 공산당의 영도 아래에서 인민의 이익과 목소리의 통일성을 강조하는 중국에서 입법은 결국 법의 지배가 아닌 법을 통한 지배를 위할 수밖에 없다.

---

32) 习近平 「高举中国特色社会主义伟大旗帜 为全面建设社会主义现代化国家而团结奋斗: 在中国共产党第二十次全国代表大会上的报告」(2022年10月16日).

33) 陳瑞洪, "立法的民主合法性與立法至上 — 中國立法批評", 『中外法學』, 1998年第6期, 60页.

주요 참고문헌

강광문, "중국에서 기본법률의 효력에 관한 고찰", 「중국법연구」 제20집(2013).

강광문, "중국 입법법의 제정과 개정에 대한 고찰—법치와 법제정의 관계를 중심으로—", 「동북아법연구」 제18권 제2호(2024).

정영진 · 강광문, 『중국법 강의』, 박영사, 2022년.

李林, "關于立法權限劃分的理論與實踐", 『法學研究』, 1998年第5期.

刘莘 主编, 『立法法』, 北京大学出版社, 2008年.

周旺生, 『立法学教程』, 北京大学出版社, 2010年.

許安標, "關于立法權限的劃分 — 立法法基礎工作研討會觀點綜述之一", 『行政法學研究』, 1994年第3期.

제 3 장

중국 행정법 각 법률의 개정과 변화

제3장 중국 행정법 각 법률의 개정과 변화

제1절 중국 행정법 개관

Ⅰ. 중국 행정법의 발전

행정법은 행정행위를 중심적 개념으로 하는 행정의 조직, 작용 및 구제에 관한 국내 공법으로 이해할 수 있다. 중국의 행정법은 개혁개방 시기에서부터 오늘에 이르기까지 약 40년의 형성과 발전과정을 거쳤다. 대개 세 단계로 구분하는데, 기본적인 규범의 입법을 통하여 행정 감독권을 정립하고 공민의 권리를 보호하기 위한 행정법 발전의 초기 단계, 행정관리의 제도화와 규범화 및 절차적 규범을 마련하여 법치행정의 능력과 수준을 제고하는 전면적 발전 단계, 정치적 민주화와 경제체제의 시장화 및 사회적 화합을 비롯하여 과학적 발전을 위한, 소위 '법제(法制)'에서 '법치(法治)'로의 발전 단계를 거치고 있다.

전면적 발전 단계에서는 시장경제의 발전을 견인하기 위한 행정의 중요성과 행정기관의 개혁 및 정부 관리수단의 전환이 요청되었다. 이에 새로운 행정법제 건설을 위한 요청에 따라 일련의 행정법규가 입법되었다. 행정소송법, 국가배상법, 행정처벌법, 행정감찰법, 행정심판법, 입법법 등이 제정되어 기본적인 행정법 체계를 이루게 되었다.

소위 '법제'에서 '법치'로의 발전 단계에서는 (특히 중국이 WTO에 가입한 이후에는) 행정기관의 역할 가운데 서비스 제공자로서의 역할이 강조되었고 이에 부합하는 새로운 행정법규가 제정되었다. 예컨대, 행정절차법에 해당하는 「행정허가법」과 국무원이 제정한 행정법규로서 「행정정보공개조례」 등이 있다. 이와 더불어, 국가의 사회적 환경 변화에 따른 개혁입법과 국제적 규범의 승인에 따른 국내 행정법규의 보완이 지속적으로 이루어지고 있다.[1)]

Ⅱ. 중국 행정법의 특징

전국인민대표대회 또는 그 상무위원회에서 정한 법률 외에도 국무원을 비롯한 행정주체가 제정한 행정입법도 행정법의 범주에 속한다. 국무원이 정하는 행정법규 외에 각 중앙 부처가 제정한 행정규장, 지방 각급 인민대표대회 및 인민정부가 정하는 지방성법규와 지방정부의 규장, 자치구의 자치조례 및 단행조례, 경제특구의 법규 및 규장 등이 형식적 법체계를 이루고 있다. 이들 법체계는 대륙법계 국가가 일반적으로 유지하는 법체계와 효력 순위를 유지하고 있으며, 중국의 행정입법 위계는 원칙상 그 법규를 제정한 기관의 지위를 기준으로 한다. 법규의 효력 우선순위는 상위법 우선, 신법 우선 및 특별법 우선의 순위에 의함은 물론이다.

중국 행정법의 중요한 특징은 형식적 법체계를 이루는 행정입법이 언제나 전국인민대표대회 또는 그 상무위원회가 정한 법률의 존재를 전제로 하

---

1) 성균관대학교 성균중국연구소, 『차이나핸드북』, 김영사, 2019, 446~447면.

는 것은 아니라는 점이다. 중국의 국가 최고행정기관인 국무원은 상위 법률의 근거 없이도 필요에 따라 법률에 상응하는 규범적 효력을 가지는 행정법규를 제정할 수 있다. 즉 법률의 근거 없이 국무원 조례를 먼저 제정 시행하고 여건이 성숙되면 법률 차원의 상위 규범을 제정하는, 소위 아래로부터 위로의 입법이 가능하다.[2)]

Ⅲ. 중국 행정법 각 법률의 현황 및 국내법과의 차이

중국의 경우 우리의 행정기본법과 같은 기본법은 없으나, 행정허가에 관해서 행정허가법을, 행정처벌에 관해서 행정처벌법을 각각 두고 있으며, 특히 사회 치안질서를 유지하기 위해 치안관리처벌법을 두고 있다. 이밖에 우리와 마찬가지로 행정소송절차에 관해서는 행정소송법, 행정심판 절차에 관해서는 행정심판법에서, 국가나 지방자치단체의 손해배상의 책임과 배상절차는 국가배상법에서 규정하고 있다. 개별 법률의 연혁은 제2절 중국 행정법 각 법률의 최신 입법 동향에서 간략히 소개할 예정이다.

우리 법과 비교하여 중국 행정소송법에서 주목할 만한 점은 행정기관이 위탁한 조직이 한 행정행위는 위탁한 행정기관이 피고라는 점이다. 이와 달리, 우리 행정소송법 제2조 제2항에서는 이 법을 적용함에 있어서 행정청에는 법령에 의하여 행정권한의 위임 또는 위탁을 받은 행정기관, 공공단체 및 그 기관 또는 사인이 포함된다고 규정하고, 같은 법 제9조 제2항 제2호에서는 국가의 사무를 위임 또는 위탁받은 공공단체 또는 그 장에 해당하는 피고에 대하여 취소소송을 제기하는 경우에는 대법원소재지를 관할하는 행정법원에 제기할 수 있다고 규정함으로써 행정기관이 위탁한 조직이 한 행정행위는 위탁받은 행정기관을 피고로 규정하고 있다.[3)]

또한 중국 행정소송법 제7장에서는 심리와 판결을 규정하고 있는데, 제

2) 앞의 책, 448~449면.

3) 본 장에서 중국법의 번역은 기본적으로 세계법제정보센터 홈페이지(https://world.moleg.go.kr)의 자료에 의함.

72조에서 인민법원은 심리를 거쳐 피고가 법정 직책을 이행하지 아니한다고 밝혀지는 경우 피고가 일정한 기한 안에 이행하도록 판결할 수 있다고 규정함으로써 우리 행정소송법이 인정하지 않고 있는 '의무이행판결'을 규정하고 있는 점은 중요한 제도적 차이다.[4] 우리나라와 달리 중국 행정소송법에서 이행판결의 형식이 조기에 채택될 수 있었던 것은 중국이 의행합일의 국가권력 체계를 유지하는 것과 어느 정도 관련성이 있다고 판단된다.[5][6]

이밖에 중국 행정소송법에서는 공민, 법인, 그 밖의 조직의 행정행위가 근거로 한 국무원 부서와 지방 인민정부 및 그 부서가 제정한 규범성 문건[7]이 합법적이지 아니하다고 판단되는 경우 행정행위에 대해 소송 제기 시 동일한 규범성 문건에 대한 심사를 청구할 수 있고, 앞 관의 규범성 문건에 규장은 포함하지 아니한다고 규정하여(제53조) 처분 등뿐 아니라 그 처분 등의

4) 의무이행소송의 도입은 행정법 관련 학계와 실무계의 오래된 미완의 과제이다. 1984년 행정소송법 전면 개정 시 논의되었으나 권력분립 원칙과 사법부의 업무부담을 이유로 도입되지 않았다. 이후 2000년대 초반부터 약 10년간에 걸쳐 진행된 광범위하고 전면적인 행정소송법 개혁 논의과정에서도 의무이행소송은 핵심 주제였다. 이때 도출된 모든 개정안(2006년 대법원 개정의견, 2012년 법무부 공청회 개정시안, 2007년 법무부 개정안, 2013년 법무부 개정안)에 의무이행소송이 포함되었으나, 개정 노력 자체가 결실을 맺지 못하면서 의무이행소송 도입도 좌절되었다. 입법이 적극적으로 진행되지 못하고 있는 원인에는 행정부 내부의 우려나 저항감이 있지 않을까 추측된다. 최계영, "의무이행소송의 도입 필요성과 법제화 방향", 「행정법학」 제27호(2024), 156면, 161면.

5) 국가권력의 구조상 의행합일이라 함은 의회와 행정부의 합일을 의미하며, 국가권력이 의회와 행정부로 분리되어 행사되는 것이 아닐뿐더러, 의회우위의 이권분립체제에 가까운 것 같으면서도 권력의 분립이라 하기보다 의회가 통일적으로 권력을 행사하고 행정부가 의회에 종속하는 권력구조로 이해할 수 있다. 정이근, "중국 최고인민법원의 사법해석제도 검토", 「공법학연구」 제11권 제3호(2010), 131면.

6) 정이근, "중국 개정 행정소송법의 주요내용과 시사점", 「법학논총」 제36권 제4호(2016), 458면.

7) 규범성 문건은 행정기관 또는 권한의 위임을 받은 조직이 법정 권한 범위 안에서 제정한 결정, 명령 등과 같은 행위규칙으로 행정법규와 규장 이외의 것을 말한다. 규범성 문건은 일반적으로 결정, 명령, 지시, 행정조치 등의 명칭을 가지는 문건으로서 「국가행정기관공문처리판법」에서는 명령, 결정, 지시, 공고, 통고, 통지, 통보, 보고, 청시(請示), 비복(批復), 함(函), 회의기요(會議記要) 등의 명칭으로 예시되고 있다. 정이근, "중국법의 규범성 문건에 대한 고찰", 「공법학연구」 제6권 제3호(2005), 525~526면.

근거 규정 또한 행정소송의 대상으로 삼고 있다는 점도 눈여겨볼 만한데, 같은 법 제64조에서는 인민법원이 행정사건 심리 중에 심사를 통하여 같은 법 제53조가 규정하는 규범성 문건이 법률에 부합하지 아니한다고 인지하는 경우 행정행위를 인정하는 합법적인 근거로 삼지 아니하고 해당 규범성 문건을 제정한 기관에 처리의견을 제출한다고 규정하고 있다.

한편, 행정심판과 관련하여 우리와 중국의 가장 큰 차이점으로 지목할 것은 바로 행정심판기관의 차이라고 할 수 있다. 우리 행정심판은 행정청의 처분 또는 부작위에 대한 행정심판의 청구에 대하여는 행정심판위원회에서 심리, 재결한다고 규정하여(행정심판법 제6조) 행정심판위원회를 행정심판기관으로 규정하고 있는 것과 달리, 중국 행정심판법은 제4조에서 현급 이상 각급 인민정부 및 그 밖의 같은 법에 따라 행정심판직책을 이행하는 행정기관은 행정심판기관이고, 행정심판기관에서 행정심판사항을 처리하는 기구가 행정심판기구이며, 행정심판기구는 행정심판기관의 행정 응소사항을 동시에 조직하고 처리한다고 규정하고 있고, 행정심판기관은 행정심판업무를 강화해야 하고, 행정심판기구가 법에 따라 직책을 이행할 것을 지지하고 보장해야 하며, 상급 행정심판기구는 하급 행정심판기구의 행정심판업무에 대해 지도, 감독을 하고, 국무원 행정심판기구는 행정심판 지도성안례를 공포할 수 있다고 규정하여, 별도의 구속력 있는 행정심판위원회를 두지 않고 행정기관이 행정심판을 수행하도록 하고 있다.[8)]

마지막으로 우리 행정심판법 제47조 제1항에서는 위원회가 심판청구의 대상이 되는 처분 또는 부작위 외의 사항에 대하여는 재결하지 못한다고 규정하고 있는 것과 달리, 중국 행정소송법 제53조에서 처분 등뿐 아니라 그 처

8) 중국 행정심판법에서 행정심판위원회에 관한 규정은 제52조와 제61조에서 찾아볼 수 있는데, 현급 이상 각급 인민 정부는 관련 정부부문, 전문가, 학자 등이 참여하는 행정심판위원회를 구성해야 하고, 행정심판위원회는 행정심판안건을 처리하기 위해 자문 의견을 제공하고, 행정심판업무 중 중대한 사항과 공적 문제에 대해 연구하고 의견을 제출하며, 행정심판위원회의 구성과 구체적인 업무처리 방법은 국무원 행정심판기구가 제정한다고 규정하고 있다(제52조). 행정심판위원회에 자문 의견의 제출을 제청한 행정심판안건의 경우, 행정심판기관은 자문의견을 행정심판 결정을 한 중요 참고자료로 삼아야 한다고 규정하고 있다(제61조).

분 등의 근거 규정 또한 행정소송의 대상으로 삼고 있다는 점에 주목한 바와 같이, 중국 행정심판법 제13조에서는 공민, 법인, 그 밖의 조직은 행정기관의 행정행위의 근거가 된 다음의 규범성 문건이 합법적이지 않다고 판단하는 경우, 행정행위에 대해 행정심판을 신청하면서 행정심판기관에 해당 규범성 문건에 대한 부대심사를 함께 신청할 수 있다고 규정하면서 ① 국무원 부문의 규범성 문건 ② 현급 이상 지방 각급 인민정부 및 그 업무 부문의 규범성 문건 ③ 향, 진 인민정부의 규범성 문건 ④ 법률, 법규, 규장이 수권한 조직의 규범성 문건을 나열하고 있으며, 앞 관의 규범성 문건에 규장은 포함되지 아니하고, 규장의 심사는 법률, 행정법규에 따라 처리한다고 규정하고 있다.

제2절 중국 행정법 각 법률의 최신 입법 동향

Ⅰ. 행정소송법

행정소송법은 1989년 4월 4일 제7기전국인민대표대회 제2차회의에서 채택되었고, 2014년 11월 1일 제12기 전국인민대표대회 상무위원회 제11차회의 「중화인민공화국 행정소송법 개정에 관한 결정」에 따라 제1차 개정되었으며, 2017년 6월 27일 제12기전국인민대표대회상무위원회 제28차회의 「중화인민공화국 행정소송법 개정에 관한 결정」에 따라 제2차 개정되었다. 행정소송법은 10개의 장과 103개의 조항으로 구성되어 있다.

전국인민대표대회 상무위원회가 「최고인민검찰원이 일부 지역에서 공익소송 시범사업을 시범적으로 수행할 수 있도록 승인하는 데 관한 결정」(이하 '승인결정')[9]에 따라 최고인민검찰원은 2015년 7월부터 베이징을 포함한 13개 성, 자치구, 시에서 검찰원이 개시하는 공익소송 2개년 시범 프로그램을 시작했고, 이에 따라 2017년 행정소송법의 관련 내용을 개정하였다.

---

9) 「全国人民代表大会常务委员会关于授权最高人民检察院在部分地区开展公益诉讼试点工作的决定」(2015年).

승인결정은 검찰이 개시하는 공익소송의 범위를 생태환경 및 자원보호, 식품의약품 안전, 국유재산 보호, 국유토지사용권 양도 분야로 규정하고 있고, 공익소송을 제기하기 전에 인민검찰원은 행정기관이 불법적인 행정행위를 시정하고 본연의 의무를 수행하도록 적법하게 촉구하거나 법률이 정한 기관과 관계기관이 공익소송을 개시하도록 촉구하고 지원하여야 한다고 명백히 규정하고 있다. 검찰기관의 공익소송의 개시는 직무수행에 있어서의 공권력 행사이므로 행정소송법 및 민사소송법의 규정을 따르는 것 외에 검찰기관의 직무수행에 있어서도 관련 규정을 따라야 한다.[10]

Ⅱ. 행정처벌법

행정처벌법은 1996년 3월 17일 제8기전국인민대표대회 제4차회의에서 채택되었고, 2009년 8월 27일 제11기전국인민대표대 회상무위원회 제10차회의「일부 법률 개정에 관한 결정」에 따라 제1차 개정되었으며, 2017년 9월 1일 제12기전국인민대표대회 상무위원회 제29차회의「중화인민공화국 법관법 등 8개 법률의 개정에 관한 결정」에 따라 제2차 개정되었고, 2021년 1월 22일 제13기전국인민대표대회상무위원회 제25차회의에서 개정되었다. 행정처벌법은 8개의 장과 86개의 조항으로 구성되어 있다.

2021년 개정으로 행정처벌의 정의와 종류를 추가하였고, 법률, 행정법규를 실시하기 위해, 법률, 행정법규가 규정되지 않은 행정행위에 대해 지방성 법규로 행정처벌을 보충 설정할 수 있도록 하였다. 하나의 행정기관이 관련 영역의 행정처벌을 통합 실시하게 하는 동시에 성, 자치구, 직할시는 현지 사정에 따라 조건에 부합하는 향진 인민정부, 주민센터가 그 관할 구역 내 위법행위에 대해 현급 인민정부 부문 행정처벌권의 일부를 행사할 것을 결정할 수 있도록 하였다. 행정처벌의 적용 관련 내용을 개선하였고, 행정처벌

10) "关于〈中华人民共和国行政诉讼法修正案(草案)〉和〈中华人民共和国民事诉讼法修正案(草案)〉的说明－2017年6月22日在第十二届全国人民代表大会常务委员会第二十八次会议上", 最高人民检察院检察长 曹建明, http://www.npc.gov.cn/zgrdw/npc/xinwen/2017－06/29/content_2024890.htm.

의 절차를 표준화하였으며, 행정처벌의 집행절차를 개선하였고, 법 집행 감독 관련 조항을 보완하고 개선하였다.[11)]

Ⅲ. 행정허가법

행정허가법은 2003년 8월 27일 제10기전국인민대표대회 상무위원회 제4차회의에서 채택되었고, 2019년 4월 23일 제13기전국인민대표대회 상무위원회 제10차회의의 「중화인민공화국 건축법 등 8개 법률 개정에 관한 결정」에 따라 개정되었다. 행정허가법은 8개의 장과 83개의 조항으로 구성되어 있다.

2019년 개정으로 행정허가의 설정 및 시행 원칙에 '비차별' 원칙을 추가하였고, 신청인이 제출한 상업적 비밀, 미공개 정보 또는 영업비밀 정보를 공개해서는 안 된다는 내용을 추가하였으며, 행정허가를 설정하고 실시하는 과정에서 지식재산권 보호를 더욱 강화하였다.[12)]

Ⅳ. 국가배상법 등

국가배상법은 1994년 5월 12일 제8기전국인민대표대회 상무위원회 제7차회의에서 채택되었고, 2010년 4월 29일 제11기전국인민대표대회 상무위원회 제14차회의의 「중화인민공화국 국가배상법 개정에 관한 결정」에 따라 제1차 개정되었으며, 2012년 10월 26일 제11기전국인민대표대회 상무위원회 제29차회의의 「중화인민공화국 국가배상법 개정에 관한 결정」에 따라 제2차 개정되었다. 국가배상법은 6개의 장과 42개의 조항으로 구성되어 있다.

2010년 제1차 개정에서 전면적인 개정이 이루어진 것과 달리, 2012년 제

---

11) "关于〈中华人民共和国行政处罚法(修订草案)〉的说明－2020年6月28日在第十三届全国人民代表大会常务委员会第二十次会议上", 全国人大常委会法制工作委员会副主任, 许安标, http://www.npc.gov.cn/npc/c2/c30834/202101/t20210125_309907.html

12) "关于〈中华人民共和国建筑法〉等8部法律的修正案(草案)的说明 八、关于〈中华人民共和国行政许可法修正案(草案)〉－2019年4月20日在第十三届全国人民代表大会常务委员会第十次会议上", 司法部部长 傅政华, http://www.npc.gov.cn/c2/c30834/201905/t20190520_297942.html

2차 개정에서는 소위 원포인트 개정이 이루어졌다. 제2차 개정에서는 제19조의 국가가 배상책임을 부담하지 아니하는 경우 중 하나인 제3항의 내용만 개정하였는데, 종전의 '형사소송법 제15조, 제142조 제2항의 규정에 따라 형사책임을 추궁하지 아니하는 자가 구금된 경우'를 '형사소송법 제15조, 제173조 제2항, 제273조 제2항 및 제279조에 따라 형사책임을 추궁하지 아니하는 자가 구금된 경우'로 수정하였을 뿐이다. 개정 법률은 2013년 1월 1일부터 시행되었다.[13]

이밖에 2023년 8월 29일 치안관리처벌법 개정안이 제14기전국인민대표대회 상무위원회 제5차회의에 제출되어 심의되었다. 개정안 초안은 6개의 장과 144개의 조항으로 구성되어 있다(종전 119개 조항).

치안 관리 위반에 대한 처벌행위가 추가되었고, 처벌 조치와 정도를 더 합리적으로 설정하였으며, 치안관리처벌 절차를 최적화하고 개선하였고, 미성년자 보호를 강화하기 위한 조항을 추가하였다.[14]

마지막으로 2023년에 대폭 개정된 행정심판법의 내용은 다음 절에서 자세히 다루기로 한다.

제3절 중국 행정심판법의 최신 개정

Ⅰ. 행정심판법의 입법 연혁

1990년 12월 24일, 국무원은 영 제70호로 「행정심판조례」를 발표했으며, 1991년 1월 1일부터 시행되었다. 1994년 10월 9일, 국무원은 영 제166호로 「행정심판조례 개정에 관한 국무원의 결정」을 발표하여 1990년 「행정심판조례」를 개정하고 발표일로부터 시행에 들어갔다.

---

13) 中华人民共和国主席令第六十八号, "全国人民代表大会常务委员会关于修改〈中华人民共和国国家赔偿法〉的决定", https://www.gov.cn/flfg/2012-10/26/content_2253936.htm.

14) "适应治安管理新形势新要求, 及时有效化解矛盾纠纷, 治安管理处罚法修订草案首次提请审议", http://www.npc.gov.cn/npc/c2/c30834/202308/t20230829_431273.html.

1999년 4월 29일, 전국인민대표대회 상무위원회는 「행정심판법」을 발표하여 1999년 10월 1일부터 시행하였다. 2007년 5월 29일, 국무원은 1999년 「행정심판법」에 근거하여 「행정심판법 실시조례」를 발표하여 2007년 8월 1일부터 시행하였다.

2009년 8월 27일, 전국인민대표대회 상무위원회는 「일부 법률 개정에 관한 결정」을 발표하고, 「행정심판법」을 제1차 개정하였으며 2009년 8월 27일부터 시행하였다. 2017년 9월 1일, 전국인민대표대회 상무위원회는 「중화인민공화국법관법 등 8개 법률 개정에 관한 결정」을 발표하여 「행정심판법」을 제2차 개정하였으며 2018년 1월 1일부터 시행하였다.

2023년 9월 1일, 전국인민대표대회 상무위원회 제5차 회의에서 「행정심판법」을 제3차 개정하였으며 2024년 1월 1일부터 시행하였다.[15)]

II. 2023년 행정심판법 개정의 필요성 및 초안 작성 과정

행정심판은 정부 시스템의 자정을 위한 감독 제도이자 국민과 정부 간의 행정분쟁을 해결하기 위한 구제 제도이며, 법치에 기초한 정부 건설을 촉진하는 중요한 도구이자 시민, 법인 및 기타 조직의 합법적인 권익을 보호하는 중요한 통로이다. 중국공산당 중앙위원회와 국무원은 행정심판을 매우 중요하게 생각한다. 시진핑 총서기는 행정심판은 공정하고 효율적이며 사용자 친화적이라는 제도적 장점과 행정 분쟁 해결의 주요 채널로서의 역할을 충분히 활용해야 한다고 지적했다. 리커창 총리는 법치에 기반한 정부 건설을 지속적으로 추진해야 한다고 강조하며 행정심판법 개정에 대한 중요한 지시를 내렸다.

현행 중화인민공화국 행정심판법은 1999년에 발효되었으며, 2009년과 2017년에 각각 일부 조항이 개정되었다. 2021년 말까지 전국 각급 행정 심판기관은 총 2,953,000건의 행정심판 사건을 처리했으며, 그중 2,444,000건이 접수 및 종결되었고 35만 건의 위법 또는 부당한 행정행위가 시정되어 시정률이 14.3%로 국민의 정당한 권익을 보호하고 사회 조화와 안정을 촉진하며 법치에

15) http://www.szlawyers.com/file/upload/20240102/file/20240102111849_049934cdac574a378a1d0ea45fa8eb79.pdf.

기초한 정부 건설을 가속화하는 데 중요한 역할을 수행했다. 경제 및 사회 발전과 함께 행정심판 제도는 몇 가지 두드러진 문제점을 드러냈는데, 첫째, 행정분쟁을 흡수하는 입구가 좁고 일부 행정분쟁을 행정심판 채널을 통해 효과적으로 해결할 수 없다. 둘째, 사건 관할 시스템이 너무 분산되어 있어 대중이 적절한 행정 심판 기관을 찾기 어렵고, 이는 기층과 맹아 상태의 행정 분쟁 해결에 도움이 되지 않는다. 셋째, 안건 심리 메커니즘이 충분히 완전하지 않고 판결 기준이 통일되어 있지 않아 사건 처리의 품질과 효율성에 영향을 미친다. 이러한 문제를 해결하기 위해 행정심판법을 개정할 필요가 있다. 중앙 전면적 의법치국 위원회는 통일적이고 과학적인 행정심판 시스템 구축을 위한 '행정심판제도 개혁방안'을 발표하고, 행정심판법을 조속히 개정하고 개혁방안이 법에 근거하도록 해당 법체계로 전환할 것을 요구하였다.

사법부(司法部)는 중국공산당 중앙위원회와 국무원의 의사 결정과 배치를 이행하기 위해 심도 있는 연구와 논증, 각계의 의견 청취를 바탕으로 '중화인민공화국 행정심판법(개정안)'의 초안을 작성했다. 개정안은 국무원 상무회의에서 논의되어 채택되었다.[16]

Ⅲ. 행정심판법 개정의 주요 내용

1. 행정심판의 입법 목적 개선

1) 감독과 보장이 서로 자리를 바꾸어, '감독이 우선하도록' 법을 개정하였다. 법에 따라 행정기관의 법에 따른 권력 행사를 감독하고 보장하며, 감독 우선은 행정기관의 권력 행사 과정의 규범성을 더 잘 촉진하고 초기 단계부터 일반 인민의 법익을 침해로부터 보호할 수 있다. 2) 구체적 행정행위를 행정행위로 개정하면서, 행정심판범위를 확대하고 「행정소송법」과의 연결을 실현했다. 3) 행정심판의 주요 채널의 역할을 강화하고 법치 정부 건설을 촉진하여 행정 심판 제도의 기능 정립을 선언함으로써 당 중앙의 정책 결정을 관

---

16) "关于〈中华人民共和国行政复议法(修订草案)〉的说明－2022年10月27日在第十三届全国人民代表大会常务委员会第三十七次会议上", 司法部部长, 唐一军, http://www.npc.gov.cn/npc/c2/c30834/202309/t20230906_431581.html.

철하고, 행정심판제도 개선을 법치국가, 법치정부, 법치사회와 통합(一体化) 건설한다는 배경에서, 행정심판의 제도적 장점을 충분히 발휘하도록 하였다.

행정심판법 [2023년 개정 이전]	행정심판법 [2023년 개정 이후]
제1조 위법하거나 부당한 ~~구체적~~ 행정행위를 방지, 시정하고 공민, 법인 및 기타 조직의 합법적 권익을 보호하고 행정기관이 법에 따라 기능을 행사하도록 ~~보장, 감독하기~~ 위하여, 헌법에 따라 이 법을 제정한다	**제1조** 위법하거나 부당한 행정행위를 방지, 시정하고 공민, 법인 및 기타 조직의 합법적 권익을 보호하고, 행정기관이 법에 따라 기능을 행사하도록 감독, 보장하며, 행정쟁의를 해결하는 행정심판의 주요 기능을 발휘하고 법치정부의 건설을 추진하기 위하여, 헌법에 따라 이 법을 제정한다.

2. 행정 심판의 적용 범위 개선

1) '구체적 행정행위'를 '행정행위'로 개정하였고, 2) '행정기관'에 행정심판신청을 제출하는 것에서 '행정심판기관'에 제출하는 것으로 변경하였으며, 3) 신청을 수리하고 결정을 내리는 행정기관은 '행정심판 사건을 처리하는 행정심판 기관'으로 변경하였고, 4) 행정행위의 구체적인 범위를 추가하고 명확히 했다.

행정심판법 [2023년 개정 이전]	행정심판법 [2023년 개정 이후]
제2조 공민, 법인 또는 기타 조직이 ~~구체적~~ 행정행위가 자신의 합법적 권익을 침해하였다고 여겨 ~~행정기관에~~ 행정심판(行政复议)을 신청하고, ~~행정기관이 행정심판을 수리하여 행정심판결정을 내리는 사항은~~ 이 법을 적용한다.	**제2조** 공민, 법인 또는 기타 조직이 행정기관의 행정행위가 자신의 합법적 권익을 침해하였다고 하여 행정심판기관에 행정심판을 신청하고, 행정심판기관이 행정심판사건을 처리하는 사항은 이 법을 적용한다. 전 항에서 말하는 행정행위는 법률, 법규, 규장이 수권한 조직의 행정행위를 포함한다.

3. 당의 영도 고수 및 행정심판원칙 개선

1) 당의 영도 원칙의 고수를 강화하였다. 행정심판에 대한 당의 영도의 중요성이 강조되었고, 행정 심판 제도 개혁에 대한 당 중앙위원회의 요구가 법률 조항에 전면적이고 완전하며 정확하게 구체화되었다. 2) 적시성 원칙을 삭제하고, 3) '효율성' 원칙을 추가하였다. 효율적이고 신청인 친화적으로 심판 절차를 개선하고, 행정심판 사건의 판결이 장기간 지연되지 않도록 최장 수리 기한을 늘이고 정보화 건설을 강화하는 등의 조치로 절차 운영의 효율성을 제고했다. 4) '인민을 위한다'는 원칙을 추가하였는데, 이는 편의성 원칙과 함께 인민의 법익 보호하고 인민 중심의 발전 이념을 실천하는 데 전념하는 인민 민주주의의 이념을 전 과정에 걸쳐 완전히 구현하고 있다.

행정심판법 [2023년 개정 이전]	행정심판법 [2023년 개정 이후]
제4조 행정심판기관은 행정심판업무를 수행함에 있어 합법, 공정, 공개, ~~즉시(卽時)~~, 편민(便民)의 원칙을 준수하고 오류시정의 원칙을 준수하며 법률, 법규의 올바른 시행을 보장해야 한다.	제3조 <u>행정심판업무는 중국공산당의 영도를 견지한다.</u> 행정심판기관은 행정심판업무를 수행함에 있어 합법, 공정, 공개, <u>효율</u>, 편민, <u>위민</u>(为民)의 원칙을 준수하고 오류시정의 원칙을 준수하며 법령의 올바른 시행을 보장해야 한다.

4. 행정심판기관 및 기구의 정의와 책임 명확화

1) 지방정부의 일부 심판책임을 삭제하고 심판관할을 정부로 일원화했으며, 2) 행정심판기관과 행정심판기구의 정의를 명확히 하고 구분하였다.

행정심판법 [2023년 개정 이전]	행정심판법 [2023년 개정 이후]
제3조 이 법에 따라 행정심판업무를 수행하는 행정기관은 행정심판기관(行政复议機關)이다. ~~행정심판기관 중 법제담당 기구는 행정심판 사항을 구체적으로 처리하며 다음 각 호의 업무를 수행한다.~~ ~~(1) 행정심판 신청 수리;~~ ~~(2) 관련 기관 및 사람으로부터 증거를 조사 및 확보하고 문서 및 정보를 열람한다.~~ ~~(3) 행정심판이 청구된 특정 행정 행위의 적법성 및 적절성을 심사하고 행정심판 결정을 내린다.~~ ~~(4) 이 법 제7조에 열거된 관련 조항에 대한 심사 신청의 처리 또는 전달;~~ ~~(5) 이 법의 규정을 위반하는 행정기관의 행위에 대해 정해진 권한과 절차에 따른 처리 건의의 제출;~~ ~~(6) 행정심판 결정 불복으로 제기한 행정소송 응소 관련 사항의 처리;~~ ~~(7) 기타 법령에 규정된 업무.~~	**제4조** 현급 이상의 인민정부 및 기타 이 법에 따라 행정심판업무를 수행하는 행정기관은 행정심판기관이다. 행정심판기관에서 행정심판 관련 사항을 처리하는 기구는 행정심판기구(行政复议機構)이다. 행정심판기구는 동시에 행정심판기관의 행정소송 응소 관련 사항도 처리한다. 행정심판기관은 행정심판업무를 강화하고, 행정심판기구가 법에 따라 직무를 수행하도록 지원하고 보장해야 한다. 상급 행정심판기구는 하급 행정심판기구의 행정심판업무를 지도, 감독한다. 국무원 행정심판기구는 행정심판 관련 지도성안례를 반포할 수 있다.

5. 행정심판에 조정(调解)원칙 추가

개정 전에는 「행정심판법 실시조례」에만 조정이 규정되어 있었으며, 1) 행정 기관이 재량권을 행사하여 행하는 구체적인 행정행위와 2) 행정 배상 또는 행정 보상에 대한 분쟁의 두 가지 경우로 제한되어 있었다.

새로 개정된 행정심판법은 조정을 기본 원칙으로 명확히 하고, 조정이 적용될 수 있는 상황에 대한 제한을 없앴다. 법 개정 이전에는 당사자가 조정에 응하는 것은 실무상 비교적 흔한 일이었으나, 행정심판 사건에서 조정의 적용 범위가 엄격하게 제한되어 있고 조정이 통상적인 사건 해결 방식이 아니어서 심판기관이 실제로 조정을 통해 사건을 해결하는 경우는 흔하지 않아 이에 대한 개선이 필요했다.

새로 개정된 「행정심판법」에 이 조항을 직접 추가함으로써 행정심판 기관의 조정 전문성을 충분히 발휘하고, 자체 기능을 더 잘 발휘하며, 조정 제도를 더 광범위하게 적용하여 행정 분쟁 해결의 효율성을 더 크게 향상시키고, 행정 분쟁 해결의 시간 비용, 구제 비용 및 경제적 비용을 줄이는 데 도움이 될 수 있다.

행정심판법 [2023년 개정 이전]	행정심판법 [2023년 개정 이후]
〈신 설〉	제5조 행정심판기관이 행정심판사건을 처리함에 있어 조정(調解)을 진행할 수 있다. 조정은 합법성과 자발성의 원칙을 따라야 하고 국가의 이익, 사회의 공공이익 또는 타인의 합법적인 권익을 해치거나 법률, 법규의 강제성 규정을 위반해서는 아니 된다.

6. 행정심판인력의 구축 관련 제도 강화

행정심판법 [2023년 개정 이전]	행정심판법 [2023년 개정 이후]
제3조 ~~행정기관에서~~ 처음으로 행정심판에 종사하는 인원은 국가통일법률자격시험을 통과하고 법률직업자격을 취득하여야 한다.	제6조 국가는 전문화되고, 직업화된 행정심판대오를 건설한다. 행정심판기구에서 처음으로 행정심판에 종사하는 인원은 국가통일법률자격시험을 통과하고 법률직업자격을 취득하여야 하며, 통일된 사전 연수에 참가하여야 한다. 국무원 행정심판기구는 관련 부서와 함께 행정심판인원업무규범을 제정하고, 행정심판인원의 정기심사와 업무관리를 강화하여야 한다.

7. 행정심판의 정보화 건설 명확화

행정심판법 [2023년 개정 이전]	행정심판법 [2023년 개정 이후]
〈신설〉	第8조 행정심판기관은 정보기술의 구축을 강화하고 현대 정보기술을 사용하여 공민, 법인 또는 기타 조직이 행정심판을 편리하게 신청하고 참여할 수 있도록 하여야 하며, 업무의 질과 효율성을 개선해야 한다.

8. 행정심판의 수리범위 최적화

1) 법익을 침해한 것으로 판단되는 행정기관의 기타 행정행위에는 특히 다음의 행위를 포함하였다. ① 사실행위: 합법성 원칙의 제약을 받아야 하는 경우, 예를 들어 철거행위 ② 준행정행위: 수리 거부 결정 ③ 일반 처분: 사람에 대한 행정기관의 일반 처분과 사물에 대한 행정기관의 일반 처분(교통신호의 장기간 적신호 통제로 인한 분쟁, 특정 지역에 대해 한 행정기관의 행정행위) ④ 확인 행위: 교통사고 책임 인정, 혁명 열사 확인, 혼인 여부 확인, 식품 위생 확인, 노동 및 사회보장 부문의 직원 사상 사고에 대한 확인.

2) 행정기관이 정부 정보 공개 업무에서 자신의 법익을 침해했다고 생각하는 경우로는 특히 다음의 경우를 포함하였다. ① 행정기관에 정부 정보에 대한 열람을 신청하였으나 행정기관이 해당 정보를 공개하지 않거나, 신청한 정부 정보가 존재하지 않거나, 처리하지 않거나, 기간을 넘겨 답변하지 않겠다고 회신한 경우 ② 행정기관이 제공한 정부 정보가 신청서에서 요청한 내용 또는 법령에서 규정한 적절한 양식과 일치하지 않는다고 판단하는 경우 ③ 행정기관이 직권 또는 타인의 신청에 따라 공개한 정보가 자신의 영업비밀 또는 개인 사생활을 침해한다고 판단하는 경우(역방향 행정심판) ④ 행정기관이 자신과 관련된 정부 정보를 부정확하게 제공한 것으로 판단되어 정정 요청을 받았으나 행정 기관이 정정을 거부하거나 기한이 지나도록 회신

하지 않거나 해당 정보를 소관 기관에 전달하여 처리하지 않은 경우.

3) 경쟁을 배제하거나 제한하기 위한 행정권 남용에는 주로 다음 여섯 가지 종류의 행위를 포함하였다. ① 지정 거래 행위(지정 상품을 거래, 구매 또는 사용해야 한다는 명시적 요구) ② 상품 유통 제한(외지 상품에 대한 차별적 요금 설정 등) ③ 입찰 배제 또는 제한(차별적 자격 요건, 평가 기준 설정) ④ 투자 또는 지사 설립의 배제 또는 제한(외지 기업의 현지 기업 인수 금지 또는 제한, 외지 기업의 자금 출처 및 사용에 대한 검토 횟수 증가) ⑤ 사업자가 독점적 행위(차별적 대우, 독점 계약, 고가 판매 및 저가 구매)를 하도록 강요하는 행위 ⑥ 관련 배타적 조항의 제정(규장 이하의 규범성 문건에 배타적 또는 제한적 경쟁 내용을 담고, 특정 대상 및 사안을 대상으로 삼는 것은 모두 특정된 것으로, 심판의 대상이 될 수 있는 행정행위에 속한다).

4) 이행거절에는 다음의 형식적 행위와 실질적 부작위를 모두 포함하였다. ① 법에 따른 이행이 아닌 경우: 불완전 이행을 한 작위행위(불완전 이행, 이행 지연, 일부 이행, 수령 지연, 가중된 이행) ② 무응답: 형식적 및 실질적 부작위의 형태(완전 무시, 일부 신청 무응답, 지연 응답, 응답 회피).

5) 다음의 행정허가사항은 행정심판의 범위에 속하지 않는다. ① 내부행위 ② 국무원의 행정허가 행위 ③ 고도의 인격적 행정허가(자격시험은 행정심판의 범위에 포함되어서는 안 됨) ④ 전문적이고 기술적인 감정 행위(행정기관이 근거로만 사용하는, 비행정행위).

6) 개정 사항의 주요 내용은 다음과 같다. ① 행정심판의 수리 범위가 더욱 확대되었다. 제11조는 행정심판의 범위에 모든 행정처벌, 행정 강제조치, 행정 강제집행, 행정허가, 징수, 수용 및 보상 결정, 행정배상, 산업재해 판정, 경쟁 배제 또는 제한, 행정협의, 정부 정보 공개 등을 명시적으로 포함시켰다. ② 행정심판범위의 네거티브 리스트가 개선되었다. 제12조는 국방·외교 등 국가 행위, 행정 법규·규장 또는 행정기관이 제정·공포한 보편적 구속력을 가진 결정·명령 등 규범성 문건, 행정기관의 직원에 대한 표창·임면 등 결정, 행정기관이 민사 분쟁에 대해 한 조정은 행정심판의 수리 범위에 속하지 않는다는 규정을 추가하였다.

7) 법 개정 과정에서 공무원 채용, 대학 입학, 기타 공민의 기본적 권리

와 관련된 행위 등 실질적으로 행정 상대방의 법익에 영향을 미치는 '내부 행정행위' 및 '준행정행위' 중 일부를 행정심판의 범위에 포함해야 한다는 견해가 있었지만, 최종 공포된 새로운 「행정심판법」에서는 위 견해가 채택되지 않았고, 종합적으로 현행 행정심판의 수리범위는 기본적으로 행정소송의 범위와 일치한다.

행정심판법 [2023년 개정 이전]	행정심판법 [2023년 개정 이후]
제6조 다음 각 호의 어느 하나에 해당하는 경우 공민, 법인 또는 기타 단체는 이 법에 따라 행정심판을 신청할 수 있다. (1) 행정기관의 ~~경고·벌금·위법소득의 몰수, 불법재물의 몰수·영업정지 명령·허가증의 일시 압류 또는 취소, 면허증의 일시 압류 또는 취소, 행정구류 등~~ 행정처벌 결정에 대한 불복 (2) 행정기관의 ~~신체자유의 제한이나 재산의 봉인·압류 및 凍結 등~~ 행정강제 조치의 결정에 대한 불복 ~~(3) 행정기관의 허가증·면허증·자질증명(资质证明)·자격증 등 증서의 변경·중지·취소의 결정에 대한 불복~~ (4) 행정기관의 ~~토지·광산·하천·삼림·산지·초원·황무지·간척지·해역 등~~ 자연자원의 소유권 또는 사용권 확인과 관련된 결정에 대한 불복 (5) 행정기관이 ~~합법적인~~ 경영자주권을 침범하였다고 여기는 경우 ~~(6) 행정기관이 농업도급계약을 변경 또는 폐지하여 그 합법적 권익이 침범하였다고 여기는 것~~ (7) 행정기관이 위법적으로 자금조성, ~~재물징수,~~ 비용할당을 하였거나 위법적으로 기타 의무의 이행을 요구하였다고 여기는 경우 ~~(8) 행정기관에 법정조건에 적합하게 허~~	**제11조** 다음 각 호의 어느 하나에 해당하는 경우 시민, 법인 또는 기타 단체는 이 법에 따라 행정심판을 신청할 수 있다. (1) 행정기관의 행정처벌 결정에 대한 불복 (2) 행정기관의 행정강제 조치, 행정강제 집행의 결정에 대한 불복 (3) 행정허가를 신청하였는데 행정기관이 거절하거나 법정기한 내에 답을 하지 않은 경우 또는 행정허가에 관한 행정기관의 기타 결정에 불복 (4) 행정기관이 자연자원의 소유권 또는 사용권 확인과 관련하여 내린 결정에 대한 불복 (5) 행정기관이 내린 징수징용 결정 및 보상 결정에 대한 불복 (6) 행정기관이 내린 배상 결정 또는 배상하지 않는 결정에 대한 불복 (7) 행정기관이 내린 산재인정신청을 수리하지 않는 결정 또는 산재인정 결론에 대한 불복 (8) 행정기관이 자신의 경영자주권 또는 농촌토지도급경영권, 농촌토지경영권을 침범하였다고 여기는 경우 (9) 행정기관이 행정권을 남용하여 경쟁을 배제하거나 제한한다고 여기는 경우 (10) 행정기관이 위법적으로 자금조성, 비용할당을 하였거나 위법적으로 기타 의무

가증·면허증·자질증명·자격증 등 증서의 발급을 신청하였거나 행정기관에 심사허가, 등기와 관련된 사항을 신청하였으나 행정기관이 적법하게 처리하지 않았다고 여기는 경우 (9) 행정기관에 신체적 권리·재산적 권리·교육을 받을 권리를 보호하도록 하는, 법이 정한 직무의 이행을 신청하였으나 행정기관이 적법하게 처리하지 않는 경우 (10) 행정기관에 법정 보훈지원금, 사회보장금 또는 최저생활보장비 지급(发放)을 신청하였으나 행정기관이 법에 따라 지급하자 않는 경우 (11) 행정기관이 기타 구체적인 행성행위가 본인의 합법적인 권익을 침해하였다고 여기는 경우	의 이행을 요구하였다고 여기는 경우 (11) 행정기관에 신체적 권리·재산적 권리·교육을 받을 권리 등 합법적 권익을 보호하도록 하는, 법이 정한 직무의 이행을 신청하였으나 행정기관이 이행을 거절하거나 적법하게 처리하지 않거나 또는 답을 하지 않는 경우 (12) 행정기관에 법정 보훈지원금, 사회보험대우 또는 최저생활보장 등 사회보장의 급부(給付)를 신청하였으나 행정기관이 법에 따라 급부하지 않는 경우 (13) 행정기관이 법에 따라 정부특허경영계약(政府特許經營協議)을 체결, 이행하지 않거나 약정에 따라 이행하지 않거나, 위법으로 정부특허경영계약, 토지·주택수용보상계약 등 행정계약을 변경, 해지하는 경우 (14) 행정기관이 정부정보 공개업무에서 합법적인 권리와 이익을 침해한 것으로 여기는 경우 (15) 행정기관의 기타 행정행위가 자신의 합법적인 권익을 침해한다고 판단한 경우
〈신설〉	제12조 다음의 사항은 행정심판의 범위에 속하지 않는다. (1) 국방, 외교 등 국가행위 (2) 행정법규, 규장 또는 행정기관이 제정, 반포한 보편적인 구속력을 지닌 결정, 명령 등 규범성문건 (3) 행정기관이 행정기관인원에 대해 내린 장려와 징계, 임면 등 결정 (4) 행정기관이 민사분쟁에 대해 내린 조정

9. 행정심판 참가인 제도 개선

1) 선정 대표자 책임참가제도 추가하고, 2) 제3자 참가제도를 개선하였

으며, 3) 위탁대리인 참가제도를 개선하였다.

행정심판법 [2023년 개정 이전]	행정심판법 [2023년 개정 이후]
제10조 이 법에 따라 행정심판을 신청하는 공민, 법인 또는 기타 조직은 신청인이 된다. 행정심판을 신청할 권한이 있는 공민이 사망한 경우, 그 가까운 친족이 행정심판을 신청할 수 있다. 행정심판을 신청할 수 있는 권한이 있는 공민이 금치산자 또는 한정치산자인 경우, 그 법정대리인이 행정심판을 대리신청할 수 있다. 행정심판을 신청할 권한이 있는 법인 또 기타조직이 해산된 경우 ~~그 권리를 승계한 법인 또는 기타 조직이~~ 행정심판을 신청할 수 있다. 행정심판을 ~~신청하는~~ 구체적인 행정행위와 이해관계가 있는 ~~기타~~ 공민, 법인 또는 기타 조직이 제3자로서 행정행위에 참가할 수 있다. 공민, 법인 또는 기타 조직이 ~~행정기관의 구체적인~~ 행정행위에 대하여 불복하여 행정심판을 신청하는 경우, ~~구체적인~~ 행정행위을 한 행정기관이 피신청인이 된다. 신청인, 제3자는 대리인에게 위탁하여 행정심판에 대리참가하게 할 수 있다.	**제14조** 이 법에 따라 행정심판을 신청하는 공민, 법인 또는 기타 조직은 신청인이 된다. 행정심판을 신청할 권한이 있는 공민이 사망한 경우, 그 가까운 친족이 행정심판을 신청할 수 있다. 행정심판을 신청할 권한이 있는 법인 또 기타조직이 해산된 경우 그 권리의무의 승계인이 행정심판을 신청할 수 있다. 행정심판을 신청할 수 있는 권한이 있는 공민이 금치산자 또는 한정치산자인 경우, 그 법정대리인이 행정심판을 대리신청할 수 있다. **제16조** 신청인 외에, 행정심판이 신청된 행정행위 또는 행정심판의 처리결과와 이해관계가 있는 공민, 법인 또는 기타 조직은 제3자로서 행정심판에 참가할 수 있거나, 행정심판기구가 그로 하여금 제3자로서 행정심판에 참가하게 할 수 있다. 제3자가 행정심판에 참가하지 않아도 행정심판사건의 심리에 영향을 미치지 않는다. **제17조** 신청인, 제3자는 1~2명의 변호사, 기층법률업무종사자(基层法律服务工作者) 또는 기타 대리인에 위탁하여 행정심판에 대리참가하게 할 수 있다. 신청인, 제3자가 대리인에 위탁한 경우, 행정심판기구에 위임장, 위탁인과 피위탁인의 신분증명서류를 제출하여야 한다. 위임장에는 위임사항, 권한 및 기한을 기재하여야 한다. 신청인, 제3자가

	대리인의 권한을 변경하거나 해제할 경우 서면으로 행정심판기구에 고지하여야 한다. 제19조 공민, 법인 또는 기타 조직이 행정행위에 대하여 불복하여 행정심판을 신청하는 경우, 행정행위을 한 행정기관 또는 법률, 법규, 규장이 수권한 조직이 피신청인이 된다. 2개 이상의 행정기관이 공동명의로 동일한 행정해위를 한 경우, 공동으로 행정행위를 한 행정기관이 피신청인이 된다. 행정기관이 위임한 조직이 행정행위를 한 경우, 위임한 행정기관이 피신청인이 된다. 행정행위를 한 행정기관이 폐지되거나 그 기능이 변경된 경우, 그 기능을 계속하여 행사하는 행정기관이 피신청인이 된다.
〈신설〉	제15조 동일 행정심판사건의 신청인이 복수일 경우, 신청인이 대표를 선정하여 행정심판에 참가할 수 있다. 대표가 행정심판에 참가하는 행위는 그가 대표하는 신청인에게 효력을 발생한다. 단 대표가 행정심판청구를 변경하거나 행정심판청구를 철회하거나 제3자의 청구를 승인하는 경우, 그가 대표하는 신청인의 동의를 거쳐야 한다.

10. 비교적 집중된 행정심판 관할제도 시행

1) 이번 개정안은 지방 인민정부 실무 부문의 행정 심판 직무를 폐지하고, 현급 이상 지방 인민정부가 일률적으로 행사하도록 하였으며, 세관, 금융, 외환 관리 등 수직적 영도를 이행하는 행정기관, 세무 및 국가 안보 기관은 직상급 기관이 관할하고, 성, 자치구, 직할시의 인민정부와 국무원 부문은 자체적으로 관할하는 규정은 유지했다. 2) 이 규정은 기존의 '종횡결합'의 관

할 시스템을 '횡적 관할'을 주로 하고 '조문별 관할'을 보충적으로 하는 관할 시스템, 즉 비교적 집중된 심판관할 시스템으로 변경함으로써 행정심판 자원의 배분을 최적화하고 사건 처리 기준을 통일하며, '동일 사건 동일 판결'을 실현하고, 행정심판의 공정성을 높이며, 행정 분쟁 해결을 위한 주요 채널의 역할을 충분히 발휘하는 데 도움이 된다.

행정심판법 [2023년 개정 이전]	행정심판법 [2023년 개정 이후]
제13조 지방 각급 인민정부의 구체적인 행정행위에 대하여 불복하는 경우, 직상급 지방인민정부에 행정심판을 신청한다. 성·자치구 인민정부가 법에 따라 설립하는 파출기관 소속의 현급 지방 인민정부의 구체적인 행정행위에 대하여 불복하는 경우, 해당 파출기관에 행정심판을 신청한다. **제15조** ~~이 법 제12조·제13조·제14조의 규정 이외의 기타 행정기관, 조직의 구체적인 행정행위에 대하여 불복하는 경우, 아래의 규정에 따라 행정심판을 신청한다.~~ ~~(1) 현급 이상 인민정부가 법에 따라 설립한 파출기관의 구체적인 행정행위에 대하여 불복하는 경우, 해당 파출기관을 설립한 인민정부에 행정심판을 신청한다.~~ (2) 정부 업무부문이 법에 따라 설립한 파출기구가 법률, 법규 또는 규장에 따라 자기 명의로 내린 구체적인 행정행위에 대하여 불복하는 경우, ~~파출기구를 설립한 부문 또는 해당 부문의 동급 지방 인민정부에 행정심판을 신청한다.~~ ~~(3) 법률, 법규가 권한을 위임한 조직의 구체적인 행정행위에 대하여 불복하는~~	**제24조** 현급 이상 지방 각급 인민정부는 아래 행정심판사건을 관할한다. (1) 동급 인민정부 업무부문(工作部门)이 내린 행정행위에 대하여 불복하는 경우 (2) 직하급 인민정부가 내린 행정행위에 대하여 불복하는 경우 (3) 동급 인민정부가 법에 따라 설립한 파출기관이 내린 행정행위에 불복하는 경우 (4) 동급 인민정부 또는 그 업무부문이 관리하고 있는, 법률, 법규, 규장이 위임한 조직이 내린 행정행위에 불복하는 경우 전 항의 규정 외에, 성·자치구·직할시 인민정부는 자신이 내린 행정행위에 불복한 행정심판사건을 함께 관할한다. 성·자치구 인민정부가 법에 따라 설립한 파출기관은 구를 설치한 시급 인민정부의 직책과 권한을 참조하여, 관련 행정심판사건을 관할한다. 현급 이상 지방 각급 인민정부의 업무부문이 법에 따라 설치한 파출기구가 법률, 법규, 규장의 규정에 따라 파출기구의 명의로 내린 행정행위에 대하여 불복한 행정심판사건은 동급 인민정부가 관할한다. 그중 직할시, 구를 설치한 시 인민정부 업무부문이 행정구역에 따라 설치한 파출기구가 내린 행정행위에 불복

~~경우 해당 조직을 직접 관리하는 지방 인민정부, 지방 인민정부 업무부문 혹은 국무원 부문에 행정심판을 신청한다.~~ ~~(4) 2개 또는 2개 이상의 행정기관이 공동명의로 내린 구체적인 행정행위에 대하여 불복하는 경우 그 공동 직상급 행정기관에 행정심판을 신청한다.~~ ~~(5) 폐지된 행정기관이 폐지되기 전에 한 구체적인 행정처분에 대하여 불복하는 경우, 그 직권을 계속 행사하는 직상급 행정기관에 행정심판을 신청한다.~~ ~~전항 각 호의 1에 해당하는 경우, 신청인은 또한 구체적 행정처분 발생지의 현급 지방 인민정부에 행정심판신청을 제기할 수도 있고, 신청을 접수한 현급~~ 자~~방인민정부가 이법 제18조의 규정에 따라 처리한다.~~	한 경우, 그 [파출기구] 소재지 인민정부가 관할할 수도 있다.
〈신설〉	제25조 국무원 각 부처는 아래 행정심판 사건을 관할한다. (1) 해당 부처가 내린 행정행위에 불복하는 경우 (2) 해당 부처가 법에 따라 설립한 파출기구가 법에 법률, 행정법규, 부문규장의 규정에 따라 파출기구의 명의로 내린 행정행위에 불복하는 경우 (3) 해당 부처가 관리하는, 법률, 행정법규, 부문규장이 수권한 조직이 내린 행정행위에 불복하는 경우

11. 행정심판 신청 절차의 개선

1) 행정심판 신청 기한을 명확히 하고, 2) 행정심판 신청 절차를 개선하였으며, 3) 행정심판 전치의 경우를 추가하였다. ① 심판 전치란 행정소송을 제기하기 위한 조건으로 행정심판을 신청하는 것, 즉 행정심판을 먼저 신청하고 행정심판의 결정에 납득할 수 없는 경우에만 행정소송을 제기할 수 있는 경우를 말한다. ② 심판 전치의 목적은, 제도적 제약을 통해 행정 상대방

의 구제에 대한 의지를 행정기관에 '잡아 두어' 행정기관의 전문적, 기술적 우위를 충분히 발휘하고 행정분쟁의 정확성을 높이며 행정기관 내부의 모순을 해결하고 인민법원의 재판 부담을 줄이는 데 있다. ③ 법률 개정의 중점은 다음과 같다. ③−1. '당사자의 자유 선택을 원칙으로 하고, 심판 전치를 예외로 하는' 모델을 유지하였다. ③−2. 행정심판 전치의 경우를 추가하고 범위를 확대한 것은 행정 분쟁 해결의 주요 채널로서 행정심판의 역할을 실현하는 데 도움이 된다.

행정심판법 [2023년 개정 이전]	행정심판법 [2023년 개정 이후]
제9조 공민, 법인 또는 기타 조직이 ~~구체적인~~ 행정행위가 자신의 합법적 권익을 침해하였다고 여기는 경우, 그 ~~구체적인~~ 행정행위를 안 날로부터 60일 내에 행정심판신청을 제기할 수 있다. 단 법률규정의 신청기한이 60일을 초과하는 것은 제외한다. 불가항력 또는 정당한 이유로 인하여 법정신청기한을 지체한 경우, 신청기한은 그 장애가 해소된 날로부터 계속하여 계산한다.	**제20조** 공민, 법인 또는 기타 조직이 행정행위가 자신의 합법적 권익을 침해하였다고 여기는 경우, 그 행정행위를 알거나 응당 알았어야 하는 날로부터 60일 내에 행정심판신청을 제기할 수 있다. 단 법률규정의 신청기한이 60일을 초과하는 것은 제외한다. 불가항력 또는 정당한 이유로 인하여 법정신청기한을 지체한 경우, 신청기한은 그 장애가 해소된 날로부터 계속하여 계산한다. 행정기관이 행정행위를 하면서 공민, 법인 또는 기타 조직에 대해 행정심판신청의 권리, 행정심판기관 및 신청기한을 고지하지 않은 경우, 신청기한은 공민, 법인 또는 기타 조직이 행정심판신청의 권리, 행정심판기관 및 신청기한을 알거나 응당 알았어야 하는 날로부터 계산한다. 단 행정행위의 내용을 알거나 응당 알았어야 하는 날로부터 최장 1년을 초과하지 않는다.
〈신설〉	**제21조** 부동산으로 인해 제기한 행정심판신청에 있어서 행정행위가 내려진 후 20년을 초과한 경우, 기타 행정심판신청에 있어서 행정행위가 내려진 후 5년을

	초과한 경우, 행정심판기관은 [행정심판신청을] 수리하지 않는다.
제11조 신청인이 행정심판을 신청할 때는 서면으로 신청할 수 있고 또는 구두로 신청할 수도 있다. 구두로 신청하는 경우 행정심판기관은 그 자리에서 신청인의 기본정황·행정심판청구·행정심판을 신청하는 주요사실·이유 및 일자를 기록하여야 한다.	제22조 신청인이 행정심판을 신청할 때는 서면으로 신청할 수 있다. 서면신청이 어려운 경우 구두로 신청할 수도 있다. 서면으로 신청하는 경우, 우편을 통하거나 행정심판기관이 지정한 인터넷 루트 등을 통해 행정심판신청서를 제출할 수 있고 대면(当面)으로 행정심판신청서를 제출할 수도 있다. 행정기관이 인터넷 방식으로 행정행위결정서를 송달 할 때는 행정심판신청서 제출을 위한 인터넷 루트를 함께 제공하여야 한다. 구두로 신청하는 경우 행정심판기관은 그 자리에서 신청인의 기본정황·행정심판청구·행정심판을 신청하는 주요사실·이유 및 일자를 기록하여야 한다. 신청인이 2개 이상의 행정행위에 대하여 불복하는 경우 행정심판을 각각 [별도로] 신청하여야 한다.
제8조 ~~행정기관이 내린 행정처분 또는 기타 인사처리결정에 불복하는 경우 관련 법률, 행정법규의 규정에 따라 탄원(申诉)를 제기한다.~~ ~~행정기관이 민사분쟁에 관해 진행한 조정 또는 기타 처리에 불복하는 경우, 법에 따라 중재를 신청하거나 혹은 인민법원에 소송을 제기한다.~~	제23조 다음 중 하나에 해당하는 경우, 신청인은 먼저 행정심판기관에 행정심판을 신청해야 하며, 행정심판의 결정에 불복하는 경우 다시 법률에 따라 인민법원에 행정소송을 제기할 수 있다: (1) 그 자리에서 내린 행정처벌부과결정에 불복하는 경우 (2) 행정기관이 내린, 자신이 법적으로 취득한 자연자원의 소유권 또는 사용권을 침해하는 결정에 불복하는 경우 (3) 행정기관이 이 법 제11조에 규정된 법적 의무를 이행하지 않았다고 여기는 경우 (4) 정부정보의 공개를 신청하였으나 행정기관이 공개하지 않는 경우 (5) 법률, 행정법규가 행정기관에 먼저 행정심판을 신청하여야 하는 기타 경우.

	위의 경우에 행정기관은 행정행위를 하면서 공민, 법인 또는 기타 조직에 먼저 행정심판기구에 행정심판을 신청할 것을 고지하여야 한다.

12. 행정심판 수리 절차의 개선

1) 수리 요건을 신설하고, 2) 행정기관이 심판 신청서를 제출하는 경우를 신설하였으며, 3) 신청 자료 보정제도를 신설하고, 4) 신청 거부 사유 설명 제도를 신설하였다.

행정심판법 [2023년 개정 이전]	행정심판법 [2023년 개정 이후]
제17조 행정심판기관이 행정심판신청을 접수한 후 5일 이내에 심사를 진행하여야 하고, ~~이 법 규정에 부합하지 않는 행정심판신청에 대해서는 수리를 하지 않는 결정을 하고 신청인에게 서면으로 고지하여야 한다. 이 법 규정에 부합하나 해당 기관의 수리에 속하지 않는 행정심판신청에 대해서는, 신청인이 소관 행정심판기관에 제기할 것을 고지하여야 한다. 전항 규정을 제외하고는 행정심판기관의 법제담당부서가 접수한 날부터 수리(受理)로 간주한다.~~ **제18조** ~~이 법 제15조 제2항의 규정에 따라 행정심판신청을 접수한 현급 인민정부는 이 법 제15조 제1항의 규정에 따라 기타 행정기관이 수리해야 하는 행정심판신청에 대해서는 행정심판신청을 접수 후 7일 이내에 관련 행정심판기관에 전송하고 신청인에게 고지하여야 한다. 전송을 받는 행정심판기관은 이 법 제17조의 규정에 따라 처리한다.~~	**제30조** 행정심판기관이 행정심판신청을 접수한 후 5일 이내에 심사를 진행하여야 한다. 아래의 규정에 부합하면 행정심판기관은 수리하여야 한다. (1) 명확한 신청인과 이 법의 규정에 부합하는 피신청인이 존재한다. (2) 신청인과 행정심판을 신청한 행정행위 사이에 이해관계가 존재한다. (3) 구체적인 행정심판 청구와 이유가 존재한다. (4) 법이 정한 기한 내에 제출되었다. (5) 이 법이 규정한 행정심판의 범위에 속한다. (6) 해당 기관의 관할범위에 속한다. (7) 행정심판기관이 해당 신청인의 동일 행정행위에 관해 제출한 행정심판신청을 수리한 적이 없고 또한 인민법원이 해당 신청인의 동일 행정행위에 관해 제기한 행정소송을 수리한 적이 없다. 전 항의 규정에 부합하지 않는 행정심판신청에 대하여 행정심판기관은 심사기한 내에 수리하지 않는 결정을 내리고 그 이유를 설명하여야 한다. 본 기관의

	관할에 속하지 않는다면 수리하지 않는 결정에서, 관할권이 있는 행정심판기관을 신청인에게 고지하여야 한다. 행정심판신청의 심사기한이 만료되었으나 행정심판기관이 수리하지 않는 결정을 내리지 않는다면, 심사기한의 만료일부터 수리로 간주한다.
〈신설〉	제31조 행정심판의 신청 자료가 불완전하거나 명확하게 제시되지 않아 행정심판의 신청이 이 법 제30조 제1항의 규정에 적합한지 여부를 판단할 수 없는 경우에는 행정심판기관은 신청을 받은 날부터 5일 이내에 신청인에게 정정할 필요가 있음을 서면으로 통지해야 한다. 정정 통지서에는 정정해야 할 사항을 한번만 기재해야 한다. 신청인은 정정 통지를 받은 날로부터 10일 이내에 정정 자료를 제출해야 한다. 기한 내에 정정할 수 없는 정당한 사유가 있는 경우 행정심판기관은 합리적인 기간을 정하여 정정 기한을 연장할 수 있다. 정당한 사유 없이 기한 내에 정정을 하지 않으면 신청인이 행정심판 신청을 포기한 것으로 간주하며, 이를 기록에 기재한다. 행정심판기관은 보정 자료를 받은 후 이 법 제30조의 규정에 따라 이를 처리해야 한다.
〈신설〉	제32조 현장에서 또는 전자기술감시설비에 기록된 위법사실에 근거하여 내린 행정처벌결정에 불복하여 신청한 행정심판은, 행정처벌결정을 내린 행정기관을 통해 행정심판신청을 제출할 수 있다. 행정기관은 행정심판신청을 받은 후 즉시 처리해야 한다. 행정처벌결정을 유지해야 한다고 여길 때는, 행정심판신청을 받은 후 5일 내에 행정심판기관에 전송하여야 한다.
〈신설〉	제33조 행정심판기관이 행정심판신청을

	수리한 후 해당 행정심판신청이 이 법 제30조 제1항의 규정에 부합하지 않는다는 것을 발견하면 신청을 기각하는 결정을 내리고 그 이유를 설명하여야 한다.

13. 행정심판 심리절차의 개선

1) 승급 심리제도를 구축하였고, 2) 간이절차 및 간이절차가 적용되는 경우를 추가하였다. 개정 전 심판법은 심판 심리에 대한 간이절차를 규정하지 않았고, 단순한 사건과 복잡한 사건에 모두 동일한 절차를 적용해 심리하여 심판의 효율성 제고에 도움이 되지 않았으며 실무와도 부합하지 않았다. 이러한 단점을 보완하기 위해 새로 개정된 행정심판법에서는 행정심판 간이절차를 신설하여 행정심판기관이 행정심판 사건을 심리한 결과 사실관계가 명확하고 권리의무 관계가 분명하며 분쟁이 심하지 않다고 인정하는 경우에는 간이절차를 적용할 수 있도록 하였다. 3) 행정심판 증거 규칙을 개선하였다. 증거의 종류, 입증책임의 배분, 심판기관의 조사 및 증거 수집을 명확화하였다. 4) 일반 절차에서 의견 청취 원칙을 구현하고, 새로운 청문제도를 도입하였다. 개정 전 심판법은 원칙적으로 서면심리 방식을 채택하고, 신청인이 청구하거나 행정심판기관이 필요하다고 인정하는 경우에도 심리 과정에서 관련 기관 및 사람에 대한 상황 조사 및 신청인·피신청인·제3자의 의견 청취만을 실시하였으나, 개정 심판법은 심판신청인에게 공정하고 효과적인 구제 수단을 제공하기 위해 상술한 의견 청취, 중대하고 어렵고 복잡한 심판 사건을 심리하는 경우의 청문제도 등 심판 관련 심리절차 규칙에 대해 중요한 개정과 보완을 하였다. 5) 행정심판위원회 제도를 도입하였다. ① 자문 의견은 행정재판문서에서 중요한 부분을 차지하게 되었으며, 다만 ② 중요한 참조 근거인 자문 의견은 직접적인 근거가 아닌 참고 자료일 뿐이다. 6) 행정심판에 부대하는 규범성 문건의 심사 절차를 개선하였다. 법 개정 이전에는 행정심판에 부대하는 규범성 문건의 심사제도 규정은 절차 및 처리방식이 매우 불완전하여 행정심판의 효율성과 품질에 영향을 미쳤으며, 법 개정 이후 행정심판에 부대하는 규범성 문건의 심사 관련 내용이 개선되었다.

행정심판법 [2023년 개정 이전]	행정심판법 [2023년 개정 이후]
〈신설〉	제36조 행정심판기관은 행정심판신청을 접수한 후 이 법의 규정에 따라 보통절차 또는 간이절차를 적용하여 심리한다. 행정심판기구는 행정심판 담당자를 지정하여 행정심판사건을 처리하도록 하여야 한다. 행정심판 담당자는 행정심판사건의 처리 과정에서 알게 된 국가비밀, 상업비밀 및 개인프라이버시에 대해서는 비밀을 유지하여야 한다.
〈신설〉	제37조 상급 행정심판기관은 수요에 따라 하급 행정심판기관이 관할하는 행정심판사건을 심리할 수 있다. 하급 행정심판기관은 자신이 관할하는 행정심판사건에 대하여 상급 행정심판이 심리할 필요가 있다고 인정할 때는 상급 행정심판기관에 신청보고(报请)하여 결정하도록 한다.
〈신설〉	제43조 행정심판증거는 다음을 포함한다. (1) 서증 (2) 물증 (3) 시청각자료 (4) 전자데이터 (5) 증인 · 증언 (6) 당사자의 진술 (7) 감정의견 (8) 조사 기록, 현장 노트. 위의 증거는 행정심판 기관에서 사실로 인정되는 경우에만 행정심판 사건의 사실관계를 판단하기 위한 근거로 사용될 수 있다.
〈신설〉	제44조 피신청인은 자신이 내린 행정행위의 적법성 및 적절성에 대한 입증책임을 부담한다. 신청인은 다음 중 하나의 경우, 증거를

	제출하여야 한다. (1) 피신청인이 법적 의무를 이행하지 않고 있다고 판단되는 경우, 피신청인에게 법적 의무를 이행하도록 요청했다는 증거를 [신청인은] 제출한다. 단 피신청인이 직권에 따라 법적 의무를 스스로 이행했어야 하거나 신청인이 정당한 사유로 인해 그러한 증거를 제출할 수 없는 경우는 제외한다. (2) 행정배상청구를 제출한 경우, 행정행위의 침해로 인한 피해에 대한 증거를 제시하여야 한다. 단 신청인이 피신청인의 귀책 사유로 증거를 제시할 수 없는 경우 입증 책임은 피신청인이 부담한다. (3) 기타 법령의 규정에 따라 신청인이 증거를 제출해야 하는 경우.
〈신설〉	제45조 행정심판기관은 관련 단위나 개인에 대하여 조사 및 증거수집(调查取证)을 하고, 관련 문건과 자료를 열람, 복제, 수집하며 관련 인원에게 신문(询问)을 진행할 권한이 있다. 조사 및 증거수집 시 행정심판 담당자는 2인 이상이어야 하고 행정심판업무증(行政复议工作证件)를 제시하여야 한다. 조사 및 증거수집을 받는 단위와 개인은 행정심판인원의 업무에 대해 적극적으로 협조하여야 하고 거절하거나 방해해서는 아니 된다.
제22조 ~~행정심판은 서면심사를 원칙으로 하되, 신청인이 요청하거나 행정심판기관의 법제담당 행정심판기구가 필요하다고 인정하는 경우 관련 기관 및 인원을 대상으로 상황을 조사하고 신청인, 피신청인 및 제3자의 의견을 청취할 수 있다.~~	제49조 일반 절차가 적용되는 행정심판사건에서 행정심판기구는 직접 또는 인터넷, 전화 등을 통해 당사자의 의견을 청취하고, 청취한 의견을 기록에 남겨야 한다. 당사자와 관련된 사유로 당사자의 의견을 들을 수 없는 경우에는 서면으로 심리할 수 있다. 제50조 중요하고 어렵고 복잡한 행정심판사건을 심리하는 경우 행정심판기구

	는 청문회(听证)를 조직해야 한다. 행정심판기구가 청문회를 실시할 필요가 있다고 판단하거나 신청인이 청문회를 요청하는 경우, 행정심판기구는 청문회를 조직할 수 있다. 청문회는 행정심판위원 1명이 주재자, 행정심판위원 2명 이상이 청문관(听证员)으로 참여하며, 속기사 1명이 청문속기록을 작성한다. 第52조 현급 이상 인민정부는 행정심판사건 처리에 대한 자문을 제공하고 행정심판업무의 주요 사항과 공통 문제에 대한 연구 및 의견을 제시하기 위해 관련 정부 부처, 전문가 및 학자 등이 참여하는 행정심판위원회(行政复议委员会)를 설치해야 한다. 행정심판위원회의 구성 및 업무 수행의 구체적인 방법은 국무원 행정심판기구에서 제정한다. 행정심판 사건의 심리에서 다음 중 어느 하나에 관련되는 경우, 행정심판기구는 해당 사건을 행정심판위원회에 회부하여 자문 의견을 구해야 한다. (1) 중요하고 어렵고 복잡한 경우 (2) 전문성, 기술성이 비교적 강한 경우 (3) 이 법 제24조 제2항에 규정된 행정심판사건인 경우 (4) 행정심판기구가 필요하다고 판단한 경우 행정심판기구는 행정심판위원회의 자문의견을 기록해야 한다.
〈신설〉	第53조 행정심판기구는 아래 행정심판사건의 심리 시, 사실이 명백하고 권리의무관계가 명확하고 논쟁이 크지 않은 경우 간이절차를 적용할 수 있다. (1) 행정심판이 신청된 행정행위가 현장에서 내려진 경우 (2) 행정심판이 신청된 행정행위가 경고 또는 통보비평(通报批评)인 경우

	(3) 사건에 관련되는 금액이 3000 위안 이하인 경우 (4) 정부의 정보공개에 관련되는 사건 전항의 규정 외의 행정심판사건에 대해서는 당사자 각 측이 간이절차의 적용에 동의하는 경우, 간이절차를 적용할 수 있다.
〈신설〉	第55조 간이절차를 적용하는 행정심판사건에서, 행정심판기구가 간이절차를 적용하는 것이 적절하지 않다고 여길 때는 행정심판기구 책임자의 비준을 거쳐 보통절차로 전환하여 심리할 수 있다.
〈신설〉	第58조 행정심판기관이 이 법 제56조 및 제57조의 규정에 따라 관련 규범성문건 또는 근거를 처리할 권한이 있는 경우, 행정심판기구는 행정심판을 중지한 날로부터 3일 이내에 해당 규범성문건 또는 근거를 제정한 기관에 해당 조항의 적법성에 대한 서면 회신을 제출할 것을 서면으로 통지해야 한다. 제정기관은 서면 통지를 받은 날로부터 10일 이내에 서면 답변서와 관련 자료를 제출해야 한다. 행정심판기구는 필요하다고 판단하는 경우 규범성문건 또는 근거를 작성한 기관에 직접 출석하여 그 이유를 설명할 것을 요청할 수 있으며, 제정기관은 이에 협조해야 한다.
〈신설〉	第59조 행정심판기관은 이 법 제56조 및 제57조의 규정에 따라 관련 규범성문건 또는 그 근거를 처리할 권한을 가지며, 관련 규정이 적법하다고 판단하는 경우에는 행정심판결정서에 이를 기재하고, 관련 규정이 그 권한을 초과하거나 상위법에 위배된다고 판단하는 경우에는 해당 규정의 집행정지를 결정하고 이를 제정한 기관에 시정을 명해야 한다.

14. 행정심판 결정 체계의 최적화 및 감독 기능 강화

1) 행정심판 결정 체계를 최적화하였다. ① 행정심판 결정의 순서를 재조정(변경 우선)하고, 변경 결정이 적용되는 경우를 추가하였다. 심판 결정의 순서를 조정하고 변경 결정을 행정심판 결정의 첫 번째 유형으로 포함시킨 것은 행정심판 기관이 심판 절차의 효율성과 편의성을 높여 피신청인의 잘못을 직접 시정하고 국민의 실질적인 이익 문제를 신속하게 해결하도록 하기 위한 것이다. 행정심판기관이 피신청인에게 부과한 행정처벌을 가중하는 경우, ①−1. 병과할 수 있는 행정처벌의 경우 행정처벌의 양을 가중할 수 없다. 예를 들어 5일 이상 10일 이하의 구류는 500위안의 벌금과 병과할 수 있다. ①−2. 행정처벌의 종류에 대한 가중 변경은 허용되지 않는다. 예를 들면 경고가 벌금으로 전환되는 경우. ①−3. 인신의 자유를 제한하는 기한은 연장할 수 없다. ①−4. 벌금 금액의 증액은 허용되지 않는다. ①−5. 허가증, 면허의 정지를 허가증, 면허의 취소로 변경하는 것은 허용되지 않는다. ①−6. 행정기관에 의해 처벌을 받지 않은 사람에게 직접 벌금을 부과하는 것은 허용되지 않는다. ② 행정협의의 무효 확인, 책임 이행의 유형을 추가하였다. ③ 조정 및 화해 절차 규정을 개선하였다.

2) 행정심판 결정 집행에 대한 집행 감독을 강화하였다. ① 행정심판의 견서 제도를 확립하고, ② 면담 및 비판 조치를 규정하였으며, ③ 행정심판 결정의 공개 및 복사제도를 신설하였다.

행정심판법 [2023년 개정 이전]	행정심판법 [2023년 개정 이후]
〈신설〉	제63조 행정심판기관은 행정 행위가 다음 중 하나에 해당하는 경우 행정행위의 변경을 결정한다. (1) 사실관계가 명확하고 증거가 결정적이며 적용 근거가 정확하고 절차가 합법적이지만 내용이 부적절한 경우 (2) 사실관계가 명확하고 증거가 입증되었으며 절차가 합법적이지만 근거가 올

	바르게 적용되지 않은 경우 (3) 사실관계가 불분명하고 증거가 불충분하며 행정심판기관에서 사실관계 및 증거를 조사하여 확인한 경우. 행정심판기관은 신청인에게 더 불리한 변경결정을 내릴 수 없다. 단 제3자가 반대되는 청구를 제출한 경우는 제외한다.
〈신설〉	제67조 행정행위의 실시주체가 행정주체의 자격이 없거나 근거가 없는 등 중대하고 명백한 위법 정황을 지닌 경우 신청인이 행정행위의 무효 확인을 신청하면, 행정심판기관은 해당 행정행위의 무효를 확인한다.
〈신설〉	제70조 피신청인이 이 법 제48조, 제54조의 규정에 따라 서면답변서를 제출하지 않거나 행정행위를 한 증거, 근거 및 기타 관련 자료를 제출하지 않는 경우, 해당 행정행위는 증거, 근거가 없음으로 간주하여 행정심판기관은 해당 행정행위를 취소 또는 부분적으로 취소하고, 해당 행정행위의 위법, 무효를 확인하거나 피신청인이 일정 기한 내에 이행하도록 결정한다. 단 행정행위가 제3자의 합법적 권익에 관계되고 제3자가 증거를 제공한 경우는 제외한다.
〈신설〉	제73조 당사자가 조정을 거쳐 협의를 달성한 경우, 행정심판기관은 행정심판조정서를 작성하여야 하고 [조정서는] 각 당사자의 서명 또는 날인을 거치고 행정심판기관의 도장을 찍으면 즉시 법률적 효력을 지닌다. 조정이 협의에 이르지 못했거나 조정서가 효력을 발생하기 전에 일방이 번복(反悔)한 경우 행정심판기관은 법에 따라 심사하거나 제때에 행정심판결정을 내려야 한다.
〈신설〉	제74조 당사자가 행정심판결정이 내려지

	기 전에 자원하여 화해에 이른 경우, 그 화해의 내용은 국가이익, 사회공공이익 또는 타인의 합법적 권익을 해쳐서는 안 되고 법률과 법규의 강제성 규정을 위반해서는 안 된다. 당사자가 화해에 이른 경우 신청인은 행정심판기구에 행정심판신청을 철회한다. 행정심판기구가 행정심판신청의 철회를 허용(准予)하여 행정심판기관이 행정심판의 종결을 결정한 이후 신청인은 동일한 사실과 이유에 근거하여 행정심판신청을 다시 신청할 수 없다. 단 신청인이 행정심판신청의 철회가 자신의 진실한 의사에 반한다는 점을 증명할 수 있는 경우는 제외한다.
〈신설〉	第76조 행정심판기관은 행정심판사건을 처리하는 과정에서 피신청인 또는 그 밖의 하급 행정기관의 관련 행정행위의 위법 또는 부당함을 발견한 경우에는 그 기관에 행정심판의견서를 제시할 수 있다. 관련 기관은 행정심판 의견서를 받은 날부터 60일 이내에 관련 위법 또는 부당한 행정 행위의 시정 상황을 행정심판기관에 보고해야 한다.
第32조 피신청인은 행정심판 결정을 이행해야 한다. 피신청인이 행정심판 결정을 이행하지 않거나 정당한 사유 없이 이행을 지연하는 경우, 행정심판기관 또는 관계 상급 행정기관은 일정 기한 내에 이행하도록 명해야 한다.	第77조 피신청인은 행정심판 결정서, 조정서, 의견서를 이행해야 한다. 피신청인이 행정심판 결정서, 조정서, 의견서를 이행하지 않거나 정당한 사유 없이 이행을 지연하는 경우, 행정심판기관 또는 관계 상급 행정기관은 일정 기한 내에 이행하도록 명해야 하며, 피신청인의 관련 담당자를 면담하거나 비판 내용을 통지할 수 있다.
〈신설〉	第79조 행정심판기관은 행정심판이 청구된 행정행위가 공개된 정황에 따라, 국가의 관련 규정에 따라 행정심판결정서를 사회에 공개한다. 현급 이상 지방 각급 인민정부가 동급

	인민정부 실무부서를 피신청인으로 하는 행정심판 사건을 처리하는 경우, 법적 효력이 있는 행정심판결정서와 의견서를 피신청인의 직상급 관할 부서에 동시에 복사·보고(抄告)하여야 한다.

15. 행정심판 관련 주체의 법적 책임 개선

1) 법률에 따라 직무를 수행하지 않은 행정심판 기관의 법적 책임을 명확히 하였고, 2) 조사 및 증거 수집 등을 거부하거나 방해하는 행위에 대한 법적 책임을 명확히 하였으며, 3) 위법 사실 자료의 이송 및 직무상 위법한 범죄 단서의 이송 등의 처리를 명확히 하였다.[17]

행정심판법 [2023년 개정 이전]	행정심판법 [2023년 개정 이후]
제34조 행정심판기관이 ~~정당한 사유 없이 이 법의 규정에 따른 행정심판신청을 수리하지 아니하거나 규정에 따른 행정심판신청을 이송하지 아니하는 등 이 법의 규정을 위반하거나 법정기한 내에 행정심판에 관한 결정을 하지 아니한 경우에는 행정심판에 직접 책임이 있는 담당자 또는 그 밖에 행정심판에 직접 책임이 있는 자에게~~ 법령에 따라 경고, 과실 기록 또는 중과실 기록의 ~~행정~~처분을 하고, ~~행정심판 수리 명령을 받고도 여전히 행정심판신청을 수리하지 않거나 행정심판신청을 규정에 따라 이송하지 않아~~ 중대한 결과를 초래한 경우에는 법령에 따라 강등, 해임 또는 제명의 ~~행정~~처분을 한다.	제80조 행정심판기관이 이 법의 규정에 따른 행정심판의 직무를 수행하지 아니한 경우에는 그 주된 책임자 및 직접 책임자에게는 법령에 따라 경고, 과실 기록 또는 중과실 기록의 처분을 하고, 감독권 있는 기관의 촉구에도 불구하고 시정을 하지 아니하거나 중대한 결과를 초래한 경우에는 법령에 따라 강등, 해임 또는 제명의 처분을 한다.
〈신설〉	제84조 행정심판 담당자의 조사 및 증거

17) http://www.szlawyers.com/file/upload/20240102/file/20240102111849_049934cdac574a378a1d0ea45fa8eb79.pdf.

	확보를 거부하거나 방해하거나 고의로 행정심판업무 질서를 방해한 사람은 법에 따라 처분, 치안관리 처벌을 받으며, 범죄를 구성하는 경우 법에 따라 형사책임을 추궁한다.
第38조 ~~행정심판기관의 법제 담당기구는 행정심판신청이 정당한 이유 없이 수리되지 않았거나 행정심판 결정이 정해진 기한에 따라 이루어지지 않았거나 편파성이 있었거나 신청인에 대한 보복이 있었거나 행정심판 결정을 불이행하는 등의 상황을 발견한 경우 관계 행정기관에 권고해야 하고, 관계 행정기관은 이 법과 관련 법률, 행정 법규의 규정에 따라 처리해야 한다.~~	第85조 행정기관 및 그 소속 공무원이 이 법의 규정을 위반한 경우 행정심판기관은 감독기관, 공무원 임면기관 또는 단위에 관련 공무원의 법 위반과 관련된 사실 자료를 이송할 수 있으며, 이송을 받은 감독기관, 공무원 임면기관 또는 단위는 법에 따라 처리해야 한다. 第86조 행정심판기관은 행정심판사건을 처리하는 과정에서 공무원의 부패, 뇌물수수, 직무유기, 직무태만 등 직무상 위법이나 직무상 범죄 혐의가 있는 문제에 대한 단서를 발견한 경우, 관련 규정에 따라 감찰기관에 이송해야 하고 감찰기관은 법에 따라 조사하고 처리한다.

제4절 중국 행정심판법 개정의 의의와 한국에 대한 시사점

Ⅰ. 중국 행정심판법 개정의 의의

제20차 당대회에서 '2035년까지 국가 통치 시스템과 통치 역량을 기본적으로 현대화하고, 기본적으로 법치국가, 법치정부, 법치사회를 건설한다'는 목표를 수립한바, 이번 「행정심판법」 개정은 시의적절하고 큰 의미를 지닌다.

1) 행정심판에 관한 시진핑 총서기의 중요한 지시, 제20차 당대회 정신, 행정심판에 관한 당 중앙의 주요 결정과 배치 등을 입법 목적, 주요 원칙, 구체적인 조항에 충분히 구현한 행정심판법 개정은 시진핑이 신시대 중국 특색 사회주의 이념을 구현하고, 법정 절차를 통해 '당의 언어'를 '법률 언어'로 전환하고, 당의 명제가 국가의 의지가 되도록 하는 생생한 실천이다.

2) 행정심판법 개정은 입법 의사 결정과 개혁 의사 결정의 융합과 통일

을 고수하고 법치에 의한 개혁을 추진하기 위해 불가피한 요구 사항이다.

3) 인민 중심 발전 이념을 실천하고 인민에게 혜택이 돌아가고 인민의 권익이 보호되는지를 입법 업무 심사의 잣대로 삼는 행정심판법 개정은 사회 공평과 정의를 강력하게 촉진하고 인민의 성취감, 행복감, 안전감을 더 충만하고 더 안전하며 더 지속 가능하게 만들 것이다.

4) 행정심판법을 개정하여 행정심판의 행정분쟁 흡수 및 해결 기능을 강화하고 행정분쟁 해결의 주요 채널로서 행정심판의 역할을 충분히 발휘하는 것은 사회갈등 예방 및 해결을 위한 효과적인 시스템 혁신, 다원화된 분쟁해결 메커니즘 개선, 사회 거버넌스의 실효성 제고에 큰 의의가 있다.

5) 행정심판법 개정은 행정법 집행에 대한 감독을 강화하고 법치 정부 건설을 더욱 촉진하기 위해 시급히 필요하다.

6) 행정심판법을 개정하여 통일되고 과학적인 행정심판 시스템을 구축하고, 규범화되고 효율적인 행정심판 메커니즘을 개선하며, 법에 따라 행정을 감독하는 행정심판의 제도적 목표를 충분히 발휘하는 것은 국가의 통치 시스템과 통치 능력의 현대화를 추진하고 법치국가, 법치 정부 및 법치 사회 전체의 건설을 더욱 진전시키는 강력한 법치의 보장이다.

7) 현대 사회주의 국가를 전방위적으로 건설하는 과정에서 2035년까지 국가의 통치 시스템과 역량을 기본적으로 현대화하고 법치국가, 법치정부, 법치사회를 기본적으로 건설한다는 제20차 당대회에서 수립한 목표를 달성하는 데 기여하는 중요한 법치 역량이다.[18)]

Ⅱ. 한국에 대한 시사점

입증책임에 관해서는 중국 행정심판법에서 원칙적으로 피고가 행정행위의 입증책임을 진다고 명시하고 있는 점, 우리 행정소송법이나 행정심판법과는 달리 중국 행정심판법에서는 소의 제기나 심판청구를 서면으로 할 것을 원칙으로 하면서도 구두로 소송을 제기하거나 심판청구를 할 수 있다고 규

---

18) http://www.szlawyers.com/file/upload/20240102/file/20240102111849_049934cdac574a378a1d0ea45fa8eb79.pdf.

정하여 한층 당사자 친화적으로 규정하고 있는 점은 우리 행정소송법이나 행정심판법의 적극적인 입법개선 노력이 필요하다고 생각한다.

또한 중국 행정소송법이나 행정심판법에서는 행정행위에 부대하여 근거 규정에 대한 부대심사를 청구할 수 있도록 하고 있는데, 처분뿐 아니라 그 처분의 근거 규정 또한 행정소송이나 행정심판의 대상으로 삼고 있다는 점도 처분에 대한 심사와 함께 근본적인 법제 심사까지 한 번에 정비할 수 있다는 면에서 눈여겨 볼 만하다.

행정심판과 관련해서는 우리 행정심판법이 행정심판위원회를 행정심판기관으로 규정하고 있는 것과 달리, 중국 행정심판법은 행정기관이 행정심판을 처리하도록 하여, 별도의 구속력 있는 행정심판위원회를 두지 않고 행정기관이 행정심판을 수행하도록 하고 있다는 점에서 큰 차이가 있다. 아무래도 우리 행정심판법과 같이 별도의 구속력 있는 행정심판위원회를 두어 행정심판을 수행하도록 하는 편이 행정심판을 더 공정하고 합리적으로 처리할 수 있을 것으로 판단된다.

이와 관련하여 중국 행정심판법에서 행정심판 업무에 처음 종사하는 직원은 국가통합 법률직업자격시험에 합격해 법률직업자격을 취득하고 통합 사전 연수에 참가하도록 하여 행정심판직원의 전문성 제고와 관련한 여러 규정을 두고 있는 것은 아무래도 별도의 구속력 있는 행정심판위원회가 아닌 행정기관이 행정심판을 처리하도록 하면서 행정심판의 적법성과 공정성을 확보하기 위한 방안의 하나로 보인다. 다만 행정심판 담당 직원의 전문성 제고를 위해 행정심판 담당 직원의 자격에 일정한 제한을 두는 데에는 우리도 문제의식을 가질 필요가 있다고 생각한다.

아울러 중국 행정심판법에서는 신청인 등이 피신청인이 제출한 자료를 열람·복사할 수 있다고 규정하여 신청인의 열람 복사 권한을 전폭적으로 보장하고 있는 점, 행정심판기관은 관련 규정에 따라 행정심판결정서를 공개하도록 하는 점도 바람직한 입법례라고 할 수 있다. 이밖에 중국 행정심판법에서는 행정심판기관이 행정심판 직책을 같은 법에 따라 이행하지 않는 경우 위반 정도에 따라 담당자에 대해 경고, 해임 등의 처분이나 형사책임을 묻게 하는 등 법적 책임 규정을 두고 있다는 점도 실효성 제고 측면에서 참고할 만하다.

중국 행정심판법이 적법절차와 국민편의를 제고하는 방향으로 개정되었다는 점이 행정에서의 적법절차를 강조하고 국민편의 제고와 지방자치권 강화를 향해 나아가고 있는 우리 법제와 일맥상통하는 면이 있다고 생각된다.

주요 참고문헌

성균관대학교 성균중국연구소,『차이나핸드북』, 김영사, 2019년.

정이근, "중국 개정 행정소송법의 주요내용과 시사점", 「법학논총」 제36권 제4호(2016).

———, "중국법의 규범성 문건에 대한 고찰", 「공법학연구」 제6권 제3호(2005).

———, "중국 최고인민법원의 사법해석제도 검토", 「공법학연구」 제11권 제3호(2010).

최계영, "의무이행소송의 도입 필요성과 법제화 방향", 「행정법학」 제27호(2024).

"关于〈中华人民共和国行政复议法(修订草案)〉的说明－2022年10月27日在第十三届全国人民代表大会常务委员会第三十七次会议上", 司法部部长 唐一军, http://www.npc.gov.cn/npc/c2/c30834/202309/t20230906_431581.html.

国家法律法规数据库, https://flk.npc.gov.cn/fl.html.

제 4 장

중국 형법의 개정과 변화

제4장

중국 형법의 개정과 변화

제1절 중국 형법의 연혁

중국의 형법 제정 작업은 1954년 헌법 공포 이후 곧바로 시작되었으나 문화대혁명 등 정치운동으로 중단되었다. 중국 최초의 형법은 1979년에 제정되었다. 1979년 형법은 총칙과 각칙으로 구분되었고, 총 13장 192개조로 구성되었다. 1979년 형법은 문화대혁명 이후 국가정상화를 실현하기 위하여 긴급하게 제정되었고 당시 법조계에 인재도 많지 않아 부족한 점이 많았다. 그러나 당시 혼잡한 중국 사회를 안정시키는 데 큰 기여를 하였다[1].

그 후 중국이 개혁개방을 진행하면서 사회가 급변하기 시작하였고, 이에 따라 새로운 범죄유형과 형식이 끊임없이 나타나게 되었다. 당시 전국인민대표대회상무위원회(이하 '전인대상무위원회')는 1979년 형법을 시행한 지 1년도 되지 않은 상태에서 1979년 형법을 개정하기보다는 일련의 단행 형법(일종의 특별 형

1) 高铭暄, "新中国刑法理发的变迁与完善", 『检察日报』, 2019. 10. 8.

법)을 제정하는 방법으로 그러한 문제들에 대응하였다. 1997년 형법 개정 전까지, 전인대상무위원회는 총 25개의 단행 형법을 제정하여 1979년 형법을 보완하였다. 이러한 단행 형법은 급변하는 사회에서 법제도적으로 신속하게 대응하는 데는 중요한 역할을 하였다. 그러나 그 내용이 체계적이지 못하고 기본 형법과 충돌이 발생하여 법질서의 안정성을 해친다는 비판을 받았다.[2)]

즉 단행 형법들이 여러 곳에 흩어져 있음으로 이러한 단행 형법 규정을 형법으로 통일하여 진정한 현대적 의미를 가진 형법체계를 구성하는 작업이 필요하였는데, 그 결과물이 1997년 형법이다. 이 형법은 중국에서 첫 사실상의 '헌법전'으로 불린다.[3)] 1997년 형법은 100개 이상의 조문이 개정되고 조문 수는 452개로 늘었다. 1997년 형법이 전면적으로 개정된 후, 기존 형법에 대한 수정은 대부분이 「형법수정안」을 통과하는 방식으로 이루어졌다[4)]. 중국은 2023년 제12차 「형법수정안」의 발표까지, 형법에 관하여 총 1개의 결정, 12개의 형법수정안 및 13개의 법률해석을 발표하였다.

이하에서는 2020년에 반포한 제11차 「형법수정안」과 2023년의 제12차 수정안의 내용을 중심으로 중국 형법의 최근 변화를 소개하고자 한다.

제2절 제11차 형법수정안의 주요내용

중국이 2020년 12월 26일에 발표한 「형법수정안」은 2021년 3월 1일부터 시행되었다. 주요 내용은 대체로 ① 국가안보와 사회안전을 위협하는 범죄행위 엄벌, ② 금융과 시장질서 공정화의 중요성 강조, ③ 환경보호 강화, ④ 지식재산권 보호 강화 등의 내용이 포함되었다.

---

2) 高铭暄, 赵秉志, 『中国刑法立法之演变』, 法律出版社, 53页.

3) 张明楷, "刑法修正案与刑法法典化", 『政法论坛』, 3页

4) 그 예외로는 1998년에 반포한 「全国人民代表大会常务委员会关于惩治骗购外汇·逃汇和非法买卖外汇犯罪的决定(외환편취·외환탈취·외환불법매매범죄 처벌에 관한 결정)」이 있다.

Ⅰ. 국가안보와 사회안정성 강화

1. 미성년자 관련 개정

1) 형사책임연령 하향

중국은 이번 형법 개정을 통해, 고의살인과 고의상해행위에 대한 형사책임 추궁 연령을 기존의 만 14세에서 만12세로 낮추었다. 또한 형사책임 추궁 판단기준을 '행위+정도+최고검찰원의 허가'로 하여 수인한도를 넘는 미성년자 범죄행위에 대한 처벌과 미성년자에 대한 보호 간의 균형을 확보하고자 하였다.[5]

2) 아동 성범죄에 대한 처벌 강화

① 여성아동대상 성범죄에 대한 처벌 강화

수정안은 강간죄에 관한 기존 형법 제236조 제2항의 '법정형이 10년 이상 유기징역, 무기징역 또는 사형에 처할 수 있는 경우'에 제5호를 추가하여, '10세 미만 여성 아동을 간음하여 상해에 이르게 한 경우'에도 사형 선고가 가능하도록 하였다.[6]

② 미성년여성의 보호자 성추행죄 신설

수정안은 제236조의1에 보호의무가 있는 자에 의한 성범죄(负有照护职责人员性侵罪)를 신설하고, 만 14세 이상 16세 미만의 여성 미성년자의 후견인, 입양인 또는 그에 대해 간호, 교육 혹은 의료의 책임이 있는 자가 해당 여성 미성년자와 성행위를 한 경우 3년 이하의 유기징역에 처하고 정황이 엄중한 경우(情节恶劣) 3년 이상 10년 이하의 유기징역에 처한다고 규정하였다. 또 제2항에서 "전항의 행위가 있는 동시에 제236조의 범죄에 해당되는 경우 더

---

5) 형법 제17조 제3항: 만 12세 이상 14세 미만인 미성년자가 고의살인, 고의상해로 타인을 사망하게 하였거나, 특별히 잔인한 수단으로 타인에게 엄중한 상해를 입히고 엄중한 질병에 걸리도록 함으로써 정상이 엄중하여 최고검찰원이 그에 대한 기소를 허가한 경우 그는 형사책임을 부담해야 한다.

6) 형법 제236조 제2항: 부녀를 강간하고, 유녀(幼女)를 간음한 자는 아래의 경우에는 10년 이상 유기징역, 무기징역 또는 사형에 처한다. …… (5) 10세 미만인 여성 아동을 간음하여 그 여성 아동에게 상해에 이르게 한 경우.

욱 중한 규정으로 처벌한다"고 규정하여, 14세 이상 16세 미만인 여성 미성년자에 대해 특수책임이 있는 자가 해당 미성년자의 동의 여부와 관계없이 성행위를 하였다면 형사처벌이 가능하고, 강제로 간음행위를 하였다면 더 중한 규정으로 처벌하게 된다.[7] 현행 중국 형법에 규정하고 있는 16세 미만 여성 미성년자 관련 성범죄를 아래 도표로 정리할 수 있다.

도표 1. 아동 성범죄 처벌

연령	행위자 신분	행위	처벌	근거조항
10세 미만	누구나	성행위	강간죄 (10년 이상 징역)	제236조 제3항 제5호
14세 미만	누구나	성행위	강간죄 (가중 처벌)	제236조 제2항
		성행위로 상해에 이르게 한 경우	강간죄 (10년 이상 징역)	제236조 제3항 제5호
만14세 이상 만 16세 이하	보호자 (후견, 입양, 간호, 교육, 의료의 책임)	성행위	특수직책자와 소녀 간음행위죄	제236조의1 제1항
		강간 (강제 성행위)[8]	특수직책자와 소녀 간음행위죄와 강간죄 중 중한 것으로 처벌	제236조의1 제2항
	특별책임자 외의 기타 인원	강간 (강제 성행위)	강간죄	제236조

7) 형법 제236조의1: ① 만 14세 이상 16세 미만의 여성 미성년자에 대해 후견, 입양, 간호, 교육, 의료 등 특수한 직책이 있는 자가 해당 여성 미성년자와 간음한 경우 3년 이하의 유기징역에 처하고, 경위가 악랄하면 3년 이상 10년 이하의 유기징역에 처한다. ② 전항의 행위가 있는 동시에 제236조의 범죄에도 해당되는 경우 더욱 중한 규정으로 처벌한다.

8) 여기서의 강간에는 가해자가 자신의 지위를 이용하였거나, 피해자가 고립되고 지원을

③ 아동 성추행죄의 구체화

수정안은 제237조 제3항(아동 성추행죄)을 보다 구체적으로 규정하였다. 아동추행이란 성적 자극 만족을 목적으로 아동의 신체에 직접 접촉하는 행위, 아동에게 신체의 일부를 노출하도록 요구하는 행위, 자신의 신체 등을 아동에게 노출하는 행위 등을 말하며, 위와 같은 행위를 SNS, 인터넷 플랫폼, vlog 등 통신망을 이용하여 한 경우도 포함된다.[9]

기존에는 "아동을 추행한 경우 전항의 규정들에 따라 중하게 처벌한다"고 규정하였는데, 수정안은 아동을 추행한 경우 5년 이하의 징역에 처하고 다음과 같은 정황에 해당하는 경우 5년 이상의 유기징역에 처한다고 규정하였다: ① 아동 여러 명을 추행했거나, 수차례 추행한 경우, ② 공동으로 아동을 추행했거나, 또는 공공장소에서 공연히 아동을 추행 하여 경위가 악랄한 경우,[10] ③ 아동이 상해에 이르거나 기타 엄중한 결과를 초래한 경우, ④ 추행 수단이 악랄하거나 기타 정상이 엄중한 경우.

2. 공공안전위협 관련

1) 안전운전 방해죄 신설

2018~2019년 사이 중국 각지에서는 버스기사와의 말다툼으로 운행 중인 버스운행을 방해함으로써 큰 사고를 초래하는 사건이 여러 번 발생하였다. 이를 계기로 2019년 1월 최고인민검찰원, 최고인민법원, 공안부가 함께 지도의견을 반포하여 이러한 행위를 '위험한 방법에 의한 공공안전방해죄(以

받지 못하는 경지에 처한 상황에서 발생한 성행위도 포함한다. 최고검찰원, 공안부, 사법부의 「미성년자 성 침해에 대한 의법처벌에 관한 의견(关于依法惩治性侵害未成年人犯罪的意见)」 제21조는 특수한 직책이 있는 자가 자신의 우월한 지위를 이용하거나, 피해자가 고립되고 지원을 받지 못하는 경지에 처한 상황에서 해당 미성년자가 성행위를 할 수밖에 없도록 압박한 경우 강간죄로 처벌한다고 규정하였다.

9) 孙谦(最高人民检察院副检察长), "刑法修正案(十一)的理解与适用", 『人民检察』, 2021年5月 https://mp.weixin.qq.com/s/5M_9ru3n_FSA3YwxnqZb6g (최종 접속: 2024.10.24.)

10) 최고검찰원, 공안부, 사법부의 「미성년자 성범죄 침해에 대한 의법처벌에 관한 의견(关于依法惩治性侵害未成年人犯罪的意见)」 제23조의 규정에 의하면, '공공장소에서의 공연히'란 타인이 현장에 있고 이를 발견한 가능성만 있으면 성립된다. 즉 타인이 실제 해당 행위를 보았거나 감지했는지를 불문한다.

危险方法危害公共安全罪)'로 처벌한다고 하였다.[11)]

이에 대응하여 이번 수정안은 기사가 아닌 타인이 대중교통 핸들을 함부로 조작하는 행위를 별도의 처벌대상으로 규정하였다. 즉 제133조의2항에 안전운전방해죄(妨碍安全驾驶罪)를 신설하여, "운행중인 대중교통 운전기사에게 폭력을 가하거나 핸들 등 운전장치를 강탈하여 대중교통의 정상적인 운영을 방해하고 공공안전에 위험을 발생시킨 경우 1년 이하의 징역, 구역, 관제에 처할 수 있고 벌금형을 단독으로 부과하거나 병과할 수 있다. 위의 운전자가 운행 중인 대중교통에서 임의로 직무를 이탈하여 타인을 구타하거나 타인과 상호 구타하여 공공안전에 위험을 발생시킨 때에는 전항의 규정에 따라 처벌한다. 본조의 규정을 위반하는 동시에 기타 범죄에 해당하는 경우 더 중한 규정에 의해 처벌한다."[12)]

2) 고층건물 물건투하죄 신설

최고법원은 2019년 10월에 고층건물에서 물건을 투척하는 행위에 대한 처리의견을 발표하여 관련 위법행위의 유형과 처벌을 세분화하였다.[13)] 이에 따르면, ① 고층에서 물건을 던져 타인을 사망에 이르게 하거나 중상해를 입힌 경우, 형법 제233조의 과실치사죄, 제235조의 과실로 인한 중상해죄(过失致人重伤害罪)에 해당하며, ② 산업 생산 과정에서 고층에서 물건을 던져 상해 또는 사망 등 엄중한 결과를 초래한 행위는 형법 제134조의 규정에 따라 중대책임사고죄(重大責任事故罪)로 처벌하고, ③ 고의로 고층에서 물건을 던져 엄중한 결과를 초래하지 않았으나 공공안전을 해하기에 충분한 경우 제114조에 따라 위험한 방법에 의한 공공안전위해죄로 처벌하며, ④ 살인 또는 상해의 고의로 해당 행위를 한 경우 고의상해, 고의살인죄로 처벌한다고 규정하였다.

이와 관련하여 이번 수정안은 제291조의2에 고층건물물건투하죄를 신설

---

11) 「关于依法惩治妨害公共交通工具安全驾驶违法犯罪行为的指导意见」(2019年).

12) 제133조의2에서 안전운전 방해행위는 공공안전을 위해로운 상태에 달하게 하면 죄가 성립되고, 만약 타인의 상해, 사망 등의 엄중한 결과를 초래하였다면 기타 범죄에도 해당하여, 범죄행위의 경합에 의해 더 중한 범죄 규정에 의해 처벌한다.

13) 「关于依法妥善审理高空抛物·坠物案件的意见」(2019年).

하여 "① 건축물 또는 기타 고층에서 물품을 던져 경위가 엄중한 경우 1년 이하의 징역, 구역 또는 관제에 처하고 벌금형을 단독으로 부과하거나 병과할 수 있다. ② 전항의 행위가 있는 동시에 기타 범죄에 해당하는 경우 비교하여 중한 규정으로 처벌한다"고 규정하였다. 즉 고층에서 물건을 던지는 행위 자체가 제291조의2에서 규정한 범죄에 해당하고, 만약 해당 행위가 동시에 기타 범죄에도 해당한다면 더 중한 범죄로 처벌해야 한다.

3) 중대사고죄 관련

① 불법작업강요죄 개정

기존 형법은 불법작업강요죄(强令违章冒险作业罪)에 대해 산업작업 관련 규정을 위반하고 강제로 작업을 하도록 요구하여 중대한 상해, 사망 또는 기타 엄중한 결과를 초래한 경우 그 엄중한 정도에 따라 5년 이하 또는 5년 이상의 유기징역에 처할 수 있다고 규정하였다. 이번 수정안은 중대한 사고가 발생할 수 있는 잠재적 폐해가 있음을 명확히 알고 있는 상황에서 여전히 위험을 무시하고 작업을 강행하여 중대한 상해, 사망 또는 기타 엄중한 결과를 초래하는 경우에도 이 범죄에 해당된다고 규정하였다.

② 안전관리규정 위반 생산·작업죄 신설

수정안은 제134조의1에 안전관리규정 위반 생산·작업죄(违反安全管理规定生产·作业罪)를 신설하였다. 산업 생산·작업 과정에서 안전관리 관련 규정을 위반하고 아래의 행위가 있어 중대한 사망사고 또는 기타 엄중한 결과를 초래할 현실적인 위험이 있는 경우 1년 이하의 유기징역, 구역 또는 관제에 처한다고 규정하였다. ① 생산안전과 직접적인 관련이 있는 장치·시설을[14] 파괴하였거나, 관련 정보, 수치를 임의로 변경, 은닉, 소각한 행위, ② 중대한 사고가 발생할 위험이 있어 시공정지, 관련 시설, 설비, 장소 사용금지 등 시정조치를 받았지만 집행하지 않는 경우, ③ 안전 관련 사항에 대한 허가를 받지 않고 광산 개발, 연금공정, 건축시공, 위험물품 생산, 경영, 저장 등 고위험 작업을 한 행위.

---

14) 구체적으로 감시카메라, 알람장치, 안전보호장치, 구조장치 또는 시설을 뜻한다.

4) 공공위생 안전 관련

① 전염병예방방해죄 관련

수정안은 제330조 전염병예방방해죄(妨害传染病防治罪)를 다음과 같이 개정하였다. 첫째, 코로나 사태 초기에 발생한 상황과 같이, 갑류(甲流) 전염병으로[15] 규정되지 않았으나 갑류 전염병으로 간주하여 질병관리 조치를 취하는 전염병관리조치에 반하여 전염병예방을 방해한 행위를 본조의 규제대상으로 정하였다(동조 제1항). 둘째, 제1항에 제4호를 추가하여 '전염병 병원체에 오염되었거나 오염되었을 가능성이 있는 역병 발생 지역의 물품을 소독처리[16] 하지 않고 운송, 판매한 행위'도 전염병예방방해죄에 해당한다고 규정하였다.

② 인류유전자 불법수집·밀수죄 신설

수정안은 제334조의1에 인류유전자 불법수집·밀수죄(非法采集·走私人类遗传资源罪)를 신설하여 "국가의 관련 규정을 위반하여 중국 인류의 유전자자원을 불법으로 수집하거나 운송, 우편발송, 또는 휴대하여 외국으로 유출하여, 대중의 건강과 사회의 공적 이익에 대한 위험을 발생시켜 경위가 엄중한 경우 3년 이하의 징역, 구역, 관제에 처하고, 벌금형을 단독으로 부과하거나 병과할 수 있으며, 경위가 특별히 엄중하다면 3년 이상 7년 이하의 징역에 벌금형을 병과할 수 있다"고 규정하였다.

③ 인류유전체 불법편집·복제죄 신설

수정안은 제336조의1에 인류유전체 불법편집·복제죄(非法进行人类基因编辑·克隆罪)를 신설하여 "유전체를 편집하거나 복제한 인류 배아를 인체 또는 동물의 체내에 이식하였거나, 또는 유전체를 편집하거나 복제한 동물의 배아를 인체에 이식하여 경위가 엄중한 경우 3년 이하의 징역, 구역에 처하고 벌

15) 중국 법률상 갑류 전염병은 페스트와 콜레라를 뜻한다(중국「전염병예방법(传染病防止法)」 제3조).

16) 소독처리는 각 지역과 부서의 소독 관련 규정과 규제에 의한 엄격한 처리를 말하고, 관련 규정과 규제들을 엄격하게 준수하지 않았다면 소독처리를 하지 않은 것으로 간주한다. 孙谦, 앞의 논문 참조.

금형을 병과할 수 있으며, 경위가 특별히 엄중한 경우 3년 이상 7년 이하의 징역에 처하고 벌금형을 병과할 수 있다"고 규정하였다.

3. 사회관리질서 방해죄 관련

1) 경찰폭행죄 신설

기존 형법 제277조는 직무를 집행하는 경찰에 대한 폭력대응은 '업무방해죄'로 중하게 처리한다고 하였다. 수정안은 제277조 제6항을 추가하는 방식으로 경찰폭행죄(暴力袭警罪)를 신설하였다. 이는 "직무를 집행하는 경찰에 대해 폭력으로 대응하는 경우 3년 이하의 유기징역, 구역 또는 관제에 처하고, 총기, 칼 또는 차량을 충돌하는 등의 방법으로 경찰의 신체의 안전을 엄중히 위협한 경우 3년 이상 7년 이하의 유기징역에 처한다"고 규정하였다. 이는 날이 갈수록 늘어나는 경찰 폭행사건에 대한 대응으로 보여진다.[17)]

2) 신분허위 사용죄 신설

수정안은 제280조의2에 명의도용죄(冒名頂替罪)를 신설하여 "타인의 신분을 절취하여 사용하여 타인 대신 학교 입학자격, 공무원 임용자격, 취직자격 등을 취득한 경우 3년 이하의 유기징역, 구역 또는 관제에 처하고 벌금형을 병과할 수 있다"고 규정하였다.

3) 불법채무 추심죄 신설

수정안은 제293조의1에 채무불법추심죄(非法催收债务罪)를 신설하여 "고리대금 등 불법채무를 추심하는 과정에서 아래의 경우에 해당하고 경위가 엄중하면 3년 이하의 유기징역, 구역 또는 관제에 처하고 벌금형을 단독으로 부과하거나 병과할 수 있다. ① 폭력, 공갈의 방법을 사용한 경우, ② 타인의 신체의 자유를 제한하거나 타인의 주거를 침범한 경우, ③ 타인을 공갈, 스

---

17) 2016년 3월, 중국 지난시 공안국은 2015년부터 지난시에서 총 182건의 직무집행방해사건이 발생했으며, 이 중 173건이 공안기관과 관련되었다고 발표했다. 그 중 경찰을 폭행한 사건이 71건, 경찰을 모욕하거나 밀치고, 옷을 잡아당기거나 물어뜯은 사건이 59건, 차량으로 경찰을 들이받은 사건이 26건, 법집행 기록장비 등 도구를 파손한 사건이 17건으로 보고되었다. "为执法者撑腰!袭警罪的18年入刑之路", 『澎湃新闻』, 2021.2.28.

토킹하거나 괴롭힌 경우"라고 규정하였다.

4) 영웅열사명예 침해죄 신설

수정안은 제299조의1에 영웅열사명예 · 영예침해죄(侵害英雄烈士名誉 · 荣誉罪)를 신설하여 "모욕, 비방 또는 기타 방식으로 영웅열사의 명예, 영예를 침해하여 사회의 공공이익에 위해를 주고 그 경위가 엄중한 경우 3년 이하의 유기징역, 구역, 관제 또는 참정권 박탈에 처할 수 있다"고 규정하였다. 이는 최근 들어 영웅열사 모욕비방사건들이 드물지 않게 발생하여, 사회적 공분을 일으킨 것을 반영한 것으로 보인다.[18)]

Ⅱ. 금융과 시장질서 공정화 강조

1. 금융 관련 범죄

수정안은 증권투자자 보호 강화와 증권과 선물시장의 정상적인 질서 유지를 목표로 하였다. 따라서 이 부분에 대한 개정의 폭이 크다. '증권사기발행죄(欺诈发行证券罪)', '중요정보 불법공시 · 비공시죄(违规披露 · 不披露重要信息罪)', '증권 · 선물시장조종죄(操纵证券 · 期货市场罪)', '허위증명문서제공죄(提供虚假證明文件罪)' 등 4가지 죄명의 내용이 개정되었다. 이러한 개정에서 주로 다음과 같은 사항을 유의해야 한다.

1) 유사수신범죄 처벌 강화

유사수신범죄를 중국에서는 대중적금불법흡수죄(非法吸收公众存款罪)라고 하고, 기존 형법은 이에 대해 최고 법정형을 징역 10년형으로 하였다. 수정안은 제167조 제1항을 개정하여 "금액이 거대하거나 기타 특별히 엄중한 경위가 있는 경우 10년 이상의 유기징역에 벌금형을 병과할 수 있다"고 규정하여 처벌 수위를 높였다. 이와 동시에 제3항을 추가하여 검찰의 기소 전에 범

18) "涉英烈权益保护十大典型案例", 『人民法院报』, 2022.12.9 https://www.chinacourt.org/article/detail/2022/12/id/7056996.shtml (최종 접속: 2024. 10.24.)

죄수익을 반환하여 피해를 회복한 경우 처벌 수위를 낮추거나 비교적 가볍게 처벌할 수 있다고 규정하였다.

2) 자금모집사기죄 처벌 강화

자금모집사기죄(集资诈骗罪)는 불법점유를 목적으로 사기의 수단을 이용하여 불법으로 자금을 모집하는 행위를 말하는데, 기존 형법에서는 최고 5년의 징역형과 20만 위안이라는 벌금형 상한액을 정했으며 법인과 개인에 대한 양벌규정은 두지 않았다. 수정안은 제192조를 개정하여 우선 최고형을 7년 이상의 유기징역 또는 무기징역으로 향상하였고, 다음으로는 벌금형 상한액 규정을 삭제하였으며 재산몰수 처벌까지 추가하였다. 또한 동조에 제2항을 신설하여 법인과 직접책임자에 대한 양벌규정까지 두었다.

3) 자금세탁범죄 처벌 강화

마약범죄, 조폭조직범죄, 테러범죄, 밀수범죄, 뇌물수수와 횡령범죄, 금융관리질서파괴형 범죄, 금융사기형 범죄 또는 해당 범죄들의 소득을 은닉하기 위하여 ① 계좌를 제공하는 행위, ② 자금을 현금, 수표 등 유가증권으로 전환하는 행위, ③ 계좌이체 또는 기타 지급경로를 제공하여 자금을 이전하게 하는 행위, ④ 외국으로 자금을 이전하는 행위를 하는 경우 제191조에서 규정한 자금세탁범죄(洗钱罪)에 해당한다.

기존 조항의 문구에 '명백히 알고 있음(明知)', '협조하여(协助)' 등이 기재되어 있어, 조항 맥락상 마치 타인의 범죄에 대한 은닉만이 자금세탁범죄에 해당하고 자신이 범한 범죄에 대한 자금세탁은 본죄에 해당하지 않는다는 것처럼 해석할 여지를 두었다. 때문에 실무에서도 자신이 범한 범죄에 대한 자금세탁을 불가벌적 사후행위라고 주장하여 검찰의 기소에 대응하는 경우가 있었다.

하지만 이론적으로 자신이 범한 범죄에 대한 자금세탁은 선행행위와 별개의 새로운 고의에 의한 법익침해행위이므로, 이를 마땅히 선행행위와 별도로 처벌하여야 한다. 수정안은 이를 명확히 하기 위하여 '명확히 알고 있음'과 '협조하여' 등의 문구를 삭제하였다. 그 외에도 기존에서 규정한 벌금형

상한을 삭제하여 해당 범죄에 대한 벌금형 기준을 대폭 상향하였다.

2. 기업 관리질서 방해죄 관련

1) 주식·증권 허위발행죄 처벌 강화

주식·증권 허위발행죄(欺诈发行股票·债券)란 주식발행서 등 주식발행 관련 주요 문서에 허위내용을 기재하여 주식, 증권, 회사채권 등을 허위로 발행한 행위를 뜻한다. 수정안은 제160조를 개정하여 '금액이 거대하고 특별히 엄중한 결과를 초래하였거나 경위가 특별히 엄중한 경우' 5년 이상의 징역에 벌금형을 병과할 수 있다고 규정하여 형의 상한을 높였다.

뿐만 아니라 실제지배자의 책임을 강화하여, 실제지배자(법인, 단체 포함)가 허위발행행위를 지시한 경우, 경위에 따라 5년 이하 또는 5년 이상의 징역형은 물론이고 불법으로 모집한 금액의 20% 이상 2배 이하의 벌금형을 단독으로 부과하거나 병과할 수 있다고 규정하여 벌금형 기준도 상향하였다.

2) 중요정보 불법공시·비공시죄

중요정보 불법공시죄란 기업의 재무상황 등에 대해 공시책임이 있는 자가 법규에 반한 공시행위를 한 것을 뜻한다. 기존 형법에서 해당 죄명에 대한 최고 법정형은 5년 유기징역이었다. 그러나 수정안은 제161조를 개정하여 '금액이 거대하고 특별히 엄중한 결과를 초래하였거나 경위가 특별히 엄중한 경우' 5년 이상 10년 이하의 징역에 벌금형을 병과할 수 있다고 규정하여 징역형 상한을 상향하였다.

또한 위에 주식·증권 허위발행죄와 같은 맥락으로, 실제지배자의 책임을 강화하여 실제지배자(법인, 단체 포함)가 허위발행행위를 지시한 경우, 경위에 따라 5년 이하 또는 5년 이상의 징역형은 물론이고 불법으로 모집한 금액의 20% 이상 2배 이하의 벌금형을 단독으로 부과하거나 병과 할 수 있다고 규정하여 벌금형 기준도 대폭 인상하였다.

3) 비공직자횡령죄 처벌 세분화

비공직자횡령죄(非国家人员受贿)란 공무원 등 공권력을 행사하지 않는 자의 횡령범죄를 뜻하며, 주요 적용 대상은 민영기업의 임직원이라 할 수 있다. 수정안은 제163조 제1항에 대한 수정으로 이러한 행위에 대한 처벌을 아래와 같이 세분화하였다. ① 횡령금액이 비교적 큰 경우 3년 이하의 징역, 구역에 벌금형을 병과, ② 횡령금액이 거대하거나 기타 엄중한 경위가 있는 경우 3년 이상 10년 이하의 징역에 벌금형을 병과, ③ 횡령금액이 특별히 거대[19]하거나 기타 특별히 엄중한 경위가 있는 경우 10년 이상의 징역이나 무기징역에 처하고 벌금형을 병과.

4) 허위증명문서 범죄에 대한 개정

형법은 허위증명문서 범죄에 관하여 제229조로 허위증명문서제공죄·허위증명문서발행중대과실죄(提供虛假证明文件·出具证明文件重大过失罪)를 두고 있다. 자산평가보고서, 회계감사서, 자금검증서 등 문서들의 허위제공 또는 중대한 과실로 인한 허위발행을 말한다.

수정안은 기존 형법과 대비하여 생산안전평가보고서, 환경영향평가서 등도 '증명문서'에 속한다고 명확히 규정하였고, 아래의 경우 5년 이상 10년 이하의 유기징역에 처할 수 있다고 규정하여 최고형을 기존의 5년에서 대폭 인상하였다: ① 증권발행과 관련된 허위 자산평가, 회계심사, 법률서비스, 보증 관련 증명서를 제공하여 그 경위가 특별히 엄중한 경우, ② 중대한 자산거래와 관련된 허위 자산평가, 회계감사 등 증명문서를 제공하여 그 경위가 특별히 엄중한 경우, ③ 대중의 안전과 관련되는 중대한 공정에서 허위 안전평가, 환경평가 등 증명문서를 제공하여 공공재산, 국가와 대중의 이익에 특별히 중대한 손해를 초래한 경우.

---

19) 횡령금액 거대 여부의 판단은 2016년 4월 18일 최고법원, 최고검찰원이 발표한 「탐오회뢰 형사사건 처리 시 법률적용 문제에 관한 해석(关于办理贪污贿赂刑事案件适用法律若干问题的解释)」에서, 횡령 금 6만 위안 이상이면 '비교적 큰 경우'이고, 100만 위안 이상이면 '거대한 경우'에 속한다고 규정하였다. 다만 아직까지 '특별히 거대한 경우'에 대한 해석이 없어 향후 사법해석이나 최고법원 또는 최고검찰원의 '지도성 판례'를 유의할 필요가 있다.

Ⅲ. 환경자원 보호와 지식재산권 보호 강화

1. 환경자원 보호 강화

1) 환경오염죄 처벌 강화

기존 형법 제338조 환경오염죄(污染环境罪)의 최고 법정형은 7년이었다. 수정안은 아래 행위들을 7년 이상 징역과 벌금형에 병과할 수 있다고 규정하였다. ① 식용물자원 보호구, 자연보호 핵심 지역 등에서 방사성, 전염성, 유독성 물품, 폐기물 등을 투척하여 경위가 특별히 엄중한 경우, ② 국가가 지정한 중요한 강하(江河) 등 수자원 지역에 방사성, 전염성, 유독성 물품, 폐기물 등을 투척하여 경위가 특별히 엄중한 경우, ③ 대량의 농지에 기본적인 기능을 상실하게 하거나 영구적으로 파괴한 경우, ④ 여러 사람을 중상해, 엄중한 질병에 이르게 하였거나 엄중한 장애 또는 사망에 이르게 한 경우.

2) 육지야생동물의 보호에 관한 형벌

수정안은 제341조에 제3항을 추가하여 육지야생동물 불법 사냥, 구매, 운송, 판매죄(非法抓捕 · 收购 · 运输 · 出售陆生野生动物罪)를 신설하였다. 야생동물 보호관리규정들을 위반하여 식용을 목적으로 동조 제1항에서 규정한 진귀야생동물 외의 자연에서 생장하고 번식하는 육지 야생동물을 불법 사냥, 구매, 운송, 판매하여 경위가 엄중한 경우 제2항에서 규정한 불법사냥죄로 간주하여 3년 이하의 징역, 구역, 관제 또는 벌금형에 처할 수 있다.

3) 자연보호지파괴죄 신설

수정안은 제342조의1에 공원, 국가급 자연보호지파괴죄(破坏自然保护地罪)를 신설하였다. 이에 따르면, 자연보호관리 법규정들을 위반하여 국가공원, 국가급 자연보호지역에서 토지 개간 개발, 건축활동 등을 하여 엄중한 결과를 초래하였거나 경위가 엄중한 경우, 5년 이하의 징역, 구역에 처하고 벌금형을 단독으로 부과하거나 병과할 수 있다. 그 행위가 동시에 기타 범죄도 성립하는 경우 비교하여 중한 규정으로 처벌한다.

4) 외래침해물종 유입죄 신설

수정안은 제344조의1로 침입외래생물종유입죄(非法引進·釋放·丟棄外來入侵物種罪)를 신설하였다. 즉 국가규정을 위반하여 외국에서 들어온 침해 물종들을 유입, 석방, 투척하여 그 경위가 엄중한 경우 3년 이하의 징역, 구역에 처하고 벌금형을 단독으로 부과하거나 병과할 수 있다.

2. 지식재산권 보호 강화

최근 중국은 지식재산권 보호를 강화하고 있다. 특히 2019년 11월 중공중앙판공청, 국무원판공청은 「지식재산권 보호강화에 관한 의견」을 발표하여 지재권 관련 범죄에 대한 처벌을 강화하여야 한다고 밝혔다[20]. 이번 수정안은 해당 의견에서 제시한 여러 의견들을 반영하여 지식재산권 관련 7가지 범죄 중 '허위특허죄(假冒专利罪)' 외의 모든 기타 범죄 조항을 개정하고, 제219조의1에 '해외로의 영업비밀불법제공죄(为境外窃取·刺探·收买·非法提供商业秘密罪)'[21]를 신설하였다. 이러한 조항들의 개정을 통해 형법의 지식재산권 관련 소항과 상표법, 저작권법, 부정경쟁방지법과의 연결성을 높여 지식재산권에 대한 전반적인 보호가 강화되었다.

1) 지재권범죄 형벌 수위 향상

수정안은 지재권 관련 형벌 규정들을 전면 개정하여, 지재권 침해범죄에 대한 구역형, 관제형을 모두 취소하고 최저형을 유기징역으로 규정하였다. 등록상표위조죄, 등록상표 도용제품 판매죄, 불법제조 등록상표표식의 불법제조·판매죄, 저작권침해죄, 영업비밀침해죄의 최고 법정형을 기존 7년의 유기징역에서 10년의 유기징역으로 향상하였다. 이외에도 저작권침해물판매죄의 법정 최고형을 기존 3년의 유기징역에서 5년의 유기징역으로 높여 지재권 침해범죄에 대한 처벌수위를 대폭 상향하였다.

20) 「关于强化知识产权保护的意见」(2018年).

21) 외국 기구, 조직, 인원을 위해 영업비밀을 절취, 매수, 사찰 등 불법으로 제공한 죄를 말한다. 본 죄를 범한 경우 유기징역(통상 5년 이하, 엄중한 경우 5년 이상)에 처하고 벌금을 단독으로 부과하거나 병과한다. 본 죄는 양벌규정을 적용한다(형법 제219조의1).

2) 상표권침해범죄 관련 개정

우선 등록된 서비스 상표도 형법의 규제 범위로 포함시켰다. 기존 형법 제213조는 등록상표소유자의 허락 없이 '같은 유형의 상품에 등록 상표와 동일한 상표를 사용'한 것을 범죄행위로 규정하였는데, 여기에는 '서비스 상표'가 포함되지 않아 기존 조항으로는 서비스 상표 침해행위에 대한 형법상 구제가 어려웠다. 수정안은 '같은 유형의 상품, 서비스에 등록된 상표와 동일한 상표를 사용'이라고 개정하여 위와 같은 문제를 해결하였다.

다음으로 형법 제214조에 정한 허위등록상표판매죄의 범죄구성요건을 개정하였다. 즉 기존의 '판매금액이 비교적 큰 경우'를 '불법이득액이 비교적 크거나 기타 엄중한 경위가 있는 경우'로, '판매금액이 거대한 경우'를 '불법이득액이 거대하거나 기타 특별히 엄중한 경위가 있는 경우'로 개정하였다. 다시 말하자면 범죄구성 여부를 판매액이 아닌 불법이득액으로 산정하여 허위등록상표행위의 사회위해성을 보다 정확하게 평가할 수 있게 되었다.

3) 저작권침해범죄 관련 개정

첫째, 형법으로 보호받는 작품의 범위를 보다 명확히 하였다. 수정안은 형법 제217조 제1항을 개정하여 형법이 저작권을 보호하는 저작물의 범위를 '문자작품, 음악, 미술, 시청작품, 계산기 프로그램 및 법률과 행정법규가 규정한 기타 작품'이라고 규정하였다.

둘째, 정보통신망을 통한 저작권침해행위도 범죄에 해당한다고 명시하였다. 수정안은 제217조 제1항을 '저작권자의 허락 없이 그의 문자작품, 음악, 미술, 시청작품, 계산기 프로그램 및 법률과 행정법규가 규정한 기타 작품을 복제발행하거나 정보통신망을 이용하여 전파한 경우'로 개정하였다.

셋째, 실연자의 저작권도 형법의 보호대상으로 포함시켰다. 수정안은 제217조에 제4항을 신설하여 '실연자의 허락 없이 연출이 담긴 녹음·녹화 제품을 복제하여 발행하거나 정보통신망을 통하여 대중에게 전파한 경우' 저작권침해범죄에 해당한다고 규정하였다.

넷째, 저작권자가 취한 권리보호 조치를 파괴하거나 기피하는 행위도 저작권침해범죄로 규제하였다. 수정안은 제217조에 제6항을 신설하여 '저작권자 또는 저작권과 관련 있는 권리자의 허락 없이, 그들이 자신의 작품, 녹음·녹화제품에 채택한 저작권 보호조치 또는 저작권과 관련된 기술조치를 고의적으로 기피하거나 파괴한 행위'도 저작권침해범죄로 규정하였다.

다섯째, 형법 제218조의 권리침해복제물판매죄(销售侵权复制品罪) 구성요건을 기존의 '부당이득액이 거대한 경우'에서 '불법이득액이 거대하거나 기타 엄중한 경위가 있는 경우'로 개정하여 형법에 따른 구제범위를 넓혔다.

4) 영업비밀침해범죄 관련 개정

첫째, 형법 제219조의 영업비밀에 관한 구성요건을 기존의 '영업비밀 권리자에게 중대한 손실을 초래한 경우'에서 '경위가 엄중한 경우'로 개정하였고, 3년 이상 10년 이하의 유기징역에 처하는 경우를 기존의 '특별히 엄중한 결과를 초래'로부터 '경위가 특별히 엄중한 경우'로 개정하여 형법에 따른 구제범위를 확대하였다.

둘째, 영업비밀침해범죄 행위태양으로 기존의 '절도'와 '공갈' 외에 '뇌물공여', '기만', '전자침입' 등을 추가하여 영업비밀침해에 대한 구제범위를 확대하였다.

셋째, '해외로의 영업비밀불법제공죄'를 신설하였다. 수정안은 제329조의1을 신설하여 "영업비밀을 절취, 정탐, 매수하여 외국의 기구, 조직, 인원에게 제공한 경우 5년 이하의 유기징역에 처하고 벌금형을 단독으로 부과하거나 병과할 수 있으며, 그 경위가 엄중한 경우 5년 이상의 유기징역에 처하고 벌금형을 병과할 수 있다."고 규정하였다.

제3절 제12차 「형법수정안」의 주요내용

2023년 12월 29일 제14회 전국인민대표대표상무위원회 제7차회의에서 「형법수정안」이 통과되어 2024년 3월 1일부터 시행되었다. 이 수정안에서는 주로 ① 민영기업 내부 범죄에 대한 처벌을 강화하여 민영기업 발전을 보장하고, ② 뇌물공여범죄에 대한 처벌을 강화하여 부정부패에 대한 엄벌을 하는 내용이 포함되었다.

Ⅰ. 민영기업 관리 질서 강화

중국은 이번 수정안을 통해 기존 국유기업과 상장기업에 부분적으로 적용하던 배임죄를 민영기업에도 일부 도입하였다. 민영기업의 경우 그 죄명을 배신죄(背信罪)라고 칭하고, 구체적으로 타인(법인 포함)의 사무를 처리하는 사람이 자기 자신 또는 제3자의 이익을 도모하거나 위탁자의 이익을 해칠 목적으로 자신의 임무를 위반하여 위탁자의 재산에 손실을 입히는 행위를 말한다.

기존 형법에도 배임죄 관련 조항은 주로 제165조 동종업종불법영업죄(非法经营同类营业罪), 제166조 친인척을 위한 불법이익도모죄, 제169조 사적이익을 위한 저가지분분할 및 국유자산매각죄 등이 배임죄 범주에 속한다고 여겨진다. 다만 기존 형법에서 규정한 적용대상이 국유기업이거나 이사·임원 등 특수 자격·지위를 갖고 있는 주체로 제한되었다. 따라서 기존 형법이 특별배임죄를 규정하였다면 이번 수정안에서는 일반배임죄를 규정하였다고 할 수 있겠다.

1. 불법동업경영죄의 수정

기존 형법상 불법동업경영죄의 주체는 국유회사·기업의 이사와 경리(經理)이다. 따라서 국유회사·기업의 이사와 경리 외 기타 임원이거나, 기타 비국유회사·기업의 임원은 위 규정이 적용되지 않았다. 수정안은 본 죄의 주체를 ① 이사와 경리 외에도 기타 임원으로 확대하고, ② 국유회사·기업 외 기타 민영기업의 임원까지 확대하였다.

1) 적용 임원 범위의 확대

불법동업경영죄가 적용되는 관리직의 범위를 기존의 이사와 경리로부터 이사, 감사, 고급관리자로 개정하였다. 이는 2023년 12월에 개정한 회사법(아래 "개정 회사법")과 체계정합을 확보하기 위함이라고 볼 수 있다. 개정 회사법은 기존 회사법 제61조에 "이사, 경리는 스스로 경영하거나 타인을 위해 자신이 근무하는 회사와 동일한 종류의 영업을 경영하거나 회사의 이익을 해치는 활동을 하여서는 아니 된다"고 정한 규정을 "이사, 감사, 고급관리인원"으로 개정하였다. 즉 개정 회사법상 동업금지 원칙의 적용 대상과 형법 적용 대상을 일치시켰다.

그 중 이사와 감사는 명확한 개념이지만, '고급관리자'의 범위가 다소 모호하여 확인할 필요가 있다. 개정 회사법 제265조에 의하면, 소위 고급관리자란 경리, 부경리, 재무책임자, 상장회사 이사회 비서 및 회사 정관에 규정된 기타 인원을 뜻한다. 주목할 점은, 본조에 규정한 '고급관리자'란 폐쇄적인 개념이 아니라 입법취지를 고려할 때 회사 운영 실무에 맞추어 확장해석을 할 여지가 있다. 따라서 회사의 관리와 운영에 실질적인 영향을 주는 관리직이거나 핵심적인 영향을 주는 자, 예컨대 경우에 따라 회사 연구개발센터 센터장, 특정 지역으로 파견한 지역총책임자 등도 '고급관리자'로 인지될 수 있기에 경우에 따라 특별한 관리를 하거나 정관에서 고급관리자의 범주를 명확히 하는 것이 적절할 것으로 보인다.

2) 적용대상 기업 확대

기존 형법은 동죄의 적용범위를 국유회사 · 기업에 한하였으나 수정안은 기타 민영기업도 동죄의 주체가 되도록 규정하였다. 즉, 기존 형법에 따르면 국유회사 · 기업의 관리직만이 동죄의 주체가 되었지만 수정안에 따르면 일반 기업 · 회사의 관리직도 동죄를 범할 수 있게 되어, 소위 일반배임죄를 도입하였다고 볼 수 있겠다.

다만 국유회사 · 기업의 관리직은 동업경쟁행위로 '불법 이익을 취득하고 그 금액이 거대'하면 바로 범죄구성요건을 만족하는 것에 비해, 일반 기업 · 회사의 관리직은 동업 경쟁 행위가 법률과 행정법규를 위반하여야 하고, 이로서 '불법이익을 취득하고 그 금액이 거대'해야 할 뿐만 아니라, '회사 · 기업에게 중대한 손해를 초래'해야 범죄구성요건을 만족하게 된다. 즉 범죄 구성을 '정도'+'행위'로 인지한다면, 국유회사·기업의 관리직은 동업경쟁이라는 행위에 거액의 불법적인 이익을 취득했다는 정도만 만족하면 되는데, 일반 회사·기업의 관리직은 행위요건에서 법률·법규에 위반한 동업경쟁행위를 요하고, 정도요건에서는 '거액의 불법적인 이익+회사·기업에게 중대한 손해 초래'를 동시 만족해야 한다.

중국 회사법은 이사, 감사, 고급관리인원은 이사회 또는 주주총회에 보고를 하지 않고 정관에서 규정한 이사회 또는 주주총회의 의결절차를 거치지 않는다면 자체경영이나 타인을 위해 자신이 근무하는 회사와 동일한 종류의 영업을 경영하여서는 아니 된다고 규정하였다.[22] 반대해석하면 관리직 인사들은 이사회 또는 주주총회의 동의를 받으면 동업경쟁을 해도 된다는 뜻이고, 그러한 동의를 받지 않는 동업경쟁행위를 '법률·법규에 위반한 동업경쟁'이라고 본다고 이해할 수 있겠다.

2. 친인척 이익불법도모죄의 수정

친인척 불법이익도모죄(为亲友非法牟利罪)란 회사에서 보유하고 있는 직무상 편의를 이용하여 회사에게 피해를 입히고 자신의 친인척들이 이익을 얻게 하는 범죄행위를 뜻한다.

1) 적용 대상물 범위 확대

기존 형법에서는 친인척들에게 이익을 꾀하는 것을 '상품'에 한하였으나, 수정안은 그 범주에 '서비스'를 추가하였다. 이번 수정에서 친인척을 위한 불법이익 도모의 대상을 기존의 '상품 구매'와 '상품 판매'에서 '상품 구매, 서비스 수령'과 '상품 판매, 서비스 제공'으로 확대했다. 이는 친인척을 위한 불법이익 도모행위가 가격이 불합리하거나 품질이 불량한 실물 상품의 거래뿐만 아니라, 가격이 불합리하거나 품질이 불량한 서비스의 수령 및 제공도 포함된다는 것을 명확히 한 것이다. 실제로, 실무에서는 필요에 따라 '상품'을 확장해석하여 적용하고 있었다.

22) 개정 회사법 제184조, 기존 회사법 제148조에도 유사한 규정이 있다.

이 조항이 수정되었으므로, 기업 직원이 친인척의 회사와 거래할 때는 거래하는 상품이나 서비스의 가격이 합리적이고, 품질이 기준에 맞도록 하여 기업이익이 불법으로 침해당하지 않도록 해야 한다. 그러나 서비스는 일반 상품과 다르기 때문에 사법해석을 통해 서비스의 공정 시장가격이나 서비스 품질을 객관적으로 평가하는 방법을 명확히 할 필요가 있고, 실제 상황에 맞춰 지속적으로 연구해야 할 과제이다. 그렇지 않을 경우 기업 내부 부정부패를 단속하려는 이번 수정안의 입법취지를 실무에 제대로 반영할 수 없으므로 세밀한 접근이 필요하다고 생각한다.

2) 적용대상 기업 범위 확대

위에서 언급한 불법동업경영죄의 개정과 유사하게, 수정안은 친인척 이익불법도모죄의 적용대상 기업을 민영기업으로까지 확대하였다. 다만 친인척 이익불법도모죄의 주체는 이사, 감사, 고급관리자에 한정되지 않고 모든 직원을 포함하여 범위가 더 넓다는데 차이가 있다. 이는 불법동업경영죄는 '경영'에 중점을 두기 때문에 고위관리직들의 책임을 물어야 하는 반면, 친인척 이익불법도모죄의 중점은 회사 일원으로서의 충실의무 위반에 대한 규제이므로 모두가 규제대상이 될 수 있기 때문이다.

아울러 국유회사·기업의 직원은 친인척을 위해 부당한 이익을 도모하고자 본조에 규정한 행위를 하여 국가의 이익에 중대한 손해를 초래하였다면 범죄구성요건을 만족하는 것에 비해, 일반 기업·회사의 직원은 법률·법규를 위배하여 본조에 규정한 행위를 하여 소속 회사·기업에게 중대한 손해를 초래해야 범죄구성요건을 만족한다. 즉 범죄 구성을 '정도'+'행위'로 인지한다면, '정도' 요건 판단에서는 국유기업의 직원과 민영기업의 직원 전부 '중대한 손해 초래'를 요구한다는 면에서 다름이 없다고 볼 수 있겠으나, '행위' 요건 판단에서는 법률·법규 위반이 수반되어야 한다는 점에서 차이가 있다.

다만 법률·법규 위반의 개념이 모호하여 향후 사법해석으로 이를 명확히 할 필요가 있다. 특히 중국의 개정 회사법도 특수관계인과의 거래를 절대적으로 금지하는 것은 아님을 유의할 필요가 있다. 개정 회사법 제182조는 이사, 감사, 고급관리자이 소속된 회사와 직접 또는 간접적으로 계약을 체결하여 거래하는 경우 계약체결 관련 사항을 이사회 또는 주주총회에 보고하고 정관에서 규정한 이사회 또는 주주총회 의결 절차를 거쳐야 한다고 규정하였다.[23] 즉 중국도 특수관계인과의 거래를 금지하는 것이 아니므로 정당한 절차를 갖추면 된다. 그렇다면 이사, 감사, 고급관리자가 아닌 기타 직원들이 회사의 동의를 받았다면 법률·법규 위반에 해당하지 않는지 등 세밀한 분석이 필요할 것 같다.

3. 회사자산 부당처분죄의 수정

회사자산 부당처분죄(徇私舞弊低价折股出售公司, 企业资产罪)죄는 사적인 이익을 도모하기 위해 회사의 자산을 저가로 처분하는 행위를 규제하는 것이고, 수정안은 본죄의 적용대상 기업을 기존의 국유기업으로부터 민영기업, 즉 일반 기업으로 확대하였다. 다만 본죄의 주체는 '직접 책임이 있는 관리자(直接负责的主管人员)'[24]에 한하고 있다.

---

23) 2023년 회사법 제182조 제1항: 이사, 감사, 고급 관리자가 회사와 직접 또는 간접적으로 계약을 체결하거나 거래를 할 경우, 해당 계약 또는 거래와 관련된 사항을 이사회 또는 주주총회에 보고해야 하며, 회사 정관에 따라 이사회 또는 주주총회의 결의를 거쳐야 한다.

24) 중국 형법 및 관련 사법해석에서 아직 '직접 책임 있는 관리자'에 대한 명확한 정의가 없어서 통일된 적용기준이 없다. 다만 아래와 같이 일련의 사법해석들을 정리하면 해당 용어의 범주에 대해 어느 정도 확인할 수 있다. ①「전국 법원 금융범죄사건 심리업무 좌담회 회의록(全国法院审理金融犯罪案件工作座谈会纪要)」 제2조는 "직접 책임이 있는 관리자란 단위에서 발생한 범죄에 대해 결정, 승인, 지시, 묵인, 지휘 등의 역할을 한 사람을 말하며, 일반적으로 단위의 주요 책임자, 즉 법정 대표자를 포함한다"고 규정하고 있다. ② 또한「최고인민법원, 최고인민검찰원, 공안부, 사법부, 생태환경부의 환경오염 형사사건 처리에 관한 문제 좌담회 회의록(最高人民检察院, 公安部, 司法部, 生态环境部关于办理环境污染刑事案件有关问题座谈会纪要)」 제1조 제3항은 "단위 범죄에서 '직접 책임이 있는 관리자'란 일반적으로 단위 범죄에 대해 결정, 승인, 조직, 기획, 지휘, 지시, 묵인 등의 역할을 한 관리자를 말하며, 여기에는 단위의 실질적인 통제자, 주요 책임자 또는 권한을 위임받은 책임자, 고위관리자가 포함된다"고 규정하고 있다. ③「최고인민법원, 최고인민검찰원의 생산안전 위반 형사사건 처리에 관한 법률 적용에 관한 몇 가지 문제의 해석(最高人民检察院关于办理危害生产安全刑事案件适用法律若干问题的解释)」 제3조는 "형법 제135조에 규정한 '직접 책임이 있는 관리자 및 기타 직접 책임자'란 생산안전시설 또는 생산안전조건이 국가 규정을 충족하지 못하는 것에 대해 직접 책임이 있는 생산 경영 단위의 책임자, 관리자, 실질적인 통제자, 투자자, 그리고 기타 생산안전시설 또는 생산안전조건에 대하여 관리, 유지할 책임이

여기에서 유의해야 할 점은 본죄는 불법동업경쟁죄, 친인척이익불법도모죄와 달리, 민영기업 직원이 본죄를 범하는 요건에 '법률·법규 위반'은 없고 '사적인 이익 도모(徇私舞弊)'라는 주관적 요건만 설정하고 있다. 따라서, 가령 회사의 직접 책임이 있는 관리자가 정상적인 회사 내 의결절차에 따라 회사의 자산을 처분하였다면 그 처분이 궁극적으로 회사에게 손해를 초래하였다고 해도 해당 관리자를 본죄로 처벌하는 것은 적절하지 않을 수 있다.

Ⅱ. 뇌물공여죄에 대한 수정

수정안은 2015년 제9차 「형법수정안」에 이어 뇌물공여죄에 대한 중대한 개정을 진행하였다. 제9차 「형법수성안」의 핵심은 뇌물공여죄 적용 범위 확대라면 이번 수정안의 핵심은 뇌물공여죄 처벌 범위 구체화와 처벌 수위 강화라고 할 수 있다. 중국공산당기율위원회 및 국가감찰위원회 등 7개 부서는 공동으로 2021년 9월에 뇌물공여와 수뢰에 관한 의견을 반포하였고,[25] 이에 대응하여 인민검찰원과 국가감찰위원회는 뇌물공여와 수뢰에 관한 일련의 지도의견을 제정하였다.[26]

1. 법인의 뇌물수수, 수재죄 수정

수정안은 형법 제387조 법인의 수재죄(单位受贿罪, 단위수회죄)의 법정형 구간을 수정하여 그 정황이 특히 심각한 경우에는 최고 10년의 유기징역까지 가능하게 되었다. 종래 실무에서는 피고인의 변호인이 개인의 수뢰행위를 법인의 수재라고 주장하여 궁극적으로 개인에 대한 형량을 감소시키고자 많은 노력을 하였는데, 이제 이러한 노력은 큰 실익이 없게 되었다. 그만큼 기

있는 사람을 말한다"고 규정하고 있다. 위 각 법률해석 조항에 나타난 표현들을 정리해 보면, 직접 책임이 있는 관리자란 단위 범죄에 대해 결정적이거나 지배적인 역할을 하는 사람을 말하며, 일반적으로 단위의 법정 대표자, 주요 책임자, 실질적인 통제자, 고위관리자 등을 포함하는 것으로 이해할 수 있겠다.

25) 「关于进一步推进受贿行贿一起查的意见」(2022年).

26) 「关于加强行贿犯罪案件办理工作的指导意见」(2023年), 「关于印发行贿犯罪典型案例的通知」(2022年), 「关于印发行贿犯罪典型案例(第二批)的通知」(2023年).

업도 내부 컴플라이언스 시스템을 잘 구축하여 법인의 행위와 개인 행위의 구분을 더욱 명확히 하도록 노력하는 것이 바람직할 것이다.

2. 뇌물공여죄의 수정

1) 기본 법정형에 대한 조정

수정안은 우선 제390조 뇌물공여죄(行賄罪)의 기본 법정형을 기존의 '5년 이하의 유기징역 또는 구역에 벌금형 병과'에서 '3년 이하의 유기징역 또는 구역에 벌금형 병과'로 개정하였고, 경위가 엄중하거나 국가의 이익에 중대한 손해를 준 경우 법정형을 기존의 '5년 이상 10년 이하의 유기징역에 벌금형 병과'로부터 '3년 이상 10년 이하의 유기징역에 벌금형 병과'로 개정하였다. 이는 뇌물수수죄의 법정형과 맞물리는 수정이다.

2) 가중처벌 조항 신설

기본적인 법정형이 다소 낮아진 것으로 보이나, 아래 7가지 가중처벌 경위를 규정하였다. ① 여러 차례 뇌물을 주거나 여러 사람에게 뇌물을 주는 경우, ② 국가공무원에게 뇌물을 주는 경우, ③ 국가의 중점 사업이나 대형 프로젝트에서 뇌물을 주는 경우, ④ 직위나 직급의 승진, 조정을 위해 뇌물을 주는 경우, ⑤ 감사, 행정 집행, 사법직원에게 뇌물을 주는 경우, ⑥ 생태환경, 재정 금융, 생산안전, 식품 약품, 재해 방지 및 구호, 사회보장, 교육, 의료 등 분야에서 뇌물을 주어 불법행위를 하는 경우, ⑦ 불법 소득을 뇌물로 사용하는 경우.[27)]

다만 유의할 것은 하나의 행위가 7가지 경우 중 여러 가지에 해당할 수 있다는 것이다. 예컨대 뇌물공여자가 특정 직무나 보직을 얻고자 위해 국가공무원을 대상으로 뇌물을 공여한 경우 위에서 열거한 7가지 경우의 ② 번째와 ④ 번째에 동시에 해당된다. 이런 경우 범죄 행위자가 하나의 가중처벌사유에 해당된다고 판단해야 적절하다고 볼 수 있겠다.

그 밖에도 해당 조항 입법 시 '기타 관련 행위'의 조항이거나 '등'이라는

---

27) 이 7가지 가중처벌 경위는 「2021년 뇌물제공 관련 7부서의견」에서 규정한 범위와 유사하다.

수식어를 추가하지 않아 뇌물공여죄의 가중처벌사유를 열거한 7가지로 한하였다는 점에도 유의해야 한다. 이는 법에 규정한 7가지 경우를 제외하고는 다른 법정 가중처벌사유가 없음을 의미하여, 입법자가 국가의 형벌권을 제한하고 구속하려는 의지를 반영한 것으로, 사법기관의 자의적인 처벌을 효과적으로 방지할 수 있는 입법 설계라고 할 수 있다.

3) 처벌감면 사항에 대한 수정

기존 형법 규정에 따르면 뇌물공여자가 기소되기 전에 스스로 뇌물공여행위를 알리는 경우(즉, 자수한 경우) 종경처벌(从轻处罚)[28] 또는 감경처벌[29]을 할 수 있고, 그 중 ① 정도가 비교적 경미한 경우, ② 중대한 사안의 수사 성공에 핵심적인 역할을 한 경우, ③ 중대한 입공(立功)[30] 사안이 있는 경우에는 처벌을 감경하거나 면제할 수 있다. 수정안은 위 ②에 '조사의 진전(调查突破)'이라는 문구를 추가하였다. 여기서 '조사'란 감찰위원회가 「감찰법」에 의해 진행하는 조사를 뜻한다. 즉 「감찰법」상 조사와 「형사소송법」상 수사가 병렬관계이고, 자수한 뇌물공여자가 감찰법상 조사 또는 형사소송법상 수사의 실질적 진전에 중요한 역할을 한 경우에는 그에 대한 처벌을 감면할

---

28) 법정형 한도 내에서 비교적 가볍게 처벌하는 것을 말한다. 종경처벌(从轻处罚)을 할 수 있는 정황은 형법에서 명시하고 있는데, 주로 예비범, 미수범, 중지범, 공동범죄 중의 종범, 방조범, 과잉방위, 과잉피난, 범죄후의 자수, 자백이 있는 경우 적용한다. 법정형 한도 내에서 가볍게 처벌한다는 점에서 한국 대법원 양형위원회가 제정한 "양형기준 해설"에서의 '감경영역 선택'과 유사한 면이 있다.

29) 법정형을 한 단계 낮추는 양형 방식을 말한다. 형법에서 규정한 감경처벌(减轻处罚)의 정황이 있다면 법정형 이하의 형벌을 선고하여야 한다. 예컨대 절도죄를 범한 경우 기본적으로 3년 이하의 유기징역(管制와 拘役 포함)에 처하고 경위가 비교적 엄중하다면 3년 이상 10년 이하의 유기징역에 처하게 된다. 가령 한 범죄자의 행위가 비교적 엄중한 경우에 속하여 그 행위 자체만 판단하면 징역 5년에 처해야 하는데, 이때 종경처벌이란 징역 3년을 선고하는 것이고, 감경처벌이란 3년의 유기징역보다 낮은 형, 예컨대 1년의 유기징역을 선고하는 경우를 말한다(형법 제63조).

30) 범죄자가 검거된 후부터 판결선고 전까지 타인의 범행을 폭로하여 조사한 결과 사실로 밝혀진 경우, 또는 중요한 단서를 제공하여 기타 사건의 수사 및 해결에 핵심적인 도움을 제공한 경우를 말한다. 범죄자의 이러한 폭로와 사건 단서를 제공하여 해결한 사건이 무기징역 이상의 형벌에 처해야 하는 중대사건에 해당하거나, 소속 성급 지역, 나아가 전국적으로 비교적 중대한 영향이 있다면 이는 중대한 공적에 해당하여 감경처벌하거나 처벌을 면제할 수 있다(형법 제68조).

수 있음을 뜻한다.

3. 법인 대상 뇌물공여죄

第391조 제1항에서 규정한 법인 대상 뇌물공여죄(对单位行贿罪)란 부정한 이익을 꾀하기 위해 국가기관, 국유회사·기업, 사업단위, 인민단체에게 재물을 제공하거나, 또는 경제거래 과정에서 국가규정을 위반하여 각종 명목의 수수료, 수속비 등을 제공한 죄를 뜻하여 '공공업무수행법인 대상 뇌물공여죄'로 이해할 수 있겠다.

기존 형법에서는 본죄의 양형 범위를 3년 이하의 유기징역, 구역(拘役)에 벌금형을 병과한다고 하였고, 수정안은 '정황이 엄중한 경우 3년 이상 7년 이하의 유기징역에 벌금형 병과'를 추가하여 법인의 뇌물수수죄의 양형과 맞물리게 하였다. 즉 법인 대상 뇌물공여죄의 법정 최고형이 징역 7년으로 상향되어 뇌물공여범죄에 대한 처벌수위가 높아졌다. 다만 뇌물공여자보다 뇌물수수자를 더 엄중하게 처벌하는 것이 논리에 맞는 것인데, 법인대상 뇌물공여죄와 법인의 뇌물수수죄의 양형을 동일하게 규정하는 것보다 법인의 뇌물수수죄의 법정 최고형을 법인 대상 뇌물공여죄보다 높이거나 법인 대상 뇌물공여죄의 법정 최고형을 법인의 뇌물수수죄보다 낮게 설정하는 것이 적절하다고 생각한다.

4. 법인의 뇌물공여죄

第393조 법인의 뇌물공여죄(单位行贿罪)란 조직, 기관, 법인 등 단위(单位)가 부당한 이익을 꾀하기 위해 뇌물을 공여하거나, 국가규정을 위반하여 국가공작인원(国家工作人员)에게 각종 명목의 수수료, 수속비를 준 죄를 말한다. 기존 형법에서는 본죄의 양형 범위를 5년 이하의 유기징역, 구역에 벌금형을 병과한다고 하였고, 수정안은 본죄에 ① '3년 이하의 유기징역 또는 구역'과 ② '3년 이상 10년 이하의 유기징역에 벌금형 병과'라는 2개의 양형 구간을 설정하였다. 이는 뇌물공여죄와의 수정과 맞물리는 것이기도 하지만 실무 상황에도 적합한 수정이라고 본다. 즉 단위 명의로 하는 뇌물공여행위의 양형도 높여 최대 10년의 징역까지 가능하게 되었다.

Ⅲ. 제12차 「형법수정안」의 의미와 유의점

1. 유의점

1) 민영기업 관리질서 강화 부분의 유의점

이번 수정안은 기존에 국유기업에게만 적용하던 불법동업경쟁죄, 친인척 이익불법도모죄, 회사자산 부당처분죄의 적용 범위를 민영기업으로 확대하여 민영기업의 부정부패 문제 해소에 긍정적인 역할을 할 수 있다고 본다. 하지만 위 3개 죄명이 처벌할 수 있는 기준이 달라 구체적 사안에서 형평성 문제를 마주칠 수 있게 된다. 이러한 문제를 나음과 같이 가정적인 사례를 예로 들어 설명하기로 한다.

가정 사례1로, 국유기업 CEO 갑이 회사자산부당처분죄에 해당하는 행위를 두 번 하여 총 1,000억의 국가이익에 손해를 입혔다. 가정 사례2로, 을은 국유기업 CEO로 재직하는 동안 회사자산 부당처분죄에 해당하는 행위를 1번 하여 국가이익에 500억의 손해를 입혔고, 그 후 민영기업의 CEO로 이직하여 또 회사자산 부당처분죄에 해당하는 행위를 1번 하여 해당 회사에 500억 원의 손해를 입게 하였다.

사례1의 경우 회사자산 부당처분죄를 규정한 형법 제169조 제1항을 적용하여 갑에게 3년 이상 7년 이하의 유기징역에 처할 수 있다. 다만 사례2일 경우 다소 복잡하게 된다. 우선 을이 국유기업 CEO로 재직하는 동안의 범죄행위에는 제169조 제1항을 적용하여 3년 이상 7년 이하의 유기징역에 처할 수 있다. 또 그가 민영기업에서 재직하는 동안의 범죄행위는 제169조 제2항을 적용하여 3년 이상 7년 이하의 유기징역에 처할 수 있다. 제169조의 제1항과 제2항은 상호 독립적인 조항이고 규제하려는 행위태양이 다르기 때문에 이론적으로는 각자 별도의 판단을 해야 하지만, 이 경우 을의 입장에서는 갑과 비교하면 손해를 끼친 총액은 같은데 더 무거운 처분을 받을 수 있게 된다.

2) 뇌물공여죄 수정 부분의 유의점

수정안은 4개 조항을 수정하여 뇌물범죄에 대한 형벌체계를 전면적으로 수정하여, 각종 뇌물범죄간의 형의 균형을 갖추고자 하였다. 특히 이번 개정안에서는 뇌물공여범죄의 기본 법정형을 기존의 '5년 유기징역'에서 '3년 유기징역'으로 하향하여 뇌물 관련 부패범죄들의 기본 법정형과 맞물리게 되었다.

유의해야 할 점은, 뇌물공여형 범죄에서 '부정당이익'이 범죄 구성요건인데, 법률 또는 사법해석에서 이에 대해 명확한 규정을 두고 있지 않다 보니 실무상 다툴 여지가 있어 이에 대한 연구와 사례 분석이 중요하다고 본다.

2. 수정안의 의미

첫째, 민영기업 내 부패범죄를 통제하여 민영기업의 건전한 발전에 유리하게 되었다. 과거 중국에서의 주요 시장주체는 국유기업이었으나, 현재 중국은 다양한 글로벌 기업들을 배출해내고 있다. 지난 2024년 5월 14일 전국을 떠들썩하게 한, 알리바바 플랫폼 직원이 자신이 보유한 플랫폼 입점 심사권을 이용하여 1년 내 9200만 위안(한화 약 175억 원)의 뇌물을 수수한 사건[31]에서 엿볼 수 있다시피, 중국 사회가 더 이상 민영기업의 부정부패를 좌시하여서는 안 되는 상황이다. 종래 실무에서는 민영기업의 내부 인원이 친인척에게 불법으로 이익을 제공하는 등의 행위를 발견했을 때, 직무유기, 자금유용, 상업적 뇌물수수 등의 증거를 찾기 위해 추가 조사를 진행해야 했으나, 기업 자체의 역량으로는 관련 증거를 확보하기 어려워 대부분 사건은 근로계약 해지나 해고로 마무리되거나 회사법을 근거로 민사소송을 제기하는 것에 그치고 범죄자에 대한 형사책임 추궁이 잘 이루어지지 않았다. 이번 수정안이 시행된 후 사법 기관은 민영기업에서 위와 같은 행위를 저지른 관련자에게 형사처벌을 할 수 있게 되어, 민영기업 내부의 관련자들이 자신의 행동을 자제하고 기업의 이익을 자발적으로 보호하는 데 일조할 수 있게 되었

31) 澎湃新闻, 某电商平台员工伙同他人受贿超亿元, 警方搜到大量金条, 现金 https://www.thepaper.cn/newsDetail_forward_27372537 (최종 접속: 2024.10.24.)

다. 아울러 민영기업은 임직원들의 배임 등 불법행위를 경찰에 신고하여 공권력의 도움을 받아 내부 부정부패를 척결할 수 있게 되었다.

둘째, 뇌물공여자에 대한 처벌 수위를 높여 청렴 사회 구성을 도모한다. 종래 실무에서는 뇌물공여자가 '증인'으로만 인정되어 판결문에 등장하는 경우가 많았다. 전국인민대표대회 상무위원회 법제공작위원회 형법실장은 "근년간 법원의 제1심 사건을 분석해 보면 뇌물공여죄로 처벌한 사건 수와 수뢰죄로 처벌한 사건 수 간의 비율은 통상 1:3이고, 어떤 연도에는 1:4까지 되며, 통상 한 명의 수뢰자가 여러 명의 뇌물공여자로부터 뇌물을 받는 실정을 고려한다면 상당한 수의 뇌물공여행위에 대한 법적 책임이 추궁되지 않았다."라고 하였다.[32] 수정안은 뇌물범죄에 대한 수정을 통해 사건 담당자의 관념을 전환하고, 뇌물공여범죄에 대한 처벌의 중요성을 높이는 데 도움이 되며, 특히 심각한 뇌물공여행위에 대하여는 중형을 가하겠다는 입법자의 의지를 보여주어 전반적으로 청렴한 사회를 구성하는 데 도움이 될 것으로 본다.

제4절 결론과 시사점

시진핑 정부가 집권한 2015년부터 총 4차례의 형법수정안(제9차, 제10차, 제11차, 제12차)이 발표되었다. 그 중 제10차 수정안은 제299조 국기, 국장, 국가 모욕범죄에 대한 개정에 불과했으나, 제9차, 제11차, 제12차 수정안에서 큰 폭으로 형법 개정이 이루어졌다. 위와 같이 최근 두 차례의 형법 수정안의 내용을 살펴보면, 중국이 형사법제도는 주로 ① 인권보장, ② 국가안보와 사회안정성 강화, ③ 부정부패 척결과 예방, ④ 공정하고 유효한 시장질서 보장 등 방향으로 나아가고 있음을 알 수 있다.

---

32) 法治日报, "全国人大常委会法工委刑法室负责人解读刑法修正案(十二)", 2024.1.3. http://www.xinhuanet.com/legal/20240103/f73919ba7c7c4df58dd8d5b90dcdce1e/c.html (최종 접속: 2024.10.24.)

1. 사법개혁과 인권보장

제11차와 제12차 형법 수정은 여성과 아동의 권리보호를 부단히 강조하여 여성·아동 대상범죄 처벌 수위를 인상하고 가중처벌 경위를 죄명을 신설하는 등의 방법으로 명확히 하였다. 이러한 수정은 중국 형법이 사회 발전과 국제인권기준에 부합하도록 개선되었음을 보여주며, 인권보장과 사회 정의 촉진을 위한 중국 사법시스템의 노력을 반영하였다.

도표 2. 인권보장에서의 개정핵심

개정 핵심	수정안	핵심내용
미성년자의 범죄에 대한 특별한 처리	제11차 형법수정안	형사책임연령 하향
여성·아동의 권리보호 강화	제11차 형법수정안	아동 성범죄에 대한 처벌 강화

2. 국가안보와 사회안정성 강화

최근의 형법 수정은 국가의 정치적 통제를 강화하는 동시에 사회 현안을 적시에 반영하여 시대 흐름에 맞추어 안전운전방해죄, 고층건물 물건투척죄 등 죄명을 신설하였다. 특히 제11차 「형법수정안」의 주요내용은 범죄유형 신설과 기존 범죄에 대한 처벌 수위를 높이는 데 있으며, 이는 엄벌주의 경향을 보여주었다. 영웅열사 명예침해죄, 경찰폭행죄 등의 신설은 국가의 정치적 통제 강화를 목적으로 한 개정으로 평가할 수 있다. 또한 사회안정에 영향을 줄 수 있는 범죄에 대한 처벌 수위를 대폭 높인 것은 중국이 여전히 국가안보와 사회안정성을 우선순위에 두는 사회주의적 법치방식을 이어가고 있음을 보여준다.

도표 3. 국가안보와 사회안정성 강화에서의 개정핵심

개정 핵심	수정안	핵심내용
국가의 정치적 통제 강화	제11차 형법수정인	• 경찰폭행죄 신설 • 영웅열사 명예침해죄 신설
사회현안 반영 및 사회안정 향상을 위한 수정	제11차 형법수정안	• 안전운전방해죄 신설 • 고층건물 물건투척죄 신설 • 불법작업강요죄 개정 • 안전관리규정위반 생산·작업죄 신설 • 인류유전체 불법편집·복제죄 신설 • 인류유전자 불법수집·밀수죄 신설 • 신분허위사용죄 신설 • 불법채무추심죄 신설

3. 부정부패 예방과 척결 강화

최근의 형법수정안들은 부패와 뇌물수수행위에 대한 처벌을 강화하고, 이러한 범죄행위에 대한 처벌 기준을 높여 국가의 강력한 반부패 의지를 반영하였다. 뇌물범죄의 범위와 행위를 명확히 규정하고, 공직자에 대한 감시와 관리를 강화하여 청렴한 정치와 사회 환경을 조성하는 데 기여하고 있다.

도표 4. 부정부패 예방과 척결 강화에서의 개정핵심

개정 핵심	수정안	핵심내용
뇌물수수 등 부정부패 행위에 대한 제재 강화	제12차 형법수정안	• 법인의 뇌물수수죄 개정
뇌물공여행위에 대한 제재 강화	제12차 형법수정안	• 뇌물공여죄, 법인 대상 뇌물공여죄 • 법인의 뇌물공여죄 법정형 등의 구간 조정 • 가중처벌 경위를 명확히 규정

4. 공정하고 유효한 시장질서 보장

최근 제12차 「형법수정안」은 민영기업의 경영행위에 대해 더 높은 요구를 제시하고 민영기업의 청렴하고 준법경영 촉진에 긍정적인 영향을 주고자 하는 의지를 보였다. 이러한 개정들은 중국의 법치 건설 심화와 완성을 반영하고, 법률체계를 지속적으로 최적화하여 법률의 실효성을 높였다. 이를 통해 중국 시장경제의 번영과 안정을 위한 강력한 지원을 제공하였다.

도표 5. 공정하고 유효한 시장질서 보장에서의 개정핵심

개정 핵심	수정안	핵심내용
민영기업 경영 안정성 보장	제12차 형법수정안	• 배임죄 전면 도입 • 불법동업경영죄, 친인척 이익불법도모죄, 회사자산 부당처분죄를 상세하게 개정

위와 같이 정리한 중국 최근 형법수정안의 주요 내용들은 중국이 국가안보와 사회안정을 중요시하는 동시에 시장경제의 건전한 발전도 중요한 요소로 보아, 소위 '양 손 모두 잡아야 하며 양 손 모두 든든해야 한다(兩手都要抓 · 兩手都要硬)'는 이념을 실천하고 있다.

그만큼 중국 형법의 수정은 한편으로는 국가안보와 사회안정의 중요성을 강조하여 국가의 정치적 통제를 강조하는 동시에, 날이 갈수록 발전하고 있는 시장경제질서 유지와 핵심기술 발전 등을 위해 시장질서와 금융안전 보호의 강화에 힘을 기울였고, 지재권 침해범죄 처벌 수위를 높이고 보호범위도 확대하여 공정한 시장경제질서를 유지하는 데 노력을 다하고 있음을 보여준다. 아울러 '생태문명국가 건설'이 중국 헌법상 국가발전방향으로 제정된 만큼, 환경범죄에 대한 처벌 수위가 점차 높아지고 환경보호 범위가 점차 확대되는 흐름을 보여주고 있다.

따라서 중국 형사법 연구와 실무에서는 최우선적으로 해당 문제가 국가안보와 사회안정성과 관련되어 있는지 분석할 필요가 있고, 시장경제질서,

환경보호, 지식재산권 분야에서의 법규범과 판례의 변화를 주목해야 한다고 본다.

주요 참고문헌

高铭暄 · 赵秉志, 『中国刑法立法之演变』, 法律出版社, 2019年.

矣宇 · 周叶君, 『刑事合规与企业反腐败·反舞弊实务指南』, 人民法院出版社, 2021年.

李建华 · 曹刚, 『法律伦理学』, 中南大学出版社, 2022年.

高铭暄, "新中国刑法理髮的变迁与完善", 『检察日报』, 2019年10月8日.

张明楷, "刑法修正案与刑法法典化", 『政法论坛』, 2021年第4期.

孙谦(最高人民检察院副检察长), "刑法修正案（十一）的理解与适用", 『人民检察』, 2021年5月.

刘宪权, "刑法修正案（十二）修正内容之规范解读与思考", 『财经法学』, 2024年第3期.

时延安, "中国刑法的宪法根据及其约束力", 『中国刑事法杂志』, 2023年第2期.

李翔, "论刑法修正的协调性", 『法学杂志』, 2022第1期.

黄明儒, "论刑法平等保护民营企业的多重意蕴－兼评〈刑法修正案（十二）〉相关条文", 『政法论坛』, 2024年第2期.

김주 외, 『중국법률용어사전』, 박영사, 2023년.

제 5 장

중국 형사소송법의 개정과 변화

제5장 중국 형사소송법의 개정과 변화

제1절 중국 형사소송법 개정 연혁

Ⅰ. 1979년 제정 형사소송법

전국인민대표대회 법제업무위원회는 1954년부터 형사소송법 초안 작업에 착수하였다. 그러나 이후 진행된 여러 가지 정치운동 특히 문화대혁명을 겪으면서 중국의 법제 건설은 시작과 함께 멈추게 되고 그 작업이 장기간 중단되기도 하였다.

1979년 7월 1일 전국인민대표대회에서 중화인민공화국형사소송법(이하 "형사소송법"이라고 함)이 통과되었고, 이듬해인 1980년 1월 1일부터 시행되었다. 당시 형사소송법은 164개의 조문에 불과하였다. 다만 이 형사소송법은 사회주의 중국 수립 이래 최초의 형사소송법전으로서 법의 기본적인 구조와 원칙, 제도 및 관련 절차를 규정하는 등 개혁개방 이래 중국 형사소송제도의 기본적인 틀을 마련하였다는 점에서 상당히 큰 의미를 갖는다.[1]

이 법의 구체적인 내용을 살펴보면, 총칙에서는 형사소송법의 이념, 목적, 기본원칙은 물론 관할, 변호, 증거, 형사강제조치, 형사부대민사소송 등 제도를 규정하였다. 제2편에서는 입건, 수사와 공소제기에 관한 절차를 규정하였으며, 제3편은 재판과 관련된 재판조직, 제1심 절차, 제2심 절차, 사형재심절차, 재판감독절차 등을 규정하였고, 공소사건과 자소(自诉)사건은 다른 절차가 적용되므로 이에 대한 별도의 규정을 두었다. 제4편은 형의 집행에 관한 내용으로, 주로 사형의 즉시집행과 집행유예, 무기징역, 유기징역, 관제, 정치적 권리 박탈, 구역, 벌금, 재산몰수 등 집행절차를 다루었다.

형사소송법의 시행은 정책에 따라 사건을 처리하던 데로부터 법 규정에 따라 사건을 처리하는 방향으로 전환되었음을 의미하며, 국가전문기관이 형사소송절차에 의해 범죄를 처벌함으로써 인권이 보호받을 수 있게 되었다는 점에서 법제화의 궤도에 들어섰다고 볼 수 있다.[2] 이후 입법기관은 이 형사소송법을 기반으로 세 차례의 개정을 통해 형사소송제도를 보완하였다.

1979년 형사소송법은 입법경험이 부족한 상태에서 '간략할지언정 번잡하지 않고, 가능한 굵고 세밀하지 않아야 한다'(宁简勿繁, 宜粗不宜细)는 원칙 하에 제정되었다.[3] 그러나 일부 절차와 제도는 법제화되었지만, 그 규정이 지나치게 포괄적이고 두루뭉술하였다. 범죄의 척결에 지나친 비중을 둔 반면, 피의자·피고인의 권리보장에는 소홀한 것이다. 또한 단기간에 완성된 입법이다 보니 법의 전체적인 내용이 상대적으로 거칠고 절차 적용에 있어서도 큰 괴리가 발생하였다.[4]

1) 熊秋红, "刑事诉讼法治发展的回顾与展望", 『中国法治』, 2023年第12期, 27页.
2) 孙长永主编, 『中国刑事诉讼法制四十年回顾、反思与展望』, 中国政法大学出版社, 2021年, 1页.
3) 陈光中, "关于修改刑事诉讼法问题的思考", 『政法论坛』, 1991年第5期.
4) 자세한 내용은 陈光中·王洪祥, "关于修改刑事诉讼法问题的思考", 『政法论坛』, 1991年第5期를 참조.

II. 1996년 개정 형사소송법

개혁개방과 더불어 시장경제가 발전하면서, 1979년 형사소송법만으로는 절차적 정의와 인권보호에 대한 실무의 수요를 충족할 수 없게 되었다. 기존 형사소송법에 대한 전반적인 개혁이 필요하게 된 것이다. 1996년에 이루어진 형사소송법 개정을 통해, 기존 2개 조항이 삭제되고 63개 조항이 새로이 추가되었으며, 70개 조항의 내용이 개정되어 조문 수가 총 225개로 늘어났다.[5] 주요 개정 내용은 다음과 같다.

첫째, 무죄추정의 원칙을 반영하였다. 유무죄의 판단은 오로지 법원만이 할 수 있다는 내용을 신설하고 검찰기관의 기소면제제도를 폐지하였다. 아울러 검찰기관 법률감독의 원칙을 추가하였다.

둘째, 검찰기관이 직접 입건하여 수사하는 사건의 범위를 축소하고 자소사건의 범위를 확대하였다.

셋째, 변호인제도를 보완하였다. 피의자가 수사 단계 때 변호사를 선임하여 법률적 조력을 받을 수 있게 하고, 법률구조제도를 신설하였다.

넷째, 수용심사를 폐지하고 강제조치제도를 보완하였으며, 구속요건을 세분화하였다.

다섯째, 재판절차를 개혁하였다. 재판 전 진행되던 실질적인 심사를 절차적인 심사로 개정하였다. 또한 간이절차를 신설하여 간단한 소송에는 간이절차가 적용될 수 있도록 하였다.

여섯째, 형사피해자의 권리보장을 강화하고, 당사자의 소송지위를 부여하였다.

일곱째, 기존 공소제기의 방식이었던 전체사건기록 송치주의를 폐지하고 복사본제출주의를 채택하였다.[6]

---

5) 崔敏, 『中国刑事诉讼法的新发展』, 中国人民公安大学出版社, 1996年, 1页.

6) 여기서 전체사건기록 송치주의는 검찰이 법원에 공소를 제기할 때 사건과 관련된 모든 기록을 송치하는 방식을 말한다. 그에 대해 복사본제출주의는 검찰이 법원에 공소를 제기할 때 공소장과 증거목록, 증인 명단과 주요 증거 복사본 또는 사진을 제출하는 방식을 말한다.

1996년 형사소송법 개정은 개혁개방 20년 동안의 사회통념과 형사소송 실무의 변화를 반영한 것이다. 1996년 형사소송법 개정의 가장 핵심적인 부분은, 1979년 형사소송법에서 확립된 강력한 직권주의 모델을 바탕으로 영미식 당사자주의 요소를 흡수함으로써 형사소송의 구조를 당사자주의로 전환하도록 한 것이다. 그러나 재판 방식 개혁의 최종적인 성과가 이상적이지 못하다는 평가가 있다.[7)]

Ⅲ. 2012년 개정 형사소송법

2004년 개정 헌법은 '인권 보장'을 명시하였다. 따라서 2012년 개정 형사소송법 제2조는 "인권을 존중하고 보장한다"라는 규정을 신설하였다. 2012년 개정 형사소송법은 1979년 제정법 및 1996년 개정법과 비교하여 볼 때 범죄의 처벌과 인권 보호의 균형을 이루고자 하였다. 특히 변호인제도의 개혁에 많은 공을 들였다. 이번 개정으로 변호사는 수사단계에서부터 피의자를 접견하고 법률적 조언을 할 수 있게 되었다. 자기부죄금지원칙과 위법수집증거배제법칙을 신설하는 등 증거제도도 보완되었다. 그 밖에도 재판절차를 개혁하였다. 공판 전 회의제도를 신설하였으며, 간이절차가 적용되는 사건의 범위를 넓히고 재심절차를 보완하였다.

제2절 현행 형사소송법 개정 배경과 주요 내용

Ⅰ. 현행 형사소송법 개정 배경

2018년 10월 제13기 전국인민대표대회상무위원회 제6차 회의에서 형사소송법 개정에 관한 결정이 통과되었다. 이는 2012년 형사소송법 개정 이후 6년 만에 진행된 것이다. 2018년은 중국공산당 제19차전국대표대회의 정신

7) 熊秋红, 앞의 글, 28页.

을 관철하는 원년이자 개혁개방 40주년을 맞는 해로, 중국 당국은 이번 개혁 과정에서 법치주의 사고방식을 중요시하고 법치주의의 역할을 충분히 발휘하여 법치의 궤도 위에서 개혁을 추진해야 한다고 강조하였다.[8] 이번 3차 개정으로 기존의 290개 조문이 308개로 늘었다. 개정된 내용은 많지 않으나, 그 의미는 결코 작지 않다.

1996년 형사소송법 개정 이후 16년이 지난 2012년 2차 개정이 이루어진 점과 비교하면 이번 3차 개정은 매우 단기간에 이루어졌다. 2018년에 중국은 새로운 국가감찰위원회를 설립하고 감찰법을 제정함으로써 공직자 범죄에 대한 감찰, 수사제도가 크게 변화하게 된다. 특히 2018년 개정 형사소송법 시행일보다 몇 달 앞서 감찰법이 제정 및 시행된 이래, 전국 각지 감찰기관이 감찰법의 규정에 따라 감찰사건에 대한 조사를 마치고 인민검찰원에 송치한 사건들 중 일부가 이미 법원의 재판을 받고 있거나 판결이 확정된 상태였다. 이로 인해 실무에서 비롯된 가장 큰 문제점은 감찰법과 형사소송법을 어떻게 연계할 것인지에 관한 것이고, 이에 따라 형사소송법을 시급히 개정하여야 했다.[9]

Ⅱ. 주요 개정 내용

1. 검찰기관 관할권 조정

2012년 개정 형사소송법 제18조의 규정에 따르면 탐오뇌물범죄나 국가공무원독직범죄, 그 밖에 국가기관공무원(国家机关工作人员)이 직권을 남용하여 행한 불법구금·고문·보복·불법수색 등 공민의 신체적 권리와 민주적 권리를 침해한 범죄에 대해 인민검찰원에 수사관할권이 있다고 규정하였다[10]. 인민검찰원은 위와 같은 사건에 대한 공소제기 권한도 가진다.

8) 2018. 1. 23. 시진핑 국가주석이 주재한 회의에서 진행된 연설임.

9) 樊崇义, “简说监察法与刑诉法的衔接”, 『人民法治』, 2018年第15期, 82页.

10) 여기서 ‘탐오뇌물범죄’는 중국법상 고유명사에 해당되기 때문에 직역하기로 한다. 탐오뇌물범죄란 국가공무원이 탐오 또는 뇌물수수행위를 하거나 국유단위(国有单位)가 뇌물수수 또는 국유자산 사분화 행위를 하여 국가의 청렴한 정치제도 건설을 침해하

그러나 2018년 헌법 수정안을 통해 국가기관으로 감찰위원회가 신설되었고 2018년 3월 감찰법이 제정되었다. 감찰법 제11조의 규정에 따르면 "감찰위원회는 탐오뇌물 · 직권남용 · 직무유기 · 국가재산낭비 등과 같은 직무범죄를 감독하고 조사한다."

형사소송법도 위 규정과 저촉되지 않도록 개정되면서 해당 범죄에 대한 인민검찰원의 수사관할권 규정이 삭제되었다. "인민검찰원은 소송활동에 대한 법률감독을 하는 중에 사법공무원이 직권을 이용하여 행한 불법구금 · 형사고문 · 불법수색 등 공민의 권리를 침해하거나 사법 공정성을 해하는 범죄행위를 발견한 때에는 인민검찰원이 입건하여 수사할 수 있다. 공안기관 관할인 국가기관공무원이 직권을 이용하여 행한 중대한 범죄사건에 대하여 인민검찰원이 직접 수리하여야 하는 때에는 성급 이상 인민검찰원의 결정에 따라 인민검찰원이 입건하여 수사할 수 있다"(현행 형사소송법 제19조). 따라서 인민검찰원의 수사권 범위가 기존의 탐오뇌물범죄 · 국가공무원의 독직범죄 일반에서 '사법공무원이 직권을 이용하여 행한 불법구금 · 형사고문 · 불법수색 등 공민의 권리를 침해하거나 사법 공정성을 해하는 범죄행위'로 대폭 축소되었다.

2. 피고인 불출석 재판제도의 신설

1) 도입배경

2012년 형사소송법의 규정에 따르면, 형사재판의 진행 중 피고인이 사망하거나 해외로 도피하면 해당 재판은 종결되거나 중지된다. 이러한 제도상의 미비로, 수사를 받던 고위 공직자들이 스스로 목숨을 끊거나 해외로 도피하는 방식으로 법의 심판을 회피하는 일이 종종 발생하였다. 비록 2012년 개정

는 것을 말한다.

그 외 중국 형법 제93조의 규정에 따르면 '국가공무원'이란 국가기관에서 공무에 종사하는 자를 말한다. 여기에는 국유회사 · 기업 · 사업단위 · 인민단체에서 공무에 종사하는 자와 국가기관 · 기업 · 사업단위의 파견에 의해 비국유기업 · 회사 · 사업단위 · 사회단체에서 공무에 종사하는 자, 그밖에도 기타 법률의 규정에 따라 공무에 종사하는 자 모두 국가공무원에 해당된다. 刑法学编写组, 『刑法学(下册 · 各论)』, 高等教育出版社, 302页~303页.

형사소송법에서 특별절차를 통한 피의자·피고인의 도피 및 사망사건의 위법소득 몰수절차를 신설하였으나 이 절차를 실제로 개시하기가 쉽지 않았다.[11] 또한 대부분 국가에서 범죄인 인도는 유죄판결을 전제로 하여야 하므로 국제형사사법공조를 통한 위법소득의 몰수도 인정받기 어려웠다.[12]

불출석 재판 시 피고인의 반대신문권 행사 등 소송법상 권리가 제한된다는 점을 고려하여, 부패범죄를 척결함과 피고인의 권리를 보호의 조화를 함께 고려하여 관련 개정작업이 진행되었다. 결국 2018년 형사소송법 특별절차편에 '불출석 재판절차'가 추가되었다.

2) 주요내용

불출석 재판은 특정한 형사사건에 있어서 피고인이 잠적하거나 심한 질병을 앓고 있거나 사망 등으로 인해 법정에 출석하여 재판을 받을 수 없는 경우, 법원이 검찰의 기소에 따라 심리를 진행하여 불출석 피고인의 형사책임을 추궁하는 특수한 재판절차이다. 불출석 재판은 탐오뇌물사건이나 국가안전을 심각하게 위해하는 범죄, 테러활동범죄 및 그 밖에 피고인이 심각한 질병으로 법정에 출석하지 못하는 사건, 피고인이 사망한 사건 등 특정된 사건에 한정된다.

도표 1. 불출석 재판절차 적용 관련 형사소송법 주요 조항

제291조 ① 탐오뇌물범죄사건 및 적시에 재판이 필요한 최고인민검찰원의 승인을 받은 국가안보를 심각하게 위협하는 범죄사건이나 테러범죄사건의 경우 피의자·피고인이 국경 밖에 있고 감찰기관·공안기관이 사건을 인민검찰원에 송치한 때 인민검찰원은 범죄사실이 명백하고 증거가 확실하고 충

11) 2018년 최고인민검찰원 업무보고에 따르면, 앞서 5년 동안 검찰기관이 직무범죄 피의자가 도피하거나 사망한 경우 위법소득 몰수절차를 개시한 사안은 45건밖에 되지 않았다. https://www.spp.gov.cn/spp/gzbg/201803/t20180325_372171.shtml (최종 접속: 2024.10.6.).

12) 「유엔반부패협약」도 유죄판결 없이 몰수하는 방법을 규정하고 있지만, 이 규정은 강제성이 없다. 따라서 부패범죄소득에 관한 유죄판결 없이 위법소득 몰수절차에 의해서만 몰수하고자 피청구국에 요청하는 경우 그 요청은 거부된다. 裴兆斌, 『追缴腐败犯罪所得国际司法协助研究』, 中国人民公安大学出版社, 2013年, 134页.

분하며 법에 따라 형사책임을 추궁해야 한다고 판단되는 경우 인민법원에 공소를 제기할 수 있다. 인민법원은 심사 후 공소장에 범죄사실이 명확하고 불출석 재판절차의 적용 요건에 부합되는 경우 개정하여 심판할 것을 결정하여야 한다.
② 전항 사건의 경우 범죄지나 피고인이 출국하기 전 거주지 또는 최고인민법원이 지정한 중급인민법원에서 합의부를 구성하여 심리해야 한다.

제292조 인민법원은 관련 국제 조약의 규정 또는 외교적인 경로를 통해 제안된 사법협조방식이나 피고인의 소재지 법률이 허용하는 기타 방식을 통해 소환장과 인민검찰원의 공소장 부본을 피고인에게 송달하여야 한다. 소환장과 공소장 부본을 송달한 후 피고인이 요구에 따라 출정하지 않은 경우 인민법원은 개정심리하여 법에 따라 판결하여야 하며 위법 소득 및 그밖에 사건에 관련된 재산을 처리하여야 한다.

제293조 인민법원의 불출석재판에 대하여 피고인은 변호인을 선임할 권리가 있으며 피고인의 가까운 친족이 변호인을 선임할 수 있다. 피고인 및 그 가까운 친족이 변호인을 선임하지 아니한 경우 인민법원은 법률구조기관에 통지하여 변호사를 지정하여 피고인에게 변호를 제공하도록 하여야 한다.

제294조 ① 인민법원은 판결문을 피고인 및 그 가까운 친족·변호인에게 송달하여야 한다. 피고인 또는 그 가까운 친족이 판결에 불복할 경우 한급 위의 인민법원에 항소할 권리가 있다. 변호인은 피고인 또는 가까운 친족의 동의를 얻어 항소할 수 있다.
② 인민검찰원은 인민법원의 판결에 확실히 착오가 있다고 여기는 경우 한급 위의 인민법원에 항소하여야 한다.

제291조 제1항은 불출석 재판의 적용범위를, 제2항은 관할적용에 대해 규정하였다. 불출석 재판에 대해서도 일반 형사사건의 관할과 같은 원칙이 적용된다. 일반적으로 형사사건은 범죄지 인민법원이 관할하는 지역관할이 원칙이다. 범죄지는 범죄행위지와 범죄발생지를 말한다. 지역관할이 우선적으로 적용되는 원인은 증거를 수집하여 사건을 신속히 수사하는 데에 유리

하고 사건 관계자의 소송참여에 편리하며 재판 업무가 순조롭게 진행될 수 있기 때문이다. 그 밖에도 피고인이 출국하기 전 거주지 인민법원 그리고 최고인민법원이 지정한 인민법원도 관할이 있다. 다만 모두 해당 지역의 중급인민법원이 심리해야 한다. 이 같은 경우의 사건은 복잡하고 사회적 영향력이 크며 피고인이 해외에 체류하고 있는 것에 대해 해외 사법기관의 공조를 얻는 것에 유리하기 때문이다.

제292조는 피고인에게 공소장을 송달하고 재판 출석 여부에 대한 선택권을 규정하였다. 피고인이 해외에 체류하기 때문에 형사소송법상 일반적인 송달방식으로 공소장을 전달할 수 없다. 따라서 법원은 관련 국제조약의 규정에 따라 송달하거나 외교적인 방식으로 사법공조를 제기하여 송달하거나 피고인 소재지 법률이 허용하는 방식으로 송달해야 한다.

제293조는 피고인의 변호인 선임권에 대해 규정하였다. 이 조항은 불출석 재판의 경우 피고인의 변호인은 반드시 재판에 출석하여야 한다는 점을 설명해 주고 있다.

제294조는 피고인과 검찰의 항소권을 규정하였다. 피고인 불출석 재판에 있어서 피고인은 물론 그의 가까운 친족은 피고인의 동의를 거치지 아니하고 항소를 제기할 수 있는 독립적인 항소권을 갖는다. 일반적인 형사소송절차에서 피고인의 가까운 친족은 피고인의 동의를 얻은 경우에만 항소를 제기할 수 있다는 점과 비교하여 보았을 때 피고인의 가까운 친족의 독립적인 항소권은 매우 큰 의미가 있다. 변호인은 피고인 또는 가까운 친족의 위임을 받아 항소를 제기할 수 있다.

다만 입법 당시 범죄 후 해외로 도피한 피고인에게 법률적 지원을 제공할 필요성이 있는지에 대해서는 견해의 대립이 있다. 법률적 지원의 대상은 주로 경제적 능력이 부족한 자들인데, 해외도피자들은 경제적 능력이 없는 것도 아니므로 사회적 형평성을 고려하여 어떤 경우에도 법률지원의 대상이 되어서는 안 된다는 견해가 있다.[13] 그러나 당시 형사소송법상 규정에 따르

13) 朱宁宁, "常委委员分组审议刑诉法修正草案时建议通盘研究刑事缺席审判制度", 『法制日报』, 2018年4月28日.

면 무기징역이나 사형에 처할 수 있는 피의자·피고인이 변호인을 선임하지 않은 때에는 인민법원, 인민검찰원, 공안기관은 법률지원기관에 통지하여 변호사를 지정하여 변호를 제공하도록 해야 한다. 따라서, 해외도피자에게도 경제적 능력의 제한을 두지 않고 방어권을 고려하여 법률지원을 제공하여야 하는 것이 타당하다.

나아가 이러한 유형의 불출석 재판의 목적은 주로 장물을 회수하고 도피한 자를 잡는 것이며, 피고인 소재 국가인 중국의 불출석 판결이 다른 국가로부터 인정을 받는 것이다. 따라서 피고인의 변호인 조력권을 더 높은 기준에 따라 보장하는 것이 불출석 재판에 의한 판결을 다른 국가에서 인정받을 수 있는 전제 조건이 될 수 있다. 만약 법률적 지원을 받지 못하면 재판에서 당사자가 대등한 위치에서 다툴 수 없으므로, 이 절차에 따라 내린 판결은 기본적으로 외국의 승인을 받을 수 없게 된다는 견해가 있다.[14]

3. 인죄인벌처벌완화제도 신설

1) 도입배경

이른바 인죄인벌처벌완화제도(认罪认罚从宽制度)란 형사소송에서 실체적·절차적으로 피의자를 격려, 인도, 보장하고 피고인이 자발적으로 죄와 벌을 인정함으로써 관대한 처벌을 받을 수 있게 하는 일련의 구체적인 법률체계와 소송절차로 구성된 법률제도의 총칭이다.[15] 이는 단일 또는 개별 법률제도가 아니라 실체법 및 절차법상 다양한 구체적인 법률제도를 모두 일컫는 포괄적인 개념이다.

이 제도는 2014년 중국공산당 제18차전국대표대회에서 제안된 중국 특유의 형사사법제도이다. 2016년부터 베이징을 비롯한 18개 도시에서 이 제도에 대한 시범작업이 시작되었다. 이러한 시범작업 경험을 바탕으로 2018년 형사소송법은 이 제도에 관해 체계적으로 규정하였다.

중국의 형사법에는 관엄상제(宽严相济)라고 하는 형사정책이 있다. 인죄

---

14) 陈卫东, "论中国特色形式缺席审判制度", 『中国刑事法杂志』, 2018年第3期, 23页.

15) 顾永忠, "关于完善认罪认罚从宽制度的几个理论问题", 『当代法学』, 2017年第1期, 131页.

인벌처벌완화제도가 바로 관엄상제의 형사정책을 반영한 것이다.[16] 인죄인벌처벌완화를 반영한 중국 형법의 기타 규정으로는 자수, 자백, 집행유예, 감형, 가석방 등이 있다.

한편, 2012년 형사절차법상 규정된 형사화해절차, 간이절차 등은 모두 인죄인벌 처벌완화를 위한 구체적인 제도적 장치이지만, 아직 완벽하거나 정교하지 않아 제도적 보완이 필요했다. 따라서 2018년 개정 형사소송법에 인죄인벌처벌완화제도를 신설하게 되었다.

2) 주요내용

2018년 형사소송법 제15조는 "피의자 · 피고인이 자발적으로 자신의 범행을 사실대로 진술하고 범죄 피의사실을 인정하여 처벌은 받고자 하는 경우 법에 따라 처벌을 완화할 수 있다"고 규정하였다. 이 같은 규정은 형사소송법 제1장 "목적과 기본원칙"에 조문을 추가하는 방식으로 도입되었다.

인죄인벌처벌완화제도를 적용함에 있어서의 전제요건은 피의자 · 피고인이 자발적으로 자신의 범행을 사실대로 진술하여 피의사실을 인정하고 검찰기관에서 제안한 주형과 부가형을 포함한 구체적 양형에 대한 의견을 받아들이는 것이다. 개별적인 범죄사실에 대해 이의를 제기하더라도 주요 범죄사실을 인정하고 검찰기관에서 제시한 의견을 받아들이는 경우 '인죄'를 인정하는 것에 아무런 영향을 주지 않는다.

현행 형사소송법 제174조는 "피의자가 자발적으로 죄를 인정하고 양형 제안 및 절차의 적용에 동의하는 경우 변호인 또는 당직변호사가 동석한 상태에서 인죄인벌 서약서를 작성하고 이에 서명하여야 한다"고 규정하였다. 죄만 인정하고 양형에 대해 의견을 받아들이지 않는 경우, 인죄인벌처벌완화제도를 적용하지 않는다. 그럼에도 불구하고 죄를 인정하는 태도에 따라 처벌을 완화할 수 있다. 다만 그 폭이 상대적으로 작다.

피의자 · 피고인이 인죄인벌하는 경우 획일적으로 처벌을 완화해야 하는 것은 아니다. 즉, 범죄의 수법이나 결과가 극히 엄중한 경우에는 처벌을 완

16) 孟建柱, "坚持改革创新为全面建成小康社会提供有力司法保障", http://theory.people.com.cn/n1/2016/0309/c40531-28183495.html(최종 접속: 2024.10.7.).

화하지 않을 수 있는 것이다.

도표 2. 인죄인벌처벌완화제도의 절차적 적용과 관련된 형사소송법 조항

제173조 ② 피의자가 인죄인벌하는 경우 인민검찰원은 그에 소송권리와 인죄인벌 관련 법률 규정을 고지하고 피의자·변호인 또는 당직변호사·피해자 및 그 소송대리인의 다음과 같은 사항에 대한 의견을 듣고 기록해야 한다. (1) 범죄사실·죄명 및 적용되는 법률 규정; (2) 형벌의 경감, 감경 또는 처벌 면제 등 관대한 처벌에 대한 제안; (3) 인죄인벌 사건 심리에 적용되는 절차; (4) 기타 의견 청취에 필요한 사항. **제174조** 피의자가 자발적으로 죄를 인정하고 양형제안 및 절차의 적용에 동의하는 경우 변호인 또는 당직변호사가 동석한 상태에서 인죄인벌 서약서를 작성하고 이에 서명해야 한다. **제176조** ② 피의자가 인죄인벌하는 경우 인민검찰원은 주형·부가형·집행유예 적용 여부에 대해 양형 제안을 하고 인죄인벌 서약서 등의 자료를 기록과 함께 이송해야 한다. **제190조** ② 피고인이 인죄인벌하는 경우, 재판장은 피고인에게 소송권리와 인죄인벌에 관한 법률 규정을 고지하고 인죄인벌에 대한 자발성과 인죄인벌 서약서 내용의 진실성과 합법성을 심사하여야 한다. **제201조** ① 인죄인벌 사건에 대해 인민법원은 법에 따라 판결을 내릴 때 일반적으로 인민검찰원이 공소 제기한 죄명과 양형 제안을 받아들여야 한다. **제222조** ① 기층인민법원이 관할하는 사건의 판결이 3년 이하의 유기징역을 선고할 가능성이 있는 사건에 있어서 범죄사실이 명백하고 증거가 확실하며 충분하고 피고인이 인죄인벌하는 데 동의하는 경우 속심절차를 적용할 수 있으며 판사 1인이 단독으로 사건을 재판한다.

> **제226조** 인민법원은 심리 과정에서 피고인의 행위가 범죄를 구성하지 아니하거나 형사책임을 추궁해서는 아니되는 상황에 해당되거나, 피고인이 의사에 반하여 인죄인벌하거나, 피고인이 범죄 사실을 부인하거나 기타 속심절차를 적용하기에 적합하지 않은 상황을 발견하는 경우 이 장 제1절 또는 제3절의 규정에 따라 다시 심리하여야 한다.

3) 인죄인벌처벌완화제도 운영상황

2023년 최고인민검찰원이 발표한 업무회의보고에 따르면, 전년도인 2022년 검찰 단계에서의 인죄인벌처벌완화제도의 적용률은 90% 이상에 달한다. 당해 검찰기관의 양형 제안에 대한 채택률은 98.3%이고, 제1심에 대한 승복률은 97%에 달하며, 피고인의 항소와 재심청구 사건도 대폭 줄어들었다.[17] 그러나 제도 운영 과정에서 검찰과 피고인의 소송상 지위가 대등하지 않고, 균형을 잃어가는 문제가 발생하였다.

영미법계나 대륙법계 국가에서는 먼저 절차적 보장이 완성되어 있는 상태에서 협상 방식의 사법제도가 생겨났다.[18] 이에 반해 중국은 아직 절차적 보장을 완벽히 갖추지 못했고, 공판중심주의도 실현되지 않은 채로 인죄인벌처벌완화제도가 실시된 것이다. 당사자 지위가 대등하지 못한 상태에서 영미식 플레바게닝을 도입하는 것은 이 제도가 자의적으로 운영될 수 있고 사건의 객관적 진실 발견을 방해한다는 비판이 제기되었다.[19]

---

17) 2022년 최고인민검찰원 업무회의보고, https://www.spp.gov.cn/spp/2023qglh/202303/t20230308_606847.shtml(최종 접속: 2024.10.6.).

18) "西南政法大学刑事检察研究基地揭牌仪式暨新时代刑事检察理论与实践问题研讨会" 발언 참조, http://fxy.swupl.edu.cn/xyxw/276704.htm(최종 접속: 2024.10.16.).

19) 비슷한 견해로는 熊秋红, "比较法视野下的认罪认罚从宽制度－兼论刑事诉讼'第四范式'", 『比较法研究』, 2019年第5期, 97~98页 참조; 龙宗智, "完善认罪认罚从宽制度的关键是控辩平等", 『环球法律评论』, 2019年第2期, 9页.

제3절 최근 형사소송법 개정에 대한 논의

Ⅰ. 법 개정에 대한 찬반론

2023년 9월 제14기 전국인민대표대회 상무위원회에서 발표된 입법계획에는 형사소송법도 포함되어 있다. 따라서 가까운 시일 내에 형사소송법의 제4차 개정이 이루어질 것으로 예상된다. 다만 현재 4차 개정 작업을 하는 것이 시기적으로 적절한지, 개정한다면 어느 조문을 어떻게 개정해야 하는지에 관한 인식의 차이가 있다. 이런 개정에 관한 부정론을 확인해 보면 아래와 같다.

우선 실무상 여전히 피고인에 대한 절차적 보호보다 처벌을 더 중히 여기는 분위기가 존재한다. 최근 실무에서 나타난 일부 행태가 형사사법의 기본적인 원칙이나 형사소송에 관한 절차적 규정에 어긋나고, 절차적 정당성에 대한 요구에 위배되는 경우가 있는데, 이러한 상황에서 피고인의 인권 보호에 유리하지 않은 내용이 형사소송법에 흡수되는 것은 아닌지에 대한 우려가 있다. 2018년 형사소송법 개정에서도 그런 우려가 있었다. 당시 개정 작업은 단기간에 많은 내용을 개정했어야 하므로 상당히 촉박하게 진행된 바 있다. 더군다나 종래 형사소송법 개정이 전국인민대표대회에서 통과되었던 관행을 깨고 그 상무위원회에서 통과되었기 때문에, 사회적인 참여도도 낮았고, 일부 쟁점에 대해 충분한 논증을 거치지 않아 공감대조차 형성하지 못하였다. 예컨대 인죄인벌 사건 양형 제안의 효력과 채택 여부에 대해, 당시 시범작업 관련 문건 규정을 그대로 형사소송법에 옮겨 실무에서 끊임없이 논쟁이 되었다.[20] 그 밖에 인죄인벌 피고인의 자발성에 대한 보장이 부족하다는 점도 문제로 제기되었다.

다음으로 형사소송법의 근본적인 문제로 형사입법과 사법개혁의 효과를 저해한다는 것이 있었다. 이 같은 문제는 오랜 역사와 실천적 발전에서 형성된 사법체제상 문제로, 단순히 형사소송법 개정만으로는 이러한 근본적인 사법체제의 문제를 해결할 수 없고, 단기간에 실무상 근본적인 변화를 기대할

20) 陈卫东, “认罪认罚案件量刑建议研究”, 『法学研究』, 2020年第5期, 162页.

수도 없다.[21] 이런 상황에서 형사소송법을 개정하는 것은 큰 의미가 없다는 것이다. 예컨대 공안기관, 인민검찰원, 인민법원이 서로 협조하고 서로 견제하는 체제는 실무상 수사중심주의 체제로 그 의미가 변질되었다. 또한 어느 기관이 구속결정에 관한 권한을 갖는지의 문제, 교도소가 어느 기관에 소속되어야 타당한지에 대한 문제도 모두 이러한 점들이 반영된 것이다.

그러나 학계는 대개 이번 개정에 대해 긍정적으로 평가한다. 대부분 학자들은 형사소송법이 적절한 시기에 개정되어야 한다고 본다. 위와 같은 우려는 형사소송법 개정에 따른 문제점과 위험성을 객관적으로 지적한 것에 불과하다. 다만 이번에 형사소송법을 개정할 때 위와 같은 지적에 유의할 필요가 매우 크다.

전반적으로 볼 때, 이번 4차 개정은 그 필요성과 시대적 가치가 있는 만큼 절호의 기회라고 할 수 있다. 다만 개정 작업 과정에서도 피고인에 대한 절차적 보호보다 처벌을 더 중히 여기는 것에 대해서는 늘 경계해야 하며, 인권 보장과 절차적 정당성 확보라는 목표와 방향을 확고히 지켜야 한다. 이번 형사소송법 개정이 시기상조라고 하는 것에는 다음과 같은 이유가 있다.[22]

우선 중국 당국은 2020년부터 2035년까지의 법치중국건설계획을 발표한 바 있다. 그러므로 2035년까지 법치국가, 법치정부, 법치사회의 건설을 완성하여 중국 특유의 사회주의 법치체계를 실현하여야 한다. 형사소송법치 건설은 매우 중요한 작업의 일환이고, 위 기간에 완성하려면 임무가 막중하다. 가령 이 시기를 놓치면 향후 입법기관이 형사소송법을 입법계획에 포함함으로써 개정할 기회가 많지는 않을 것으로 예상된다. 과거에도 형사소송법은 최소 15년을 주기로 개정되었는데, 시기적으로 보더라도 2035년까지 법을 개정하는 것이 가장 적절하다.

---

21) 陈卫东, "论刑事诉讼法的法典化", 『中国法学』, 2021年第3期, 51页 이하 참조, 韩旭, "刑事诉讼法典化的实现路径", 『法治研究』, 2023年第6期, 84页 이하 참조.

22) 이 부분에 대한 내용은 주로 다음 문헌을 참조하였다. 陈卫东, "关于刑事诉讼法第四次修改的几点思考", 『政法论丛』, 2024年第1期; 陈卫东, "论刑事诉讼法的法典化", 『中国法学』, 2021年第3期; 韩旭, "刑事诉讼法典化的实现路径", 『法治研究』, 2023年第6期.

Ⅱ. 입법 내용에 대한 학계 논의상황

1. 형사변호인제도 강화

1) 무효변호제도 도입

변호인제도 강화와 관련하여 오래전부터 논의되고 있는 것 중 하나가 바로 무효변호제도이다. 무효변호란 변호사가 직무와 책임을 다하지 않아 피고인이 불리한 결과를 부담하게 되는 데에 대한 사법적인 구제로, 항소심 법원이 제1심 법원의 '무효변호'를 이유로 원심판결을 파기환송할 수 있다.[23] 과거 변호인 조력권 보호는 주로 수사 및 사법기관이 피고인의 변호인 조력권을 존중하고 변호인 조력권 행사를 위한 편의를 제공해야 한다고 강조하였다. 다시 말해 공안사법기관이 피고인의 변호인 조력권을 침해하는 것을 방지하는 데 중점을 두고 개정해 왔다. 중국의 40년간 형사변호제도 발전 과정에서 가장 큰 문제는 바로 변호인의 소송상 권리침해에 대한 효과적인 구제였는데, 이 문제는 여전히 해결되지 못하고 있다.[24] 이는 매우 고질적인 제도적 문제로서 이를 해결하기 위해서는 사법체제개혁과 공판중심주의 소송제도개혁을 추진하는 데 기댈 수밖에 없다.

그러나 실제로 피고인의 변호권에 대한 침해는 형사사법기관뿐만 아니라 변호인에 의해서도 발생한다. 실무상 일부 변호인은 직무와 책임을 다하지 않아 피고인의 정당한 이익에 영향을 주고 있다. 이 경우 피고인에게는 필요한 구제 메커니즘이 없어 스스로 불리한 결과를 부담할 수밖에 없다. 특

---

23) 陈卫东, "关于刑事诉讼法第四次修改的几点思考", 『政法论丛』, 2024年第1期, 32页 이하. 이와 반대되는 것이 '유효변호'이다. '유효변호'는 두 가지 의미를 포함하고 있다. 첫 번째로 피고인 및 그 변호인의 적법한 변호인 조력권은 법의 보장을 받아야 하며 그 어떤 공권력의 부당한 방해를 받아서는 안 된다. 두 번째로 변호인은 사선변호인이든지 법률원조변호인이든지 사실과 법률에 근거하여 피고인에게 실질적인 법률적 조력을 제공하고 최대한 피고인의 합법적 권리를 보호하여야 한다는 것이다. 熊秋红, "有效辩护, 无效辩护的国际标准和本土化思考", 『中国刑事法杂志』, 2014年第6期, 129页. 유효변호에 관하여는 다음 문헌을 참조바람. 陈瑞华, "刑事诉讼中的有效辩护问题法治与社会发展", 『苏州大学学报(哲学社会科学版)』, 2014年第5期.

24) 변호권 보장에 대한 문제는 陈瑞华, "刑事辩护制度四十年来的回顾与展望", 『政法论坛』, 2019年第6期를 참조 바람.

히 실무에서 법률원조변호사를 앞세워 피고인의 변호인 조력권에 불리한 영향을 주는 관행이 점점 더 두드러지고 있다. 예컨대 '점거변호(占坑辩护)'나 '협조식 변호(配合式辩护)'가 그러하다[25]. 법학계에서는 이 같은 문제에 대해 피고인의 변호인 조력권은 헌법적 권리이며, 무효변호제도를 도입하기 위한 헌법적 기반을 마련하고 있다고 하면서 변호사의 무효변호에 대한 절차적 제재를 가할 필요가 있다고 주장한다.[26]

중국 입법상 변호인의 직책과 의무에 대한 규정은 있으나 변호의 질적 요구에 대한 구체적인 기준은 마련하지 않고 있다. 더 나아가 변호사의 직업윤리규범도 부족한 것이 현실이다. 따라서 변호인제도를 한 걸음 더 발전시키기 위해서는 변호인의 무효변호에 대한 합리적인 판단기준을 두고 피고인에게 적절한 사법적 구제절차를 제공하여야 하는 문제를 직면하게 되었다.

2) 형사변호법률원조(刑事辩护法律援助)의 범위 확대

변호인제도 강화와 관련된 또 다른 논의는 형사변호법률원조의 범위를 확대하고자 하는 것이다. 중국의 형사소송에서 다음과 같은 방법으로 변호인의 도움을 받을 수 있다. 첫 번째는 사선변호인을 선임하는 것이고, 두 번째는 법률원조를 받아 변호인을 지정받는 것이다. 세 번째로 당직변호사에게 도움을 받을 수도 있다.

유형	법적 근거
사선변호인에 의한 변호	**제34조** 피의자는 수사기관에 의한 첫 피의자 신문을 받은 날 또는 강제조치가 취해진 날로부터 변호인을 선임할 권리가 있다. 수사단계에서는 변호사만을 변호인으로 선임할 수 있다. 피고인은 수시로 변호인을 선임할 수 있다.

25) 2021. 9. 장시성 난창시 중급인민법원에서 피고인 로룽즈 사건에 대한 1심 선고가 있었다. 이 사안에서 피고인 가족이 사선변호인을 선임하였고, 그 변호인이 구치소에 접견을 갔으나 이미 법률원조변호인이 배치되어 있다는 이유로 접견을 거절당하였다. https://baijiahao.baidu.com/s?id=1710794631654098547&wfr=spider&for=pc(최종 접속: 2024.10.8).

26) 陈卫东, "关于刑事诉讼法第四次修改的几点思考", 『政法论丛』, 2024年第1期, 32页.

법률원조에 의한 지정변호	**제35조** 피의자·피고인이 시각장애인, 청각장애인 또는 언어장애인인 경우, 피의자·피고인이 자기행위에 대한 변별능력이나 통제능력을 완전히 상실하지 않은 정신질환자인 경우, 피의자·피고인이 무기징역이나 사형에 처해질 가능성이 있는 경우 공안기관이나 인민검찰원 및 인민법원은 법률원조기관에 통지하여, 피의자·피고인에게 변호사를 파견하고 변호를 제공하도록 해야 한다. **제293조** 인민법원이 불출석 재판을 할 때 피고인이나 그 가족이 변호인을 선임하지 않은 경우, 인민법원은 법률원조기관에 통지하여, 피고인에게 변호사를 파견하고 변호를 제공하도록 해야 한다.
당직변호사에 의한 변호	**제36조** 법률원조기관은 인민법원, 구치소에 당직변호사를 파견하여 주재하게 할 수 있다. 피의자·피고인이 변호인을 선임하지 않고 법률원조에 의한 지정변호인이 없는 경우, 당직변호사가 피의자·피고인을 위해 법률자문을 제공하고, 재판절차 선택에 대한 의견을 주며, 강제조치 변경신청이나 사건처리에 대한 의견을 제출하는 등 법률적 조력을 제공한다.

2017년 형사사건 변호인제도에 대한 개혁 시범작업이 진행되기 전, 전국 형사사건 중 변호인이 있는 사건의 비율은 20% 내지 30%였다.[27] 개혁 추진 후 몇 년이 지나고 재판 단계에서 사선 및 법률원조에 의한 변호와 당직변호사의 참여율은 81.5%로 상승하였다.[28]

데이터 결과를 보면 매우 고무적이지만 여기에는 숨겨진 문제점이 있다. 우선, 20% 가까이 되는 사건의 피고인은 여전히 변호인이나 당직변호사의 도움을 받지 못하고 있다는 것이다. 여러 가지 원인이 있는데, 경제적 수준에 대한 지역별 편차가 심해 변호사의 자원 배치가 균일하지 못한 것과도 밀접한 관련이 있다.[29] 다음으로 당직변호사가 제공하는 법률적인 도움과 변호사

27) 이와 관련된 실증연구로는 顾永忠, “刑事辩护制度改革实证研究”, 『中国刑事法杂志』, 2019年第5期(2019), 129~144页; 王禄生, “论刑事诉讼的象征性立法及其后果－基于303万判决书大数据的自然语义挖掘”, 『清华法学』, 2018年第6期, 124~147页.

28) 熊选国, “提高站位 深化认识 进一步推动刑事案件律师辩护全覆盖向纵深发展”, 『中国司法』, 2022年第12期, 12页.

29) 료닝성 및 베이징시와 같은 지역에서는 기본적으로 전범위 적용을 완성하였다. “深化刑事案件律师辩护全覆盖试点工作推进会召开”, 『法治辽宁(微信公众号)』, 2023年4月4日. “北京市高级人民法院关于刑事审判工作情况的报告”,

의 변호를 동등하게 취급해서는 안 된다. 당직변호사의 주요 역할은 법률자문을 제공하고 재판절차 선택에 대한 의견을 주며 강제조치 변경신청이나 사건처리에 대해 의견을 제출하는 등 법률적 조력을 제공하는 것인데, 이러한 것들은 모두 재판 전 단계에서 행하여지는 것이지 재판단계에서의 그 역할은 크지 않다. 또한 사건기록을 열람하고 당사자와 접견하는 것은 변호인이 사건 관련 정보를 얻을 수 있는 가장 중요한 방식인데 당직 변호사는 일반적으로 일괄적으로 배정되며 피의자를 만나는 시간이 매우 짧아 사건을 충분히 이해하고 사건 처리에 대한 맞춤형 의견을 제공할 수 없으며 주로 협의의 질문에 대한 답변만을 제공할 뿐이다. 마지막으로 당직변호사는 변호인이라면 있어야 할 가장 근본적인 재판출석권이 없다. 재판은 사건의 사실 규명과 유죄 판결 및 양형을 판단하는 결정적 단계이며 법정 출석은 변호를 하는 데에 가장 필수적인 부분이다. 피고인이 인죄인벌 사건이든 인죄인벌하지 않는 사건이든 당직변호사가 제공하는 법률적 도움만으로는 피고인의 전문지식이 부족하고 정보획득이 불편한 현실적 문제를 해결할 수 없다. 따라서 효과적으로 피고인의 권리를 보장하는 데에는 매우 큰 한계가 있을 수밖에 없다.

이러한 점을 감안하면 이번 형사소송법 개정 작업 시 중국의 인적, 물적, 재정적 자원의 실제 상황을 바탕으로 해외 국가의 경험과 결합하여 법률원조에 의한 변호의 범위를 피고인이 3년 이상의 징역에 처할 수 있는 경우로 확대하는 것이 적절하다.[30]

3) 강제조치제도 보완

중국에서 강제조치는 피의자나 피고인의 신체에 대해 행하여지며, 강약에 따라 구인, 보석, 주거감시, 구류, 체포 등 다섯 가지 종류가 포함된다. 이 중 구류와 체포는 신체를 구속한다. 강제조치는 수사 및 사법기관의 기본권에 대한 개입행위로 잘못 적용되면 공민의 정당한 권리가 침해된다. 그러한 이유에서 강제조치제도에 대한 개혁은 항상 사회 각계각층의 큰 관심사가 되었다. 최근 몇 년 동안 중국의 미결구금 비율은 뚜렷하게 감소하는 추세이다.

---

http://www.bjrd.gov.cn/zyfb/bg/202012/t20201222_2180077.html(최종 접속: 2024.10.10.).

30) 陈光中, “〈刑事诉讼法〉再修改中辩护制度的完善”, 『河北学刊』, 第44卷第3期, 2024年5月, 1页.

그러나 역설적으로 거소지정 주거감시와 같은 강제조치는 더 남용되고 있다.

현행 형사소송법 제74조 제1항의 규정에 따르면 사건이 특수한 상황에 해당되거나 사건처리의 수요에 따라 주거감시의 조치가 더 적합하다고 판단되는 피의자·피고인에 대하여 주거감시를 할 수 있다. 주거감시제도는 구속의 대체수단으로 구속요건에 부합되나 객관적인 이유로 인하여 구속을 할 수 없는 경우를 위해 마련된 제도이다. 주거감시는 구속요건에 비해 그 규제가 적고 사건을 처리하는 데에 유리하다는 이유로 실무상 심각하게 변질되어 적용되고 있다. 수사기관은 위와 같은 법적 공백을 이용하여 주거감시가 필요하지 않은 피의자에게도 주거감시를 적용하여 진술을 받아내는 수단으로 사용하고 있다.

또한 거소지정 주거감시는 감독체계 부족으로 인해 심각한 불법행위를 쉽게 야기한다. 수사기관은 주거감시 적용 여부를 스스로 결정하고 6개월이라는 주거감시기간 범위 내에서 재량으로 기간을 결정할 수 있으며, 피의자 감시를 위해 특정 장소를 지정할 수 있다. 이 모든 절차는 검찰기관에 청구하거나 보고할 필요가 없다. 게다가 중국에는 법관에 의한 영장실질심사제도가 없다. 따라서 실질적으로 피의자의 신체를 장기간 구금하는 거소지정 주거감시는 형사소송의 기본적인 원리에 위배됨으로 규제가 시급하다.[31)]

제4절 중국 형사소송법의 향후 전망

Ⅰ. 공판중심주의 강화

중국의 형사소송법이 공판중심주의 방향으로 개정, 보완되면서 중국의 사법제도 개혁도 큰 진전을 이루었다. 공판중심주의는 기존 형사사법 실무의 수사중심주의 관행을 개선하고자 제안된 것이다. 비록 형사소송법상 수사가 종결된 사건에 대한 검찰기관에 의한 심사기소(审查起诉) 단계가 있으나, 심

31) 거소지정 주거감시제도 폐지를 주장하는 견해로는 谢佑平, “法治现代化视野下《刑事诉讼法》再修改”, 『政法论坛』, 2024年第1期 참조.

사기소는 서면으로 진행되고 심사 과정에서 피의자를 신문하거나 변호사의 의견을 들어주는 정도일 뿐이기 때문에, 재판절차와 같은 소송법적 장치가 마련되어 있지 않다. 따라서 검찰기관의 심사기소 단계에서 이루어지는 절차들을 재판절차와 같은 것으로 이해해서는 안 된다.

공판중심주의 사법개혁 중 가장 민감하게 반응하는 곳은 검찰기관이다. 중국에서 검찰은 헌법상 법원과 동등한 사법기관의 위치에 있었다. 중국의 검찰기관은 사법기관이라 주장해 왔으며 실질적으로 자신이 행정기관 또는 준사법기관임을 인정하지 않으려고 했다.

재판에는 특별한 절차적 장치가 있으므로 재판을 거쳐야 최종적으로 유죄를 확정하고 형벌을 부과할 수 있는 것이다. 이 절차적 장치가 바로 공판정에서의 심리를 거치는 과정으로, 공소인과 피고인 그리고 재판하는 자가 참여하여 공소인 측과 피고인 측이 증거를 제시하고 서로 대질하며 변론을 거쳐 판사가 판결하는 것이다. 법원의 사건에 대한 사실인정은 반드시 공판정에서 이루어지는 일련의 절차를 거쳐 완성되는 것이고 그래야만 최종적인 판단을 할 수 있게 된다. 이러한 장치는 재판단계에서만 실현될 수 있는 것이며 검찰기관의 심사기소단계에서는 이루어질 수 없다.

공판중심주의는 기능적으로 보았을 때 법원을 꼭짓점으로 한다. 그 이외에도 공소와 변호라고 하는 두 가지 주요 기능이 있다. 이러한 소송구조는 당사자의 대등을 강조한다. 그러나 법원의 꼭짓점을 어떻게 구축할 것인지와 소송 당사자가 어떻게 균형을 이룰 것인지가 문제된다. 이것이 바로 현재 공판중심주의 소송제도 개혁이 직면한 현실적인 과제이다.

이를 실현하기 위해서는 우선 법정 심리 실질화 개혁을 해야 한다. 다음으로는 인민법원과 공판정에서의 법관의 독립을 보장해야 하며, 마지막으로 검경관계도 재조정해야 할 필요가 크다.[32] 2018년 형사소송법 개정에서는 개정 배경의 영향과 시간상 한계로 공판중심주의 사상을 반영하지 못하였다. 그러나 향후 공판중심주의 형사소송 구도로 재구성해야 하며 공판 전 단계

32) 구체적인 내용은 陈卫东, “以审判为中心解读, 实现与展望”, 『当代法学』, 2016年第4期, 14页 이하 참조 바람.

의 제도와 절차도 함께 재구축해야 할 것이다.

Ⅱ. 피의자·피고인 인권 보장 강화

무죄추정은 피의자·피고인의 인권 보장을 위한 가장 기본적이고 핵심적인 원칙이다. 무죄추정의 원칙에는 다음과 같은 내적 함의가 포함되어 있다. 첫째로 유죄의 확정판결이 있기 전까지는 무죄로 추정되어야 하며, 둘째로는 공소를 제기한 검찰이 피고인의 유죄에 대한 입증책임을 져야 하고, 법원은 증거가 충분하고 합리적인 의심을 배제할 수 있는 정도에 이르러야만 피고인을 유죄로 판단할 수 있으며, 마지막으로 의심되는 경우에는 피고인에게 유리하게 판단해야 한다. 이 원칙은 국가기관이 소송에서 피고인을 무죄로 추정하여 그에 상응하는 절차를 보장하고 고문이나 강제적인 자백을 금지하도록 요구한다. 무죄추정의 원칙은 피고인의 소송상 권리를 보호하며 잘못된 판결의 발생을 최대한 예방할 수 있다.

그러나 현행 중국 형사소송법상 무죄추정의 원칙에 대한 명확한 규정이 없다. 현행 형사소송법 제12조의 규정에 따르면 인민법원의 법에 따른 판결을 거치지 아니하고 그 누구에게도 유죄를 확정해서는 아니 된다. 문리적인 해석으로 볼 때 이 규정은 법원이 유일한 유무죄 판단의 주체라는 점과 법원의 유죄판단이 있기 전에 누구도 피고인을 범죄자로 대해서는 안 된다는 점을 강조하고 있다. 그러나 이 조문은 무죄추정 원칙의 요소를 반영한 것일 뿐 무죄추정의 원칙을 확립한 것은 아니다. 형사소송법상 기타 관련 규정들은 모두 이 원칙과는 거리가 멀다. 따라서 이번 4차 개정에서 무죄추정의 원칙을 형사소송법에 명시하여야 한다.

형사소송법은 한때 계급투쟁의 칼자루이자 범죄 퇴치의 도구로 여겨졌다. 이에 따른 제도적 설계나 절차적 규정도 범죄 처벌의 요구에 맞게 사건처리에 편의를 위해 구축된 것이고, 피의자나 피고인이 권리를 행사할 수 있는 공간 자체가 매우 제한적이었다. 2012년 형사소송법 제2조에 “인권을 존중하고 보장한다”라는 규정이 신설되었고, 사법개혁을 거치면서 형사소송법의 기능도 점차 변화되어 권리를 보호하는 방향으로 설계되고 있다. 그러나 아직도 이와 같은 '칼자루' 사고를 기본적인 논리로 삼는 제도가 적지 않다. 제4차 형사소송법 개정에서는 이러한 점들을 최대한 반영해야 할 것이다.

형사소송은 궁극적으로 공판중심주의를 지향해야 하는바, 수사중심주의의 관행을 탈피해야 한다. 이 과정에서 무엇보다도 중요한 것은 피고인의 권리를 보장하고 강화하는 것이다. 그렇게 하기 위해서는 변호인의 조력이 반드시 전제되어야 한다. 중국 형사소송법의 발전 역사의 근저에는 형사변호제도의 발전 역사가 있다고 해도 과언이 아니다. 개정 작업 때마다 형사변호제도가 빠짐없이 등장했다는 점은 이를 방증한다. 그러므로 변호인의 조력을 통한 피고인의 권리보호 강화야말로 앞으로 중국 형사소송제도가 나아가야 할 방향이다. 이것이 중국에서 안정적으로 정착될 수 있게끔 하기 위해서는, 사법기관을 비롯한 국가적 차원의 지속적인 관심과 노력이 필요할 것이다.

주요 참고문헌

孙长永主编, 『中国刑事诉讼法制四十年回顾、反思与展望』, 中国政法大学出版社, 2021年.

[日]田口守一著, 『刑事诉讼法(第七版)』, 张凌、于秀峰译, 法律出版社, 2019年.

熊秋红, "刑事诉讼法治发展的回顾与展望", 『中国法治』, 2023年第12期.

樊崇义, "中国式刑事司法现代化下轻罪治理的理论与实践(上)", 『法治日报』, 2023年4月19日.

陈卫东, "关于刑事诉讼法第四次修改的几点思考", 『政法论丛』, 2024年2月.

陈卫东, "关于刑事诉讼法第四次修改的几点思考", 『政法论丛』, 2024年第1期.

陈光中, "〈刑事诉讼法〉再修改中辩护制度的完善", 『河北法学』, 第44卷第3期, 2024年5月.

陈瑞华, "企业合规整改中的专项合规计划", 『政法论坛』, 2023年第1期.

陈瑞华, "刑事辩护制度四十年来的回顾与展望", 『政法论坛』, 2019年第6期.

顾永忠, "刑事辩护制度改革实证研究", 『中国刑事法杂志』, 2019年第5期.

顾永忠, "关于完善认罪认罚从宽制度的几个理论问题", 『当代法学』, 2017年第1期.

龙宗智, "完善认罪认罚从宽制度的关键是控辩平等", 『环球法律评论』, 2020年第2期.

제 6 장

중국 민사소송법의 개정과 변화

제6장

중국 민사소송법의 개정과 변화

제1절 중국 민사소송법의 개정 연혁

중국의 첫 민사소송법은 1991년 4월 9일 공포 및 시행된 중화인민공화국 민사소송법이다. 그 뒤로 2007년 10월 28일, 2012년 8월 31일, 2017년 6월 27일, 2021년 12월 24일에 거쳐 네 차례의 개정이 있었고,[1] 그 후인 2023년 9월 1일에 민사소송법이 다시 개정되어 2024년 1월 1일부터 시행되었는바, 이는 가장 최근의 개정이다.

2023년 민사소송법 개정 초안의 작성은 2021년 4월 정식으로 개시되었

1) 中华人民共和国主席令第75号, 2008.4.1. 시행. 中华人民共和国主席令第59号, 2013.1.1. 시행. 中华人民共和国主席令第71号, 2017.7.1. 시행. 中华人民共和国主席令第106号, 2022.1.1. 시행.

다. 중국의 학계 및 실무계 인사들의 의견들을 광범위하게 수렴하여 최종적으로 확정된 초안은 2022년 12월 27일 제13기전국인민대표대회상무위원회 제38차회의에 제출되었다.[2] 위 회의에서 제1차 심의를 통과한 민사소송법 수정안 1차 초안은 2022년 12월 27일부터 2023년 1월 28일까지 의견수렴 절차를 거쳤다. 그 후로 약 7개월간 중국의 학계 및 실무계에서 초안의 문언을 둘러싸고 많은 논의가 이루어졌고, 그 과정을 통해 수정을 거친 민사소송법 수정안 2차 초안이 확정되었다. 확정된 민사소송법 수정안 2차 초안은 2023년 9월 1일 제14기 전국인민대표대회 상무위원회 제5차회의에 제출되어 심의를 거쳐 최종으로 통과되었다.

제2절 중국 민사소송법 최신 개정의 배경과 주요 특징

2023년 민사소송법의 가장 큰 특징은 섭외민사소송절차의 특별 규정에 관한 제4편의 내용을 대폭 개정한 것이다.[3] 그 중에서도 '관할'을 표제로 하는 제24장에 중국법원의 관할을 확대하기 위한 국제재판관할규칙과 국제적 소송경합, 국제재판관할권의 불행사에 관한 조문들을 신설하고, '송달·증거조사·기간'을 표제로 하는 제25장에 배치된 섭외송달에 관한 규정을 대폭 수정함과 동시에 섭외증거조사에 관한 조문을 신설하였으며, '사법공조'를 표제로 하는 제27장에 여러 개의 조문을 신설한 것이 가장 눈에 띄는 변화이다.

그 연원은 이번 민사소송법 개정의 배경으로부터 찾을 수 있다. 민사소송법 개정작업 개시 당시 최고인민법원 원장이었던 저우챵(周强)의 공식 보

2) 参见沈红雨, 郭载宇, "〈民事诉讼法〉涉外编修改条款之述评与解读", 『中国法律评论』, 2023年第6期, 71页.

3) 그 밖에도 특별절차에 관한 제15장에 '상속재산관리인 지정 사건'을 표제로 하는 제4절을 신설하고, 제115조에서 허위소송에 대한 징벌의 강도를 높인 등과 같은 개정사항이 있다. 이에 대한 소개는 본장 '제3절 Ⅳ. 국제민사소송법제 외의 기타 개정 사항' 부분 참조.

고서에 따르면, 이번 민사소송법 개정은 중국 경제의 발전 및 대외개방의 추진과 더불어 중국법원이 심리하는 섭외사건, 외국 당사자가 중국법을 선택하는 사건, 중국법원의 판결이 외국에서 승인 및 집행되는 사건의 증가추세와 더불어 사법 실무에서 나타나는 관할권의 충돌 등 문제가 복잡해지면서, 기존 민사소송법상의 규정만으로는 섭외민상사분쟁의 공정하고 고효율적이며 편리한 해결이 어렵다고 판단되었기 때문이라고 한다.[4] 전반적으로는 높은 수준의 대외개방을 견지하고, 국내적인 대순환을 중심으로 하며, 국내와 국제의 상호적인 순환을 촉진하는 새로운 발전 구도를 구축하고자 하는 제20차 당대회의 정신을 관철시키기 위한 것으로서, 높은 수준의 대외개방을 추진하고, 인류운명의 공동체를 구축하기 위한 준비를 하여, 섭외법치의 발전을 위하여 더 높은 목표를 설정하기 위한 노력의 일환이기도 하다.[5]

제3절 중국 민사소송법 최신 개정의 주요 내용

2023년 민사소송법 개정의 가장 주된 특징은 섭외사건에 적용되는 국제민사소송법제를 체계적으로 정비한 것이다. 다만 국내사건에 적용되는 소수의 규정을 개정 또는 신설하기도 하였다. 여기에서는 우선 조문의 순서에 따라 중국 민사소송법에서 규정하고 있는 섭외민사소송절차의 특별 규정을 구체적으로 소개하고(Ⅰ, Ⅱ, Ⅲ), 보충적으로 국제민사소송법제 외의 기타 개정사항도 소개한다(Ⅳ).

4) 周强, “关于〈中华人民共和国民事诉讼法(修正草案)〉的说明－在2022年12月27日在第十三届全国人民代表大会常务委员会第三十八次会议上”(최종 접속: 2024.10.1.).

5) 중국 전국인민대표대회 사이트 참조. http://www.npc.gov.cn/c2/c30834/202310/t20231024_432465.html(최종 접속: 2024.10.1.).

Ⅰ. 국제재판관할

1. 국제재판관할규칙

2021년 민사소송법은 제4편 제24장 관할 부분에 두 개의 조문을 두었는데, 제272조는 계약 및 기타 재산권 분쟁의 특별관할에 관한 조문이었고 제273조는 중외합자경영기업계약, 중외합작경영기업계약, 중외합작자연자원탐사개발계약과 관련된 분쟁에 대한 중국법원의 전속적 국제재판관할에 관한 조문이었다. 위 두 조문의 적용범위에 속하지 않는 사건의 국제재판관할에 대하여는 동법 제266조의 규정에 따라 국내 토지관할규칙이 유추적용된다. 비록 당시 민사소송법 사법해석 제13조부터 제17조에서 혼인 관련 소송의 국제재판관할규칙들도 정하고 있었으나 이러한 규정들만으로는 중국법이 체계적인 국제재판관할규칙을 갖추었다고 보기 어려웠기 때문에, 중국은 국제재판관할과 국내법의 토지관할을 엄격하게 구분하지 않는 일원론의 접근법을 취하고 있다는 평가[6]를 받아왔다.

2023년 민사소송법은 아래와 같이 개정되었다.

첫째, 2021년 민사소송법 제272조의 형태를 기본적으로 유지하면서 조문 번호를 제276조로 변경하고, 조문의 적용대상을 '계약 및 기타 재산권 분쟁'에서 '섭외민사분쟁'으로 변경하여 적용범위를 확장시켰으며, '불법행위지'라는 관할근거를 추가하고, '기타 중국과 적당한 관련이 있는 경우'에도 중국법원이 국제재판관할을 가질 수 있음을 명시하였다.

둘째, 제277조에 합의관할에 관한 규정을 신설하였다. 이는 당사자들이 서면으로 중국법원의 관할을 합의한 경우 중국법원의 국제재판관할을 인정한다. 구법은 국내사건의 토지관할에 관한 제35조에서 당사자들이 합의할 수 있는 법원을 피고 주소지, 계약이행지, 계약체결지, 원고주소지, 목적물 소재지 등 분쟁과 실제 관련이 있는 곳의 법원으로 제한하였으나 신법은 섭외사건에서 이러한 제한을 삭제하였다. 따라서 2023년 민사소송법 하에서는 중국

---

6) 向在胜, "中国国际民事管辖权的立法体例研究", 『法律科学(西北政法大学学报)』, 2019年第4期, 183页; 章晶, "国际民事诉讼管辖权规范内容模式之选择", 『中国国际私法与比较法年刊』, 2020年第27卷, 73页.

이 사건과 아무런 관련이 없더라도 당사자들의 합의가 있는 한 중국법원의 국제재판관할을 인정할 수 있다고 본다.[7)]

셋째, 제278조에 응소관할(또는 변론관할) 및 반소관할에 관한 규정을 신설하였다. 동 조문은 당사자들이 관할에 대한 이의를 제기하지 않고 응소·답변하거나 반소를 제기한 경우 중국법원의 국제재판관할을 인정한다. 이는 국내사건의 변론관할에 관한 구법 제130조, 국내사건의 반소관할에 관한 구법 제143조의 내용과 동일하다.

넷째, 제279조에 전속관할에 관한 규정을 신설하였다. 신법은 일부 유형의 계약에 대한 중국법원의 전속관할을 정하고 있는 구법 제273조의 내용을 조문의 제3호에 규정하고, 이에 추가하여 중국 영역 내에서 설립된 법인 또는 기타 조직의 설립, 해산, 청산, 및 그 법인 또는 기타 조직의 결의의 효력 등 분쟁으로 인하여 제기된 소와 중화인민공화국 영역 내에서 심사하여 수여한 지식재산권의 유효성에 관한 분쟁으로 인하여 제기된 소에 대한 중국법원의 전속적 국제재판관할을 인정하였다. 이는 국내사건의 전속관할에 관한 규정과는 구분되는 새로운 규정이다.

전반적인 내용을 보면 중국법원의 국제재판관할을 확장하고자 하는 입법적 의도가 비교적 명확히 드러난다. 이는 추후 중국법원이 관할하는 국제사건의 건수와 더불어 중국 국제사법에 대한 연구의 중요성도 증가할 것임을 시사한다. 그 밖에 대부분 사건의 국제재판관할을 국내법의 토지관할규칙에 일임하였던 과거와 달리, 이번 개정을 통하여 섭외사건에 적용되는 국제재판관할규칙을 독자적으로 분리함으로써 중국의 국제재판관할규칙은 과거의 일원론과 결별하고 이원론으로 과도(過渡)하는 단계에 진입하였음을 알 수 있다.

2. 국제적 소송경합

민사소송법 개정 전 중국법상 국제적 소송경합은 주로 최고인민법원의 「중화인민공화국 민사소송법을 적용하는 것에 관한 해석」[8)](이하 '민사소송법

---

7) 沈红雨, 郭载宇, 위의 논문(註 2), 74면도 同旨.

8) 「最高人民法院关于适用〈中华人民共和国民事诉讼法〉的解释」, 法释〔2022〕11号, 2022.4.10.

사법해석') 제531조의 규정에 의하여 처리되어 왔다. 2023년 민사소송법은 다소 간결하고 추상적이었던 민사소송법 사법해석의 규정을 대폭 수정하여 제4편 제24장 부분의 제280조에 편입하고, 이와 동시에 완전히 새로운 규정인 제281조를 도입하여 양자가 공동으로 국제적 소송경합을 규율하도록 하였다.

이에 따르면 당사자 간의 동일한 분쟁에서, 일방 당사자가 외국법원에 소를 제기하고 다른 일방 당사자가 중국법원에 소를 제기하거나 일방 당사자가 외국법원에 소를 제기하고 인민법원에도 소를 제기한 경우에도, 당사자 간에 외국법원을 관할법원으로 하는 전속적 관할합의가 없으면 중국법상 전속관할의 규정에 위배되거나 중국의 주권, 안전 또는 사회공공이익과 관련되는 사항이 존재하지 않는 한 중국법원은 소를 수리(受理)한다.

중국법원에서 소를 수리한 후 당사자가 외국법원이 중국법원보다 먼저 소를 수리하였음을 이유로 소의 중지(中止)를 청구하였다면 법원은 아래 어느 하나의 예외적 사정이 없는 한 재정(裁定)으로써 소송절차를 중지할 수 있다. ① 당사자가 중국법원의 관할을 합의한 경우 또는 분쟁이 중국법원의 전속관할에 속하는 경우, ② 중국법원이 소를 심리하는 것이 더 편리한 경우. 이에 따라 중지된 소에 대하여, 외국법원이 사건의 심리에 필요한 조치를 하지 아니하는 경우, 또는 합리적인 기간 내에 심리를 종결하지 아니하는 경우, 인민법원은 당사자의 서면 신청에 의하여 심리를 계속한다.

전반적인 내용을 보면 중국법도 국제적 소송경합의 처리에 있어 원칙적으로 대륙법계 국가들이 선호하는 전소우선주의를 채택하고,[9] 보통법계 국가들에서 기원한 부적절한 법정지의 법리에 따른 예외를 설정하여 유연성을 확보하였음을 알 수 있다.[10] 다만 여기에서 적극적 승인예측의 요건을 별도

시행.

9) 郭镇源, "论国际平行诉讼的海牙公约方法与中国因应－以新《民事诉讼法》第281条为中心", 『国际经济法学刊』, 2023年第4期, 36页.

10) 민사소송법 개정 전, 학계에서도 이와 같은 입법론적 건의가 제기된 바 있다. 杜涛, "先受理法院原则与国际平行诉讼的解决", 『武大国际法评论』, 2015年第2期; 柴裕红, 瞿子超, "海牙'管辖权项目'背景下我国应对国际平行诉讼策略之完善", 『中国国际私法与比较法研究』, 2021年第29卷 参조.

로 도입하지 않은 것, 국제적 소송경합이 발생한 경우 중국법원에 소를 중지하여야 하는 의무를 부과하거나 권한을 부여하지 않은 것은 중국법원의 국제재판관할권을 확장하고자 하는 입법적 의도를 나타낸다.

3. 국제재판관할권의 불행사

민사소송법 개정 전 민사소송법 사법해석 제530조에서는 중국법원에서 부적절한 법정지의 법리(不方便法院原则)를 원용하여 국제재판관할권의 행사를 거부할 수 있는 여지를 열어두었으나, 여섯 가지의 요건들을 동시에 충족하여야 한다고 규정한 탓에 실제 사건에서 동 법리가 원용될 수 있는 여지가 크지는 않았다. 특히 동조 제4호에서 정하고 있는 '사건이 중화인민공화국 국가, 공민, 법인 또는 기타 조직의 이익과 관련되지 말아야 한다'는 요건에 대하여는 판단기준이 불확실하고 높은 심사비용을 초래할 수 있으며 부적절한 법정지 법리의 취지에 부합하지 않는다는 등의 평가가 있었고, 전반적으로는 조문의 개정을 통하여 적용요건을 완화하여야 한다는 견해가 주류를 이루었다.[11)]

2023년 민사소송법은 이러한 태도를 입법적으로 반영하였는바, 위 조문의 내용을 일부 개정하여 제4편 제24장 제282조에 편입하였다. 이에 따르면 중국법상 부적절한 법정지의 법리를 원용하여 국제재판관할권의 행사를 거부하기 위하여는 아래의 요건들을 동시에 충족하여야 한다. ① 피고가 관할 이의를 제기하였을 것, ② 분쟁의 기본 사실이 중국 내에서 발생하지 않아 인민법원이 사건을 심리하고 당사자가 소송에 참여하는 것에 모두 명백한 불편함이 있을 것, ③ 중국법원이 당사자 간의 합의에 의해 관할을 가지는 경우가 아닐 것, ④ 중국법원의 전속관할에 속하지 않을 것, ⑤ 사건이 중국의 주권, 안전 또는 사회공공이익과 관련되지 않을 것, ⑥ 외국법원이 심리하면 더 편리할 것.

위의 요건이 충족되면 중국법원은 소를 각하하고, 원고에게 더 적절한

---

11) 예컨대 何其生, "海牙管辖权项目下平行诉讼的解决方案与启示", 『武大国际法评论』, 2022年第5期, 42页; 彭奕, "不方便法院原则在我国的发展历程与立法完善－兼评 2015年〈民事诉讼法司法解释〉第532条", 『南京大学法律评论』 2016年秋季卷, 255页.

외국법원에 소를 제기하도록 고지할 수 있다. 소를 각하한 후 외국법원이 분쟁에 대한 관할권의 행사를 거부하거나, 사건의 심리에 필요한 조치를 하지 아니하거나, 합리적인 기간 내에 심리를 종결하지 아니하는 경우, 당사자가 재차 인민법원에 소를 제기한다면, 인민법원은 수리하여야 한다.

전반적인 내용을 보면 이번 개정은 중국법상 부적절한 법정지 법리의 적용요건을 완화하고 과거 해석론상 논란이 되었던 일부 기준을 삭제함으로써 관련 조항이 형해화될 우려를 제거하고 실제로 법원에서 원용될 수 있는 가능성을 높여준 면에서 비교적 의미 있는 발전을 가져왔다. 요건 ②를 통하여 법원의 과도한 재량을 방지하고자 한 시도 또한 바람직하다.

Ⅱ. 송달과 증거조사

1. 송달

2021년 민사소송법은 제4편 제25장 제274조에서 중국 영역 내에 주소가 없는 당사자에 대한 송달의 경로를 규정하였다. 2023년 민사소송법 제283조는 이와 같은 구조를 유지하면서 조문의 일부 내용을 변경하고 일부 조항을 신설하였다.

그 중 변경된 사항들은 아래와 같다. ① 송달대상을 구법의 '수송달자가 위탁한 송달을 받을 권한을 가진 대리인'으로부터 '수송달자가 본안에서 위임한 소송대리인'으로 변경하였다(제4항). 이는 위임장에 소송대리인이 송달받을 권한을 가지지 않는다는 규정을 설정함으로써 송달을 회피하는 실무상의 폐단을 방지하기 위한 것이다.[12] 따라서 과거에는 합법적인 수송달자가 되려면 명백한 위임행위가 있어야 했지만, 현행법은 사건의 소송대리인을 당연한 송달대상으로 본다. ② 송달대상을 '중국 영역 내에 설립된 수송달자의 대표기관 또는 송달받을 권한이 있는 지점 또는 업무대행인'으로부터 '중국 영역 내에 설립된 수송달자의 독자기업, 대표기관, 지점 또는 업무대행인'으

12) 중국 전국인민대표대회 사이트 참조. http://www.npc.gov.cn/c2/c30834/202310/t20231024_432465.html(최종 접속: 2024.10.1.).

로 변경하였다(제5항). ③ 전자송달과 관련하여 구법 제7항은 '팩스, 전자우편 등 수송달자가 받아본 것을 확인할 수 있는 방식'을 허용한 반면 신법 제9항은 이를 '수송달자가 받아본 것을 확인할 수 있는 전자적 방식'으로 변경한 기초 위에 수송달자 소재국 법률이 금지하는 경우는 제외한다는 단서를 추가하였다. ④ 공시송달의 시점을 '공지한 날'로부터 '공지를 발부한 날'로 보다 명확히 하였고, 기간을 3개월에서 60일로 축소하였다(구법 제274조 제1항 제8호, 신법 제283조 제2항).

한편 신설된 규정들은 아래와 같다. ① 외국인 또는 무국적자인 수송달자가 중국에서 설립된 법인 또는 기타 조직의 법정대표인(法定代表人) 또는 주요 책임자인 경우, 그 외국인 또는 무국적자가 해당 법인 또는 기타 조직과 공동피고라면 그 법인 또는 기타 조직에 송달한다는 규정(제1항 제6호). ② 수송달자가 외국 법인 또는 기타 조직인 경우, 그 법정대리인 또는 주요 책임자가 중국 영역 내에 있다면, 그 법정대리인 또는 주요 책임자에게 송달한다는 규정(제1항 제7호). ③ 수송달자가 동의하는 기타 방식으로 송달할 수도 있다고 하고, 수송달자 소재국의 법률이 금지하는 경우는 제외한다는 단서를 첨부하였다(제1항 제10호).

전반적인 개정 내용을 보면 중국법상 송달의 요건이 상당히 완화되었음을 알 수 있다. 이는 섭외사건에서 송달이 어려운 국면을 타파하고 송달의 효율을 증가하며 당사자들의 합법적인 권익을 수호하기 위한 것이다.[13)]

2. 증거조사

2021년 민사소송법 하에서 국제 증거조사에 관한 내용은 '사법공조'를 표제로 하는 제27장 제283조, 제284조에 포함되어 있었다. 전자는 외국에서 형성된 증거의 조사를 포함한 기타 소송행위를 진행함에 있어 중국법원과 외국법원은 국제조약 또는 호혜의 원칙에 따라야 한다는 점을 규정하고, 후자는 사법공조의 청구 또는 제공은 국제조약 또는 외교적 경로에 따라야 한

13) 沈红雨, 郭载宇, 앞의 논문(註 2), 77页; 景汉朝, "民事诉讼实践法学研究的创新方向与重点任务", 『中国法律评论』, 2023年第6期, 63页 참조.

다는 점, 중국 주재 외국 대사관·영사관은 중국 내 자국 국민을 상대로 증거조사를 할 수 있다는 점, 외국의 기관 또는 개인은 중국에서 증거조사를 함에 있어 중국 관련 기관의 허가를 받아야 한다는 등의 내용을 규정하였다.

2023년 민사소송법은 구법 제283조와 제284조의 조문번호만 제293조, 제294조로 변경하였는바 양자를 여전히 '사법공조'를 표제로 하는 제27장에 규정하고 있으며, 제25장의 표제를 '송달·기간'으로부터 '송달·증거조사·기간'으로 변경하고, 여기에 국제 증거조사에 관한 제284조를 신설하였다. 이에 따르면 당사자가 중국법원에 외국에 위치한 증거의 조사와 수집을 신청하는 경우, 중국법원은 아래와 같은 네 가지의 경로를 따를 수 있다. ① 국제조약의 경로, ② 외교적 경로, ③ 대사관·영사관 경로, ④ 당사자 동의 경로.[14] 여기에서 ①과 ②는 구법의 태도를 답습한 것이나, ③에서 중국 국적의 증인에 대한 외국 주재 중국 대사관·영사관의 대리 증거수집과 ④에서 당사자의 동의를 거친 즉시통신도구(即时通讯工具) 또는 기타 경로를 통한 증거수집에 관한 규정은 새로운 규정이다.

이번 개정은 국제 증거조사에만 적용되는 독자적인 조문을 신설하여 이를 기존 송달에 관한 내용만 담고 있었던 제25장에 추가함으로써 일부 쟁점에 있어 섭외 송달과 증거조사에 관한 입법의 병행을 도모하려는 입법자들의 의지를 나타낸다. 특히 제284조에서 새롭게 추가한 '중국 국적의 증인에 대한 외국 주재 중국 대사관·영사관의 대리 증거수집'의 경로는 송달에 관한 제283조 제1항 제3호에서 규정한 '중국 국적의 수송달자에 대한 외국 주재 중국 대사관·영사관의 대리 송달'의 경로와 대응되는 것이다.

III. 외국재판의 승인과 집행

1. 외국재판 승인 및 집행의 요건

2021년 민사소송법 제289조의 규정에 따르면 중국법원이 외국법원에서 법적 효력이 발생한 재판에 대하여 중국이 체결 또는 가입한 국제조약 또는

14) 何其生, 『国际私法』, 北京大学出版社, 2023年, 312页 참조.

호혜의 원칙에 따라 심사하되, 중국의 기본원칙 또는 국가 주권, 안전, 사회공공이익에 반하지 아니하는 경우 재정으로써 그 효력을 승인하고 집행이 필요한 경우에는 집행령을 발부한다.

2023년 민사소송법은 제299조에서 일부 표현상의 수정만을 거친 구법 제289조의 내용을 계승하고, 외국재판의 승인과 집행의 요건을 보다 구체적으로 제시한 제300조와 동조 제1항에서 정하고 있는 간접관할의 판단기준을 명시한 제301조를 신설하였다. 이에 따르면 중국법상 외국재판의 승인과 집행 요건은 아래와 같다. ① 외국법원이 국제재판관할을 가질 것, ② 피고가 합법적인 소환을 받지 못하였거나 합법적인 소환을 거쳤지만 합리적인 진술·변론의 기회를 얻지 못하였거나, 소송행위능력이 없는 당사자가 적당한 대리를 받지 못한 상황이 없을 것, ③ 판결·재정이 사기에 의하여 취득된 것이 아닐 것, ④ 중국법원이 동일한 분쟁에 대하여 이미 판결·재정을 선고하였거나, 제3국의 법원이 동일한 분쟁에 대하여 선고한 판결·재정을 이미 승인한 상황이 없을 것, ⑤ 중국법의 기본원칙을 위반하거나 국가 주권, 안전 또는 사회공공이익에 반하지 않을 것, ⑥ 외국재판이 법적 효력이 발생한 재판일 것, ⑦ 국가 간 호혜관계가 있을 것.

여기에서 외국법원의 국제재판관할을 인정(요건① 충족)하기 위하여는 아래와 같은 요건들을 충족하여야 한다. ① 외국법원이 그 국가의 법에 따라 국제재판관할을 가질 것, ② 외국법원이 분쟁과 적당한 관련이 있을 것, ③ 중국 민사소송법의 전속적 국제재판관할에 관한 규정을 위반하지 않을 것, ④ 당사자 간의 전속적 국제재판관할합의를 위반하지 않을 것.

이번 개정을 통하여 간접관할의 요건과 그 판단기준을 입법적으로 도입한 것은 획기적인 변화이다. 과거 중국은 간접관할에 관한 규정을 사법해석 또는 양자조약들에만 두고 있었는바 그 판단기준을 상이하게 설정하고 있었기 때문에 정형화, 통일화된 입장도 없었다.[15] 이번 개정은 명시적인 입법적

15) 이연, “중국 일대일로 진략의 국제사법적 함의 : 한중 양국 간 민상사분쟁의 해결에 주는 시사점을 포함하여”, 「국제사법연구」 제26권 제1호(2020), 166면 참조. 중국이 여러 양자조약에서 취하고 있는 간접관할의 상이한 판단기준은 何其生, “间接管辖权制度的新发展及中国的模式选择”, 『法律科学(西北政法大学学报)』, 2020年第5期, 194页 이

근거가 없었던 과거의 국면을 매듭짓고 중국법상의 간접관할 이론을 명시하고 있으므로 비교적 큰 이론적·실무적 의미를 가진다.

그 밖에 이번 개정은 국가 간의 호혜관계(요건 ⑦)에 관하여 입법상의 변화는 없으나 해석론상 새로운 동향이 있음을 유의할 필요가 있다. 일대일로 전략의 실행과 더불어 중국법원이 적용하던 엄격한 사실호혜의 기준이 법률호혜(또는 추정호혜)로 전환되는 추세를 보이고 있으나 법률호혜의 기준을 채택한 실제 재판은 없었다. 그러나 이러한 국면은 2022년에 동 기준을 적용한 첫 재정이 선고되면서 변화되었다.[16] 따라서 현재 중국법상 호혜관계의 존재는 중국법원의 재판을 승인 및 집행한 외국재판이 실제로 존재하는 경우뿐만 아니라 이러한 외국재판이 추후에 존재할 것이라고 추정가능한 경우에도 인정된다는 법률호혜의 입장은 실제 재판을 통하여 명확히 확인되고 있다. 이는 호혜관계의 인정에 있어 다소 경직되었던 입장을 타파함으로써 당사자 권익의 국제적 실현에 긍정적인 영향을 끼칠 것이다.

2. 심리중인 소와 동일한 분쟁에 대한 외국재판의 승인 및 집행

2023년 민사소송법에서 신설된 조문인 제302조에 따르면 중국법원이 심리중인 사건과 동일한 분쟁에 속하는 외국법원의 재판의 승인 및 집행을 청구하는 경우 중국법원은 우선 심리 중인 사건을 중지할 수 있다. 이에 따라 중지된 소에 대하여는 아래와 같은 두 개의 후속 절차가 가능하다. ① 외국법원의 재판이 중국법상 외국재판의 승인요건에 부합하지 않는 경우, 심리를 계속한다. ② 외국법원의 재판이 중국법상 외국재판의 승인요건에 부합하는 경우, 외국재판을 승인하고 집행이 필요한 경우 집행령을 발부하여 집행하며, 중지된 소를 각하한다. 이는 국제적 소송경합을 정하고 있는 2023년 민사소송법 제281조 제3항의 규정과 내용상 맞물린다.

하 참조.

16) 上海海事法院(2018)沪72协外认1号民事裁定书.

Ⅳ. 국제민사소송법제 외의 실질적 개정 사항

2023년 민사소송법은 주로 섭외사건에 적용되는 절차적 규정을 개정하기 위한 것이었는바, 국내사건에 적용되는 일반 규정 부분에 대하여는 일부 표현상의 수정과 아래 두 부분에 관한 실질적 내용의 수정을 거쳤다.

첫째, 유산관리인 사건에 관한 규정. 2023년 민사소송법은 2021년 1월 1일부터 시행된 민법전의 상속편에서 유산관리인 제도를 도입한 입법현황에 발맞추어 유산의 관리와 분할을 규범화하기 위하여, '제15장－특별절차' 부분에 '제4절－유산관리인 지정 사건'을 추가하여 이와 관련된 4개의 조문을 신설하였다(제194조~제197조). 이에 따르면 유산관리인의 확정에 대한 분쟁이 있는 경우, 이해관계인은 피상속인의 사망 시 주소지 또는 주된 유산의 소재지 법원에 유산관리인의 지정을 신청하여야 하고, 법원은 심사를 거쳐 유산관리에 이로운 원칙에 따라 판결로써 유산관리인을 지정하여야 한다. 법원은 지정된 유산관리인의 사망, 민사행위능력의 정지, 상실 또는 기타 유산관리인의 직책을 이행할 수 없는 사정이 있는 경우, 다시 유산관리인을 지정할 수 있다. 또한 유산관리인이 유산관리의 직책을 위반하여 상속인, 수유증자 또는 채권자의 합법적인 권익을 엄중하게 침해하는 경우, 법원은 이해관계인의 신청에 따라 해당 유산관리인의 자격을 박탈하고 법에 의하여 새로운 유산관리인을 지정할 수 있다.

둘째, 허위소송에 대한 징벌을 강화하기 위한 규정. 2023년 민사소송법 제115조는 구법 제115조의 내용을 일부 수정하여 제1항에 편입하고 제2항을 신설하였다. 구법 제115조는 당사자 간 악의적으로 소통하여 소송, 조정 등 방식을 통하여 '타인'의 합법적인 권익을 침해한 경우에 해당 당사자에 대하여 형사책임을 부과할 수 있다고 규정한 반면, 신법 제115조 제1항은 당사자 간 악의적으로 소통하여 소송, 조정 등 방식을 통하여 '국가이익, 사회공공이익 또는 타인'의 합법적인 권익을 침해한 당사자에 대하여 형사책임을 부과할 수 있다고 규정한다. 또한 신설된 신법 제115조 제2항은 "당사자가 일방적으로 민사사건의 기본사실을 날조하여 인민법원에 소송을 제기하여 국가이익, 사회공공이익 또는 타인의 합법적인 권익을 침해하는 경우, 전항의 규정을 적용한다"고 규정한다. 이는 사법실무의 실제 상황을 반영하여 일방 당사자가 일방적으로 행하는 허위소송의 행위에 대하여도 적절한 형사책임을 부과하기 위한 것이다.

제4절 중국 민사소송법 최신 개정의 한국에 대한 시사점

Ⅰ. 국제재판관할

1. 국제재판관할규칙

한국은 2022년 국제사법에 대량의 정치한 국재재판관할규칙을 도입함으로써 준거법규칙과 국제재판관할규칙이라는 양 날개를 구비하였다.[17] 이는 과도기적인 조치로서 국제재판관할을 추상적 원칙인 국제사법 제2조의 해석에 의하여 판단하던 국면을 매듭짓고 법적 안정성과 당사자의 예측가능성을 보장하기 위한 것이다.[18] 이로써 한국의 국제재판관할규칙은 아래와 같은 특징을 구비하게 되었다. ① 국제재판관할규칙과 국내법상의 토지관할규칙을 분리하여 보는 이원론의 입장을 취한다. ② 국제재판관할규칙을 민사소송법이 아닌 국제사법에 둔다. ③ 국내사건에 적용되는 민사소송법은 '특별재판적, 보통재판적'을, 국제사건에 적용되는 국제사법은 '일반관할, 특별관할'등 표현을 사용한다. ④ 내용상 총칙 부분에 원칙적으로 모든 유형의 분쟁에 적용되는 규칙을 규정하고 각칙 부분에 각 유형의 구체적인 분쟁에 적용되는 규칙을 규정한다. 여기에는 친족상속, 비송사건에 관한 국제재판관할규칙도 포함된다.

이와 대응되게 중국은 ① 대부분의 경우 국제재판관할규칙과 국내법상 토지관할 규칙을 동일시하던 과거의 일원론과 결별하고 양자를 구분하는 기

17) 석광현, 『국제재판관할법』, 박영사, 2022, 4면.
18) 석광현, "국제재판관할에 관한 국제사법 개정－전체 개관", 「민사소송」 제26권 제3호 (2022), 11면 이하 참조.

본적인 입장을 취한다. 다만 아직 국제재판관할규칙 자체로서 독자적인 체계를 이룬 것은 아니어서 여전히 많은 경우 국내법상 토지관할규칙에 의존하여야 할 것이므로 이를 전형적인 이원론이라고 평가하기는 어렵다. ② 과거의 논의를 매듭짓고 국제재판관할규칙을 국제사법 규범이 아닌 민사소송법에 두었다. ③ 국내사건과 섭외사건에서 모두 '일반관할(또는 보통관할), 특별관할(또는 특수관할)'이라는 표현을 사용한다.[19] ④ 내용상 총칙 부분에 해당하는 조항만을 규정한다. 구체적으로는 섭외분쟁에 대한 특별관할, 합의관할, 변론관할, 반소관할, 전속관할에 관한 다소 간략한 조문들을 두고 있다.

한국법과 중국법상의 국제재판관할규칙의 내용을 비교하면 아래와 같다. ① 특별관할. 한국 국제사법은 영업소, 영업활동, 재산의 소재에 근거한 국제재판관할을 정하고 있는바 이에 비교적 자세한 제한요건을 제시하고 있는 반면, 중국 민사소송법은 영업활동에 근거한 국제재판관할은 정하고 있지 않지만 영업소, 재산의 소재에 추가하여 계약체결지, 계약이행지, 불법행위지 등 많은 국제재판관할 근거를 정하고 있으며 이에 대하여 별도의 제한을 부과하지 않는다.[20] ② 합의관할. 한국 국제사법은 헤이그 관할합의협약의 규정을 반영하여 당사자 간 국제재판관할합의의 諸문제에 대하여 자세히 규정하고 있는 반면, 중국 민사소송법은 당사자 간의 서면 국제재판관할합의를 허용한다는 취지만을 명시한다.[21] ③ 변론관할, 반소관할. 한국 국제사법은 양자를 상이한 조문에 분리하여 규정하고, 후자에 대하여는 일부 제한을 부과하지만, 중국 민사소송법은 양자를 동일한 조문에 규정하고 별도의 제한을 부과하지 않는다.[22] ④ 전속관할. 한국 국제사법과 중국 민사소송법은 모두 법인 또는 단체의 설립 무효 또는 그 기관 결의의 유효성에 관한 소와 지식

---

19) 중국 민사소송법은 조문의 표제를 두고 있지 않으므로 이상의 표현은 주로 이론적인 논의에서 사용된다. 刘仁山(主编), 『国际私法』, 中国法制出版社, 2019年, 451页, 李双元, 谢石松, 欧福永, 『国际民事诉讼法概论』, 武汉大学出版社, 2016年, 269~270页 참조.

20) 한국 국제사법 제4조, 제5조, 중국 민사소송법 제276조 참조.

21) 한국 국제사법 제8조, 중국 민사소송법 제277조. 이에 대한 자세한 소개와 분석은 석광현, "2022년 개정 국제사법에 따른 국제재판관할합의의 제문제", 「경희법학」 제57권 제2호(2022), 3면 이하 참조.

22) 한국 국제사법 제9조, 제7조, 중국 민사소송법 제278조 참조.

재산권 유효성에 관한 소를 전속적 국제재판관할 사항에 포함하고 있는 반면 기타 사항에는 일부 차이가 있고, 전자는 조문의 적용 예외 사항을 규정하고 있으나 후자는 그렇지 아니하다.[23)]

중국의 최신 민사소송법 개정을 계기로 한중 양국은 모두 독립적인 국제재판관할규칙을 갖추게 되었다. 한국이 취하고 있는 보다 철저한 이원론의 입장까지는 아니더라도 어쨌든 추후 이론상으로는 양국 간 더욱 정치한 비교법적 연구가 가능하게 되었고, 실무상으로는 섭외사건에만 적용되는 중국법의 규정이 보다 명확하게 되어 소송효율이 제고되는 긍정적인 효과를 가져올 수 있을 것이다. 또한 이번 개정을 계기로 중국의 국제재판관할이 한층 더 확장될 것이므로 중국법원이 관할하는 한중 간 사건도 증가할 것이다. 이에 대비하여 중국 국제사법, 실질법, 절차법에 대한 연구를 더욱 깊이있게 추진할 필요가 있고 이와 더불어 한국어와 중국어에 능통하고 법학적 사고력과 국제사법적 시야를 겸비한 인재들이 큰 활약을 가져올 것으로 전망한다. 한편 중국이 국제재판관할규칙을 국제사법이 아닌 민사소송법에 설정하였다는 것은 양국 국제사법 규범 형태의 철저한 결별을 의미한다. 즉 한국은 정치한 국제재판관할규칙을 국제사법에 도입하였으므로 추후 더욱 많은 내용을 포함한 국제사법 법전의 형태로 발전될 법적 기초가 마련된 반면, 중국 국제사법 규범(섭외민사관계법률적용법)은 그 명칭이 시사하는 바와 같이 앞으로 꽤 오랜 시간 동안 저촉법적 규칙만을 포함할 것이라 짐작된다.

2. 국제적 소송경합

한국 2022년 국제사법 제11조, 중국 2023년 민사소송법 제280조, 제281조가 신설되면서 한중 양국은 모두 국제적 소송경합에 관한 입법을 갖추게 되었다. 양자 모두 국제적 소송경합의 처리에 있어 ① 전소우선주의의 입장을 원칙적으로 채택하고, ② 일정한 요건에 부합하는 한 일차적으로 소송절차를 중지하고, ③ 국제재판관할합의와 부적절한 법정지의 원칙에 따른 소송절차 중지의 예외를 설정하고, ④ 외국법원의 해태에 따른 소송절차 계속의

---

23) 한국 국제사법 제10조, 중국 2023년 민사소송법 제279조 참조.

조항을 설정한다. 이는 한중 양국은 국제적 소송경합의 처리에 있어 실질적인 입장을 달리하지 않음을 시사한다.

한편 양자는 아래와 같은 면에서 구분된다. ① 국제적 소송경합의 요건에 관하여, 한국 국제사법은 전소우선주의에 추가하여 승인예측설을 채택하고 당사자의 동일성을 요구하는 반면 중국 민사소송법은 전소우선주의만을 채택하고 당사자의 동일성에 대하여는 명시하지 않는다. ② 국제적 소송경합에 따른 소 중지의 개시 주체에 대하여, 한국 국제사법은 법원의 직권 또는 당사자의 신청에 따라 국제적 소송경합에 따른 소송절차를 중지할 수 있다고 규정한 반면 중국 민사소송법은 당사자의 신청만을 허락한다. ③ 국제적 소송경합에 따른 소송중지의 예외로서, 한국 국제사법은 "전속적" 국제재판합의일 것을 요구하나 중국 민사소송법은 중국법원을 관할법원으로 하는 국제재판관할합의의 전속성을 요구하지 않는다. 이는 중국법상 국제적 소송경합에 따른 소 중지 요건이 더 엄격하여 중국법원이 사건을 수리하고 심리할 수 있는 여지가 더 많음을 시사한다.

3. 국제재판관할권의 불행사

한국 2022년 국제사법 제12조, 중국 2023년 민사소송법 제282조가 신설되면서 한중 양국은 모두 영미법계에서 기원한 부적절한 법정지의 법리를 제한적으로 수용한 국제재판관할의 불행사에 관한 입법을 갖추게 되었다. 양자 모두 ① 피고의 신청에 의하여 조문에 따른 국제재판관할의 행사여부의 심사를 개시하고, ② 국제재판관할의 행사를 거부함에 있어 "명백한" 사정이 있을 것을 요구하고, ③ 당사자 간에 중국법원을 관할법원으로 하는 국제재판관할합의가 없을 것을 요구한다. 특히 여기에서의 요건 ③ 에서 정한 법정지 법원을 관할법원으로 하는 관할합의의 예외는 국제재판관할합의에 의하여 재판관할권이 창설되거나 배제된다고 보는 대신에 국제재판관할합의에 대하여 효력을 부여할지를 법원이 재량으로 결정하는 영미법의 태도와는 구분된다는 면에서 '한국형 부적절한 법정지의 법리'를 가름 짓는 요건으로 평가되었다.[24] 이제는 한국뿐만 아니라 중국에서도 입법적으로 이를 도입하였으니 '한국·중국형 부적절한 법정지의 법리'로 소개할 수 있을 것이다.

한편 양자는 아래와 같은 면에서 구분된다. ① 국제재판관할권의 행사를 거부함에 있어서의 '명백한' 사정을 판단하는 기준. 한국 국제사법은 입법적으로 이를 명시하지 않으나 이론상 미국 연방법원의 태도에 비추어 공익적 요소와 사익적 요소를 종합적으로 검토하여야 한다는 견해가 주류를 이룬다.[25)26)] 반면 중국 민사소송법은 문언상 공익적 요소와 사익적 요소가 모두 고려되어야 하는 것으로 보이지만 분쟁의 기본 사실이 중국 내에서 발생한 경우에는 법원이 사건을 심리하는 것에 명백한 불편함이 존재하지 않는다고 추정하고 있으므로 '명백한' 사정을 판단하는 기준이 한국법보다 더 엄격할 것으로 보인다. 다만 이는 어디까지나 법원의 재량에 따를 문제이므로 추후 판결의 태도를 지켜볼 필요가 있다. ② 조문 적용의 요건이 구비되는 경우 소송절차의 운영. 한국 국제사법에 따르면 법원은 구체적인 사정을 고려하여 소송절차를 중지하거나 소를 각하할 수 있다. 반면 중국 민사소송법에 따르면 일차적으로 소를 각하할 수밖에 없으나 그 후 일정한 사정[27)]이 존재한다면 다시 수리하여야 한다.

Ⅱ. 송달과 증거조사

1. 한중 간 송달과 증거조사의 법적 기초

한국과 중국은 2003년 7월 7일 「대한민국과 중화인민공화국 간의 민사

24) 석광현, 앞의 책(註 17), 박영사, 2022, 178면. 중국도 한국과 마찬가지로 국제재판관할합의에 따라 재판관할권이 창설된다고 본다. 黄进(主编), 『国际私法学』, 高等教育出版社, 2023年, 382页 이하 참조.

25) Gulf Oil Corp. v. Gilbert, 330 U.S. 501 (1947); Piper Aircraft Co. v. Reyno, 454 U.S. 235, 248–251 (1981) 참조.

26) 예컨대 석광현, 앞의 책(註 17), 175면; 최성수, "2022년 개정 국제사법상 부적절한 법정지의 법리의 기준 설정", 「국제사법연구」 제28권 제2호(2022), 28면; 이혜민, "국제적 소송경합과 국제재판권의 불행사—부적절한 법정지의 법리(Forum Non Conveniens)의 국제적·비교법적 의의 및 구현 방안—", 「국제사법연구」 제28권 제2호(2022), 194면 이하.

27) 2023년 민사소송법 제282조 제2항 참조.

및 상사사법공조조약」(이하 "한중조약")을 체결하였으며 이는 2005년 4월 27일 발효되었다.[28] 한중조약은 재판상 서류의 송달, 증거조사에 관한 사법공조절차를 규정한다. 또한 한국은 1997년 8월 헤이그국제사법회의의 회원국이 되었고 2000년 1월에 송달협약에 가입하고 2009년 12월 증거협약에 가입하였으며, 중국은 1987년 7월 헤이그국제사법회의의 회원국이 되었고 1991년 5월 송달협약에 가입하고 1997년 12월 증거협약에 가입하였다. 따라서 ① 한중조약, ② 송달협약, ③ 증거협약은 송달과 증거조사에 있어 한중 양국 공통의 법적 기초가 된다.

그 밖에 한국법의 관점에서는 ①「국제민사사법공조법」, ②「민사소송법」, ③「국제민사사법공조규칙」, ④「국제민사사법공조 등에 관한 예규」가 있다. 중국법의 관점에서는 ①「민사소송법」, ②「민사소송법 사법해석」(2022), ③「송달, 사법공조에 관한 규정」(2020), ④「최고인민법원의 섭외 민사 또는 상사 사건의 사법문서 송달 문제에 관한 약간의 규정」(2020), ⑤「최고인민법원, 외교부, 사법부의 우리나라 법원과 외국법원이 외교적 경로를 통하여 법률문서를 상호 위탁 송달하는 약간의 문제에 관한 규정」(1986), ⑥「최고인민법원의 민사소송 증거에 관한 약간의 규정」(2019) 등이 있다.[29]

여기에서는 우선 위 문서들의 국내법상 적용순위를 명확히 하여야 한다. 한국의 경우, 헌법 제6조 제1항의 규정에 따르면 헌법에 의하여 체결·공포된 조약과 일반적으로 승인된 국제법규는 국내법과 같은 효력을 가지고, 한국 민사사법공조법 제3조에 따르면 조약 또는 기타 이에 준하는 국제법규의 다른 규정이 있으면 그 규정에 따른다. 따라서 한국법상 국제조약과 양자조약은 국내의 민사소송법과 민사사법공조법에 우선한다. 한편 국제조약과 양자조약 간의 관계는 상호보완적인 것으로 파악하여야 하는바, 송달과 증거조

28) 한중조약의 한국어본은 석광현, 『국제사법과 국제소송 제6권』, 박영사, 2019, 879면 이하 참조.

29) 最高人民法院关于涉外民事或商事案件司法文书送达问题若干规定 法释〔2020〕20号. 2021.1.1. 시행. 最高人民法院、外交部、司法部关于我国法院和外国法院通过外交途径相互委托送达法律文书若干问题的通知 外发〔1986〕47号 1986.8.14. 시행. 最高人民法院关于民事诉讼证据的若干规定 法释〔2019〕19号 2020.5.1. 시행.

사의 경우에는 사법공조에 더 우호적인 조항을 적용하는 것이 바람직하다.[30] 다양한 국내법 간의 우선적용 순위는 국내법의 규정, 상위법·특별법 우선적용의 원칙 등을 적용하여 판단할 사항이다.

중국의 경우, 2023년 12월 28일 공포되고 2024년 1월 1일부터 시행중인 「최고인민법원의 섭외민상사사건을 심리함에 있어 국제조약과 국제관례를 적용하는 것에 관한 약간의 문제에 대한 해석」 제1조의 규정에 따르면 섭외민상사사건에서 국제조약과 중국법에 상이한 규정이 있는 경우, 중국이 유보를 선언한 경우를 제외하고는 국제조약이 국내법에 우선하여 적용된다.[31] 국제조약과 양자조약의 관계에 대하여 과거에는 후자가 우선한다는 견해가 주류적이었으나 추후에 공포된 「최고인민법원의 국제조약과 양자사법공조조약에 의하여 민상사사건의 사법문서송달과 증거조사 청구를 처리하는 것에 관한 규정」(이하 "송달, 사법공조에 관한 규정")은 양자의 순위를 명시하지 않는다는 점에 비추어 보면 이제는 중국법상으로도 양자를 상호보완적인 것으로 파악하는 것으로 해석하는 것이 더 합리적이다.[32][33] 다양한 국내법 간의 우선순위는 한국법과 마찬가지로 국내법의 규정, 상위법·특별법 우선적용의 원칙 등을 적용하여 판단할 사항이다.

2. 중국 민사소송법의 최신 개정이 한중 간 실무에 미치는 영향

1) 송달

중국 2023년 민사소송법 제283조는 재판상 문서의 송달에 관한 규정이다. 한중 간 재판상 문서의 송달에는 송달협약과 한중조약이 모두 적용되는 바 여기에서 규율하는 사항이라면 양자의 적용순위가 문제될 뿐 국내 민사소송법이 적용될 여지는 없다. 따라서 여기에서 중국 민사소송법이 가지는

---

30) 석광현, "한중 사법공조의 실천현황과 개선방안", 『국제사법과 국제소송 제6권』, 박영사, 2019, 825, 827면.

31) 「最高人民法院关于审理涉外民商事案件适用国际条约和国际惯例若干问题的解释」, 法释[2023] 15号

32) 「最高人民法院关于依据国际公约和双边司法协助条约办理民商事案件司法文书送达和调查取证司法协助请求的规定」, 法释〔2020〕20号, 2021.1.1. 시행.

33) 何其生, 앞의 책(註 14), 304页에서는 이 점을 강조하고 있다.

의미는 송달협약과 한중조약에 저촉되지 않는 전제하에서 중국법원이 섭외사건의 당사자에게 송달할 수 있는 추가적인 방식을 규정하는 것이다.[34]

중국 2023 민사소송법 제283조 제1항 제1호~제3호에서는 중국은 섭외송달을 국제조약의 경로, 외교적 경로, 대사관·영사관의 경로로써 진행할 수 있다는 점을 명시하고 있는데 이는 송달협약과 한중조약의 취지에 부합하는 조항으로서 한중간 송달에 적용된다. 제4호에서 규정하는 소송대리인에게로의 송달도 송달협약과 한중조약과 저촉되지 않으므로 마찬가지이다. 그 밖에 2023년 민사소송법이 새롭게 도입한 같은 조 제1항 제6호와 제7호도 수송달자가 외국에 위치하여 있으나 이를 대신하여 송달받을 수 있는 송달대상이 중국에 있는 경우를 규정하는 조항으로서 한중 간 송달에 영향을 끼칠 수 있다.

한편 한국과 중국은 모두 송달협약 제10조가 정하고 있는 간이송달의 방법에 대하여 이의를 제기하였는데 중국 2023년 민사소송법 제283조 제1항 제8호에서 정하고 있는 우편송달은 여기에 속하는 것이 명백하므로 한중 간 송달에는 적용되지 않는다.

2) 증거조사

중국 2023년 민사소송법 제284조는 해외 증거조사에 관한 조문이다. 따라서 이에 대하여도 송달협약과 한중조약이 모두 적용되고 민사소송법은 이와 양립하는 전제하에서 새로운 규정을 정하고 있을 때만이 자체로서의 의미를 가진다. 중국 2023년 민사소송법 제284조 제1항 및 동조 제2항 제1호는 중국은 섭외송달을 국제조약의 경로, 외교적 경로, 대사관·영사관 경로로써 진행할 수 있다는 점을 명시하고 있는데 이는 증거협약과 한중조약의 취지에 부합하는 조항으로서 한중간 증거조사에 적용된다.

---

34) 黄进, 曾涛, “中韩司法协助的现状及其未来”, 『[韩]国际私法研究』2009年第15号, 5页도 同旨.

Ⅲ. 외국재판의 승인 및 집행

1. 한중 간 외국재판 승인 및 집행의 현황

2003년 한중조약은 외국재판 승인 및 집행에 관한 규정을 두고 있지 않으므로 양국 간 외국재판의 승인 및 집행의 문제에는 각자의 민사소송법이 적용된다. 과거 중국은 동 문제에 있어 엄격한 사실호혜의 입장을 취하여 왔으나, 일대일로 이니셔티브의 추진과 더불어 법률호혜의 인정 가능성을 열어 둠과 동시에 사실호혜의 인정요건을 다소 완화하였다.[35] 그 과정에서 이혼판결이 아닌 한국 법원의 판결을 승인한 중국법원의 첫 재정(裁定)이 선고되었다.[36] 이 사건에서 산동성 청도시 중급인민법원은 산동성 웨이방시 중급인민법원의 판결을 승인한 서울지방법원의 판결이 존재하므로 양국 간에는 호혜원칙이 적용된다고 설시하면서 당시의 중국 민사소송법 제282조를 원용하여 한국 수원지방법원의 판결을 승인 및 집행한다는 재정을 내렸다.[37] 이에 이어, 2019년 4월 2일 상해시 제1중급인민법원에서는 앞에서 언급된 서울지방법원 판결과 중국 민사소송법의 관련 조항을 원용하여 서울남부지방법원의 판결을 승인 및 집행한다는 재정을 내림으로써 동 영역에서 한중 양국 사이의 상호보증의 존재를 재차 확인하였다.[38] 그 후로도 한중 양국 사이에서는 이와 같은 우호적인 순환이 계속되고 있다.

2. 외국재판 승인 및 집행의 요건

중국 2023년 민사소송법이 외국재판 승인 및 집행의 구체적인 요건에 관한 제300조와 제301조를 신설함으로써 한중 양국은 모두 이에 관한 비교

---

35) 한중 간 이혼판결의 승인 및 집행은 「중국공민이 외국법원 이혼판결의 승인을 신청하는 절차문제에 대한 규정(最高人民法院关于中国公民申请承认外国法院离婚判决程序问题的规定)」에 따라 이루어진다.

36) 山东省青岛市中级人民法院(2018)鲁02协外认6号民事裁定书.

37) 山东省潍坊市中级人民法院(1997)潍经初字219号民事判决书. 서울지방법원 1999. 11. 5. 선고 99가합26523 판결.

38) 서울남부지방법원 2011민합6992 판결. 上海市第一中级人民法院(2019)沪01协外认17号民事裁定书.

적 정치하고 명확한 기준을 갖추게 되었다. 외국재판의 승인 및 집행 요건에 관한 한국 민사소송법 제217조와 중국 2023년 민사소송법 제299조 및 제300조의 내용을 비교하면 양자는 모두 ① 재판국이 국제재판관할을 가질 것, ② 피고의 방어권이 보장될 것, ③ 외국재판의 승인이 자국의 공서요건에 위배되지 않을 것, ④ 외국재판이 확정재판일 것, ⑤ 상호보증이 있을 것을 요구한다. 유의할 것은 비록 중국 2023년 민사소송법 제300조 제1항 제3호에서는 '판결·재정이 사기에 의하여 취득된 것이 아닐 것'이라는 요건을 독자적으로 병기하고 있고 한국 민사소송법은 그렇지 아니하지만 이는 한국법상의 공서요건으로 해석될 수 있으므로 이 점에 대하여는 한중법상 실질적인 차이가 없는 것으로 보아야 한다. 이로부터 보건대 한중법상 외국재판 승인 및 집행의 요건은 기본적인 외형을 달리하지 않는다.

한편 여기에서 일부 요건을 판단하는 기준에는 비교적 명확한 차이가 있다. ① 재판국의 국제재판관할 유무, 즉 간접관할의 판단기준. 한국 민사소송법 제217조 제1호는 '대한민국의 법령 또는 조약에 따른 국제재판관할의 원칙상 그 외국법원의 국제재판관할권이 인정될 것'이라고 하여 독일법에 따른 경상의 원칙을 채택하고 있지만, 중국 2023년 민사소송법 제301조 제1호 전반부는 '외국법원이 그 국가의 법률에 의하여 사건에 대한 관할권이 없거나'라고 하고 그 밖에 외국법원과 분쟁 간의 관련성 등 추가적인 요건을 열거하고 있다. ② 공시송달에 대한 태도. 한국 민사소송법 제217조 제1항 제2호에서는 공시송달의 경우 피고의 방어권이 보장되지 않은 것이라고 보아 명문의 규정으로써 이 경우 외국재판의 승인 및 집행 요건을 충족하지 않는다고 규정하고 있지만, 중국 2023년 민사소송법 제300조 제2항에서는 공시송달에 관한 명문의 규정을 두고 있지 않으므로 외국재판이 공시송달의 방식을 취한 경우에도 피고가 합법적인 소환을 받고 합리적인 진술, 변론의 기회를 얻었다고 판단되면 여전히 중국법원에서 승인 및 집행될 여지가 있다.

이에 따르면 한국에서 승인 및 집행될 중국 판결의 간접관할과 중국에서 승인 및 집행될 한국 판결의 간접관할은 모두 한국법이 정한 기준에 따르게 되므로 한중 사건을 다루는 법률가들에게는 보다 이로운 변화라고 하여야 할 것이다. 다만 공시송달의 방식을 통하여 송달이 이루어진 상대국 판결에 대한 양국의 태도는 상이한바, 한국은 대체적으로 이를 피고의 방어권이 보장받지 못한 방식이라고 추정하는 반면 중국은 이를 보다 관용적으로 보는데, 그 결과 유사한 사실과 법리에 따른 판결이 한국법상의 승인 및 집행 요건을 충족하지 못하지만 중국법상 요건은 충족하는 것으로 판단될 수 있다. 이렇게 되면 추후 공시송달의 방식을 적용한 상대국의 판결은 결국 호혜관계의 원칙에 따라 한중 양국에서 모두 승인 및 집행을 받지 못하는 방향으로 이어질 수 있는데, 이로 인하여 한중 양국 사이의 우호적인 순환이 소극적인 영향을 받을까 우려된다. 이를 회피하기 위하여 한중 양국의 외국재판 승인 및 집행의 요건을 명확히 인지한 법률가들의 역할이 중요하다. 즉 한국에서 해당 중국 판결이 승인 및 집행되지 않은 것은 송달의 요건에서 비롯된 것이지 한국이 양국 간 우호적인 호혜관계를 끊고자 하는 것이 아님을 명확하게 논술하는 것이다.

3. 외국재판의 승인 및 집행과 국제적 소송경합

한국 국제사법 제11조는 과거의 논의를 종결짓고 승인예측설과 부적절한 법정지의 법리에 따른 법원의 재량을 결부한 접근법을 입법에 도입함으로써 외국재판의 승인 및 집행 가능 여부가 국제적 소송경합의 처리에 영향을 줄 수 있는 근거를 마련하였다. 따라서 한국법상 승인예측설을 채택한 부분에 있어서 국제적 소송경합은 외국재판의 승인 및 집행의 전단계로 이해되는바, 해당 외국재판이 한국법상 승인이 될 것이라고 예측가능한 경우에 법원은 직권 또는 당사자의 신청에 의하여 결정으로 소송절차를 중지할 수 있다.

이와 대조되게 국제적 소송경합에 관한 중국 2023년 민사소송법 제281조는 승인예측설을 도입하지 않았으므로 외국재판의 승인 및 집행과 국제적 소송경합 간에는 직접적인 접점이 존재하지 않는다. 2023년 민사소송법 제281조 제3항의 규정은 중국법원에서 승인된 외국재판이 실제로 존재할 때 당사자들이 다시 중국법원에 제소하는 경우의 절차적 처리방식에 관한 것으로서 실질적으로는 국제적 소송경합에 관한 것이 아니라 외국재판의 승인 및 집행에 관한 2023년 민사소송법 제302조와 내용상 맞물리는 것이다.

Ⅳ. 補論: 중국 국제민사소송법제의 향후 전망

중국이 최신 민사소송법 개정을 통하여 섭외사건에 적용되는 규정을 대폭 신설함으로써 비교적 체계적인 국제민사소송법제를 갖춘 것은 매우 유익한 변화이다. 이를 정확하게 파악하고 깊이 있게 연구하여야 하는 것은 자명한 일이지만 불변의 시각으로 바라보는 것은 바람직하지 않다. 중국의 국제민사소송법제는 추후 적어도 아래와 같은 변화를 가져올 수 있다. ① 현재로서는 제한적인 국제재판관할규칙만을 정비하였으나 앞으로는 주제별로 정치한 국제재판관할 규칙을 도입할 수 있다. 그 내용을 확정하는 데에는 중국 법원의 판결과 학계의 이론이 주된 근거로 될 것이므로 그 발전을 예의주시할 필요가 있다. ② 이번 민사소송법의 개정은 섭외사건의 제반 문제에 대하여 전반적으로 매우 적극적인 태도를 취하고 있는데, 추후에는 소송자원의 절약 등 가치를 고려하여 일부 구체적인 조문의 적용범위를 적절히 제한하는 규정을 도입할 수도 있다. 이는 가장 이르게는 개정될 민사소송법 사법해석에 설정될 수도 있고, 관련 영역의 사법실무가 축적된 후 입법의 개정을 통하여 반영될 수도 있다.

주요 참고문헌

석광현, 『국제민사소송법』, 박영사, 2012년.

석광현, 『국제재판관할법』, 박영사, 2022년.

何其生, 『国际私法』, 北京大学出版社, 2023年.

黄　进, 『宏观国际法学论』, 法律出版社, 2022年.

黄　进(主编), 『国际私法学』, 高等教育出版社, 2023年.

李双元, 谢石松, 欧福永, 『国际民事诉讼法概论』, 武汉大学出版社, 2016年.

석광현, "한중 사법공조의 실천현황과 개선방안", 『국제사법과 국제소송 제6권』, 박영사, 2019.

이혜민, "국제적 소송경합과 국제재판권의 불행사－부적절한 법정지의 법리(Forum Non Conveniens)의 국제적 · 비교법적 의의 및 구현 방안－", 「국제사법연구」 제28권 제2호(2022).

최성수, "2022년 개정 국제사법상 부적절한 법정지의 법리의 기준 설정", 「국제사법연구」 제28권 제2호(2022).

杜 涛, "先受理法院原则与国际平行诉讼的解决", 『武大国际法评论』, 2015年第2期.

何其生, "间接管辖权制度的新发展及中国的模式选择", 『法律科学(西北政法大学学报)』, 2020年第5期.

黄志慧, "人民法院适用不方便法院原则现状反思－从'六条件说'到'两阶段说'", 『法商研究』, 2017年第6期.

景汉朝, "民事诉讼实践法学研究的创新方向与重点任务", 『中国法律评论』, 2023年第6期.

沈红雨, 郭载宇, "〈民事诉讼法〉涉外编修改条款之述评与解读", 『中国法律评论』, 2023年第6期.

제 7 장

중국 회사법의 개정과 변화

제7장 중국 회사법의 개정과 변화

제1절 중국 회사법의 연혁

1949년부터 1978년 개혁개방 이전까지 중국의 기업 구조는 민영회사(私营公司)의 대규모 퇴출과 공유제기업(公有制企业, 국유기업)의 절대적인 지위 확보의 과정으로 특징지을 수 있었다.[1] 1978년 개혁개방 정책 시행 이후 회사법이 공식적으로 제정되기 전까지, 회사제(公司制) 기업들이 정부 정책의 혜택을 받으며 점차 싹트고 발전하게 되고, 경제 주체로서의 기업의 독립성과 자율성이 크게 강화되었다.[2] 1992년 등소평의 '남순담화(南巡讲话)'를 통

1) 이 시기의 주요 법규로는 1950년의 「사영기업 잠행조례(私营企业暂行条例)」, 1954년의 「공사합영 공업기업 잠행조례(公私合营工业企业暂行条例)」, 1956년의 「사영기업 잠행조례(私营企业暂行条例)」가 있다.

2) 이 시기의 대표적인 법규로는 1979년의 「중외합자경영기업법(中外合资经营企业法)」, 1986년의 「외자기업법(外资企业法)」, 1988년의 「중외합작경영기업법(中外合作经营企业法)」, 1988년의 「사영기업 잠행조례(私营企业暂行条例)」가 있다. 朱慈蕴, 『公司法理论·实践与改革』, 当代中国出版社, 2024年, 3~5页.

해 중국의 사회주의시장경제의 기본노선이 재확인되면서 기업의 회사화가 본격적으로 시작되었다. 1992년 8월 국무원이 전인대상무위원회에 「유한회사법」 초안 심의를 공식 요청하였고, 그 후 전인대상무위원회 법제공작위원회(法制工作委员会)가 회사법의 입법 초안을 작성하여 1993년 8월 전국인민대표대회 법률위원회에 제출했다. 1993년 12월 29일 전인대상무위원회에서 통과된 중국 최초의 회사법은 1994년 7월 1일부터 시행되었다. 그 후 이번 회사법이 개정되기까지 총 다섯 차례의 수정과 개정이 이루어졌다.

시간	제정/수정/개정	법률 명칭
1993. 12. 29	제정	회사법
1999. 12. 25	수정(修正) 개별 조항 수정	회사법 개정에 관한 전인대상무위원회의 결정
2004. 8. 28	수정(修正) 개별 조항 수정	회사법 개정에 관한 전인대상무위원회의 결정
2005. 10. 27	개정(修订) 전면 개정	2005년 개정 회사법
2013. 12. 28	수정(修正) 개별 조항 수정	해양환경보호법 등 7부 법률 개정에 관한 전인대상무위원회의 결정(약품관리법, 계량법, 어업법, 해관법, 담배전매법, 회사법 포함)
2018. 10. 26	수정(修正) 개별 조항 수정	회사법 개정에 관한 전인대상무위원회의 결정
2023. 12. 29	개정(修订) 전면 개정	2023년 개정 회사법

이번 개정은 2005년 회사법 이후 두 번째로 이루어진 전면 개정으로, 2018년 회사법의 13장 218개 조문에서 16개 조문이 삭제되고 228개 조문이 신설 또는 수정되어, 총 266개 조문으로 확대되었다. 이는 회사법 제정 이래 가장 큰 규모의 개정으로, 많은 내용이 바뀌었다.

제2절 중국 회사법의 개정 배경과 과정

지난 30년간 회사법은 현대 기업제도의 구축과 사회주의 시장경제의 지속적이고 건전한 발전을 위한 핵심적인 법적 기반으로서 중요한 역할을 해왔다. 그러나 일부 규정들이 불완전하거나 지나치게 원칙적인 수준에 머물러 있어 급변하는 실무의 변화에 적용하기 어려웠다. 특히, 회사의 내부 통제 및 감독, 책임 추궁 메커니즘의 미비는 중소 투자자와 채권자 보호의 한계를 드러냈고, 이러한 문제들이 시장경제의 발전에 부합되지 않는 구조적 제약으로 작용해 왔다.

이에, 2018년 9월 제13기 전인대상무위원회는 회사법 개정을 입법계획에 포함시켰으며, 2019년 5월 전인대상무위원회 법제공작위원회의 주도로 개정 작업이 본격화되었다. 이후 2021년 12월 「회사법(개정 초안) 의견 수렴안」(이하 '1차 개정안'), 2022년 12월 「회사법(개정 초안 2차 심의안) 의견 수렴안」(이하 '2차 개정안'), 2023년 8월 「회사법(개정 초안 3차 심의안)」(이하 '3차 개정안')이 차례로 공개되었으며, 최종적으로 2023년 12월 제14기 전인대상무위원회 제7차회의에서 심의를 거쳐 개정 회사법이 통과되었다.

이번 개정 회사법은 현대 기업 환경에 적합한 법체계를 마련하고 실효성을 높이는 데 초점을 맞추었다.

첫째, 이번 회사법 개정은 다른 관련 법률, 행정법규와의 연결 및 조화를 도모하는 동시에, 「시장주체등록관리조례」 등 규정을 흡수하여 법률로 승격시켜 회사법의 일부로 입법화하였다.[3] 이는 주로 회사법에 새로 추가된 '회사 등록'이라는 새로운 장에서 반영된다.

둘째, 기존 회사법 시행에 관한 최고인민법원 사법해석의 일부 내용과 실무에서 실제로 적용되어 왔던 일부 규칙들을 통합, 정리하여 조문화하였다. 이는 아래 소개될 개정 사항들에서 확인할 수 있다.

마지막으로, 학계에서 깊은 논의 끝에 통설로 자리 잡은 내용을 법제화하였다. 대표적으로 횡적관계의 법인격부인(주주 권리 남용) 등이 이에 해당

3) 「中华人民共和国市场主体登记管理条例」(2021年).

한다.

제3절 중국 회사법 최신 개정의 주요 내용

Ⅰ. 회사 자본제도

회사 자본제도는 이번 개정에서 가장 큰 폭으로 변화한 영역 중 하나로, 직간접적으로 약 40개 조항이 개정되었다.

1. 등록자본금 납입 기한 제한

중국 회사법의 등록자본금 납입 방식은 제정 초기의 납입주의(实缴制)에서 분할납입주의(分期缴纳制), 인수주의(认缴制)로 점진적 변화를 거쳤다. 1993년, 회사법이 제정될 당시 중국은 납입주의를 채택하여 유한회사와 주식회사 모두 인수자본금을 완납할 것을 요구했고 최소등록자본금도 제한했다.[4] 그러다가 2005년 회사법에서 회사의 법정 최소등록자본금을 대폭 낮추고 분할납입을 허용하였고, 2013년 회사법에서 등록자본금의 최소한도금액과 출자기한, 설립 시의 출자 비율제한을 전부 취소하고 인수주의를 도입하였다.[5] 이번 개정은 유한회사의 경우 출자기한 제한을 두면서 기한부 인수제로 전환하였고, 주식회사에 대해서도 출자 제한을 강화하였다.

1) 유한회사

유한회사의 모든 출자액은 회사 설립일로부터 원칙적으로 5년 이내에 납입하되, 법률, 행정법규 및 국무원 결정에 등록자본금 납입 및 주주 출자기한에 대해 다른 규정이 있는 경우 해당 규정에 따른다(제47조). 이는 증자

4) 유한회사의 경우 등록자본금은 원칙적으로 최소 100,000위안에서 500,000위안이고, 주식회사의 경우 원칙적으로 최소 10,000,000위안이다.

5) 유한회사의 경우 최소 등록자본금이 30,000위안이고, 주식회사의 경우 5,000,000위안이다. 최초 출자액은 등록자본금의 20% 이상이어야 하고, 나머지 부분은 2년 내에 납입해야 하며, 투자회사의 경우 5년 이내에 납입할 수 있다.

의 경우에도 동일하게 적용된다(제228조 제1항).[6)]

출자 기한에 대한 이러한 제한은 등록자본금을 일반 상식에 부합되지 않는 과대 설정으로 인한 시장 신뢰 저하를 방지하고, 채권자 보호를 강화하기 위한 조치이다. 그러나 이러한 제한이 회사 자치를 과도하게 간섭하는 것이고, 이를 회사 자본제도의 퇴보 나아가 역사의 퇴행으로 보는 비판 의견들도 적지 않다.[7)]

2) 주식회사

주식회사의 경우 발기인은 주식 대금을 전액 납입해야 하며(제98조), 이는 발기설립 및 모집설립 모두에 동일하게 적용되고, 신주 발행 시도 마찬가지이다(제228조 제2항).[8)] 이는 아래에서 소개될 수권자본제이 도입으로 지본금 조정이 유연해진 점을 고려하여, 발기인에게 분할 납입을 허용할 필요성이 없어졌기 때문이다.

3) 기존 회사에 대한 유예기간

개정 회사법은 개정법 시행 이전 설립된 회사에게 등록자본금 납입기한에 관해 일정한 유예기간을 부여하여 점차 조정하는 것을 허용하였고, 구체적인 시행 방법은 국무원에서 정한다는 원칙적인 규정을 두었다(제266조 제2항).[9)]

---

6) 제47조 유한회사의 등록자본금은 회사등기기관에 등기한 모든 주주의 인수 출자액이다. 주주 전체의 인수 출자액은 회사정관의 규정에 따라 주주가 회사 설립일부터 5년 이내에 전액 납입해야 한다. 법률, 행정법규 및 국무원 결정에서 유한회사 등록자본금의 실제 납입 최소한도 금액, 주주 출자 기한 등에 별도의 규정이 있는 경우 해당 규정에 따른다. 제228조 제1항 유한회사가 등록자본금을 증액하여 주주가 출자금을 추가로 납입하는 경우 이 법의 유한회사 설립 출자금 납입 관련 규정에 따라 진행한다.

7) 刘凯湘, 『公司资本制度的创新与不足』, 上海政法学院学报, 2024年第2期.

8) 제98조 발기인은 인수한 주식에 따라 주식인수대금 전액을 회사 설립 전에 납입 완료해야 한다. 발기인의 출자는 제48조, 제49조 제2항 유한회사 주주 출자의 규정을 준용한다. 제228조 제2항 주식회사가 등록자본금을 증액하고 신주를 발행하여 주주가 신주를 인수하는 경우 이 법의 주식회사 실립 출자금 납입 관련 규정에 따라 진행한다.

9) 제266조 제2항 이 법을 시행하기 전에 설립 등기를 완료한 회사의 출자기한이 이 법에서 규정한 기한을 초과한 경우 점차적으로 이 법에서 규정하는 기한 내로 변경해야 한다. 단, 법률, 행정법규, 국무원에서 별도로 규정한 경우는 예외로 한다. 출자기한, 출자액에 명백히 비정상적인 경우 회사등기기관은 법에 따라 즉시 조정하도록 요구

2024년 6월 중국 국무원은 회사의 등록자본금에 관한 규정을 반포하여 기존 회사에 3년의 유예기간을 제공하기로 하였다.[10] 즉 유한회사의 경우, 2024년 7월 1일 전에 설립한 회사 중 2027년 7월 1일부터 출자 기한이 5년을 초과한 경우 5년 내로 완납해야 하며, 주식회사의 경우 2027년 6월 30일까지 자본금을 완납해야 한다(규정 제2조).

2. 수권자본제 도입

이번 개정에서 중국 회사법은 최초로 수권자본제를 도입하였다. 수권자본제란 회사정관에 회사가 발행할 주식의 총수, 즉 수권주식 수를 기재하고, 회사 설립 시에 수권주식 중 일부에 대한 발행을 결의하고 그 나머지는 이사회에서 주식발행을 결의할 수 있는 입법례를 말한다.[11] 수권자본제는 회사 설립시 모든 자본을 한 번에 조달할 필요가 없어 설립 난도가 낮고, 주주총회[12] 결의나 정관의 변경 없이 자본 확충이 가능하며, 이사회가 회사 운영 상황에 따라 유동적으로 자본을 조달할 수 있어 자금 동결 및 유휴 현상을 방지하여 투자 효율성을 높일 수 있다는 장점이 있다.

2018년 회사법은 확정자본제를 채택하고 있었는데, 이로 인한 여러 실무적 한계와 문제를 해결하기 위해 수권자본제를 도입하였다.[13] 개정 회사법은 주식회사의 정관 또는 주주총회가 이사회에 대하여 3년 이내에 발행된 주식의 50%를 초과하지 않는 범위 내에서 자본 발행을 결정할 권한을 부여할 수 있다고 규정함으로써, 주식회사 설립 시 주식의 일부만 발행하고 남은 주식은 회사 운영 상황에 따라 유동적으로 발행할 수 있게 한다(제152조). 이는

할 수 있다. 구체적인 시행 방법은 국무원이 정한다.

10) 「国务院关于实施〈中华人民共和国公司法〉注册资本登记管理制度的规定」(2024年).

11) 김건식 외, 『회사법(제2판)』, 박영사, 2021, 44면.

12) 2018년 회사법은 유한회사의 경우는 주주회(股东会)로, 주식회사의 경우는 주주총회(股东大会)로 구분하였는데, 개정 회사법은 용어를 모두 주주회(股东会)로 통일시켰다. 본문은 구독의 편의를 위해 일괄로 주주총회로 칭한다.

13) 전인대상무위원회의 「중화인민공화국 회사법(개정 초안)에 관한 설명」(2021.12.24.)에서, 주식회사에 수권자본제를 도입하면, 주식회사의 설립을 쉽게 할 뿐만 아니라 회사에 신주발행으로 자본을 조달할 수 있는 유연성을 부여하고, 회사의 등록자본 허비 등 문제의 발생을 줄일 수 있다고 한다.

주식회사 설립을 용이하게 하고, 신주 발행을 통한 자본 조달을 유연하게 할 수 있다는 점에서 긍정적인 평가를 받고 있다.

3. 무액면주식(无面额股)제 도입

전통적인 관점에서 액면주식(面额股)제는 채권자 보호, 주주 간 평등 유지, 투자 유치 등 긍정적인 기능을 지닌다고 평가된다. 그러나, 액면주식은 일정한 금액이 정해져 있어 기업이 자금을 조달할 때 일정한 금액을 맞춰야 하는 부담이 있다. 반면, 무액면주식제는 자금 조달의 유연성이 높고 할인 발행의 한계를 극복하며, 국제 입법 동향에 부합하는 장점이 있다. 특히, 외국인투자자가 중국 내 자본시장에 접목할 수 있는 법적 근거를 마련할 수 있다는 점에서도 의의가 크다.

개정 회사법은 기존의 액면주식제를 유지하는 동시에 무액면주식제를 새로 도입하였는데, 기업은 액면주식과 무액면주식 중 하나를 선택할 수 있으며 액면주식과 무액면주식 간 상호 전환할 수 있다. 또한, 무액면주식을 선택하는 경우 발행주식으로 취득한 주금의 2분의 1 이상을 등록자본금으로 산입하도록 함으로써 무액면주식의 최저등록자본금 비율의 발행을 제한하였다(제142조).

4. 종류주식(类别股) 도입

이번 개정 회사법은 「우선주 시범 관리방법」 등 기존의 각종 행정법규와 규장의 내용[14]을 흡수하여 이른바 종류주식제도를 새로이 도입하였다.

1) 종류주식 발행

개정 회사법 제144조는 종류주식의 유형, 발행 주체의 제한, 특수 종류주식의 규칙에 대해 "회사는 회사정관의 규정에 따라 보통주와 권리가 다른 다음 각 항의 종류주식을 발행할 수 있다. ① 이익 배당 또는 잔여 재산 배당 우선주 또는 후배주, ② 1주의 의결권 수가 보통주보다 많거나 적은 주식, ③

14) 「优先股试点管理办法」(2014年), 「国务院关于开展优先股试点的指导意见」(2013年), 「上市公司章程指引」(1997年).

양도 시 회사의 동의를 받아야 하는 등 양도가 제한된 주식, ④ 국무원이 규정한 기타 종류주식. 주식을 공개 발행하는 회사는 전 항 제2호, 제3호에 규정된 종류주식을 발행해서는 아니 된다. 단, 공개 발행 전에 이미 발행된 것은 예외로 한다. 회사가 제1항 제2호에서 규정한 종류주식을 발행하는 경우, 감사 또는 회계감사위원회 구성원의 선출과 교체에 대하여 종류주식과 보통주 각 1주의 의결권 수는 동일하다"고 규정하고 있다. 이처럼 개정 회사법은 우선주, 후배주, 특수 의결권 주식과 양도 제한 주식 등 4가지 유형의 주식의 발행을 허용하고 있으며, 종류주식에 대해 법정 방식을 취하고 있고, 회사가 자체적으로 기타 유형의 종류주식을 발행하는 것을 허용하지는 않고 있다.

2) 의결권 행사

제146조는 "종류주식을 발행하는 회사는 이 법 제116조 제3항에서 규정한 사항 등 종류주식의 주주의 권리에 영향을 미칠 가능성이 있는 경우, 제116조 제3항의 규정에 따라 주주총회 결의를 거치는 외에 종류주식 주주총회에 출석한 주주가 보유한 의결권의 3분의 2 이상 동의를 얻어 가결해야 한다. 회사정관은 종류주식 주주총회 결의를 거쳐야 하는 기타 사항에 대해 규정할 수 있다"라고 규정하였다. 이는 종류주식 보유 주주의 권리를 보호하고, 특수 의결 절차를 명확히 하는 근거를 제공한다.

개정 회사법의 종류주식 관련 규정이 지나치게 포괄적이고 경직되었다는 비판도 존재하지만, 종류주식 제도의 도입 자체만으로 큰 의미를 두어야 할 것이다.[15)]

5. 무기명주식 삭제

개정 회사법은 기존의 기명주식과 무기명주식을 모두 허용하던 방식에서 기명주식만 허용하도록 개정하였다(제147조 제2항[16)]).

---

15) 예를 들어, "회사가 제1항 제2호에서 규정한 종류주식을 발행하는 경우, 감사 또는 회계감사위원회 구성원의 선출 및 교체에 있어 종류주식과 보통주식의 주당 의결권 수는 동일하다"는 규정에 관하여 종류주식 주주가 자발적으로 감사 또는 회계감사위원회 구성원의 선거 의결권을 포기하는 것도 허용되지 않는다고 해석될 여지가 있다.

16) 제147조 제2항 회사가 발행한 주권은 기명주권이어야 한다.

무기명주식은 발행 절차가 간단하고 유통이 편리하다는 장점이 있으나, 유통 시 보관 위험이 크고, 자금세탁 방지 및 반테러 융자 규제가 강화되는 현재 실정에 적절하지 않아 이번 개정에서 취소한 것으로 보인다. 또한, 주권이 전자 방식으로 발행되면서 주주의 전자 관리가 가능해진 이유도 있다고 한다.[17]

Ⅱ. 주주 출자제도

1. 출자 의무 강화

1) 주주의 출자 책임 강화

개정 회사법 제50조는 "유한회사 설립 시 주주가 회사정관의 규정에 따라 출자금을 실제로 납입하지 아니하거나 실제로 출자한 비화폐재산의 실제 가액이 납입하기로 한 출자액보다 현저하게 낮은 경우, 설립 당시의 다른 주주와 해당 주주는 부족한 출자액의 범위 내에서 연대책임을 부담한다"라고 규정하면서 주주의 출자 책임을 강화하였다.

① 주주의 출자 의무 위반 상황에 관해, 2018년 회사법에서는 '비화폐재산의 실제가액이 회사정관에서 정한 금액보다 현저하게 낮은 경우'만 규정하였는데(제30조), 이번 개정에서 '회사정관의 규정에 따라 자본금을 실제로 납입하지 않은 경우'를 추가하였다. 이는 실무에서 자주 발생하는 주주의 출자 의무 위반 상황에 대한 보완을 이루었다. ② '현저하게 낮은' 기준에 관하여, 2018년 회사법에서는 '회사정관에서 정한 가격보다 현저하게 낮은 경우'로 표현하였는데, 이번 개정에서는 더 적절하고 논리적으로 '납입하기로 한 출자액보다 현저하게 낮은 경우'로 표현하였다. ③ 또한, 기존의 '자본금을 납입한 주주가 차액을 보충해야 한다'는 표현을 삭제하고, '설립 당시 다른 주주와 해당 주주는 부족한 출자액의 범위 내에서 연대책임을 부담한다'라고 직접적이고 구체적인 표현으로 대체하였다. 다만, 여기서 유의해야 할 점은,

---

17) 오일환, "2023년 중국 회사법의 전면 개정과 기업경영에 미치는 영향", 「중국법연구」 제55집(2024), 6면.

연대 보충책임을 부담하는 주체는 회사 설립 당시의 주주에 한하며, 주식 양도나 증자 등을 통해 후속적으로 회사에 합류한 주주는 포함되지 않는다.

2) 이사회의 주주 출자에 대한 검증 및 독촉 의무 추가

개정 회사법 제51조는 "유한회사 설립 이후, 이사회는 주주의 출자 상황에 대하여 검증해야 하며, 주주가 정해진 기한 내에 회사정관에 규정된 출자액을 전액 납입하지 않은 것을 발견한 경우, 회사는 해당 주주에게 서면으로 납입독촉서(催缴书)를 발부하여 납부를 독촉해야 한다. 전항에 규정된 의무를 적시에 이행하지 아니하여 회사에 손해를 끼친 경우 책임 있는 이사는 손해배상책임을 부담해야 한다"라고 규정하면서 이사회의 주주 출자에 대한 최고 의무를 추가하였다. 또한, 제52조 제1항은 "주주가 회사정관에 규정된 출자 일자에 출자액을 납입하지 않은 경우 회사는 제51조 제1항의 규정에 따라 서면으로 납입독촉서를 발부하고 납입을 독촉하며 출자 유예기간을 명시할 수 있다. 출자 유예기간은 회사가 납입독촉서를 발부한 날부터 60일 이상으로 한다"라고 독촉 절차를 규정하였다.

여기서, 주주의 출자 상황을 검증하는 것은 이사회의 권한이자 법정 의무이다. 이사회는 회사의 집행기관으로서 주주의 출자의무 이행 상황을 가장 잘 파악하고 있어야 한다. 검증의 내용에는 각 주주가 정해진 기한 내에 자본금을 납입했는지 여부, 금전 출자가 회사 계좌에 정상적으로 입금되었는지 여부, 현물 출자가 실제로 회사에 인도되었는지 여부, 양도 등록이 필요한 실물 출자가 등록 절차를 적절하게 마쳤는지 여부 등이 포함되어야 할 것이다.

2. 하자(瑕疵) 출자에 대한 책임 강화

1) 주주의 책임

개정 회사법은 하자 출자에 대한 주주의 책임을 강화하였다. 하자 출자가 존재할 경우 해당 발기인과 주주는 미흡한 출자액을 보충해야 하며, 이로 인해 회사에 미친 손해를 배상해야 한다. 또한, 설립 당시의 다른 주주 역시 미납액 범위 내에서 연대책임을 부담해야 한다(제49조~제50조, 제99조, 제107조).

2) 양수인의 책임

개정 회사법 제88조는 "주주가 출자액을 납입하기로 하였으나 납입기한이 만료되지 않은 지분을 양도하는 경우, 양수인이 해당 출자액을 납부할 의무를 부담한다. 양수인이 기한 내에 출자액을 완납하지 않은 경우, 양도인은 양수인이 기한 내에 납부하지 아니한 출자금에 대하여 보충책임을 부담한다. 주주가 회사정관에 정한 출자일에 따라 출자하지 않거나, 출자한 비화폐재산의 실제 가치가 납입하기로 한 출자액보다 현저하게 낮게 출자한 주주가 지분권을 양도하는 경우, 양도인과 양수인은 부족한 출자액의 범위 내에서 연대책임을 부담한다. 양수인이 상기 상황이 존재함을 인지하지 아니하였거나 인지할 수 없는 경우 양도인이 책임을 부담한다"라고 규정하면서, 출자에 하자가 있는 지분을 양도한 후의 양도인과 양수인의 책임을 명확히 하였다.

개정 회사법은 "주주가 출자액을 납입하기로 하였으나 납입기한이 만료되지 않은 지분을 양도하는 경우, 양수인이 해당 출자액을 납입할 의무를 부담한다"는 내용을 신설하여, 주주의 출자기한이익을 강조하는 동시에 "기한 내에 출자액을 완납하지 않은 경우, 양도인은 양수인이 기한 내에 납입하지 않은 출자에 대하여 보충책임을 진다"는 규정을 신설하면서, 양도인의 책임을 한층 더 강화하였다. 이는 양도인이 양수인의 출자의무이행을 독촉하는 데 유리하나, 지분을 양도한 양도인에게 과도한 책임을 묻는다는 점에서 비판을 받고 있다.

3. 출자금 불법 회수 책임 강화

개정 회사법 제53조는 "회사 설립 후 주주는 출자금을 불법 회수하여서는 아니 된다. 주주가 전항의 규정을 위반한 경우, 주주는 불법으로 회수한 출자금을 반환해야 한다. 회사에 손실을 끼친 경우 책임이 있는 이사, 감사, 고급관리인원은 해당 주주와 연대배상책임을 부담해야 한다"라고 규정하면서, 기존 회사법의 "회사 설립 후 주주는 출자를 불법 회수하여서는 아니 된다"는 모호한 표현을 보완하여 불법 회수 시 주주와 임원의 책임을 보다 구체적으로 명확히 하였다.

특히 이사, 감사, 고급관리인원의 연대 배상책임에 관한 규정을 새롭게 추가하였는데, 주주가 출자를 불법 회수함으로 인해 회사에 손해가 발생한 경우에는, 주주가 배상책임을 져야 하고 이에 대한 책임이 있는 이사, 감사, 고급관리인원이 연대책임을 져야 한다. 여기서 책임이 있는지 여부에 대해서는 이사회가 출자 요구 의무를 이행했는지, 이사, 감사, 고급관리인원이 주주의 출자 불법 회수를 방임하거나 이를 도왔는지 등을 고려해야 할 것이다. 또한, 여기서 연대책임은 보충 연대책임이며, 주주가 회사에 발생한 손실을 전액 배상하지 못하는 경우에만 이사, 감사, 고급관리인원이 배상책임을 진다.

4. 출자기한의 가속화제도(认缴出资的加速到期制度) 도입

개정 회사법 제54조는 "회사가 만기 채무를 상환하지 못하는 경우, 회사 또는 만기 채권의 채권자는 납입기한이 만료되었으나 납입하지 않은 주주에게 출자금을 조기 납입하도록 요구할 수 있다"라고 규정하면서 주주 출자 기한의 가속화제도를 도입하였다. 이는 처음으로 파산 이외 주주의 출자기한의 가속화를 명문으로 규정한 것이다.

회사 파산 시 주주 출자기한의 가속화는 파산법 등에 의해 비교적 명확히 규율되었으나, 파산이 아닌 경우에는 그 인정 여부, 인정 요건 및 결과가 무엇인지 등을 둘러싸고 논쟁이 지속되어 왔다.[18] 그러다가 2019년 최고인민법원의 「전국법원 민상사재판 업무 회의요록」(이하 '회의요록') 제2절에서

---

18) 파산법 제35조는 "인민법원이 파산 신청을 수리한 후, 채무자의 출자자가 아직 출자 의무를 완전히 이행하지 아니한 경우, 관리자는 해당 출자자에게 납입하기로 한 출자를 납입하도록 요구하여야 하며, 출자 기한의 제한을 받지 아니한다"라고 규정하고 있고, 회사법 사법해석(2) 제22조는 "회사 해산 시, 주주가 아직 납부하지 않은 출자도 모두 청산재산으로 한다. 주주가 아직 납부하지 않은 출자에는 만기 미납 출자 및 회사법 제26조와 제80조의 규정에 따라 분할 납부하기로 하나 기한이 만료되지 않은 출자를 포함한다. 회사 재산으로 채무를 상환하기에 부족할 경우, 채권자는 출자하지 않은 주주 및 회사 설립 시의 기타 주주 또는 발기인으로 하여금 출자하지 않은 범위 내에서 회사 채무에 대해 연대 변제 책임을 부담할 것을 주장하는 경우, 인민법원은 법에 따라 지지해야 한다"고 규정하고 있다. 사법해석은 회사가 해산 시 주주 출자 의무의 '기한이익 상실' 제도를 인정하여, 파산 상황에서의 주주 출자 의무 '기한 이익 상실' 제도에 가까우므로, '근파산(类破产)' 상황에서의 '기한이익 상실' 제도라고 부르기도 했다.

주주 '출자기한의 가속화'를 제한적으로 인정하여, 파산 및 해산 범위 밖까지 해당 제도의 적용 가능성을 열어놓았다[19].

실무적으로 법원은 이번 개정 이전까지 관련 사건에서 일관된 판례를 제시하지 못했으며, 대량의 주주 '출자기한 가속화' 관련 소송에서 명확한 법률적 근거가 부족하여 채권 보호가 미흡한 경우가 빈번하다. 이번 개정은 이를 해결할 법적 근거를 마련했다는 점에서 긍정적인 의미가 있다. 다만, 등록자본금 납입기한이 5년으로 제한됨에 따라 출자기한의 가속화제도가 실질적 효과를 거둘 수 있을지에 대해 의문이 제기된다. 과거 납입기한이 명확히 제한되지 않았던 인수주의 당시에는 해당 제도가 필요했으나, 납입기한이 제한된 현재는 그 효과가 제한적일 수 있기 때문이다.

5. 주주 실권제도(股东失权制度) 도입

회사가 만기 채무를 상환하지 못하는 경우, 만기 채무의 채권자는 출자기한이 만료되지 않은 주주에게 출자를 조기 납입할 것을 요구할 수 있다. 이러한 상황은 개정 회사법 제51조에 신설한 이사회의 출자 검증 및 독촉의무와 제52조에 신설한 주주 실권 규칙을 적용할 수 있게 한다.

2018년 회사법은 주주가 출자금을 납입하지 않거나, 부실 출자하거나 출자금을 회수한 경우의 법적 결과에 명시하지 않았다. 이번 개정 회사법은 이러한 경우에 대해 주주 실권제도를 도입하였다. 즉 "주주가 회사정관에 규정된 출자 일자 내에 출자금을 납입하지 아니하는 경우, 회사는 제51조 제1항의 규정에 따라 서면으로 납입독촉서를 발부하고 납입을 독촉하며 출자 유예기간을 명시할 수 있다. 출자 유예기간은 회사가 납입독촉서를 발부한 날

---

19) 「회의요록」 제6조 등록자본금 납입제 하에서 주주는 법에 의거하여 기한 이익을 향유한다. 채권자가 회사가 만기 채무를 상환할 수 없다는 이유로 출자기한을 채우지 않은 주주가 출자하지 않은 범위 내에서 회사가 상환할 수 없는 채무에 대한 보충 배상책임을 부담하도록 청구하는 경우, 인민법원은 지지하지 아니한다. 단, 다음 상황을 예외로 한다. ① 회사가 피집행자가 되는 안건에 있어 인민법원이 집행 조치를 다 하여도 집행할 재산이 없고, 이미 파산 사유를 갖추었으나 파산을 신청하지 않는 경우, ② 회사 채무가 발생한 후 회사 주주(총)회 결의 또는 기타 방식으로 주주의 출자 기한을 연장한 경우. 「全国法院民商事审判工作会议纪要」(2019年).

부터 60일 이상으로 한다. 출자 유예기간이 만료되었으나 주주가 출자 의무를 이행하지 아니하는 경우, 회사 이사회는 결의를 통해 해당 사원의 권리상실을 통지할 수 있다. 통지서는 서면으로 발송한다. 통지서를 발송한 날부터 해당 주주는 출자액을 납입하지 아니한 지분권을 상실한다"(제52조 제1항).[20]

개정 회사법은 회사가 주주에게 통지를 발송한 날을 실권 효력 발생일로 규정하였는데 이에 대해 일부 비판이 있다. 이는 의사표시의 효력 발생에 대한 민법전의 일반원칙에 어긋난다는 비판과 더불어, 통지가 주주에게 도달하지 못할 경우, 주주가 실권에 대한 이의 및 구제 기회를 상실할 위험이 있기 때문이다. 따라서 실권 효력을 '통지가 도달한 날'로 변경해야 한다는 의견이 상당하다.

한편, 실권된 주주가 미납 부분을 보충 납입하는 경우 해당 지분권을 회복할 수 있는지 여부는 개정 회사법에서 명시하지 않았다. 이는 앞으로 사법해석을 통해 명확히 해야 할 것이다.

Ⅲ. 법인격부인제도

회사의 법인격 독립과 주주의 유한책임은 회사법의 기본원칙이다. 법인격부인제도란 회사의 독립적인 법인 지위와 주주의 유한책임이 남용되었을 때 회사의 법인격을 부인하여 주주 또는 회사가 관련 채무에 대해 연대책임을 부담하게 하는 제도이다.[21] 법인격부인제도는 종적관계의 법인격부인, 횡적관계의 법인격부인과 법인격부인의 역적용으로 구분할 수 있다.

---

20) 이 제도는 「최고인민법원의 회사법 적용에 있어서 약간의 문제에 관한 규정(3)(最高人民法院关于适用〈中华人民共和国公司法〉若干问题的规定(三))」(2011년 제정, 2020년 최신 개정, 이하 '사법해석(3)')에 의해 형성되었는데, 사법해석(3)은 주주 실권제도가 아닌 주주 제명제도에 관해 규정하고 있다. 주주 제명제도의 적용 조건은 출자 의무 불이행 또는 전부 출자 회수이고, 적용 절차는 주주총회 결의이다. 이와 달리 개정 회사법에서 규정한 주주 실권제도의 적용 조건은 출자금의 미납과 부실 출자 및 출자의 불법 회수이고(해석의 여지가 있음), 적용 절차는 이사회 결의이다. 실권의 결과로는 사법해석(3)의 주주 자격 상실과 달리 지분권의 상실이다.

21) 赵旭东等, 『新公司法条文释解』, 法律出版社, 2024年, 52页.

1. 종적관계의 법인격부인

종적관계의 법인격부인이라 함은 회사의 독립적인 인격과 주주의 유한책임 원칙을 부인하여 주주로 하여금 회사의 채무에 대해 연대책임을 지도록 하는 것이다.[22] 주로 모회사와 자회사 간의 관계에 있어 모회사가 자회사의 독립법인 지위를 남용하여 채무나 책임을 회피하려고 할 때, 자회사의 독립법인 지위를 부인하여 모회사가 자회사의 채무에 대해 책임을 지게 한다. 여기서 책임은 보충 연대책임이 아닌 직접 연대책임이다.

종적관계의 법인격부인은 2005년 회사법에서 최초로 성문화하였고 현재까지 유지되어 왔다. 즉, 회사의 주주가 회사법인의 독립적 지위와 유한책임 제도를 남용하여 채무를 회피하거나 채권자의 이익에 중대한 손해를 끼친 경우, 회사 채무에 대해 연대책임을 진다(회사법 제20조 제3항). 이번 개정 회사법은 상기 규정을 그대로 유지하였다.

2. 횡적관계의 법인격부인

횡적관계의 법인격부인은 동일 주주가 지배하는 두 개 이상의 관련 회사의 인격을 부인하고, 이들 회사가 서로의 채무에 대해 연대책임을 지도록 하는 것이다.[23] 이는 회사가 채무를 면탈하기 위하여 관련관계(关联关系)가 있는 다른 회사를 활용하는 경우 그 다른 회사에 책임을 추궁하는 제도이다.[24]

이번 회사법이 개정 이전까지 횡적관계의 법인격부인은 성문화되지 않았지만, 실무에서는 이를 지지한 사례가 종종 있었다. 예컨대 회사 주주가 관련회사에 이익을 이전함으로써 채권자 이익에 손해를 끼쳤다는 이유로 주주와 관련회사가 채권자에 대해 연대책임을 부담하도록 판시한 사례, 회사의 대주주가 지배하고 있는 계열회사들이 채무자인 회사의 경영범위, 연락처, 경영 장소, 인원이 일치하고 재무 혼동의 경우가 존재하므로, 계열회사들이

---

22) 赵旭东等,『新公司法讲义』, 法律出版社, 2024年, 168页.

23) 赵旭东等, 앞의 책『新公司法讲义』, 169页.

24) 횡적관계의 법인을 한국에서 법인격 남용이라 한다. 김건식 외, 앞의 책, 34면.

채권자에 대해 연대책임을 부담하도록 판시한 사례를 들 수 있다.[25] 물론 그 당시에는 횡적관계의 법인격부인제도가 성문화되지 않아 종적관계의 법인격부인 조항(2018년 회사법 제20조 제3항)을 적용하거나 주주 권리 남용 조항(2018년 회사법 제20조 제1항), 법인 재산 독립 원칙 조항(2018년 회사법 제3조 제1항) 또는 신의성실원칙과 공평원칙(민법총칙/민법전 제6조, 제7조)을 직접 적용하거나 유추 또는 확대 적용하여 그 목적을 이루었다.[26)27]

그러다가 2019년 「회의요록」에서 보다 체계적으로 규정하면서 실무상 쟁점들이 더욱 명확히 정리되었다.[28] 다만 「회의요록」은 공식적인 법적 연원이 아니므로 심판의 근거로 인용할 수 없고 참고용으로만 사용된다.

---

25) 그중 2013년 최고인민법원의 15호 지도안례(指导案例)가 상당한 의미가 있었다. 해당 지도판례는 회사법 제20조 제3항에서 없는 "인격의 혼동"의 개념을 창안했다는 점에 이의가 있다. 이는 그 당시 법률 공백을 보완하고, 그 후의 많은 사례가 15호 지도판례에 비추어 판시하여 실질적으로 크게 이바지했다는 점에서 긍정적인 평가를 받는 반면, 그 당시 사실 인증 및 재판 논리가 적절하지 않아 기층 법원의 판시에 소극적인 작용을 했다는 비판도 있다. 참고로, 지도판례는 법률적 효력을 가진 재판으로서 다음의 조건에 부합되는 사례를 말한다. 사회가 광범위한 관심을 두는 경우, 법률규정이 비교적 원칙적인 경우, 전형성을 갖춘 경우, 사안이 복잡하거나 새로운 유형인 경우, 기타 지도적 작용을 구비한 경우(「최고인민법원의 안례지도공작에 관한 규정(最高人民法院关于案例指导工作的规定)」(2010년) 제2조).

26) 2018년 회사법 제20조 제1항 회사 주주는 법률, 행정법규와 회사정관을 준수하고 법에 따라 주주 권리를 행사해야 하며, 주주 권리를 남용하여 회사 또는 기타 주주의 이익에 손해를 끼쳐서는 아니 된다. 회사법인의 독립적인 지위와 주주의 유한책임을 남용하여 회사 채권자의 이익에 손해를 끼쳐서는 아니 된다. 2018년 회사법 제3조 제1항 회사는 기업법인으로서 독립적인 법인 재산을 가지고 있으며, 법인 재산권을 누린다. 회사는 재산 전부로 회사의 채무에 대해 책임진다.

27) 민법총칙/민법전 제6조 민사주체가 민사활동을 할 때 공평의 원칙을 준수하고 각 당사자의 권리와 의무를 합리적으로 확정해야 한다. 민법총칙/민법전 제7조 민사주체가 민사활동을 할 때 신의성실 원칙을 준수하고 성실을 견지하며 확약을 준수해야 한다.

28) 「회의요록」 제11조 제2항 지배주주 또는 실제지배인이 여러 자회사나 관련회사를 통제하면서 지배권을 남용하여 여러 자회사나 관련회사의 재산 경계를 불분명하게 하고, 재무를 혼동시키며, 이익을 상호 이전시키고, 독립적인 인격을 상실하게 하여, 지배주주의 채무 회피, 불법 경영, 심지어 법을 위반하여 범죄를 저지르는 도구로 전락시키는 경우, 사건의 사실을 종합적으로 고려하여 자회사 또는 관련회사의 법인격을 부인할 수 있고 연대책임을 부담하도록 할 수 있다.

3. 법인격부인의 역적용

법인격부인의 역적용은 법인격부인의 법리를 회사에서 주주에게로 뿐만 아니라 주주에서 회사에게로 적용하는 것, 즉 회사가 주주 채무에 대해 책임지는 것이다. 2018년 회사법에는 법인격부인의 역적용에 관한 규정이 없고 실무적으로 소수의 판례가 이를 인정하고 있는데, 그 적용 근거로는 회사법 제20조의 확대 해석, 신의성실과 공평원칙의 확대 해석 등이 있다.[29]

4. 개정 회사법의 변화

2018년 회사법	개정 회사법
第20조 第3항 회사 주주가 회사법인의 독립적인 지위와 주주의 유한책임을 남용하여 채무를 도피하고 회사 채권자의 이익에 심각한 손해를 끼친 경우, 회사 채무에 대하여 연대책임을 부담해야 한다.	第23조 회사 주주가 회사법인의 독립적인 지위와 주주의 유한책임을 남용하여 채무를 도피하고 회사 채권자의 이익에 심각한 손해를 끼친 경우, 회사 채무에 대하여 연대책임을 부담해야 한다. 주주가 그가 지배하는 2개 이상의 회사를 이용하여 전항에서 규정한 행위를 하는 경우, 각 회사는 어느 한 회사의 채무에 대하여 연대책임을 부담해야 한다. 주주가 1인인 회사의 경우(只有一个股东的公司), 주주가 회사의 재산이 주주 자신의 재산과 독립되어 있음을 증명할 수 없는 경우, 회사 채무에 대하여 연대책임을 부담해야 한다.
第63조 1인 ~~유한회사~~의 주주가 회사 재산이 주주 자신의 재산과 독립되어 있음을 증명할 수 없는 경우, 회사 채무에 대해 연대책임을 부담해야 한다.	

29) 예컨대 最高院(2008)民二终字第55호 판결문에서 최고인민법원은 관련기업 서로가 외부 채무에 대해 연대책임을 부담하는 조건은 두 가지가 있는데, 하나는 '관련기업의 인원, 업무, 재정 등이 교차하거나 혼동되어 상호 재산을 구분할 수 없게 되어 독립된 인격을 상실한 경우'이고, 다른 하나는 '관련기업의 인격이 혼동되어 채권자의 이익을 심각하게 손상하는 경우'라고 인정한 바 있다.

위에서 언급한 바와 같이 개정 회사법은 종적관계의 법인격부인에 관한 조항을 그대로 유지했고 횡적관계의 법인격부인에 관한 조항을 증설했다. 그 외에, 1인 회사의 입증책임 전환 규칙을 기존 제63조에서 제23조로 옮겼다. 이번 회사법 개정의 1차 개정안에서 제63조를 삭제하였다가 채권자 이익을 보호하기 위해서는 유지해야 한다는 의견이 많아, 2차 개정안 이후 이를 다시 복구하였다. 2018년 회사법과 비교하여 볼 때, 기존에는 1인 유한회사에만 적용했지만, 개정 회사법은 이를 제23조로 옮기면서 주식회사에도 적용시켰다.[30)]

여기서 종적관계의 법인격부인 법리와 횡적관계의 법인격부인 법리를 동시에 적용할 수 있는지가 문제될 수 있는데, 이는 두 가지 견해로 갈린다. 하나는 동시에 적용할 수 없다는 견해로 회사의 주주와 다른 관련회사가 연대책임을 질 수 없다는 견해고, 다른 하나는 동시에 적용할 수 있다는 견해로 법인격부인 상황에서 채권자가 회사 주주와 다른 관련회사에게 동시에 연대책임을 요구할 수 있다는 입장이다.[31)]

한편, 개정 회사법은 종적관계의 법인격부인의 역적용에 대해 명시적으로 규정하지 않고 있지만, 현재의 표현대로라면 주주가 법인인 특수한 경우에 개정 회사법 제23조 제2항에 규정하고 있는 횡적관계의 법인격부인이 법인격부인의 역적용 제도를 일정한 범위에서 승인했다고 해석할 여지가 있다.[32)]

---

30) 2018년 회사법은 주식회사의 발기인 인수를 2~200인으로 제한(제78조)했다가 이번 회사법에서 1~200인으로 개정하면서 1인 주식회사의 존재를 허용하고(제92조) 이에 대응하게 주식회사에도 적용한 것이다.

31) 개정 회사법의 개정에 참여한 赵旭东 교수는 후자를 지지하는 입장이다(赵旭东等, 앞의 책『新公司法条文释解』, 52页).

32) 赵旭东等, 앞의 책『新公司法讲义』, 172页.

Ⅳ. 소수주주 보호제도

1. 주주의 알 권리 범위 확대

개정 회사법은 주주의 알 권리 범위를 확대하였다. 유한회사의 경우, 주주명부와 회계증빙을 열람권 범위에 포함시키는 한편, 회계장부와 회계증빙을 복사 범위에서 제외하였다(제57조). 이는 회사의 영업비밀 보호와 주주의 정보 접근권 간 균형을 도모한 것으로 평가된다. 주식회사의 경우, 재무회계 보고서 외에 일정 요건을 충족하는 주주에게 특정 상황에서 회계장부와 회계증빙의 열람을 청구할 수 있는 권리를 부여하였다. 한편, 열람권을 바탕으로, 주식회사의 주주에게 회사정관 등 문서를 복사할 수 있는 권리를 추가로 부여하였는데, 이는 소수주주를 보다 포괄적이고 효과적으로 보호하는 규정이기도 하다(제110조).

한편, 개정 회사법은 주식회사 주주에게 완전자회사에 대한 열람권과 복사권을 부여하였다. 즉 주식회사의 주주는 회사법에 따른 알 권리 규정에 따라 회사의 완전자회사의 관련 자료도 열람하고 복사할 수 있게 된다(제57조, 제110조).

유한회사의 경우, 전체 주주가 모두 알 권리를 행사할 수 있고, 주식회사의 경우, '연속 180일 이상 단독으로 또는 공동으로 회사의 3% 이상의 주식을 소유한 주주'가 회계장부와 회계증빙을 열람할 수 있으며 정관에서 더욱 낮은 비율을 설정할 수 있다(제110조 제1항 · 제2항). 이는 주식회사 주주의 권리행사 문턱을 높여 권리남용을 방지하고 회사의 정상운영을 저해하지 않도록 할 수 있다.

2. 주식회사 주주의 임시제안권 관련 규정 개정

임시 제안권은 2005년 회사법에서 신설한 주주 권리로서, 일정한 조건에 부합되는 주주가 법정 절차에 따라 주주총회 개최 전에 임시 제안을 제출할 수 있는 권리이다. 2018년 회사법에 비해, 이번 개정은 임시제안권 주체의 지분율을 3%에서 1%로 낮추면서 주주에 대한 자격 요구를 낮추어(제115조 제

2항) 중소 주주의 이익을 한층 더 보호할 수 있도록 한다.

한편, 주주의 임시제안권에 대한 제한을 구체화하였는데, 기존의 '주주총회의 권한 범위에 속함'과 '명확한 의제와 구체적인 결의사항이 있어야 한다'는 기준에 더해, 「상장회사 주주총회 규칙」[33]의 관련 규정을 참고하여 임시 제안이 '법률, 행정법규 또는 회사정관의 규정을 위반해서는 아니 된다'는 제한을 추가했다(제115조 제2항). 이러한 제한 규정은 주주총회에서 심의할 임시 제안의 남발을 방지하고, 주주의 임시제안권 행사를 규범화하며, 회사 지배구조를 최적화하는 것에 의미가 있다.

3. 이중대표소송제도 도입

2018년 회사법은 이사, 감사, 고급관리인원이 직무를 수행하는 과정에서 법률, 행정법규 또는 회사정관의 규정을 위반하여 회사에 손해를 끼칠 경우, 자격이 있는 주주가 감사회에 요청하거나(적용 가능한 경우) 스스로 인민법원에 소송을 제기할 수 있도록 하였다(제151조). 개정 회사법은 위에 추가하여 주주 대표 소송의 피고 범위를 완전자회사의 이사, 감사, 고급관리인원까지 확장하면서 이중대표소송 제도를 도입했다(제189조).

이 제도를 도입한 주요 목적은 회사 주주와 관리자 간, 그리고 회사 지배주주와 소수주주 간의 이익 충돌 문제를 해결하고, 모회사의 통제하에 있는 완전자회사의 경영투명성을 강화하기 위함이다. 이는 소수주주가 단독으로 완전자회사 경영진의 법 위반 행위에 대해 책임을 추궁할 수 있도록 함으로써, 주주 권익 보호와 기업 지배구조 개선에 기여할 것으로 기대된다.

구분	내용
적용되는 경우	회사의 완전자회사의 이사, 감사, 고급관리인원이 직무를 수행하면서 법률, 행정법규 또는 회사정관을 위반하여 회사에 손해를 끼친 경우

33) 「上市公司股东大会规则」(2006年).

	타인이 회사의 완전자회사의 합법적인 권익을 침해하여 손해를 끼친 경우
권리행사 주체	유한회사의 주주 주식회사의 주주 중 180일 이상 연속 또는 합산하여 회사의 1% 이상의 주식을 보유한 주주
권리행사 방식	완전자회사의 감사회나 이사회에 법원에 소송을 제기하도록 요청 직접 자신의 명의로 법원에 소송을 제기

4. 지배주주와 실제지배인에 대한 규제 강화

현행 회사 지배구조에서 발생하는 주요 문제의 상당수는 대주주에 대한 법적 규제의 부재에서 비롯된다. 이번 회사법 개정은 이러한 문제를 해결하기 위한 강력한 의지를 보여주고 있다. 이는 대주주의 권리와 의무를 명확히 하고, 그 남용에 대한 법적 책임 등을 규정하면서 대주주와 실제지배인에 대한 규제를 강화하는 점에서 알려진다.

1) 소수주주의 매수청구권 확대

개정 회사법은 소수주주의 매수청구권의 행사 조건을 확대하였는데 구체적으로 다음과 같다. 이는 소수주주가 자신의 지분을 매각할 수 있는 기회를 늘리고, 대주주에 의한 권한 남용을 억제하며, 소수주주의 이익을 보호하는 데 기여할 것으로 기대된다.

매수청구권 행사 조건	유한회사 (제89조)	주식회사 (제161조)
회사가 5년 연속 흑자이고 회사법의 이익 배당 조건을 충족하지만 연속 5년 주주에게 이익을 배당하지 않은 경우	2018년 회사법 규정 유지	신설
회사가 합병, 분할, 주요 재산을 양도하는 경우	2018년 회사법 규정 유지	주요 재산의 양도만 포함

회사정관에 규정된 영업기한이 만료되거나 정관에 규정된 다른 해산 사유가 발생한 경우 주주총회 결의로 정관을 개정하여 회사를 존속시키는 경우	2018년 회사법 규정 유지	신설
지배주주가 주주 권리를 남용하여 회사 또는 다른 주주의 이익에 심각한 손해를 초래한 경우	신설	

2) 사실 이사제도 도입

개정 회사법은 회사의 대주주, 실제지배인이 공식적으로 이사로 임명되지 않더라도 실질적으로 회사 업무를 수행하는 경우, 이사와 동일한 충실의무와 근면의무를 부담한다고 규정하면서 사실이사제도(事实董事制度)를 도입하였다(제180조).[34]

3) 그림자 이사제도 도입

개정 회사법은 회사의 대주주, 실제지배인이 회사에 대한 지배력을 이용하여 이사, 고급관리인원에게 회사의 이익 또는 주주의 이익을 침해하는 행위를 지시하는 경우, 해당 이사나 고급관리인원과 연대책임을 진다고 규정하면서 이른바 그림자 이사제도(影子董事制度)를 도입하였다(제192조). 이는 대주주와 실제지배인이 간접적으로 회사 운영에 부당한 영향을 미치는 것을 방지하는데 긍정적인 의미가 있다.

34) 제180조 이사, 감사, 고급관리인원은 회사에 대하여 충실의무가 있고 자신의 이익과 회사의 이익이 충돌하지 않도록 해야 하며, 직권을 이용하여 부당이익을 도모해서는 아니 된다. 이사, 감사, 급관리인원은 회사에 대하여 근면의무가 있으며 직무를 이행할 때 반드시 회사의 최대 이익을 위해 일반적인 관리자의 합리적인 주의를 기울여야 한다. 회사의 지배주주 및 실제지배자가 이사를 담당하지 아니하나 회사의 사무를 집행하는 경우 상기 제1항 및 제2항을 적용한다.

V. 회사 지배구조에 관한 제도

이번 개정 회사법의 또 다른 주요한 개정은 회사 지배구조에 관한 제도에 대한 개정이다.

1. 법정대표자

법정대표자와 관련하여 2018년 회사법은 대표자 선임에 관해서만 규정하고 있었는데, 이번 개정에서 선임 규정을 보완한 동시에 대표권에 대한 제한, 교체 시 취급방법 등에 관한 규정을 추가하였다.

개정 회사법은 법정대표자를 '회사를 대표하여 회사 사무를 집행하는 이사 또는 경리'가 담당한다고 규정하였는데(제10조 제1항), 이는 2018년 회사법의 '이사장, 집행이사 또는 경리'가 담당하는 것에 비해 실제 참여자에 치중함으로써 '명의 등록 법정대표자' 문제를 어느 정도 해소할 수 있을 것으로 기대된다.

한편, 민법전 규정과 연결하여, 법정대표자가 회사 명의로 행위할 경우 해당 행위의 법률적 결과를 회사가 부담한다고 규정하였다(제11조 제1항).[35] 또한, 내부 절차상의 문제를 이유로 선의의 상대방에 대해 대항할 수 없다고 규정하면서, 회사 내부에서 법정대표자의 권한에 대하여 어떠한 제한이 있든지 간에, 이를 모르는 상대방에 있어 그가 회사 명의로 하는 민사활동에 대하여 회사가 모든 법률책임을 지도록 하였다(제11조 제2항).

2. 주주총회

개정 회사법은 유한회사의 경우 '회사의 경영 방침 및 투자계획 결정'과 '회사의 연도재무예산안 및 결산안 심의 승인'에 관한 주주총회의 권한을 삭

35) 민법전 제61조 법률 또는 법인 정관의 규정에 따라 법인을 대표하여 민사활동에 종사하는 책임자를 법인의 법정대표자이다. 법정대표자가 법인의 명의로 종사하는 민사활동의 법률 결과는 법인이 감당한다. 법인 정관 또는 법인 권력기구의 법정대표자의 대표권에 대한 제한은 선의의 상대방에게 대항할 수 없다.
제62조 법정대표자가 직무 수행으로 인하여 타인에게 손해를 끼친 경우, 법인이 민사책임을 부담한다. 법인이 민사책임을 부담한 후 법률 또는 법인 정관의 규정에 따라 과실이 있는 법정대표자에게 배상을 청구할 수 있다.

제하고(제59조), 이를 다른 조항에 이전하지도 않았다(예를 들어 이사회 직권으로). 즉 이를 회사의 자치에 맡겼으며, 법에서 특별히 요구하지 않는다는 것이다. 또한, '주주총회는 회사채 발행에 대한 결의를 이사회에 수권할 수 있다'는 내용을 추가하였다. 주식회사의 경우, '유한회사의 주주총회 권한 규정을 준용한다'고 규정한 동시에(제112조), 개별적으로 주식의 발행(제152조), 자사주 매입(제162조), 회사의 재무적 지원(제163조), 주식으로 전환 가능한 회사채의 발행(제202조)에 관해 이사회에 수권할 수 있다고 규정하였다.

회사법의 주주총회 직권에 관한 규정이 강행규정에 해당하는지에 관한 논란이 있었는데, 주주총회 권한이 강행규정에 해당하며, 주주총회와 이사회, 감사 권한을 구분하는 것이 내부 견제와 균형 메커니즘을 형성하기 위함이므로, 주주총회 권한을 이사회에 부여할 수 없다는 견해와, 이는 강행규정에 해당하지 않으므로 자유롭게 이사회에 부여할 수 있고 이에 따른 이사회 결의가 유효하다는 견해로 갈린다. 개정 회사법 제59조 제2항은 "주주총회는 이사회에 회사채 발행에 대한 결의를 위임할 수 있다"라고 신설하였는데 이는 회사채 발행은 이사회에 위임하여 행사할 수 있지만 기타 직권은 위임할 수 없다는 것으로 해석될 수 있다. 이러한 이해에 의하면 주주총회 직권에 관한 규정은 강행규정으로 이사회에 부여할 수 없다.

한편, 주주총회의 소집과 의결과 관련하여 전자통신 방식이 허용되면서 비대면 주주총회도 가능하게 되었다(제24조).[36]

3. 직원대표 이사 제도 도입

2018년 회사법	개정 회사법
제44조 제1항 유한회사에서 이사회를 설치하되 그 구성원은 3인~~에서 13인이다. 단, 이 법 제50조에 별도의 규정이 있는 경우는 제외한다.~~ **제2항** ~~2개 이상의 국유기업 또는 2개 이~~	**제68조 제1항** 유한회사의 이사회는 3인 이상으로 구성하되 직원대표를 포함할 수 있다. 직원수가 300명 이상인 유한회사는, 법에 따라 감사회를 설립하고 감사회에 직원대표가 포함되어 있는 경우

36) 제24조 회사 주주총회, 이사회, 감사위원회는 전자통신 방식으로 의결할 수 있다. 회사정관에 별도의 규정이 있는 경우는 예외로 한다.

~~상의 기타 국유투자주체가 투자하여 설립한 유한회사의 이사회 구성원에 회사 직원대표를 포함해야 하고, 기타 유한회사 이사회 구성원에 회사 직원대표를 둘 수 있다.~~ 이사회의 직원대표는 회사 직원이 직원대표대회, 직원대회 또는 기타 형식의 선거를 통해 선출한다.	를 제외하고, 이사회에 직원대표를 포함해야 한다. 이사회의 직원대표는 회사 직원이 직원대표대회, 직원대회 또는 기타 형식의 민주 선거를 통해 선출한다.
제108조 제2항 이사회 구성원 중에는 회사 직원대표가 ~~있을 수 있다.~~ 이사회의 직원대표는 회사 직원이 직원대표대회, 직원대회 또는 기타 형식의 민주 선거를 통하여 선출한다.	**제120조** 주식회사는 이사회를 설치하며, 이 법 제128조에 별도의 규정이 있는 경우는 예외로 한다. 이 법 제67조, 제68조 제1항, 제70조, 제71조의 규정은 주식회사에 적용된다.

2018년 회사법은 "감사회 구성원은 주주 대표와 적당 비율의 직원대표로 구성되며, 그중 직원대표의 비율이 3분의 1보다 적어서는 아니 된다"고 하면서 감사회 내 직원대표 존재를 요구했는데(2018년 회사법 제117조 제2항), 개정 회사법은 이러한 직원대표 요구를 이사회 구성에 확대했다. 즉 유한회사의 이사회 구성원은 3인 이상이어야 하고, 구성원에 직원대표가 포함될 수 있다. 단, 직원 수가 300인 이상인 경우 감사회를 설치하고 직원대표를 두는 경우를 제외하고, 이사회 구성원 내에 직원대표를 포함해야 한다(제120조 제2항 · 제68조 제1항). 이는 국유 투자주체에서 강제적으로 요구되던 직원대표 이사 제도를 모든 회사로 확대 적용한 것이다(2018년 회사법 제44조 제2항).

개정 회사법은 직원대표 선출과 관련하여 직원대표대회와 직원대회 외에도 기타 민주적 방식으로 선출하는 것을 허용하고 있다. 따라서 직원대표대회나 직원대회를 설치하지 않은 기업에 「기업민주관리규정」[37]과 기타 지방 직원대표대회관리규정들을 적용할 필요 없이 원활하게 직원대표를 선출할 수 있다. 이러한 기타 민주적 방식은 전체 직원의 참여가 있고 투표, 의결 절차를 거쳤으며 관련 기록을 남겼다면 가능한 것으로, 이에 관한 구체적인 다른 규정이 없는 한, 특성 절차를 요구하지는 않는다.

37) 「企业民主管理规定」(2012年).

한편, 규모가 작거나 주주 수가 적은 회사는 이사회 대신 이사 1인만, 감사회 대신 감사 1인만 두거나 감사를 두지 않아도 된다(第75조 · 第83조 · 第128조 · 第133조). 이는 이사회나 감사회의 설치를 전제로 하는 직원대표 이사 또는 감사의 의무가 소규모 기업에는 적용되지 않음을 의미한다. 따라서 '규모가 작거나 주주 수가 적은' 기업이 이사회와 감사회를 설치하지 않을 경우, 직원 수가 300명을 초과하더라도 직원대표를 포함할 의무가 면제된다는 해석이 가능하다.

4. 이사회의 권한 개정

이사회 권한과 관련하여, 1차 개정안에서는 기존의 열거방식에서 "이 법과 회사정관에서 규정한 주주총회 직권 이외의 직권을 행사한다"고 개괄적으로 규정하였다가, 2차 개정안 이후 다시 열거방식으로 복귀하였다. 2018년 회사법과 비교하여 볼 때, 개정 회사법은 이사회 권한에서 '회사의 연간 재무예산안, 결산안의 제정'을 삭제했으며 이를 다른 조항으로 이전하지도 않았다(第67조).

중국 회사법은 1993년 회사법 시행 이후 줄곧 주주총회 중심의 지배구조를 유지해 왔다. 이러한 구조는 경영 의사결정 권한을 주주총회에 집중시켜 이사회가 집행기구로 종속시키는 특징이 있다. 이는 현대 기업의 소유와 경영의 분리를 강조하는 지배구조 관념에 부합하지 않는다. 이에 대해 입법자는 이번 개정을 통해 주주총회 중심 지배구조를 조정할 의향이 있는 것으로 보이나 그 방식이 상당히 조심스러워 보인다. 그 이유는 중국의 기업관리 모델의 경로 선택에 대해 여전히 논쟁이 있고, 1차 개정안이 공개된 후 의견을 수렴하는 과정에서 상당한 비판을 받았기 때문인 것으로 추정된다. 그러나 그 원인이 무엇이든 간에 이번 개정에서 주주총회의 결정 역할을 약화했지만 명확한 지배구조 전환이 이루어지지는 않아 다소 '이도 저도 아니'라는 느낌이 든다.

5. 하자 주주총회/이사회 결의의 구제 방식

개정 회사법 제25조, 제26조, 제27조는 하자가 있는 주주총회, 이사회 결의에 관한 규정을 명확히 정리하였다. 구체적으로 다음과 같다.

1) 무효

결의 내용이 법률 및 행정법규에 위반되면 결의는 무효이다(제25조).

2) 취소 가능

회의 소집 절차 또는 의결 방식이 법률, 행정법규, 정관을 위반하거나 결의 내용이 회사정관에 위반되는 경우 주주는 결의일로부터 60일 내에 취소 청구를 할 수 있다. 회의 참석을 통지받지 못한 주주는 결의 사실을 알거나 알 수 있었던 날로부터 60일 이내에 취소 청구를 할 수 있다(제26조).

2018년 회사법은 주주가 주주총회 결의일로부터 60일 이내에 취소 청구를 할 수 있다고 규정하였는데, 실무적으로 주주가 회의 참석을 통지받지 못하여, 주주총회 결의 사실을 모르고 그 권리가 확실히 보장받지 못하고 있었다. 이번 개정은 회의 참석을 통지받지 못한 주주에게 주주총회 결의를 취소하는 청구 시점을 해당 결의 사실을 알거나 알아야 하는 날로 규정하면서 이 부분 문제를 어느 정도 해소하였다.

한편, 개정 회사법은 주주총회, 이사회 회의의 소집 절차 또는 표결 방식에 경미한 하자만 있고, 결의에 실질적 영향을 미치지 않는 결의를 상술한 주주 취소권에서 제외시켰다. 이는 회사 결의의 안정성을 보호하고, 시장 거래의 안전성과 신뢰성을 보장하기 위함이다. 단, 소수주주의 합법적 권익에 어떤 영향을 미칠지는 지켜봐야 할 것이다.

3) 불성립

2018년 회사법은 결의가 성립하지 않는 경우에 관해 규정하지 않았는데, 개정 회사법은 결의의 불성립의 4가지 경우를 명시하였다(제27조).[38] 「회사

---

38) 제27조 다음 경우의 하나에 해당하는 경우 회사 주주총회, 이사회의 결의는 성립되지

법 사법해석(4)」 제5조의② 에서 불성립의 경우를 열거방식으로 규정한 바가 있는데, 개정 회사법은 이와 서술상의 차이를 제외하고 거의 일치하며, 단지 '결의가 성립되지 않는 기타 경우'라는 포괄적인 문구만 삭제하였다.

6. 감사회와 회계감사위원회

2018년 회사법	개정 회사법
제51조 제1항 유한회사가 감사회를 설치하는 경우 그 구성원은 ~~3인 이상~~이어야 한다. 주주 인수가 적거나 규모가 작은 유한회사는 ~~1~2인~~의 감사를 두고, 감사회를 설치하지 않을 수 있다. **제117조 제1항** 주식회사는 감사회를 설치하며, 그 구성원은 3인보다 적어서는 아니 된다.	**제69조** 유한회사는 회사정관의 규정에 따라 이사회 내부에 회계감사위원회를 설치하여 이 법에서 규정한 감사회의 직권을 행사하도록 할 수 있으며, 감사회나 감사를 설치하지 않을 수 있다. 회사의 이사회 구성원 중 직원대표는 회계감사위원회 구성원이 될 수 있다. **제83조** 규모가 작거나 인원수가 적은 유한회사는 감사회를 설치하지 않고 1인의 감사를 두어 이 법에서 정한 감사회의 직권을 행사하도록 할 수 있으며, 전체 주주의 만장일치로 감사를 두지 않을 수도 있다. **제121조** 주식회사는 회사정관의 규정에 따라 이사회에 이사로 구성된 회계감사위원회를 설치하여 이 법에서 정한 감사회의 직권을 행사하도록 할 수 있으며, 감사회나 감사를 설치하지 않을 수도 있다. 회계감사위원회는 3인 이상으로 구성된다. 과반수의 구성원은 회사에서 이사 외의 다른 직무를 담당해서는 아니되며, 독립적이고 객관적인 판단에 영향을 줄 수 있는 관계를 회사와 맺어서도 아니

아니한다. (1) 주주총회, 이사회를 소집하지 않고 결의하는 경우. (2) 주주총회, 이사회의 결의사항에 대하여 의결하지 않은 경우. (3) 회의 출석 인원수 혹은 의결권 보유자수가 이 법 또는 회사정관에서 규정한 인원수나 의결권 보유자수에 미달한 경우. (4) 결의 사항에 찬성하는 인원수 혹은 의결권 보유자수가 이 법 또는 회사정관에서 규정한 인원수나 의결권 보유자수에 미달한 경우.

	된다. 회사 이사회의 구성원 중 직원대표는 회계감사위원회의 구성원이 될 수 있다. 회계감사위원회의 결의는 회계감사위원 과반수의 동의로 가결된다. 회계감사위원회의 결의는 1인 1표제로 한다. 회계감사위원회의 의사결정 방식과 의결 절차에 대해 이 법 외에 회사정관을 통해 규정한다. 회사는 정관에 따라 이사회에 다른 위원회를 둘 수 있다.

회사의 지배구조는 중층제도(주주총회, 이사회, 감사회)와 단층제도(주주총회, 이사회(이사회 내 감사위원회)로 나눌 수 있는데, 개정 회사법은 기존 중층제도에서 선택적 단층제 지배구조를 도입하였다. 이에 따라 기업은 감사회를 설치할지 여부를 자주적으로 결정할 수 있으며, 감사회 또는 감사를 설치하지 않을 경우 회계감사위원회를 두어 감사회의 직권을 수행하도록 할 수 있다.

회계감사위원회의 도입은 감사 기능의 형식적 작동을 보완하려는 시도로 평가되지만, 주주총회 및 이사회와의 권력 균형을 형성하기에는 여전히 한계가 있다는 지적이 있다. 개정 회사법은 회계감사위원회의 기능, 책임, 독립성 보장 등에 대해 명시하지 않아, 회계감사위원회가 경영진이나 지배주주에 대한 실질적인 견제 역할을 할 수 있을지 의문을 남긴다. 이사회 산하의 회계감사위원회가 독립적으로 직무를 수행할 수 있을지, 실질적인 감독 기능을 발휘할 수 있을지는 지속적인 검토가 필요하다.

한편, 규모가 작거나 주주 수가 적은 회사의 경우 감사회를 두지 않고 감사 1인을 둘 수 있으며, 유한회사의 경우 주주의 만장일치로 감사를 두지 않을 수 있다(제83조, 제133조).

7. 이사, 감사, 고급관리인원의 의무와 책임 강화

1) 충실의무와 근면의무

개정 회사법은 이사, 감사, 고급관리인원의 충실의무와 근면의무에 대해 원칙적인 규정을 두었다. 충실의무와 관련하여 “자신의 이익과 회사의 이익이 충돌하지 않도록 조치를 취해야 하며, 직권을 이용하여 부당한 이익을 도모하여서는 아니 된다”고 규정하고, 근면의무와 관련하여 “직무를 수행하면서 회사의 최대 이익을 위하여 관리자가 통상적으로 가져야 하는 합리적인 주의를 다하여야 한다”고 명시하였다(제180조). 이는 법률 차원에서 최초로 충실의무와 근면의무의 의미에 대하여 규정한 것이다.

충실의무는 일종의 소극의무로, 이사, 감사, 고급관리인원이 회사의 이익에 손해를 끼쳐서는 안 된다는 것을 강조한다. 표현형식은 대부분 금지성 행위이다. 근면의무는 일종의 적극 의무로서 이사, 감사, 고급관리인원이 합리적인 주의의무를 다해야 한다고 강조한다. 특히 직무 수행 과정에서의 합리적 주의의무는 대부분 이사, 감사, 고급관리인원이 회사, 주주, 제3자에 대한 각종 직책 및 실책 시의 책임부담으로 표현되며, 각 부서의 직책이 다르기 때문에 근면하게 책임을 다하는 행위가 수없이 많아 근면의무의 구체적인 행위를 나열하지 않는다.

2) 이사, 감사, 고급관리인원의 충실의무

개정 회사법은 기존의 이사와 고급관리인원을 대상으로 했던 충실의무의 규율 대상을 감사로 확대하여, 감사의 의무를 이사 및 고급관리인원과 동등한 수준으로 강화하였다(제181조~제183조). 또한, 이사, 감사, 고급관리인원의 충실의무를 관련거래(关联交易) 제한(제182조),[39] 사업기회 도모 금지(제183

39) 제182조 이사, 감사, 고급관리인원이 직간접적으로 회사와 계약을 체결하거나 거래하는 경우 관련 사항을 이사회 또는 주주총회에 보고해야 하며 회사정관의 규정에 따라 이사회 또는 주주총회의 결의를 거쳐야 한다. 이사, 감사, 고급관리인원의 근친족, 이사, 감사, 고급관리인원 또는 그 근친족이 직간접적으로 지배하는 기업, 및 이사, 감사, 고급관리인원과 기타 관련관계(关联关系)가 있는 관계자가 회사와 계약을 체결하거나 거래하는 경우 전 항의 규정을 적용한다.

조 제1항), 경업 금지(제184조), 이해상충 이사의 회피 표결 의무(제185조) 등에서 명확히 하였다.

3) 이사, 감사, 고급관리인원의 책임 강화

개정 회사법은 이사, 고급관리인원이 직무 수행 과정에서 제3자에게 손해를 끼친 경우, 회사가 원칙적으로 배상책임을 지도록 하되, 이사, 고급관리인원이 고의 또는 중대한 과실이 있는 경우에 한해 배상책임을 부담하도록 규정하였다(제191조).

이 외에도, 이사, 감사, 고급관리인원의 직무상 책임을 다음과 같은 세부항목으로 규정하였다. 예컨대, 주주의 출자 납입에 대한 검증 및 독촉 의무로 인한 유책 이사의 손해배상책임(제51조, 제107조), 주주의 출자금 불법 회수에 의한 유책 이사, 감사, 고급관리인원의 연대배상 책임(제53조), 회사의 위법감자에 의한 유책 이사, 감사, 고급관리인원의 배상책임(제226조), 재무지원제도의 위반으로 인한 유책 이사, 감사, 고급관리인원의 배상책임(제163조), 주주에 대한 불법 이익 배당에 의한 유책 이사, 감사, 고급관리인원의 배상책임(제211조), 청산의무를 적시에 이행하지 않아 회사나 채권자에게 손실을 초래한 경우의 청산의무자(清算义务人)로서의 이사의 배상책임(제232조) 등.

8. 경리

개정 회사법은 경리의 직권과 관련하여, 유한회사의 경우, 기존의 열거방식 규정에서 "회사정관의 규정 또는 이사회에서 부여한 권한에 따라 직권을 행사한다"로 개정하였으며(제74조), 주식회사의 경우 기존의 "유한회사 경리 직권에 관한 규정을 적용한다"라는 내용을 삭제하고, 유한회사와 동일한 내용으로 규정하여 경리에 직권에 대한 구체적인 사항을 회사의 내부 결정에 맡겼다(제126조). 단, 이와 같은 개괄적 규정은 경리의 직무 범위를 명확히 하는 데 어려움을 초래할 가능성이 있으며, 특히 외부 거래 관계에서 경리의 권한 범위와 여부를 둘러싼 분쟁의 소지가 증가할 우려가 있다.

Ⅵ. 회사의 해산과 청산제도

1. 절차 사항

개정 회사법은 회사의 법정 해산 사유에 대해 실질적인 수정을 하지 않았고, 해산 사유가 발생한 후 10일 이내에 국가기업정보공시시스템에 공시해야 한다는 절차적 규정을 신설하였다(제229조 제2항). 이는 거래 상대방이 회사의 계약 이행 능력 및 신용 상태를 보다 쉽게 판단할 수 있도록 한다.

한편, 개정 회사법은 회사의 존속 여부를 회사정관의 변경 또는 주주총회의 다수결을 통해 결정할 수 있도록 규정하여(제230조 제1항) 회사의 자율성을 일정 부분 보장한다. 그 적용 요건은 회사정관에서 규정한 해산 사유가 발생하거나 주주총회에서 해산 결의를 한 동시에 주주에게 재산을 분배하지 않은 것이다.

2. 청산의무자와 그 책임

개정 회사법은 회사 청산의무자를 기존의 주주에서 이사로 변경하였으며, 정관에 별도 규정 또는 주주총회 결의를 통해 별도의 청산의무자를 지정할 수 있는 여지를 남겼다(제232조 제2항). 또한, '청산의무자가 청산의무를 제때에 이행하지 않아 손해가 발생할 경우 배상책임을 진다'는 민법전의 규정[40]과도 연결시켰다.

한편, 개정 회사법은 입법 차원에서 「최고인민법원의 회사법 적용에 있어서 약간의 문제에 관한 규정(2)」[41](이하 '회사법 사법해석(2)')와 맞물려 회사

40) 민법전 제70조 법인이 해산하는 경우, 합병 또는 분할의 경우를 제외하고 청산의무자는 적시에 청산조(清算组)를 구성하여 청산해야 한다. 법인의 동사(董事), 이사(理事) 등 집행기구 또는 의사결정기구의 구성원이 청산의무자이다. 법률, 행정법규에 별도의 규정이 있는 경우, 그 규정에 따른다. 청산의무자가 적시에 청산의무를 수행하지 않아 손해를 초래한 경우 민사책임을 져야 한다. 주관기관 또는 이해관계자는 인민법원에 관련 인원을 지정하여 청산조를 구성하여 청산을 할 것을 청구할 수 있다.

41) 「最高人民法院关于适用〈中华人民共和国公司法〉若干问题的规定(二)」(2008년) 제7조 제2항 다음 각 호의 하나에 해당하는 경우 채권자, 회사 주주, 이사 또는 기타 이해관계자가 인민법원에 청산조를 지정하여 청산할 것을 청구하는 경우, 인민법원은 접수해야 한다.

의 강제 청산의 신청 주체와 가동 사유를 조정하였다. 신청 주체는 '이해관계인'으로 개괄하여 표현하였는데(제233조 제1항), 2018년 회사법 규정의 '채권자'에 비해 주체 범위를 확대한 것이다.

3. 회사 말소제도

개정 회사법은 간이 말소절차(제240조)와 강제 말소절차(제241조)를 신설하였다. 간이 말소절차는 2018년의 「시장감독관리총국의 기업 간이말소 등기 개혁 시범 업무를 추가적으로 추진할데 관한 통지」,[42] 「시장 주체 퇴출제도 개혁방안의 가속화 완비」에서[43] 언급했던 제도인데 개정 회사법은 이를 법률로 격상시켰다. 구체적으로 전체 주주가 회사에 부채가 없음을 확약하고, 국가기업정보공시시스템 공고 기간동인 이의가 없는 경우 회사등기기관에 말소를 신청할 수 있다.

단, 상기 확약이 사실과 다를 경우 주주는 말소 전의 채무에 대해 연대책임을 져야 한다(제240조). 이는 회사법 사법해석(2) 제20조 제1항의 규정을 흡수한 것으로, 주주 책임의 확대를 방지하는 데에 의미가 있다.

간이 말소는 신청에 따라 진행하는 것에 비해, 강제 말소는 등기기관이 직권으로 할 수 있다. 회사의 영업허가증이 말소되거나, 폐쇄 명령 또는 취소결정 이후 만 3년이 지나도 회사 등기기관에 말소 등기를 신청하지 않은 경우, 등기기관은 국가기업정보공시시스템에서 공고한 후 말소 등기를 진행할 수 있다(제241조 제1항). 새로 도입된 강제 말소제도는 행정허가법 제70조 제4항의 규정에 기초한 것이다. 이는 회사 등기기관에게 말소 직무를 수행할 법적 근거를 제공하며, '좀비기업'을 정리하는데 해결책을 제공한다.

그 외에도 회사의 등기와 공시제도, 회사채 제도, 1인 주식회사와 국가출자회사 및 상장회사에 관련하여 일부 수정 사항이 있으나 자세한 내용은 생략한다.

---

42) 「市场监管总局关于开展进一步完善企业简易注销登记改革试点工作的通知」(2018年).

43) 「加快完善市场主体退出制度改革方案」(2019年).

제4절 중국 회사법 최신 개정의 의미

2023년 개정 회사법은 단순한 법률 개정의 범주를 넘어, 중국 경제와 기업 운영의 현대화 및 국제적 경쟁력 제고를 위한 종합적이고 체계적인 법제 개선의 일환으로 볼 수 있다. 특히, 회사 자본제도의 정비, 소수주주와 채권자 보호의 강화, 기업 설립과 퇴출 절차의 명확화, 기업 지배구조의 개선 등을 통해 기업 운영의 투명성을 높이고 시장 신뢰를 제고하려는 의지를 담고 있다. 한편, 이번 개정은 단기적으로는 새로운 제도의 도입 등으로 인해 법률의 실무적 적용 과정에서 새로운 도전과 과제를 수반할 가능성이 있다. 특히 이중대표소송제도와 주주 실권제도의 도입 등은 기업 내 분쟁을 예방하고 해결하는 데 필요한 추가적 장치와 세부적인 규정이 뒷받침되지 않으면, 오히려 혼란을 초래할 여지도 있다. 따라서, 법률의 실효성을 담보하기 위한 세부 규정의 정비와 실무적 조율은 향후 지속적으로 논의되어야 할 과제로 남아 있다.

주요 참고문헌

오일환, "2023년 중국 회사법의 전면 개정과 기업경영에 미치는 영향", 「중국법연구」 제55집(2024).

김건식 외, 『회사법(제2판)』, 박영사, 2021년.

李建伟, "关联公司法人人格否认的实证研究", 『法商研究』(2021年第6期).

曹慧敏 · 陈汉文, "公司违法减资时股东对于债权人的责任", 『人民司法(应用)』(2023年第31期).

王翔, "新《公司法》时代背景与内容解读", 『中国法律评论』(2024第2期).

朱慈蕴, "公司法人格否认_从法条跃入实践", 『清华法学』(2007年第2期).

李建伟, 『公司法学(第四版)』, 中国人民出版社, 2018年.

甘培忠等, 『企业与公司法学』, 北京大学出版社, 2021年.

王军, 『中国公司法(第2版)』, 高等教育出版社, 2017年.

最高人民法院民事审判第二庭, 『全国法院民商事审判审判工作会议纪要理解与适用』, 人民法院出版社, 2019年.

朱慈蕴, 『公司法理论、实践与改革』, 当代中国出版社, 2024年.

赵旭东等, 『新公司法条文释解』, 法律出版社, 2024年.

赵旭东等, 『新公司法讲义』, 法律出版社, 2024年.

제 8 장

중국 지식재산권 법제의 개정과 변화

제8장 중국 지식재산권 법제의 개정과 변화

제1절 중국 지식재산권 법제의 최근 동향과 발전 흐름

중국의 지식재산권 법제는 격변의 시대 속에서 역동적인 변화를 겪고 있다.

가장 역동적인 변화를 겪고 있는 분야는 상표법과 부정경쟁방지법이다. 상표법은 1982년에 제정된 이후 총 4차례의 개정을 거쳤다. 최근 5년 내의 동향을 보면, 2019년에 제4차 개정 상표법이 시행되었고, 불과 4년 만인 2023년에 상표법 제5차 개정에 관한 의견수렴안이 발표되어, 그 작업이 현재 진행 중이다.[1)] 1993년에 제정된 부정경쟁방지법은 2017년 제1차 개정을 거

1) 중국 최초 상표법은 1982.8.23. 제5기전인대상무위 제24차회의에서 통과되었다. 그리고 제1차 개정은 1993.2.22. 제7기전인대상무위 제30차회의에서, 제2차 개정은 2001.10.27. 제9기전인대상무위 제24차회의에서, 제3차 개정은 2013.8.30. 제12기전인대상무위 제4차회의에서, 제4차 개정은 2019.4.23 제13기전인대상무위 제10차회의에서 통과된 바 있다. 제5차 개정안에 관해서는 国家知识产权局, "「关于中华人民共和国商标法修订草案(征求

치고, 2019년 제2차 개정을 거쳤으나, 불과 3년 만인 2022년에 부정경쟁방지법 제3차 개정에 관한 의견수렴안이 발표되어, 그 작업이 아직 진행 중이다.[2] 그러나 이 두 분야 법률의 개정 내용이 확정된 것은 아니므로, 이 글에서는 일단 논외로 한다.

이 글의 핵심 연구 대상인－최근 5년 내에 통과되어 현행법으로 시행 중인 것을 짚어보면 다음과 같다.

1. **특허법 분야**: 2020년 10월 17일 전인대상무위회에서 통과된 제4차 개정 특허법은 2021년 6월 1일부터 시행되고 있다. 중국 최초의 특허법은 1984년에 제정되었고, 그 이후 총 4차례의 개정이 있었다.[3] 1992년 제1차 개정은 중국 내 특허권의 보호 수준을 국제사회가 보편적으로 받아들일 수 있는 수준으로 높이기 위한 것이다. 그 이후 1994년 중국은 「PCT(특허협력조약)」에 가입하였고, 2001년의 「TRIPs협정」에 가입하기 위하여, 그 준비 작업으로 2000년에 특허법을 제2차 개정하였다. 제2차 개정은 국제조약과의 일치성을 확보하기 위한 것이다. 이처럼 제1차·제2차 개정은 외부의 영향을 받아서 수동적으로 진행되었다. 2008년 제3차 개정 특허법은 「국가 지식재산권 전략 강요」를 체계적으로 실시하고, 경제발전방식을 전환하고자 새로운 시대적 요구에 부응하기 위한 것이다. 2020년에 개정된 제4차 특허법은 특허제도를 보완하고 과학기술의 혁신을 촉진함으로써 사회경제의 질적 발전을 실현하기 위하여 국내 상황에 비추어 개정된 것이다.

意见稿)」公开征求意见的通知", 2023.1.13., 〈https://www.cnipa.gov.cn/art/2023/1/13/ art_75_181410.html〉(최종 접속: 2024.10.15.).

2) 중국 최초 부정경쟁방지법은 1993.9.2. 제8기전인대상무위 제3차회의에서 통과되었다. 그리고 제1차 개정은 2017.11.4 제12기전인대상무위 제30차회의에서, 제2차 개정은 2019.4.23 제13기전인대상무위 제10차회의에서 통과된 바 있다. 제3차 개정안에 관해서는 国家市场监管总局, "「关于公开征求中华人民共和国反不正当竞争法(修订草案征求意见稿)」意见的公告", 2022.11.22., 〈https://www.samr.gov.cn/hd/zjdc/art/2023/art_53f286b0f8a64545a52f92db0aeb8162.html〉(최종 접속: 2024.10.15.).

3) 최초 특허법은 1984.3.12. 제6기전인대상무위 제4차회의에서 통과되었다. 그 이후 제1차 개정은 1992.9.4. 제7기전인대상무위 제27차회의에서, 제2차 개정은 2000.8.25. 제9기전인대상무위 제17차회의에서, 제3차 개정은 2008.12.27. 제11기전인대상무위 제6차회의에서, 제4차 개정은 2020.10.17. 제13기전인대상무위 제22차회의에서 통과되었다. 덧붙여, 중국 특허법은 발명·디자인권·실용신안권을 함께 다룬다.

2. 저작권법 분야: 2020년 11월 11일 전인대상무위에서 통과된 제3차 개정 저작권법이 2021년 6월 1일부터 시행되고 있다. 1990년에 제정된 저작권법은 그 이후 3차례의 개정이 있었다.[4] 1990년 최초의 저작권법을 제정할 당시 중국은 저작권에 관한 국제적 보호 체계에 가입하지 않았다. 그러다가 중국이 대외적으로 개방하고 무역이 발전하면서, 저작권에 관한 양자적, 다자적 충돌이 드물지 않게 발생하였다. 1992년에 체결된 「중·미 지식재산권 보호에 관한 양해각서」에 따라, 중국은 「베른협약(1992년 가입)」, 「세계저작권협약(2007년 및 2013년 가입)」, 「제네바협약(1993년 가입)」에 가입하는 것과 「국제 저작권조약의 실시에 관한 규정」을 실시함으로써 WTO의 가입을 추진하였다. 이런 영향을 받아 2001년, 2010년 각각 제1차 및 제2차 저작권법의 개정이 진행되었다. 2020년 제3차 저작권법 개정은 외부의 영향을 받지 않고, 새로운 국제 저작권 환경과 정보기술시대 등의 배경을 염두에 두고 중국 내부의 사정을 고려한 것이다.[5]

3. 지식재산권에 관한 소송(이하 '지재소송')**과 관할집중제도**: 중국의 지재소송에서 관할집중제도의 기본이념은 '삼심합일'이다. 이는 지식재산권에 관한 민사·형사·행정 사건의 관할을 특정 법원으로 집중시키는 것을 의미한다. 그러나 그런 기본이념 하에 관할집중제도를 구축해 온 것에도 불구하고 현실적으로는 민사·행정 사건의 관할집중만이 이루어지고 있다. 이는 중국의 방대한 사법체계에서 지식재산권에 관한 소송만을 분리하여 정치한 소송체계를 다시 구축한다는 것은 매우 어려운 작업이라는 점을 보여주는 대목이기도 하다. 최고인민법원 지식재산권법정(이하 '최고법지재법정')의 관할집중제도를 규정한 「지식재산권 법정에 관한 규정(이하 '최고법지재법정규정')」은 2018년에 제정된 이후 2023년에 개정되었다.[6] 그리고 지식재산권에 관한

4) 최초 저작권법은 1990.9.7. 제7기전인대상무위 제15차회의에서 통과되었다. 그 이후 제1차 개정은 2001.10.27. 제9기전인대상무위 제24차회의에서, 제2차 개정은 2010.2.26. 제11기전인대상무위 제13차회의에서, 제3차 개정은 2020.11.11. 제13기전인대상무위 제23차회의에서 통과되었다.

5) 중국 저작권법의 연혁과 배경에 관해서는 吴汉东, 『知识产权法』, 法律出版社, 2021年, 148~149页.

6) 「关于知识产权法庭若干问题的规定」, 최고인민법원(심판위원회 제1756차 회의) 2018

중등법원급 전문법원으로 2014년에 설치된 북경·상해·광주 지식재산권법원(이하 '북·상·광 지재법원')에 이어 2020년에는 해남자유무역항지식재산권법원(이하 '해남지재법원')이 설치되었다.

이 글은 위의 동향 중에서도 현행법으로 시행 중인 것만을 분석한다. 그리고 용어에 관해, 중국법상 용어라고 하더라도 정부기관의 명칭은 직역하여 사용하고, 그 외 법률상 용어는 모두 한국법상 해당 용어 혹은 한국법상의 것을 바탕으로 번역한 용어를 사용한다.[7)]

제2절 중국 지식재산권 법제 분야별 신·구조문 대조 분석

Ⅰ. 특허법 분야

1. 손해배상제도

1) 손해배상액 산정의 기초

舊 특허법(2008년 제3차 개정)	현행 특허법(2020년 제4차 개정)
제65조 제1항 ~~특허권 침해의 배상액은 권리자가 침해행위로 인하여 받은 실제 손해에 따라 확정한다. 실제 손해를 확정하기 곤란한 경우, 침해자가 침해행위로 인하여 얻은 이익에 따라 확정할 수 있~~	제71조 제1항 특허권 침해의 배상액은 권리자가 침해행위로 인하여 받은 실제 손해 또는 침해자가 침해행위로 인하여 얻은 이익에 따라 확정한다. 권리자의 손해 또는 침해자가 얻은 이익을 확정하기

년 통과.

7) 예컨대, 국가지식재산권국(国家知识产权局), 국가판권국(国家版权局), 국가시장관리감독총국(国家市场监管总局), 최고인민법원(最高人民法院), 지식재산권법원(知识产权法院), 최고인민법원 지식재산권법정(最高人民法院知识产权法庭) 등과 같은 국가기관에 관한 명칭들은 직역한 용어를 사용한다. 그리고 이 글에서 반복적으로 나타나는 몇 가지 중요한 용어를 짚어보면 다음과 같다. 중국법에서는 지식재산권, 특허권, 저작물, 디자인권, 실용신안권, 영업비밀, 반도체집적회로배치설계권, 품종보호권에 해당하는 용어로 각각 지식산권(知识产权), 전리권(专利权), 작품(作品), 외관설계전리(外观设计专利), 실용신형전리(实用新型专利), 상업비밀(商业秘密), 집성전기노선배치도설계권(集成电路布图设计权), 품종권(品种权)을 사용한다.

~~다.~~ 권리자의 손해 또는 침해자가 얻은 이익을 확정하기 곤란한 경우, 해당 특허의 실시허락사용료의 배수를 참고하여 합리적으로 확정한다. 배상액에는 권리자가 침해행위를 제지하기 위하여 지급한 합리적 비용도 포함되어야 한다.	곤란한 경우, 해당 특허의 실시허락사용료의 배수를 참고하여 합리적으로 확정한다. 고의적으로 특허권을 침해한 것에 대해서는, 정황이 엄중한 경우 앞의 방법으로 확정된 액수의 1배 이상 5배 이하의 배상액을 확정할 수 있다.

특허권 침해에 대한 손해배상액은 실제 손해 혹은 권리침해로 얻은 부당이득을 기준으로 산정한다. 상표법·부정경쟁방지법·종자법은 손해배상액을 산정하는 것에 있어서 실제 손해를 우선 확정하고, 그것을 확정하기 곤란한 경우에야 권리침해로 얻은 이익을 기준액으로 확정할 수 있다고 하여, 그 순서에 관해 규정한다. 그러나 특허법 제71조 제1항은 그런 순서에 관한 규정을 완화한다. 즉, 특허권 침해에 따른 손해배상액의 산정에 있어서, 권리자가 침해행위로 인하여 받은 실제 손해 또는 침해자가 얻은 부당이득에 따라 확정할 수 있게 된 것이다.

이런 순서에 관해, 2000년 특허법 제2차 개정 당시에는 제4차 현행 특허법과 동일하게 '실제 손해 또는 침해행위로 얻은 이익'이라고 하여 그 순서는 무관한 것으로 규정하고 있다가, 2008년 제3차 개정에서 순서를 규정하는 조항으로 바뀐 것이다. 제3차 개정에서 그렇게 한 이유는 특허권 침해에 따른 배상액은 '손해의 보전'이라는 기본 원칙에 따라, 특허권자의 실제 손해에 따라 우선 산정하도록 한 것에 있다. 그러나 특허법 제4차 개정 당시 이 부분에 대한 법원의 문제 제기가 있었다. 즉, 권리자의 손해와 권리를 침해한 자가 얻은 이익 2가지는 모두 산정하기가 쉽지 않고, 그럼에도 법원에 권리자의 손해 여부를 논증하게 하고, 그다음으로 권리를 침해한 자가 얻은 부당이익에 대해 논증하게 하는 것은 과중한 부담이라는 지적이 있었다. 제4차 개정에서는 이런 문제를 해결하기 위하여, 제2차 개정에서의 그것과 같이 순서를 완화하는 규정으로 다시 개정하였다. 이런 개정은 권리자의 손해아 권리를 침해한 자가 얻은 이익 중 본인에게 유리한 산정 기초를 선택할 수 있게 한다.[8]

2) 징벌적 손해배상제도

舊 특허법(2008년 제3차 개정)	현행 특허법(2020년 제4차 개정)
제65조 –	**제71조 제1항** 특허권 침해의 배상액은 권리자가 침해행위로 인하여 받은 실제 손해 또는 침해자가 침해행위로 인하여 얻은 이익에 따라 확정한다. 권리자의 손해 또는 침해자가 얻은 이익을 확정하기 곤란한 경우, 해당 특허의 실시허락사용료의 배수를 참고하여 합리적으로 확정한다. <u>고의적으로 특허권을 침해한 것에 대해서는, 정황이 엄중한 경우 앞의 방법으로 확정된 액수의 1배 이상 5배 이하의 배상액을 확정할 수 있다.</u>

특허법상 징벌적 손해배상제도는 2020년 제4차 개정 특허법에서 도입된 것이다. 도입 이유는 아무래도 특허권의 침해가 다반사로 발생하는 현실에 비해, 손해배상이 높지 않았던 것에 있다.

특허법 제71조 제1항은 "고의적인 특허권 침해에 대해서, 정황이 심각한 경우, 위의 방법으로 확정된 액수의 1배 이상 5배 이하의 배상액을 확정할 수 있다"고 하여, 특허권 침해에 관한 징벌적 손해배상제도를 도입한다. 특허권 침해를 이유로 한 징벌적 손해배상은 최고인민법원의 「지식재산권 침해에 관한 민사사건을 심리하는 것에 있어서 징벌성 배상을 적용하는 것에 관한 해석(이하 '징벌적 배상 사법해석')」[9]에서 규정한 바와 같이, 주관적 요건으로서 '고의'와 객관적 요건으로서 '정황의 엄중성'을 충족해야 한다.

재판례 중에는 피고가 원고 특허권에 대해 청구한 무효선고가 기각된 것에도 불구하고, 특허권을 침해하는 행위를 계속한 것은, 현저한 주관적 고의에 해당한다고 판단한 것이 있다.[10] 다른 한편, 피고가 제조·판매·청약

8) 陈扬跃 · 马正平, "专利法第四次修改的主要内容与价值取向", 『知识产权』, 2020年第12期, 第7~8页.

9) 「关于审理侵害知识产权民事案件适用惩罚性赔偿的解释」, 최고인민법원(심판위원회 제1831차 회의) 2021년 통과.

10) 北京知识产权法院(2019)京73民初1304号民事判决书.

판매(许诺销售)를 통해 권리를 침해하는 것은, 원천적인 권리침해행위로서 그 성격은 매우 엄중하다고 판단한 재판례가 있다.[11] 배수의 확정에 관해, 디자인권의 침해에 징벌적 손해배상을 적용한 재판례 중, 문제 된 특허의 저명도, 주관적 악의의 정도, 권리침해 행위의 지속 기간 및 침해 범위 4가지 요소를 고려하여 2배의 배수를 확정한 것이 있다.

3) 법정배상액의 증액

舊 특허법(2008년 제3차 개정)	현행 특허법(2020년 제4차 개정)
제65조 제2항 권리자의 손해·침해자가 얻은 부당이득 및 특허 실시허락 이용료를 모두 확정하기 곤란한 경우라면, 인민법원은 특허권의 유형, 침해행위의 성질과 정황 등의 요소에 근거하여, ~~1만 위안 이상 100만 위안 이하의~~ 배상을 확정할 수 있다.	**제71조 제2항** 권리자의 손해·침해자가 얻은 부당이득 및 특허 실시허락 이용료를 모두 확정하기 곤란한 경우라면, 인민법원은 특허권의 유형, 침해행위의 성질과 정황 등의 요소에 근거하여, 3만위안 이상 500만 위안 이하의 배상을 확정할 수 있다.

법정배상액은 권리자의 손해·침해자가 얻은 이익·특허허락실시료를 모두 확정하기 곤란한 경우, 특허권의 종류·침해행위의 성질·상황 등의 요소를 고려하여 법원에 의해 산정되는 배상액이다. 법정배상액을 통한 구제는 특허권 침해에 따른 배상액의 산정에서 최후의 수단으로 설정되어 있으나, 현실적으로는 법정배상을 적용한 사건이 90%에 이른다는 연구가 있다. 그러나 입법자의 의도를 확인해 보면, 구체적인 소송에서 당사자와 사법기관이 다양한 방법을 동원해서 권리자의 손해·침해자가 얻은 이익·특허허락실시료 등의 정황을 규명함으로써, 권리침해에 따른 손해배상액을 정확하게 산정할 수 있도록 하는 것이고, 법정배상에 과도하게 의지하여 손해배상액을 산정하는 것을 지양하려는 것이다.[12]

여하튼, 개정 특허법 제71조 제2항은 특허권 침해에 대한 배상액이 낮다는 고질적인 문제를 해결하기 위하여, 법정배상액을 종전의 '인민폐 1만 위

---

11) 广州知识产权法院(2020)粤73民初4915号民事判决书.

12) 陈扬跃·马正平, 前引论文, 第9页.

안 이상 100만 위안 이하'에서 '인민폐 3만 위안 이상 500만 위안 이하'로 상향 조정하였다.

4) 문서제출명령제도

舊 특허법(2008년 제3차 개정)	현행 특허법(2020년 제4차 개정)
제65조 –	**제71조 제4항〈신설〉** 권리자가 입증책임을 다하였으나, 침해행위와 관련된 주요 장부·자료를 침해자가 지배하고 있는 상황이라면, 인민법원은 배상액을 확정하기 위하여 침해자에게 침해행위에 관한 장부·자료를 제출할 것을 명할 수 있다. 침해자가 제출하지 않거나 허위의 장부·자료를 제출하는 경우, 인민법원은 권리자의 주장과 제공된 증거를 참고하여 배상액을 판정할 수 있다.

특허법 제71조 제4항은 특허소송에서의 고질적인 문제-'입증의 어려움'을 해결하고, 특허권자의 입증책임을 감경하기 위해 문서제출명령제도를 도입하였다. 즉, 법원은 배상액을 확정하기 위하여 권리자가 입증을 충실하게 하였음에도 불구하고, 권리침해행위에 관한 장부·자료 등이 권리를 침해한 자의 지배하에 있다면, 권리를 침해한 자에게 그 장부와 자료의 제출을 명령할 수 있다. 가령 권리를 침해한 자가 제출하지 않거나 허위의 장부나 자료를 제출할 경우, 법원은 권리자의 주장과 제공된 증거에 근거하여 배상액을 산정할 수 있다. 유의해야 할 점은, 문서제출명령제도는 권리침해에 따른 손해액에 관한 증거에만 적용되는 것이고, 권리침해행위의 구성 여부에 관해서는 적용되지 않는다.

2. 소 제기 전 보전제도

舊 특허법(2008년 제3차 개정)	현행 특허법(2020년 제4차 개정)
제66조 제1항 특허권자 또는 이해관계자는, 타인이 특허권 침해, 그 권리의 실현	**제72조** 특허권자 또는 이해관계자는, 특허권의 침해가 타인에 의해 이루어지고

을 방행하는 행위를 실시하고 있거나, 실시 예정이고, 그런 행위를 즉시 제지하지 않을 경우, 그 합법적인 권익에 회복할 수 없는 손해가 발생할 것이라는 점을 증명할 수 있는 증거가 있다면, 제소 전에 인민법원에 관련 행위의 정지(停止)를 명하는 조치를 신청할 수 있다.	있거나, 이루어질 예정이고, 권리의 실현이 방해되어서, 즉시 제지하지 않는 경우 그 합법적 권익에 회복할 수 없는 손해가 발생할 수 있다는 점을 증거로써 증명할 수 있다면, 소 제기 전에 법에 따라 인민법원에 재산보전을 신청할 수 있고, 일정한 행위를 행하거나 금지하는 것을 명하는 조치를 구할 수 있다.
第67조 第1항 증거가 멸실 혹은 향후에 취득하기 어려운 상황인 경우라면, 특허권자 또는 이해관계자는 소 제기 전에 인민법원에 증거보전을 신청할 수 있다.	**第73조** 증거가 멸실 혹은 향후에 취득하기 어려운 상황인 경우라면, 특허권자 또는 이해관계자는 소 제기 전에 법에 따라 인민법원에 증거보전을 신청할 수 있다.

특허법상 '제소 전 보전제도'는 TRIPs협정 제50조에서 규정한 잠정조치를 수용한 것이다.[13] 제4차 특허법 개정에서는 이 부분에 관해 2012년 개정 민사소송법에서 재산보전 · 행위보전 · 증거보전에 관한 제반 규정을 도입했다는 점을 고려하여, 특허법상 행위보전 및 증거보전에 관한 구체적인 설차적 규정을 모두 삭제하고, 민사소송법상 그것과의 연계성 규정만을 남겨두었다. 구체적인 절차적 사항에 관해서는 획일적으로 민사소송법의 규정을 적용하도록 한 것이다.

그리고 舊 특허법 제66조는 법원에 '행위의 정지를 명하는 조치'를 구할 수 있다고 규정하고 있었으나, 개정 특허법 제72조는 '일정 행위의 실시 혹은 금지에 관해 명해줄 것'을 신청할 수 있다고 하여, 소 제기 전에 법원에 구할 수 있는 보전조치의 범위를 확대하였다.

3. 성실신용의 원칙과 특허권 남용 금지의 원칙

舊 특허법(2008년 제3차 개정)	현행 특허법(2020년 제4차 개정)
–	第20조〈신설〉 특허출원과 특허권의 행사

13) 저작권법 제56조~제57조; 상표법 제65조~제66조 등에서도 제소 전 보전제도를 규정한다.

	는 성실신용의 원칙을 준수해야 한다. 특허권을 남용하여 공공의 이익 혹은 타인의 합법적 권익에 손해를 끼쳐서는 안 된다. 특허권을 남용하여, 경쟁을 배제하거나 제한함으로써, 독점행위를 구성하는 경우, 「중화인민공화국 반독점법」에 의하여 처리한다.

'특허권 남용 금지의 원칙'은 특허법에 명시적으로 규정된 바는 없고, 반독점법 제68조에 '지식재산권의 남용'으로 규정되어 있었을 뿐이었다.[14] 그러다가 제4차 개정을 거친 현행 특허법 제20조는 성실신용의 원칙을 도입하는 것과 동시에 특허권 남용 금지의 원칙을 도입하였다.

이 원칙을 도입한 이유는, 특허를 신청하거나 이용하는 과정에서 '불성실'의 문제가 드물지 않게 발생해 온 것에 있다. 예컨대, 기술방안을 조작하거나 허구의 실험 데이터를 작성하여 특허권의 취득을 노리는 경우가 있었다. 한편 실용신안권이나 디자인권은 출원 시, 실질심사를 받지 않기 때문에, 이런 점을 이용하여 고의적으로 타인의 선행기술, 선행디자인을 특허 등록하려고 시도하는 경우가 있었다. 다른 한편, 특허출원서의 청구항을 작성하는 것에 있어서 모호한 표현을 사용하여, 특허권을 취득한 다음 상대방에게 권리침해의 내용증명을 발송하여 실시료를 청구하거나 특허권 침해의 소를 제기하여, 합의금을 요구하는 경우가 있었다.[15] 현행법은 이런 문제들을 해결하고자 '성실신용의 원칙'을 명시하고, 반독점법상 '지식재산권 남용 금지의 원칙'과 연계되는 제20조를 도입하였다.

14) 제68조 사업자가 지식재산권에 관한 법률, 행정법규의 규정에 따라 지식재산권을 행사하는 행위는 반독점법의 적용을 받지 않는다. 그러나 사업자가 지식재산권을 남용하여 경쟁을 제한하거나 배제하는 행위를 한 것에 대해서는 이 법을 적용한다.

15) 陈扬跃 · 马正平, 前引论文, 10页.

4. 디자인권

1) 부분 디자인의 도입

舊 특허법(2008년 제3차 개정)	현행 특허법(2020년 제4차 개정)
제2조 제4항 디자인이란, 제품의 형상·도안 혹은 그 결합 및 색채·형상·도안의 결합으로 만들어진 풍부한 미감이 있는 것으로서, 공업적 이용에 적합한 새로운 설계를 말한다.	**제2조 제4항** 디자인이란, 제품 전체 혹은 부분의 형상·도안 혹은 그 결합 및 색채·형상·도안의 결합으로 만들어진 풍부한 미감이 있는 것으로서, 공업적 이용에 적합한 새로운 설계를 말한다.

舊 특허법에서는 디자인권에 관해, "제품의 형상, 도안 또는 그 결합 및 색채와 형상, 도안의 결합으로 만들어진 풍부한 미감이 있고 공업적 이용에 적합한 새로운 설계를 말한다"고 규정하고 있었기 때문에, 디자인권이 미치는 보호범위가 제품 전체에 관한 것인지, 부분에 관해서도 적용되는 것인지 불분명하였다. 舊 특허법에서는 이에 관한 2가지 해석론이 있었다. 첫째, 특허법에 명확한 규정이 없으므로, 법률에서는 제품의 부분디자인을 특허권 보호의 객체에서 제외하지 않는다는 것 그리고 둘째, 국가지식재산권국의 「특허심사지침」－제3장 7.4에서 디자인권을 부여할 수 없는 경우로 "(3) 제품을 분할할 수 없거나 단독으로 판매할 수 없고 단독으로 사용할 수 없는 부분적 디자인"을 규정하고 있으므로, 특허법상 규정이 명확하지 않다고 하더라도, 해당 지침에 따라 부분 디자인은 특허권을 받을 수 없다는 2가지 해석이 그것이다. 제4차 개정이 있기 전까지, 후자의 견해가 실무상 지배적이었다. 이런 해석은 디자인산업의 혁신을 위축시키는 폐해로 이어졌다. 특히 디자인권의 국제 우선권 주장에 큰 걸림돌이 되었다. 설계자는 디자인이 완성되면 우선 본국에서 특허출원을 하게 되는데, 부분적 디자인은 특허를 받을 수 없으므로 제품 전체를 포함하여 디자인권을 출원할 수밖에 없다. 이 경우 국내에서 출원된 제품 전체를 우선권 주장의 기초로 하여 해외에서의 부분적 디자인 출원이 불가능하다. 반대로 해외에서 출원된 부분적 디자인도 중국 국내로의 출원 및 우선권의 주장이 불가능하다. 중국은 부분적 디자인권을 인정

하지 않았기 때문에, 해당 부분적 디자인을 중국 국내에 출원하기 위해서는 전체 디자인권으로 수정해야만 했다.[16] 이런 문제를 해결하기 위해 제4차 개정 특허법은 부분디자인권을 명문으로 규정하게 된 것이다.

2) 디자인권의 존속기간 연장

舊 특허법(2008년 제3차 개정)	현행 특허법(2020년 제4차 개정)
제42조 발명 특허권의 존속기간은 20년, 실용신안 특허권과 디자인 특허권의 존속기간은 10년으로 하며, 모두 신청일로부터 기산한다.	**제42조 제1항** 발명 특허권의 존속기간은 20년, 실용신안 특허권의 존속기간은 10년, 디자인 특허권의 존속기간은 15년으로 하고, 모두 신청일로부터 기산한다.

1984년에 제정된 특허법은 디자인권의 존속기간을 5년으로 하고, 만료되는 경우에는 3년을 더 연장할 수 있도록 했다. 1992년 제1차 특허법 개정에서는 그 존속기간을 10년으로 개정함으로써 실용신안권과 동일한 보호기간을 설정하였다. 이는 현행법으로 개정되기 전까지 유지되었다.

현행법으로의 개정에 있어서 중국은 「산업디자인의 국제기탁에 관한 헤이그협정」에 가입하기 위하여, 이 협정에서 규정한 디자인권의 존속기간을 수용함으로써, 제42조 제1항에서 그 존속기간을 15년으로 개정하였다. 아울러, 중국은 현행법 시행 이후 2022년에 곧바로 헤이그협정에 가입했고, 이 협정에 따른 산업 디자인특허의 국제출원 체제를 구축해 두고 있다.

3) 디자인권의 국내우선권

舊 특허법(2008년 제3차 개정)	현행 특허법(2020년 제4차 개정)
제29조 제2항 신청인이 발명 혹은 실용신안에 관해 중국에 제1차로 특허신청한 날로부터 12개월 내에, 다시 국무원특허행정기관에 동일한 주제의 특허를 다시 신청하는 경우, 우선	**제29조 제2항** 신청인이 발명 혹은 실용신안에 관해 중국에 제1차로 특허신청한 날로부터 12개월 내에, 또는 디자인에 관해 중국에 제1차로 특허신청한 날로부터 6개월 내에, 다시 국무원특허행정기관에 동일한

16) 이런 문제의 지적은 严若艳 · 吴溯 · 张跃平 · 卞永军, "局部外观设计保护制度研究", 『专利法研究』, 知识产权出版社, 2015年, 170~185页.

권을 향유할 수 있다.	주제의 특허를 다시 신청하는 경우, 우선권을 향유할 수 있다.

舊 특허법에서는 특허권과 실용신안권에 대해서만 국내우선권을 규정하고 있었으나, 제4차 개정 특허법에서는 디자인권에 대해서도 국내우선권을 규정하였다. 제29조 제2항은 "신청인이 디자인을 중국에 제1차로 특허신청한 날로부터 6개월 내에, 다시 국무원특허행정기관에 동일한 주제로 특허를 신청하는 경우, 우선권을 향유할 수 있다"고 하여 디자인권의 국내우선권을 인정한다. 그러므로, 선신청일(首次申请)로부터 후신청일사이에 신청된 동일한 주제의 특허는, 종전 특허의 국내우선권으로 인해 그 신규성이 상실된다.[17)]

5. 발명특허의 심사연장으로 인한 특허권 존속기간 보상제도

舊 특허법(2008년 제3차 개정)	현행 특허법(2020년 제4차 개정)
–	**제42조 제2항〈신설〉** 발명특허의 신청일로부터 만 4년, 실질심사 청구일로부터 만 3년 이후에 발명특허권이 부여된 경우, 국무원특허행정기관은 특허권자의 청구에 따라, 발명특허의 권리부여 과정에서의 발생한 비합리적인 지연에 대해 특허권의 존속기간을 보상한다. 단 신청인이 초래한 비합리적인 지연은 제외한다.

특허권의 존속기간은 신청일로부터 기산한다. 즉, 특허권 취득 이후 전체 존속기간에는 국가지식재산국의 심사기간까지 소급하여 포함된다. 따라서 심사에 많은 시간이 소모될수록, 특허권의 실질적인 보호기간은 그만큼 단축된다. 제4차 개정 특허법 제42조는 이런 기간을 보상하기 위하여 신청인이 초래한 비합리적인 지연을 제외하고 존속기간을 보상하는 제도를 도입하였다. 이 제도는 발명에 관한 특허에만 적용되고, 실질심사가 없는 실용신안

---

17) 吴汉东, 前引书, 366页.

권과 디자인권에는 적용되지 않는다. 이 제도는 2020년 중국과 미국이 체결한 「경제무역협정(中华人民共和国政府和美利坚合众国政府经济贸易协议)」 제1.12조 제2항 제1호에서 요구한 ― 특허권의 존속기간 연장에 관한 내용 ― 을 반영한 것이기도 하다.[18)]

6. 의약품 특허

1) 의약품 특허 존속기간 보상제도

舊 특허법(2008년 제3차 개정)	현행 특허법(2020년 제4차 개정)
–	**제42조 제3항〈신설〉** 신약의 시판(上市)에 관한 심사 평가(审评)·비준(审批)으로 소모된 기간을 보상하기 위해, 국무원특허행정기관은 중국에서 출시 허가를 받은 신약의 발명특허에 대해, 특허권자의 청구에 따라 특허권의 존속기간을 보상한다. 보상 기간은 5년을 초과할 수 없고, 신약의 출시 비준 이후 유효한 특허권의 전체 존속기간은 14년을 초과할 수 없다.

의약품 특허의 존속기간 보상제도를 도입한 이유는 중국과 미국이 체결한 「경제무역협정」 제1.12조 제1항 ― "쌍방은 특허권 부여 혹은 약품의 출시·시판에 관한 심사·비준 과정에서 비합리적인 지연에 대해 특허권의 존속기간을 연장함으로써 보상할 것에 관해 규정한다" ― 는 내용을 반영하기 위한 것에 있다.[19)]

---

18) 第1.12条(专利有效期的延长)第二款第(一)项: 中国在专利权人的请求下, 应延长专利的有效期, 以补偿在专利授权过程中并非由申请人引起的不合理延迟. 就本条规定而言, 不合理延迟应至少包含, 自在中国提交申请之日起4年内或要求审查申请后3年内未被授予专利权, 以较晚日期为准.

19) 第1.12条(专利有效期的延长)第二款第(二)项: 对于在中国获批上市的新药产品及其制造和使用方法的专利, 应专利权人的请求, 中国应对新药产品专利, 其获批使用方法或制造方法的专利有效期或专利权有效期提供调整, 以补偿由该产品首次在中国商用的上市审批程序给专利权人造成的专利有效期的不合理缩减. 任何此种调整都应在同等的限制和例外条件下, 授予原专利中适用于获批产品及使用方法的对产品, 其使用方法或制造方法的专利主张的全部

특허법 제42조 제3항은 신약의 출시에 관한 심사로 소모된 기간에 대해 그 특허권의 존속시간을 연장해 줌으로써 보상하는 규정을 신설하였다. 보상기간은 5년을 초과하지 않는 범위 내에서, 출시 비준 이후에 유효한 특허권의 전체 존속기간은 14년을 초과하지 않는다고 규정한다.

도표 1. 의약품 특허 존속기간 보상제도

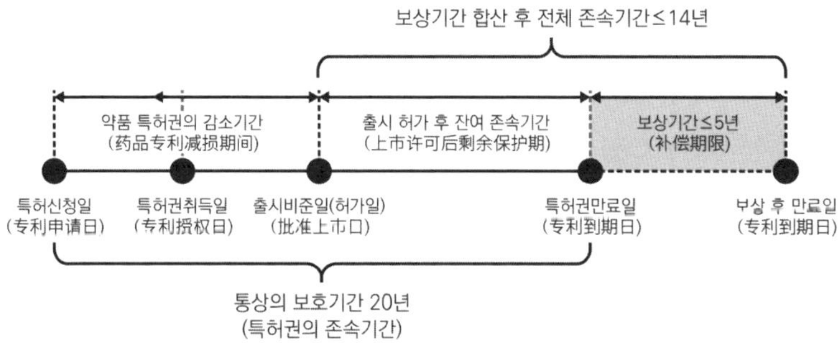

이 규정을 구체화한 2023년 개정 「특허법실시세칙」[20] 제82조에서 제시한 계산 방법은 다음과 같다[21]:

1단계: 약품특허권의 감소기간=출시비준일－특허신청일
  * 특허권취득일이 특허신청일로 소급 적용

2단계: 보상기간=약품특허권의 감소시간－5년
  * 보상기간이 '≥5년의 경우' 5년으로 확정, '<5년의 경우' 실제 결과로 확정

3단계: 출시허가 후 잔여 존속기간=20년－(출시비준일－특허신청일)

4단계: 전체 존속기간=보상기간＋출시허가 후 잔여 존속기간
  * 전체 존속기간이 '≥14년의 경우' 14년으로 확정, '<14년의 경우' 실제 결과로 확정

专有权. 中国可限制这种调整至最多不超过5年, 且自在中国上市批准日起专利总有效期不超过14年.

20) 「专利法实施细则」, 국무원 2023년 공포.

21) 제82조 특허법 제42조 제3항의 규정에 따라 특허권의 기간을 보상하는 경우, 보상기간은 특허신청일로부터 중국 출시허가일까지의 기간에서 5년을 빼고, 특허법 제42조 제3항의 규정에 부합하는 전제하에 확정한다.

위 계산법에 따라 가령 약품 특허의 신청일이 2012. 5. 1.이고, 최초의 출시 허가일이 2019. 5. 1.이라면, 해당 약품 특허의 보호기간은 다음과 같이 산정된다(이하 '예시A').

1단계: [약품특허권의 감소기간] 2019.5.1.－2012.5.1.＝7년
2단계: [보상기간] 7년－5년＝2년
　　* 보상기간이 '<5년의 경우'이므로 실제 결과인 2년으로 확정
3단계: [출시허가 후 잔여 존속기간] 20년－7년＝13년
4단계: [전체 존속기간] 2년＋13년＝15년
　　* 전체 존속기간이 '≥14년의 경우'이므로, 초과된 1년을 빼고 최대 전체 존속 가능 기간인 14년으로 확정

결론적으로 예시A에서의 약품 특허가 보상받은 기간은 1년이다.

한편, 이 계산법은 '약품 특허권의 감소기간'이 11년 이상일 경우 충분한 보상기간이 부여될 수 없는 한계가 있다. 가령 그 기간이 14년이라고 할 때, 보상기간은 9년이지만 규정상 보상기간은 5년을 초과할 수 없으므로, 5년의 보상기간만이 인정된다. 그리고 출시허가 후 잔여 존속기간은 6년이므로 최종적으로 전체 존속기간은 11년으로 확정된다. 그러나 예시A에서, 약품 특허권의 감소기간이 7년이지만 전체 존속기간은 14년으로 확정되었다. 그에 비해 약품 특허권의 감소기간이 14년인 것에도 불구하고, 그보다는 더 짧은 11년이라는 전체 존속기간이 확정된다. 따라서 약품 특허권의 감소기간이 11년 이상일 경우에는 비합리적인 보상기간이 산정될 수 있다는 점에 유의해야 한다.

2) 의약품 특허 분쟁의 조기해결을 위한 허가특허연계제도

舊 특허법(2008년 제3차 개정)	현행 특허법(2020년 제4차 개정)
–	**제76조〈신설〉** 의약품 시판에 관한 심사평가·비준(审评审批) 과정 중에, 의약품의 시판 허가 신청인이 관련 특허권자 또는 이해관계자와, 등록 신청된 의약품

	과 관련된 특허권으로 인해 분쟁이 발생한 경우, 관련 당사자는 인민법원에 소를 제기할 수 있고, 등록 신청된 의약품과 관련된 기술방안이 타인의 의약품 특허권의 보호범위에 속하는지 여부에 대한 판결을 청구할 수 있다. 국무원의약품감독관리기관(国务院药品监督管理部门)은 규정된 기한 내에, 효력이 발생한 인민법원의 재판(裁判)에 근거하여 관련 의약품의 시판 비준을 임시중단할 것인지의 여부를 결정할 수 있다. 의약품 시판 허가 신청인과 관련 특허권자 혹은 이해관계자는 국무원특허행정기관에 등록신청된 의약품에 관한 특허권의 분쟁에 관하여 행정재결(行政裁决)을 청구할 수도 있다. 국무원의약품감독관리기관과 국무원특허행정기관은 의약품 시판 허가 심사비준과 의약품 시판 허가신청 단계에서의 특허권 분쟁 해결에 관한 구체적인 연계방법을 함께 제정하고, 국무원에 보고하여 동의를 받은 후 시행한다.

의약품 허가특허연계제도는 약품의 출시허가심사절차와 특허분쟁해결절차를 연계한 것이다. 2020년 중국과 미국이 체결한 「경제무역협정」 제1.11조에 이 제도에 관한 내용이 있었다.[22] 중국은 그 내용을 이행하기 위하여,

---

22) 第1.11条(专利纠纷早期解决的有效机制)

一. 作为批准包括生物药在内的药品上市的条件，如果中国允许原始提交安全性与有效性信息的人以外的其他人，依靠之前已经获批产品的安全性和有效性的证据或信息，例如在中国或其他国家·地区已获上市批准的证据，中国应：(一) 规定制度，以通知专利权人，被许可人或上市许可持有人，上述其他人正在已获批产品或其获批使用方法所适用的专利有效期内寻求上市该产品；(二) 规定足够的时间和机会，让该专利权人在被指控侵权的产品上市之前寻求(三)段中提供的救济；以及(三)规定司法或行政程序和快速救济，例如行为保全措施或与之相当的有效的临时措施，以便及时解决关于获批药品或其获批使用方法所适用的专利的有效性或侵权的纠纷.

二. 中国应在全国范围内建立与上述第一段相符的药品相关制度，包括规定专利权人，被许可人或上市许可持有人有权在被指控侵权的产品获得上市许可前提起诉讼， 就可适用专利的有效性或侵权的纠纷解决寻求民事司法程序和快速救济. 中国还可提供行政程序解决此类纠纷.

제4차 개정 특허법 第76条에서 약품허가특허연계제도를 도입하였다.

第76条의 규정에 따라 특허권자는 출시허가심사비준 단계에 있는 복제의약품에 대한 권리를 특허권의 보호범위에 있는 권리로 인정해 줄 것을 법원에 청구할 수 있고, 국가약품관리감독국은 문제 된 의약품의 심사비준을 임시정지할 것인지를 결정할 수 있다. 그러나 특허법상 그 내용이 포괄적이어서, 국가약품관리감독국과 국가지식재산권국은 「의약품 특허분쟁 조기해결체제에 관한 실시방법(시행)」을 제정함으로써 이 제도를 구체화하였다.[23] 허가특허연계제도는 '약품특허정보등록제도(专利信息登记制度)'·'특허선언제도'·'대기기간제도(等待期制度)'·'최초화학복제의약품 시장독점기간 부여 제도(首仿化学药市场独占期制度)' 4가지 세부 제도로 구성된다.

7. 특허개방허락제도

구 특허법(2008년 제3차 개정)	현행 특허법(2020년 제4차 개정)
–	**第50条〈신설〉** 특허권자 국무원특허행정기관에 자발적으로 서면의 방식을 통해, 단위 혹은 개인에게 그 특허의 실시허락을 원한다는 선언(声明)을 제출하고, 실시료의 지급 방식과 기준을 명확히 하는 경우, 국무원특허행정기관은 이를 공고하여 개방허락을 실행한다. 실용신안·디자인 특허에 관해 개방허락을 선언하는 경우 특허권평가보고(专利权评价报告)를 제공해야 한다. 특허권자가 개방허락의 선언을 철회하는 경우, 서면의 방식으로 제출해야 하고, 국무원특허행정기관은 이를 공고한다. 개방허락이 공고로써 철회된 것은, 종전 부여된 개방허락의 효력에 영향을 미치지 않는다.

三. 美国确认，美国现行措施给予与本条款规定内容同等的待遇.

23) 「药品专利纠纷早期解决机制实施办法」, 국가약품관리감독국·국가지식재산권국 2021년 공포.

–	**제51조〈신설〉** 단위 혹은 개인이 개방허락된 특허의 실시를 원하는 경우, 서면의 방식으로 특허권자에게 통지하고, 공고된 실시료의 지급 방식과 기준에 따라 실시료를 지급함으로써 특허의 실시허락을 받을 수 있다. 특허권자가 납부해야 하는 특허연차등록료(专利年费)는 개방허락의 실시기간에 일정부분 감면된다. 개방허락을 실행하는 특허권자는 실시받은 자(被许可人)와 실시료를 협상하여, 해당 특허에 대해 통상의 실시허락(普通许可)을 할 수 있으나, 독점 혹은 배타적 실시허락을 할 수는 없다.
–	**제52조〈신설〉** 개방허락의 실시에 관해 분쟁이 발생하는 경우, 당사자 간 협상으로 해결한다. 협상을 원하지 않거나 이루어지지 않는 경우, 국무원특허행정기관에 조정(调解)을 청구하거나 인민법원에 소를 제기할 수 있다.

현행법에는 특허의 실시와 이용을 촉진하기 위한 특허개방허락제도가 도입되어 있다. 이 제도에 따라 특허권자는 자신의 특허권을 자유롭게 이용할 수 있도록 개방허락을 선언할 수 있다. 특허법 제50조 내지 제52조는 특허개방허락에 관한 선언 · 조건 · 철회 · 제한 등을 규정한다. 2023년 개정 「특허법실시세칙」은 특허개방허락에 관해, 선언에 대한 구체적인 요구, 개방허락할 수 없는 경우 등을 규정(제85조~제88조)함으로써 이 제도를 구체화한다. 특허개방허락제도에서 가장 중요한 쟁점은 특허사용료의 산정이다. 이에 관해서는 국가지식재산국에서 제정한 「특허개방허락사용료 산정 지침(시행)」이 있다.[24] 이 지침은 개방허락사용료의 산정에 있어서 특허의 실시 여부, 기존의 실시허락 조건 등을 고려하도록 규정한다.

24) 「专利开放许可使用费估算指引」, 국가지식산권국 2022년 공포.

Ⅱ. 저작권법 분야

1. 저작물

1) 정의 규정

舊 저작권법(2010년 제2차 개정)	현행 저작권법(2020년 제3차 개정)
제3조 제1항 이 법에서 저작물이란 ~~다음의 형식으로 창작된 문학·예술 및 자연과학·사회과학·공정기술 등 저작물을 포함한다.~~	**제3조 제1항** 이 법에서 저작물이란 문학·예술 및 과학 영역 내 독창성(独创性)을 갖춘 일정한 형식(一定形式)으로 표현될 수 있는 지적 (활동의) 성과를 말하며, 다음의 것을 포함한다.

舊 저작권법에서는 문학·예술과 자연과학·사회과학·공정기술 등에 관해 창작된 것을 저작물로 정의한다.[25] 이는 저작물이 속하는 영역이 규정되었을 뿐, 저작물의 본질이 반영된 것은 아니다. 그러나 「저작권법실시조례」[26] 제2조는 '문학·예술 및 과학 영역 내 독창성을 갖춘 특정 유형(有形)의 형식으로 복제할 수 있는 지적 (활동의) 성과'를 저작물로 정의하면서, '저작물'의 본질에 가까운 내용을 담아 그것을 정의한다. 2020년 개정 저작권법 제3조 제1항은 「저작권법실시조례」상 저작물의 정의를 참고하여, 문학·예술 및 과학 영역 내 독창성을 갖춘 일정한 형식으로 표현될 수 있는 지적 (활동의) 성과[27]를 저작물의 정의 규정으로 개정하였다.

이 규정을 해부해 보면 저작물의 의미에 관해 다음과 같은 내용을 확인할 수 있다. ① 저작물은 '지적 (활동의) 성과'에 관한 것으로서 지적 노동 창조의 성과이다. 이것이 저작물의 본질이다. ② '문학·예술 및 과학 영역 내'의 지적 (활동의) 성과로 규정한 것은, 저작권과 산업재산권을 구분하기 위한 것이고, 산업재산권에 관한 지적 (활동의) 성과를 보호범위에서 배제하기 위

25) 이 규정은 1990년 최초의 저작권법에 도입된 이후 개정된 바 없다.

26) 국무원, 2013년 공포. 아울러 이 조례는 2013년에 마지막으로 개정된 것이기 때문에, 2020년에 개정된 저작권법의 내용이 아직 반영되지 않았다.

27) 원문에 충실한 번역이라면 '지력성과'라고 하는 것이 맞지만, 표현의 어색함을 줄이기 위하여 이 연구에서는 우리 법의 용례에 비추어 '지적 (활동의) 성과'로 번역한다.

한 것이다. ③ '독창성'은 저작물을 독자적으로 완성하였을 것 및 저작물 그 자체가 독창성을 갖추어야 한다는 것을 의미한다. ④ '일정한 형식으로 표현될 수 있는 것'을 요구하는 이유는, 지적 (활동의) 성과는 반드시 현출될 수 있는 것이어야 하는바, 외부로 표현될 수 있고 타인이 감지할 수 있어야 한다는 것에 있다.[28]

2) 시청각저작물

舊 저작권법(2010년 제2차 개정)	현행 저작권법(2020년 제3차 개정)
제3조 제1항 제6호 ~~영화저작물 및 영화 제작과 유상한 방식으로 창작된 저작물~~	제3조 제1항 제6호 시청각저작물(视听作品)

저작권법 제3조는 표현의 형식에 따라 저작물의 유형을 9가지로 규정한다. 이 중 舊 저작권법상 '영화 및 영화 촬영과 유사한 방법으로 창작된 저작물'이 '시청각저작물'로 개정되었다. 이는 다양한 유형의 영상저작물을 저작권법의 보호대상으로 삼기 위한 것이다. 예컨대, 그동안 저작물성이 문제 되었던 '온라인 게임 방송' 및 '스포츠 경기 화면'은 이런 법 개정에 따라 시청각저작물로 인정받을 수 있다.

3) 저작물에 관한 포괄적 규정

舊 저작권법(2010년 제2차 개정)	현행 저작권법(2020년 제3차 개정)
제3조 제1항 제9호 ~~법률, 행정법규에서 규정한 기타 저작물~~	제3조 제1항 제9호 기타 저작물의 특징에 부합하는 지적 성과

현행 저작권법 제3조 제9호는 기타 저작물의 특징에 부합하는 지적 (활동의) 성과에 관해서도 저작물의 한 유형으로 규정하는바, 제1호 내지 제8호에 해당하지 않는 저작물이라고 하더라도, 저작물의 요건에 부합하는 지적 (활동의) 성과라면 저작물로서 저작권법의 보호를 받을 수 있다. 이는 저작물의 유형에 신축성을 부여한 규정이다. 이 규정은 컴퓨터소프트웨어와 같이

28) 이런 해석은, 冯晓青·杨利华, 『著作权法评注与案例』, 中国法制出版社, 2023年, 23~24页.

과학기술의 발전과 함께 출현되는 '비전통적인' 새로운 유형의 표현물도 저작권법의 보호를 받을 수 있게끔 그 여지를 남겨둔 것이다.[29)]

제9호는 제3차 개정 저작권법에서 처음으로 도입된 것이다. 이와 유사하게 舊 저작권법에서도 '법률·행정법규에서 규정한 기타의 저작물'이라고 하여, 저작물의 유형에 관한 포괄적 규정을 도입하고 있었다. 그러나 법률과 행정법규에서 그 유형을 정하도록 명시하고 있었기 때문에, 기타 규범성문건이나 법원의 판결에 의해 '기타의 저작물'을 규정하는 것이 불가능했던 한계가 있다. 다른 한편, 그런 규정이 있었던 것에도 불구하고 그 당시 어느 법률이나 행정법규에서도 저작권법에 예시된 저작물의 유형 외에, 새로운 유형의 저작물을 규정한 경우가 없었다.[30)] 따라서 저작물은 반드시 저작권법에서 예시한 8가지 유형 중 1에 해당해야만 보호받을 수 있었다.

개정법에서 저작물의 유형을 폭넓게 열어둔 제9호는 '유형의 법정'에서 '유형의 개방'으로 수정된 것이다. 이는 저작물의 유형을 결정하는 것에 있어서, 저작물의 유형을 어떠한 방식으로 확대할 것인지에 관해서는 법원이 큰 재량권을 갖게 된다.[31)] 그렇다면 재판을 통해 확대할 것인지, 최고인민법원의 사법해석을 통해 확대할 것인지의 문제가 남는다.

2. 저작권

1) 대여권

舊 저작권법	현행 저작권법
제10조 제1항 제7호 대여권, ~~영화저작물 및 영화제작과 유사한 방식으로 창작한 저작물~~ 또는 컴퓨터프소프트웨어를 타인에게 유상으로 임시사용할 수 있도록 허락할 수 있는 권리. 단, 컴퓨터소프트웨어가 대여의 주요 목적물이 아닌 경우는 제외한다	**제10조 제1항 제7호** 대여권, 시청각저작물·컴퓨터소프트웨어의 원본 또는 복제본을 타인에게 유상으로 임시사용하도록 허락할 권리. 단, 컴퓨터소프트웨어가 대여의 주요 목적물이 아닌 경우는 제외한다.

29) 李明德·许超, 『著作权法(第三版)』, 法律出版社, 2022年, 43页.

30) 王迁, "'著作权法'修改:关键条款的解读与分析(上)", 『知识产权』, 2021年第1期, 22页.

31) 王迁, 上引论文, 23页.

저작물의 유형 중 '영화 및 영화 촬영과 유사한 방법으로 창작된 저작물'이 '시청각저작물'로 개정되었음은 앞서 본 바와 같다. 이런 내용이 '대여권'에도 반영되어서 그 대상이 종전의 '영화저작물 및 영화제작과 유사한 방식으로 창작한 저작물'에서 '시청각저작물'로 개정되었다. 여기에 더해 그것의 '원본 또는 복제본'이 대상이라는 점이 명시되었다. 이는 「시청각 실연에 관한 베이징 조약(视听表演北京条约)」 제9조 제1항의 내용—대여권의 대상을 대상 저작물의 원본 및 복제본으로 하는 것—을 반영하기 위한 것이기도 하다.[32]

2) 방송권

舊 저작권법(2010년 제2차 개정)	현행 저작권법(2020년 제3차 개정)
제10조 제1항 제11호 방송권, 무선방식으로 저작물을 공개적으로 ~~방송 또는~~ 전파하거나 ~~유선으로 전파 또는 중계하는 방식으로 당해 저작물을 대중에 전파·방송하거나~~ 확성기 또는 그 밖의 부호·소리·그림 등의 유사 수단을 통하여 공중에게 저작물을 전파·방송할 수 있는 권리	**제10조 제1항 제11호** 방송권, 유선 또는 무선방식으로 저작물을 공개적으로 전파하거나 중계할 권리, 확성기 또는 그 밖의 부호·음성·화상을 전송하는 방식의 유사 수단을 통하여 공중에게 저작물을 전파·방송할 권리. 단, 본조 제12호 권리는 제외한다.

舊 저작권법은 방송권을 행사하는 주요 방식으로 '무선으로 방송'하거나 '유선으로 중계'하는 것 2가지를 규정하고 있었다. 이 규정 때문에 온라인 생방송에 관한 권리를 어느 저작권에 의해 보호해야 하는지에 관한 학설 및 재판실무상 논쟁이 있었다. 구체적으로 ① 최초 무선 방송(인터넷을 포함하지 않음)과 ② 무선으로 방송된 저작물을 유선으로 2차 전파(실시간 중계방송은 아님)하는 것은 방송권으로 보호받을 수 있지만, 온라인 생방송(특히 스포츠, 게임경기와 콘서트 등의 온라인 실시간 생방송)은 둘 중 어느 것에도 해당하지 않아서 방송권에 의한 보호를 받을 수 없었다. 이런 문제 때문에, 실무적으로 온라인 생중계 방송 프로그램을 저작물로 간주하되 '저작권자가 향유하는

---

32) 第9条 出租权: (1) 表演者应享有授权按缔约各方国内法中的规定将其以视听录制品录制的表演的原件和复制品向公众进行商业性出租的专有权, 即使该原件或复制品已由表演者发行或经表演者授权发行.

기타 권리(舊 저작권법 제10조 제17호)'로 해석하여 보호한 사례들이 있었다. 그런 배경하에 현행 저작권법으로 개정되면서, 방송권의 정의를 "유선 또는 무선 방식으로 저작물을 공개 전파 또는 중계방송"으로 수정하여, '유선'의 방식도 포섭함으로써 그 범위가 넓혀지면서 온라인 생방송도 방송권의 보호를 받을 수 있게 되었다. 이런 방송권의 개념은 한국의 그것과 일치한다.[33]

3. 저작권의 제한: 공정이용

1) 3단계테스트

舊 저작권법(2010년 제2차 개정)	현행 저작권법(2020년 제3차 개정)
제22조 제1항 다음 각 호의 어느 하나에 해당하는 경우, 저작권자의 허락을 받지 아니하거나, 보수를 지급하지 아니하고 저작물을 사용할 수 있다. 단, 이 경우 ~~저작권자의 성명·저작물의 명칭~~을 명확하게 표시하여야 하며, ~~저작권자가 이 법에 의거하여 향유하는 기타권리를 침해하여서는 아니 된다.~~	**제24조 제1항** 다음 각 호의 어느 하나에 해당하는 경우, 저작권자의 허락을 받지 아니하거나, 보수를 지급하지 아니하고 저작물을 사용할 수 있다. 다만, 이 경우 저작권자의 성명 혹은 명칭·저작물의 명칭을 명확하게 표시하여야 하며, 해당 저작물의 정상적인 사용에 영향을 끼치거나 저작권자의 합법적인 권익에 불합리한 손해를 끼쳐서는 아니 된다.

저작권법에서 3단계테스트는 「베른협약」 제9조 제2항에 근원이 있다. 「베른협약」에서는 "특별한 경우에 있어서 그러한 저작물의 복제를 허락하는 것은 동맹국의 입법에 맡긴다. 다만, 그러한 복제는 저작물의 통상적인 이용과 충돌하지 않아야 하며 저작자의 합법적인 이익을 불합리하게 해치지 않아야 한다"라고 하여 '3단계테스트'를 규정한다. 1990년에 제정된 저작권법에서는 "다음의 정황 중 하나에 해당하는 경우 저작권자의 허락을 받지 아니하거나 보상하지 아니하고 저작물을 이용할 수 있다. 단, 저작자의 성명·저작물의 명칭을 명기하여야 하며 저작자가 이 법에 의거하여 향유하는 기타 권리를 침해하여서는 아니 된다"라고 규정한바, 2001년 및 2010년의 개정 저

33) 손한기, "중국 저작권법 3차 개정에 관한 소고", 「지식재산연구」 제16권 제1호(2021), 92면.

작권법은 이런 규정을 그대로 유지하였다. 그러나 이런 규정은 「베른협약」에서 규정한 내용과 약간의 괴리가 있었고, 엄격한 의미에서의 '3단계테스트'가 아니라는 비판이 있었다. 2020년 제3차 개정 저작권법에서는 「베른협약」상 '3단계테스트'의 내용을 정확하게 반영하기 위하여, "해당 저작물의 정상적인 사용에 영향을 끼치거나 저작권자의 합법적인 권익에 불합리한 손해를 끼쳐서는 아니 된다"는 것을 추가 신설하였다.

2) 포괄적 공정이용 조항

舊 저작권법(2010년 제2차 개정)	현행 저작권법(2020년 제3차 개정)
第22조 –	第24조 第1항 第13호〈신설〉 법률·행정법규에서 규정한 기타 경우

舊 저작권법은 공정이용의 12가지 경우를 열거함으로써 폐쇄적인 방식으로 그 규정을 운영해 왔다. 그러나 제3차 개정 저작권법은 그런 폐쇄적인 방식에 신축성을 더하기 위하여, 제13호에 "법률·행정법규에서 규정한 기타의 경우"를 신설하였다. 여기서 법률은 전국인민대표대회 및 그 상무위원회가 제정한 규범성 문건을 의미하고, 행정법규는 국가최고행정기관, 즉 국무원이 헌법과 법률의 집행을 위해 제정한 국가행정관리사무에 관한 규범성 문건을 의미한다. 따라서 향후 저작권법에 관한 행정법규에서 새로운 공정이용의 유형을 규정할 경우, 그런 규정에 따라 공정이용의 해당 여부를 가릴 수 있을 것이다.[34)]

3) 공공장소에 전시된 예술품의 복제: 파노라마의 자유에 관한 규정

舊 저작권법(2010년 제2차 개정)	현행 저작권법(2020년 제3차 개정)
第22조 第1항 第10호 실외 공공장소에 설치 또는 진열된 예술저작물을 모사·회화·사진 또는 동영상으로 촬영하는 것	第24조 第1항 第10호 공공장소에 설치 또는 진열된 예술저작물을 모사·회화·사진 또는 동영상으로 촬영하는 경우

34) 冯晓青·杨利华, 前引书, 227页.

舊 저작권법은 “실외 공공장소에 설치 또는 진열된 예술저작물을 모사·회화·사진 또는 동영상으로 촬영하는 것”을 공정이용의 한 유형으로 규정함으로써 ‘파노라마의 자유’를 도입해 두고 있다.35) 그러나 실외 공공장소에 항시 설치되어 있는 예술저작물은 누구든지 자유롭게 접근할 수 있도록 개방되어 있기 때문에, 이런 예술저작물에 대해 모사·회화·사진 혹은 동영상 촬영을 금지하는 것은 결국 공공장소의 예술저작물에 대한 공중의 자유로운 접근을 제한하는 것으로 이어진다. 다른 한편, 공공장소에 설치 또는 진열되어 있는 예술저작물은 통상 권리표지가 없으므로, 저작권법상 보호받는 저작물인지를 공중이 구별하게 하는 것은 타당하지 않다. 또한 권리표식이 있다고 하더라도, 공공장소의 유동 이용자를 특정할 수 있는 것도 아니다. 따라서 이런 예술저작물을 모사·회화·사진 혹은 동영상 촬영의 방식으로 복제하고자 하는 것에 대해, 저작권자의 허락을 받고 이용료를 지급하게 하는 것은, 불필요한 사회적 비용만을 발생시킬 뿐만 아니라, 문화산업의 발전에도 해롭다. 제3차 저작권법 개정에서는 파노라마의 규정에서 공간적인 제한을 삭제하였다. 즉, 위의 ‘실외’로 특정되었던 것을 삭제함으로써 실내까지 포함하도록 한 것이다. 따라서 실내든 실외든 ‘공공’장소라면 그 예술저작물의 이용에 있어서는 파노라마의 자유가 적용될 수 있다.

4. 공동저작물(合作作品)의 권리귀속

舊 저작권법(2010년 제2차 개정)	현행 저작권법(2020년 제3차 개정)
제13조 –	**제14조 제2항〈신설〉** 공동저작물의 저작권은 공동 저작자의 일치된 협상을 통해 행사한다. 협상이 일치되지 아니하고 정당한 이유도 없는 경우 권리양도·독점이용허락·담보 설정을 제외하고는, 누구든지 타 당사자의 기타 권리의 행사를

35) ‘파노라마의 자유’는 독일어 “Panoramafreiheit”에서 파생된 용어로 일반적으로 공공장소에 위치한 공예, 조각, 회화, 건축 또는 기념물을 사진촬영하고 게시할 수 있는 등의 자유이용을 의미한다. 김연수, “파노라마의 자유의 운용과 개정 방안에 대한 고찰”, 「계간 저작권」 제33권 제4호(2020), 9면.

	저지하지 못한다. 단, 그 권리를 통한 수익은 공동저자작들에게 합리적으로 배분되어야 한다.

공동저작물은 다수의 저작자가 공동으로 하나의 저작물을 창작한 것이기 때문에 저작권자들이 함께 공유하는 하나의 저작권만이 존재한다. 그 권리행사에 관해서는 분리이용이 가능한 경우에는 민법상 합유의 법리를 준용하고, 분리이용이 불가능한 경우에는 민법상 공유의 법리를 준용한다.[36]

舊 저작권법에서는 분리이용이 가능한 공동저작물에 대해서만 규정하고 있었고, 「저작권법실시조례」 제9조에서는 분리이용이 불가능한 공동저작물에 관해 규정하고 있었다. 이런 법 체계상의 문제를 극복하고자 해당 조례 제9조는 현행 지직권법 세14조 제2항으로 도입되었다.

5. 업무상 실연에 관한 권리

舊 저작권법(2010년 제2차 개정)	현행 저작권법(2020년 제3차 개정)
–	**제40조〈신설〉** 실연자(演员)가 해당 연출단체(演出单位)의 실연 업무를 수행하기 위하여 진행하는 공연은 직무상 공연으로서, 실연자에게는 신분을 표시할 권리와 공연 이미지가 왜곡되지 않고 보호될 권리가 있다. 그 밖의 권리 귀속에 관해서는 당사자 간 약정에 따른다. 당사자가 약정하지 아니하였거나 약정이 명확하지 아니한 경우 직무상 공연의 권리는 연출단체가 향유한다. 직무상 공연의 권리가 실연자에게 인정되는 경우, 연출단체는 그 업무의 범위 내에서 해당 공연을 무상으로 이용할 수 있다.

36) 冯晓青 · 杨利华, 前引书, 131~133页.

舊 저작권법에는 업무상 저작물에 관한 규정이 있었지만, 업무상 실연에 관해서는 아무런 규정이 없었다. 「저작권법실시조례」 제5조는 실연자를 '실연자(演员), 연출단체 혹은 기타 연출문학, 예술저작물에 관한 자'로 정의한다. 이같이 실연자와 연출단위를 나란히 실연자로 규정한 것 때문에, 실연에 관한 권익을 연출단체가 독점하는 문제가 심각하였다. 실연자의 권리가 충분한 보호를 받지 못한 것이다. 연출은 연출단위에서 기획되는 것이지만, 실제 연출은 자연인인 실연자에 의해 완성되는 것이고, 연출단위 그 자체는 연출행위(예컨대, 공연)를 완성할 수 없다.[37] 제3차 개정 저작권법은 그런 문제를 해결하기 위하여, 실연자와 연출단위의 개념을 분리하고, 제40조에 업무상 실연권의 권리귀속에 관한 규정을 신설하였다. 즉, 신분을 표시할 권리와 공연 이미지가 왜곡되지 않고 보호될 권리는 실연자에게 인정된다는 점을 규정함으로써, 저작인격권은 실연자에게만 인정된다는 점을 분명히 하였다. 그 외 저작재산권은 당사자의 약정에 따르며, 약정이 없는 경우에는 연출단체에 귀속된다.

6. 손해배상

舊 저작권법(2010년 제2차 개정)	현행 저작권법(2020년 제3차 개정)
제49조 저작권 또는 저작권 관련 권리를 침해하는 경우 권리를 침해한 자는 그 침해행위로 인해 ~~권리자가 입은 실제 손해액을 배상해야 한다. 실제 손해를 산정하기 곤란한 경우 권리를 침해한 자가 얻은 부당이득에 따라 배상할 수 있다.~~ 배상액에는 권리자가 권리 침해 행위를 제지하기 위하여 합리적으로 지출한 비용도 포함한다. 권리자의 실제 손해·권리를 침해한 자가 얻은 부당이득을 확정하기 곤란한 경우, 인민법원은 권리침해행위의 정황에 근거하여 ~~50만 위안 이하의~~ 금액을	**제54조 제1항 및 제2항** 저작권 또는 저작권에 관한 권리를 침해하는 경우 권리를 침해한 자는 그 침해행위로 인해 권리자가 입은 실제 손해 또는 권리를 침해한 자가 얻은 부당이득에 따라 배상해야 한다. 권리자의 실제 손해 또는 권리를 침해한 자가 얻은 부당이득을 산정하기 어려운 경우 해당 권리의 사용료로써 배상할 수 있다. 저작권 또는 저작권에 관한 권리를 고의로 침해하고 그 정황이 심각한 경우 앞의 방법에 따라 확정된 금액의 1배 이상 5배 이하에 해당하는 금액을 배상할 수 있다.

37) 冯晓青·杨利华, 上引书, 330页.

배상하도록 판결한다.	권리자의 실제 손해·권리를 침해한 자가 얻은 부당이득·권리 사용료를 계산하기 어려운 경우 인민법원은 권리침해행위의 정황에 근거하여 500 위안 이상 500만 위안 이하의 금액을 배상하도록 판결한다.

舊 저작권법은 저작권 침해의 손해배상액을 산정하는 기준으로 ① 권리자의 실제 손해, ② 침해자가 얻은 부당이득, ③ 50만 위안 이하의 법정 배상을 규정하고 있었다. 현행 저작권법에서는 그 기준을 ① 권리자의 실제 손해, ② 침해자가 얻은 부당이득, ③ 권리 이용료의 배수, ④ 500만 위안 이하의 법정 배상으로 개정하였다. 즉, 舊 저작권법상 손해배상액의 산정기준에 '권리 이용료의 배수'를 추가하고 법정 배상액의 상한을 상향 조정한 것이다. 제3차 저작권법 개정 당시 중국저작권협회는 저작권의 보호에는 많은 비용이 드는 것에 비해, 저작권의 침해에 대한 배상액은 매우 낮은 것에도 불구하고, 법정 배상액이 30년간 개정되지 않은 것을 심각한 문제로 삼았다. 현행 저작권법은 이를 해결하기 위하여 저작권 침해 또는 저작권 관련 권리에 대한 법정 배상액을 '50만 위안 이하'에서 '500위안 이상 500만 위안 이하'로 상향 조정하였다.

III. 지식재산권에 관한 전문법원과 관할집중제도[38]

1. 최고법지재법정의 관할집중

2018년 제정 내용	2023년 개정 내용
제2조 지식재산권법정은 아래의 사건을 심리한다. (1) 발명특허·실용신안권·식물신품종·집적회로배치도설계·기술비밀·컴퓨터	**제2조** 지식재산권법정은 아래의 상소사건을 심리한다. (1) 특허·식물신품종·집적회로배치도설계의 권리부여(授权)·권리확인(确权)에 관

38) 이에 관한 자세한 논의는 임춘광, "지식재산권에 관한 전문법원과 관할집중제도 — '소(訴)' 및 '권리(權利)' 종류 측면에서 한국·중국·대만 제도의 비교 —", 「일감법학」 제57호(2024), 304~316면의 내용 참조할 것.

소프트웨어·독점에 관해 고급인민법원·지식재산권법원·중급인민법원에서 내린 제1심 민사사건에 불복하여 제기된 상소사건 (2) 발명특허·실용신안특허·식물신품종·집적회로배치도설계·기술비밀·컴퓨터소프트웨어·독점에 관해 북경지식재산권법이 내린 권리부여 및 권리확인에 관한 제1심 행정사건의 판결 또는 결정에 불복하여 상소한 사건 (3) 발명특허·실용신안특허·디자인특허·식물신품종·집적회로배치도설계·기술비밀·컴퓨터소프트웨어·독점행정처벌 등에 관해 고급인민법원·지식재산권법원·중급인민법원에서 내린 제1심 행정사건의 판결 또는 재정에 불복하여 상소한 사건 (4) 위의 1·2·3에 해당하는 사건으로 전국적으로 중차대하고 복잡한 제1심 민사 및 행정사건 (5) 본 조 제1·2·3항의 제1심 사건에 관해 법적 효력이 이미 발생한 판결·결정·조정서(调解书)에 대해 법에 근거하여 각각 재심(再审)·항소·재심 등의 심판감독절차가 적용되는 사건 (6) 본 조 제1·2·3항의 제1심 사건에 관해 관할권쟁의, 벌금·구류 결정에 대한 복의 신청, 재판기한여장 신청 등 사건 (7) 최고인민법원이 인정한 지식재산권법정에서 심리해야 하는 기타 사건	한 행정상소사건 (2) 발명특허·식물신품종·회로배치도설계의 권리귀속(权属)·권리침해(侵权)에 관한 민사 및 행정 상소사건 (3) <u>중차대하고 복잡한</u>(重大·复杂的) 실용신안특허·기술비밀·컴퓨터소프트웨어의 권리귀속·권리침해에 관한 민사 및 행정상소사건 (4) 독점에 관한 민사 및 행정상소사건을 관할한다. <u>지식재산권법정은 아래의 기타사건을 심리한다.</u> (1) 전항에서 규정한 유형으로서 전국적으로 중차대하거나 복잡한 제1심 민사 및 행정 사건 (2) 전항에서 규정한 유형으로서 법적 효력이 발생한 제1심 민사·행정에 관한 판결·결정·조정서(调解书)에 대해 법에 근거하여 재심(再审)·항소·재심 등 심판감독절차가 적용되는 사건 (3) 전항에서 규정한 제1심 민사·행정사건에 관한 관할권 분쟁, 행위보전 결정에 대한 재심(复议) 신청, 벌금 및 구속(拘留) 결정에 관한 재심 신청, 재판기간의 연장 신청 등 사건 (4) 최고인민법원이 인정한 최고법원지식산권법정에서 심리해야 하는 사건
–	제4조 〈신설〉 지식재산권법정은 문제된 사건의 지식재산권에 관한 권리귀속·권리침해·권리 부여 및 확인 등과 연관되는 사건의 정황을 당사자에게 요구할 수 있다. 당사자가 성실하게 제출하지 않는 것에 대해서는 성실신용의 원칙의 준수 여부와 권리 남용의 구성 여부 등의 인정에서 고려 요소로 삼을 수 있다.

「최고법지재법정규정」에 따르면 이 법정은 최고인민법원의 상설 재판기구로서 재판기준을 통일하고 지식재산권의 사법적 보호를 강화하는 것에 목적을 둔다. 그러므로 지재법정의 판결·결정·조정서는 최고인민법원의 그것과 동일한 효력을 갖는다. 한편 해당 법정은 중국의 지식재산권에 관한 법원체계에서 상소법원으로서의 위치에 있다. 즉, 특허 등 고도의 기술적 전문성을 요하는 지식재산권에 관한 상소사건을 심리한다(전문 및 제1조 참조). 2023년에 개정된 「최고법지재법정규정」은 지재법정이 관할하는 상소사건·재심사건의 범위(제2조 제1항)와 기타사건(제2조 제2항)의 범위를 재정비하고 대폭 조정하였다.

그중에서도 '실용신안권·기술비밀·컴퓨터소프트웨어'의 권리침해와 권리귀속에 관한 민사·행정 사건의 관할권이 실질적으로 개성되었다. 개정 「최고법지재법정규정」은 '실용신안권·기술비밀·컴퓨터소프트웨어'에 관해, 권리확인·권리침해의 민사 및 행정 상소사건의 수리 기준을 '중차대하고 복잡한' 것으로 조정하였다. 그러나 舊 규정에서는 '중차대하고 복잡한' 것인지의 여부와 상관없이, 이런 사건들에 대해서는 '비약상소제도'가 적용될 수 있도록 하였다.[39] 개정된 규정에 관해서는 두 갈래로 이해할 수 있다. ① 일반 '실용신안권·기술비밀·컴퓨터소프트웨어'에 관한 제1심 사건은 지재법원과 중급인민법원 지재부에서 관할하고, 그 상소사건은 바로 위의 고등법원급의 법원이 관할권을 갖는다. ② '중차대하고 복잡한'－'실용신안권·기술비

39) 민사소송법상 관할의 일반 법리에 따라 중급인민법원의 제1심판결에 불복한 것은, 그 상급법원인 고급인민법원에 상소해야 한다. 그러나 지식재산권에 관한 소송은 비약상소제도가 적용되기 때문에, 예컨대 지재법원이나 중급법원 지재부의 특허권 침해에 관한 제1심 판결에 불복한 것은 그 상급법원인 고급인민법원이 아닌 곧바로 최고법지재법정에 상소할 수 있다(「최고법지재법정규정」 제2조 제1항 제2호). 이런 법리는 항소사건에도 동일하게 적용된다(「최고법지재법정규정」 제10조 참조). 아울러, 비약상소제도는 한국 민사소송법상 비약상고제도와 다르다. 한국의 비약상고는 당사자의 합의에 따른다. 그런 비약상고의 합의는 민사소송법이 허용하는 합의의 한 형태로서, 양당사자가 '항소의 대상'인 제1심 종국판결을 '상고의 대상'으로 하기로 하는 합의이다. 이것은 관할과는 아무 상관도 없는 합의다. 이는 오정후, "민사절차법의 관할에 대하여", 「저스티스」 통권 제134호(2013), 119면. 그러나 중국의 비약상소제도는 관할과 관련된다. 법정관할이다. 당사자의 합의와는 무관하다. 그런 점에서 한국의 비약상고제도와는 전혀 다른 의미의 것으로 운영되고 있다.

밀 · 컴퓨터소프트웨어'에 관한 제1심 사건은 고급인민법원이 관할하고, 그것의 상소사건은 상급법원인 최고법지재법정이 관할한다.[40] 여기서 ①은 종전 규정과 동일하게 비약상소제도가 적용되며, ②는 개정된 규정에 따라 비약상소제도의 적용이 아예 배제된다.

이 밖에 최고법지재법정이 수리하는 '기타사건'에 '행위보전 결정에 대한 재심 신청(行为保全裁定申请复议)' 사건이 추가되었다. 민사소송법상 일반 법리에 따라 행위보전 결정에 대한 재심은 그 결정을 내린 법원에 신청해야 한다. 그러나 개정 「최고법지재법정규정」 제2조 제2호는 행위보전 결정에 대한 재심을 최고법지재법정에 신청할 수 있도록 하였다.

다른 한편, 개정 「최고법지재법정규정」 제4조는 성실신용의 원칙과 권리 남용에 관한 규정을 신설하였다. 즉, 최고법지재법정은 문제 된 사건의 지식재산권에 관한 권리귀속 · 권리침해 · 권리 부여 및 확인 등과 연관되는 사건의 정황을 당사자에게 요구할 수 있고, 그런 요구가 있었음에도 당사자가 성실하게 제출하지 않는 것에 대해서는 성실신용 원칙의 위반 혹은 권리 남용의 구성으로 판단할 수 있는 것이다. 이 규정은 지식재산권에 관한 소송에서 당사자의 불성실을 미연에 방지하기 위한 것에 목적을 둔다.

2. 해남지재법원의 관할집중제도

해남지재법원의 관할집중제도는 중국이 지식재산권소송의 전문화에서 추구해 왔던 '삼심합일'의 모습을 구현해 냈다는 점에서 큰 의미를 갖는다. 즉, 포괄적으로 해남 지역의 지식재산권에 관한 제1심 민사 · 행정 · 형사 사건을 모두 해남지재법원에서 관할한다.

구체적으로 ① 특허 · 기술비밀 · 컴퓨터소프트웨어 · 식물신품종 · 집적회로배치설계 · 저명상표의 인정 및 독점 분쟁 등 전문성 · 기술성이 강한 제1심 민사 · 행정 사건, ② 위의 '①'에서 규정한 사건 외에 해남성의 중급인민법원

---

40) 여기서 '중차대하고 복잡한' 사건이란 고급인민법원의 '실용신안권 · 기술비밀 · 컴퓨터소프트웨어'에 관한 제1심 판결에 불복한 사건을 의미한다. 이는 2023.10.21. 최고인민법원의 "개정된 「최고법지재법정규정」을 철저하게 집행할 것에 관한 통지(关于贯彻执行修改后的 「最高人民法院关于知识产权法庭若干问题的规定」的通知)"에서 확인된다.

에서 관할해야 하는 제1심 지식재산권에 관한 민사·행정·형사 사건, ③ 해남성기층인민법원의 지식재산권에 관한 제1심 민사·행정·형사 판결·결정에 불복하여 제기한 상소·항소 사건, ④ 최고인민법원이 지정한 해당 법원이 관할해야 하는 기타사건을 관할한다(「해남지재법원결정」 제2조 제1항). 여기서 '② '의 '지식재산권에 관한 민사사건'은 소송목적의 값이 '500만 위안 이상 50억 위안 이하'인 사건을 말한다. '지식재산권에 관한 행정사건'은 성급 행정 '청'·'국' 혹은 현급 이상의 지방인민정부 등에 의한 행정행위를 대상으로 소 제기된 사건을 말한다. '지식재산권에 관한 형사사건'은 형법 '제3장 제7절'에서 규정한 '지식재산권침해죄'에 관한 것으로서 무기징역 혹은 사형에 처할 가능성이 있는 사건을 말한다.[41]

상소절차는 다음과 같다. ① 기층인민법원의 제1심 민사·행정·형사 판결·결정에 불복하는 경우 해남지재법원에 상소한다. ② 해남지재법원의 특허·식물신품종·집적회로배치설계에 관한 권리귀속·권리확인과 독점에 관한 민사·행정 판결·결정에 불복하는 경우 최고인민법원에 상소한다. 즉, 비약상소제도가 적용된다. ③ 앞의 '②' 이외의 제1심 지식재산권에 관한 민사·행정·형사 판결·결정에 불복하는 경우 해남성고급인민법원에 상소한다.

특히 주목되는 부분은, 형사사건의 관할권이 집중되면서 검찰의 관할도 함께 조정되었다는 것이다. 즉, 해남지재법원이 심리한 제1심 형사사건과 해남성기층인민법원의 지식재산권에 관한 제1심 형사 판결·결정의 상소·항소 사건은 '해남성인민검찰원제1지원'에서 집중적으로 관할한다(「해남지재법원결정」 제2조 제2항).

---

41) 이는 해남지재법원 홈페이지에 공개된 내용 참조. 海南自由贸易港知识产权法院, 审判研究, "'一文一图'说清海南法院知识产权案件管辖". 〈https://www.hftpipc.gov.cn/index.php?c=show&id=2726〉(최종 접속: 2024.3.24.).

제3절 중국 지식재산권 법제의 최근 동향에 대한 평가와 향후 전망

개정 특허법은, 당연한 얘기겠지만 권리자의 보호에 중심을 두고 진행되었다. 법정손해배상액의 상향 조정, 징벌적 손해배상제도의 도입, 문서제출명령제도, 특허권존속기간보상제도 등 특허권자의 권리보호에 무게를 둔 제도를 정비하고 수정하였다. 개정 저작권법도 마찬가지이다. 기술의 발전을 고려하여 저작물과 여러 유형 저작권의 개념 정의를 수정하였으며, 저작권 침해에 대한 제재를 강화하였음은 물론이고, 그 배상액도 상향 조정함으로써 권리자에게 충분한 보상이 이루어질 수 있도록 하였다. 이는 지식재산권에 대한 중국의 보호 수준, 의식 수준이 향상되었음을 방증하기도 하고, 기술산업과 문화산업의 발전 수준을 보여주기도 한다. 본문에서 분석한 내용을 확인해 보면, 현행법에는 '지식재산권 침해국'이라는 표현과는 전혀 어울리지 않는 수준의 정교한 내용들을 담고 있고, 설사 그것이 부족한 부분이 있다고 하더라도 권리자에 대한 실질적인 보호를 위해 고민한 흔적들이 역력하다. 이런 점에서 특허법과 저작권법 분야의 향후 전망은 권리자에 대한 실질적인 보호를 둘러싸고 이루어질 것으로 보인다. 단연 긍정적인 추세이다. 그러나 권리자에 대한 지나친 보호는 자칫하면 당사자 이익의 불균형을 초래할 수 있고, 이는 산업 발전의 폐해로 이어질 수 있으며, 지식재산권제도의 형해화를 야기할 우려가 있으므로 경계해야 하는 부분이다.

이 글의 핵심 관심 대상에서 제외된, 현재 개정 작업이 진행 중인 상표법의 경우에는 오히려 상표권자의 권리를 규제하는 내용들이 주목된다. 등록상표의 사용의무, 등록중복금지제도 및 사용의무 강화, 상표의 악의적 등록에 대한 규제 등이 그것이다. '부정경쟁방지법 개정안'은 새로운 유형의 부정경쟁행위를 구체적으로 정의, 규제하는 한편 법적 책임을 강화하는 내용을 담고 있다. 이 두 분야에 관해서는 아직 개정 작업이 진행 중이므로, 섣부른 평가를 내리기는 어렵지만 상표법의 경우 등록주의를 원칙으로 채택하고 있는 이상, 상표권자의 부당한 상표 사용을 규제할 필요는 있겠으나, 상표법의 기본 원칙과 충돌되어서는 안 된다.

지재소송의 전문화와 관할집중에 관해, 중국의 방대한 사법체계에서 지재소송만을 분리해서 그 전문화된 사법체계를 별도로 구축한다는 것은 쉬운 문제가 아니다. 그래도 이 제도를 도입한 이상 중국이 고민해야 할 부분은 정교한 삼심합일의 구축과 상소심리체제를 정돈하는 것이다. 본문에서 분석한 해남지재법원은 중등법원급 지재법원 중에서도 삼심합일이 가장 잘 반영되어 있다. 그리고 최고법지재법정은 관할사건을 일부 하향 조정함으로써 상소심리체제를 보완하였다. 앞으로도 중국에서 지재소송 분야는 긴 시간 동안 큰 변화를 겪을 것으로 보인다. 「2024년 지식재산권 강국 건설 추진 계획」만 보더라도, 국가적 차원의 상소심리체제 개혁, 전문화심판체계 건설, 지식재산권 심판 규칙에 부합하는 지식재산권특별절차법 연구 등 지재소송의 전문화에 관한 굵직한 작업들이 확인된다.

지식재산권은 인류문명의 발전을 이끌어 온 원동력이라고 할 수 있다. 동양과 서양을 불문하고, 시대를 불문하고 언제나 기술혁신과 창작이 특정 지역이나 국가를 부강하게 만들었다.[42] 최근 중국의 지식재산권 법제의 발전을 한마디로 축약하면, '격변의 시대 속 역동적 변화'라고 할 수 있다. 중국은 발전을 이끌어가는 제1원동력을 혁신으로 보고, 지식재산권을 국가 발전의 전략적인 자원으로, 국제 경쟁력의 핵심적인 위치에 있는 것으로 인식한다. 이런 인식 위에 중국은 지식재산권에 관한 정책과 법제를 정비하고 구축하는 것에, 범국가적 차원의 노력을 기울이고 있다. 이 점은 상표법과 부정경쟁방지법 개정안에서도 '당의 영도'에 관한 내용이 신설조항으로 제시된 것으로부터 확인되기도 한다.[43] 이에 관한 정합성은 별론으로 하고 중요한 것은 그만큼 중국공산당이 지식재산권 법제의 구축을 중시하고 있다는 사실이며, 앞으로도 중국의 지식재산권 법제의 발전은 잦은 법 개정 및 제도 정

---

42) 정상조 · 박준석, 『지식재산권법(제6판)』, 홍문사, 2024, 4면 참조.

43) 부정경쟁방지법 제3차 개정초안에는 "부정경쟁 작업은 중국공산당의 영도를 견지한다(제3조 제1항)"는 규정이, 상표법 제5차 개정초안 "상표 작업은 중국공산당의 영도를 견지한다(제2조[당의영도]제1항)"는 규정이 신설 조항으로 제시되어 있다.

비와 함께 역동적인 변화를 겪을 것으로 보인다.

주요 참고문헌

李明德 · 许超,『著作权法(第三版)』, 法律出版社, 2022年.

冯晓青 · 杨利华,『著作权法评注与案例』, 中国法制出版社, 2023年.

吴汉东,『知识产权法』, 法律出版社, 2021年.

王　迁, "'著作权法'修改: 关键条款的解读与分析(上)",『知识产权』, 2021年第1期.

陈扬跃 · 马正平, "专利法第四次修改的主要内容与价值取向",『知识产权』, 2020年第12期.

임춘광, "지식재산권에 관한 전문법원과 관할집중제도 — '소(訴)' 및 '권리(權利)'종류 측면에서 한국 · 중국 · 대만 제도의 비교 —",「일감법학」 제57호(2024).

제 9 장

중국 환경법의 변화와 현황

제9장 중국 환경법의 변화와 현황

제1절 중국 환경법 개관

중국은 시진핑 주석 집권 이후 '친환경'을 정책으로 발표하면서 중국 환경법을 대대적으로 개정하고 환경정책을 적극적으로 펼치고 있다. 중국은 2024년 5월 1일부터 중국 기후 관련 법령으로는 처음으로 행정법규 형식의 「탄소배출권 거래에 관한 조례(碳排放权交易管理暂行条例)」를 시행하는 등 전 세계적으로 주목하고 있는 환경 문제에 정부 차원에서 법령을 재정비하는 등 적극 대응하는 모양새이다.

이하에서는 중국 환경법을 시진핑 집권 이전과 이후로 나누어 간단히 살펴보도록 한다.

Ⅰ. 시진핑 집권 이전 중국 환경법(2013년 이전)[1)]

중국은 1978년 새로 개정·공포한 헌법 제11조에서 "국가는 환경과 천연자원을 보호하고 오염 및 기타 공공의 위험을 방지한다(国家保护环境和自然资源, 防治污染和其他公害)"라고 환경보호를 구체적으로 규정하였다. 전인대상무위원회는 1979년 9월 13일 위 헌법 조항에 근거하여 환경보호법(环境保护法)을 제정하였다. 위 법률의 제정 목적은 첫째, 환경 보호를 위한 국가의 기본 원칙과 정책을 법률의 형태로 규정하고, 둘째, 향후 중국의 환경 및 자원 보호를 위한 법률 시스템 구축을 위한 청사진을 수립하는 것이었다. 즉, 환경보호에 관한 국가의 기본지침과 기본정책만을 규정하고, 향후 대기보호법, 수질보호법 등 구체적인 규제와 시행규칙을 제정할 때 필요한 일부 조항을 정하는 것이 위 법의 입법 취지였다.

시기상 개별 환경 및 자원 보호법을 먼저 제정한 후에야 환경 기본법을 제정하였던 다른 대다수 나라와 달리, 중국 환경보호법은 국가 기본법 체계가 막 확립된 1979년에 완료되었으며 다른 개별 환경 및 자원 보호법들은 공백 상태였다. 따라서 환경보호법의 제정은 기본법으로 구상되어 국가 환경의 기본지침과 정책만 규정하고 있을 뿐이어서 점점 더 심각해지는 환경오염과 자연 피해의 현실을 반영한 광범위한 오염 통제 조치와 자연 보호 조치가 수반된 법률의 제정이 요구되었고 이후 각 개별 환경 및 자원 보호법들이 제정되었다.

주요 개별 법률로는 1995년 10월 30일 제정된 「고형폐기물의 환경오염 예방 및 통제법(固体废物污染环境防治法)」, 1996년 10월 29일 제정된 환경 「소음 공해의 예방 및 통제법(环境噪声污染防治法)」, 세계 해양의 생태계 유형 대부분이 있는 해양 대국인 중국이 1982년 8월 23일 제정한 「해양환경보호법(海洋环境保护法)」 등이 있다.

---

1) 汪劲, "从环境基本法的立法特征论我国〈环境保护法〉的修改定位", 『中外法学』, 2014年第4期, 474~475页.

Ⅱ. 시진핑 집권 이후 중국 환경법(2013년 이후)

중국은 덩샤오핑 집권 이후 오랜 기간 경제성장에만 집중해왔으며 후진타오 집권 시기인 제10차 5개년 계획(2001~2005) 시기에 이르러서야 "검은 고양이 발전을 버리고 녹색 고양이 발전을 지양해야 한다."는 개념이 제시되었다.[2] 녹색 고양이 개념은 경제성장에서 환경을 고려해야 하지만, 경제성장이 여전히 핵심이며 환경을 부수적으로 본다는 의미였다.

하지만, 2012년 11월 시진핑 주석이 집권하면서 발표한 정책에 '친환경'이 전면적으로 포함되고 특히 중국이 2013년부터 추진하고 있는 '일대일로를 통한 생태문명 실현' 개념이 전 세계적으로 화두가 되자 경제적인 측면뿐만 아니라 환경의 가치를 고려해야 할 필요성이 더욱 부각되었다.

전 지구적 차원에서 탄소배출 감축을 위한 노력이 진행되는 가운데 경제성장에만 중점을 두던 중국은 시진핑 지도부가 집권하게 되면서 과거 공산당의 국정 목표였던 경제건설, 정치건설, 문화건설, 사회건설의 '4위 1체제'에 '생태 문명 건설'을 추가하여 '5위 1체제' 이론을 수립하여 환경문제의 중요성을 확인하고 '사회주의 생태 문명 건설'을 강조하면서 환경 관련 정책과 법안을 적극적으로 마련하기 시작하였다.

이와 같은 지도부의 강한 의지를 반영하여 중국은 2014년 환경보호법을 대대적으로 개정하였다. 당시 법 개정은 세 가지 사항을 고려하여 진행되었다. 첫째, 중국에는 환경 및 자원 보호를 위한 법률 체계가 아직 완벽하지 않았고 둘째, 중국 헌법이 1982년 개정되었기 때문에 입법의 근거 기반이 변경되었으며 셋째, 환경보호법은 규범과 제약의 측면에서 강력하지 않았고 일부 조항은 적절치 않았으며 일부 개별 환경 보호법 및 행정 법규들이 발전함에 따라 이전의 법률이 현대의 법률과는 일치하지 않았다는 것이다.

2015년 2월에는 중국 CCTV 前 아나운서였던 차이칭이 제작한 중국의 대기오염 문제를 다룬 다큐멘터리 '돔 아래에서(穹顶之下)'가 온라인 게시 이틀

---

2) 중국 등소평 주석의 "검은 고양이든 흰 고양이든 쥐를 잡는게 좋은 고양이다."라는 유명한 말에 빗대어 경제성장만을 강조한 것이 '검은 고양이 발전', 환경을 고려하는 것이 '녹색 고양이 발전' 개념이다.

만에 조회 수 1억 뷰를 돌파하며 엄청난 주목을 받게 되면서 그동안 환경 문제를 제대로 알 기회가 거의 없던 젊은 층을 포함, 대중의 관심을 불러일으키게 되었다.[3] 중국의 환경 법규 시행 실패를 폭로하는 위 다큐멘터리에서 "향후 5년 동안 괄목할 만한 진전이 없다면 중국의 환경은 돌이킬 수 없는 지경에 이를 것"이라는 차이징의 결론에 많은 중국인들이 공감하였다. 전국인민대표대회 개회 직전 위 다큐멘터리가 공개된 이후, 인터넷에는 정부를 비난하는 댓글이 쏟아졌으며, 당시 신임 생태환경부 장관은 지방 당국에 환경법 시행을 독려하겠다고 발표하는 등 중국 정부는 대내외적으로 환경에 대한 획기적인 전환의 압력에 직면하게 되었다.

이와 같은 상황에서 같은 해 12월 기후변화회의에서 합의된 파리협정에서는 "지구 평균 기온을 산업화 이전 수준보다 2°C 미만으로 제한하고 산업화 이전 수준 대비 1.5°C 상승으로 제한하기 위해 노력하는 것"[4]을 포함하는 글로벌 목표가 설정되었다. 파리협정에 중국을 포함하여 약 200여 국이 서명함으로써 보여준 국제사회의 강력한 지지는 기후변화에 대한 행동의 시급성을 보여줄 뿐만 아니라 각국 정부가 기후변화에 대처하기 위해서는 강력한 국제적 협력이 필요하다는 데 동의한다는 것을 보여주었다.[5]

기후변화에 대해 전 세계적인 조치를 취해야 한다는 국제적 분위기에서 개최된 2015년 11월 30일 파리 기후변화회의 개막식에서 중국 시진핑 주석은 "중국은 생태 문명 건설을 제13차 5개년 계획(2016~2020)의 중요한 부분으로 삼고 국가 탄소배출권 거래 시장 구축 등 일련의 정책과 조치를 실시하여 2030년경 이산화탄소 배출량 정점을 찍을 것을 제안하고 가능한 한 빨리

---

3) 차이징은 2003년의 중증 급성호흡기증후군(SARS) 파동, 중국 석탄 생산 중심지인 샨시성의 폐질환과 공해를 다룬 심층 보도로 명성을 얻었다. 차이징은 다큐멘터리에서 자신의 딸이 뇌종양을 갖고 태어났다는 사실을 밝히고 그 원인으로 중국 환경 문제를 지목하면서 설득력 있는 사실, 전문가 인터뷰, 열정적인 스토리텔링 기법으로 큰 호응을 얻었다.

4) 파리협정 제2조 제1호

5) 선진국이 지속적으로 배출량 감축에 앞장서도록 장려하고 개발도상국에 대한 재정지원을 강화하고, 기술 주기의 여러 단계에서 기술 개발 및 기술 이전 협력을 강화하여 개발도상국이 기후변화를 완화하고 적응할 수 있도록 지원하는 내용을 두고 있다.

목표를 달성하기 위해 노력하고 있으며, 2030년 GDP 단위당 이산화탄소 배출량은 2005년 대비 60~65% 감소할 것을 목표로 한다."는 내용의 연설을 하여, 중국의 생태 문명 시스템 건설을 위한 노력을 전 세계인 앞에서 약속하고 정부 주도하에 여러 정책적 노력을 기울이게 되었다.[6)]

중국은 중국공산당 제18차 전국대표대회 이후 지속가능한 발전과 관련하여 생태문명 건설을 기본계획으로 삼고 일련의 선구적인 사업을 수행했다. 2017년 개최된 중국공산당 제19차 전국대표대회의 보고서는 "인류의 미래를 공유하는 공동체 건설을 지속적으로 추진할 것"을 요구하였는데, 위 '인류의 미래를 공유하는 공동체'는 정치 공동체, 안보 공동체, 경제 공동체, 문명 공동체, 생태 공동체 5개의 구성 요소로 구성되는 등 '생태 환경'에 대한 강한 의지를 드러내었다. 이는 중국 특색 사회주의에서의 경제, 정치, 문화, 사회, 생태 문명 건설이 '5위 1체제'인 점과 같은 선상에 있다.[7)]

제2절 중국 환경보호법의 제정과 주요 법령

Ⅰ. 환경보호법의 제정 및 개정

1. 환경보호법의 제정

중국은 1989년 12월 26일 제7기 전국인민대표대회 상무위원회 제11차 회의에서 환경보호법을 처음으로 채택하였다. 환경보호법은 중국 헌법상의 환경보호 정신을 구체화한 것으로 수질, 대기, 토양 등을 다루는 각 개별 환경법과는 달리 환경 전반을 규율하는 형식으로 일반법적인 성격을 갖고 있다.

환경보호법은 환경감독 관리, 환경의 보호와 개선, 환경오염과 기타 공해의 예방퇴치, 법률책임 및 부칙 총 6장으로 구성되어 있다. 그 적용 범위는

---

6) 共产党员网, "习近平在气候变化巴黎大会开幕式上的讲话(全文)", https://news.12371.cn/2015/12/01/ARTI1448918414863522.shtml(최종 접속: 2024.8.31).

7) 尤明青 · 王海晶, "我国碳排放权交易制度变迁的逻辑－兼评〈碳排放权交易管理暂行条例(征求意见稿)〉", 『吉首大学学报』, 2020年第1期, 51页.

대기 · 수자원 · 해양 · 토지 · 광산 · 삼림 · 초원 · 야생생물 · 자연유적 · 인문유적 · 자연보호구역 · 풍경 · 명승구역 · 도시와 농촌 등이며 오염과 기타 공해로 분류되는 폐가스 · 폐수 · 고형폐기물 · 먼지 · 악취가스 · 방사성물질 및 소음 · 진동 · 전자파복사 등을 규정된 오염물 표준에 따라 배출하며 환경감축제도, 예방 및 퇴치시설의 구축과 동시에 오염물 표준초과배출비용 등의 제도를 구축하고 생활환경과 생태환경을 보호 · 개선하며 오염과 기타 공해를 예방 및 퇴치하는 것을 내용으로 하고 있다.[8)]

2. 환경보호법의 전면적 개정(2014)

1) 개정 내용

2014년 4월 24일 제12기 전국인민대표대회 상무위원회 제8차 회의에서 환경보호법(环境保护法)을 전면 개정하여, 2015년 1월 1일부터 시행하였다. 중국은 현재 환경보호법을 기본법으로 하고 전국인민대표대회 상무위원회가 채택한 20여 개 이상의 환경 관련 법률, 국무원이 공포하여 시행 중인 행정법규를 비롯한 행정입법 외 최고인민법원의 사법해석, 많은 규범성 문건들을 시행하고 있다.

개정된 환경보호법 제1조는 "이 법은 환경을 보호하고 개선하며, 오염 및 기타 공공 위험을 방지하고, 공중 보건을 보호하고, 생태 문명 건설을 촉진하고, 지속 가능한 경제 및 사회 발전을 촉진할 목적으로 제정된다."고 규정한다. 개정법은 입법 목적에 '생태 문명 건설'과 '지속 가능한 발전'에 대한 요건을 추가하였는데, 이는 현대 중국의 생태 문명 개념 및 지속 가능한 발전 개념과 일치하여, 중국 정부의 환경 문제에 대한 강한 의지를 보여주고 있다.

환경보호법이 개정되면서 환경보호 기본 원칙에 관한 조항이 추가되었는데, 이는 지난 35년 동안 중국 환경법 역사상 처음으로 환경법의 기본 원칙을 법률에 명시적으로 선언한 것이었다. 법 제5조[9)]에서는 "환경보호는 보

---

8) 한국 법제처 세계법제정보센터(https://world.moleg.go.kr) 환경보호법 요약본

9) 环境保护法 第五条 环境保护坚持保护优先, 预防为主, 综合治理, 公众参与, 损害担责的原则.

호 우선, 예방 중심, 종합관리, 공공 참여, 피해배상 책임 원칙을 견지한다." 라고 명확히 선언하고 있다. 환경법의 기본 원칙에 대해서는 제3절에서 상세히 살펴보기로 한다.

2014년 개정되어 공포된 환경보호법은 환경 법치 건설, 오염 방지 및 제거, 에너지 절약 및 온실가스 감축, 생태 보호와 자원 이용, 환경관리 및 감독 등의 내용을 담고 있으며 기존의 47개 조항에서 70개 조항으로 늘어났다. 총 6장에 걸쳐 환경감독 관리, 환경보호와 개선, 환경오염과 그 밖의 공해 예방 및 퇴치, 법적 책임을 규정하고 있으며, 환경보호부의 법 집행 권한, 정부의 감독 책임 및 벌금을 강화하고, 사전 환경영향평가를 필수로 요구하고, 정보 공개를 강화하였으며, 공익소송의 대상을 확대하였다. 주요 개정 내용을 좀 더 상세히 살펴보면 다음과 같다.

첫째, 정부의 권한과 책임을 강화하였다. 기업, 사업 단위 및 기타 생산 경영자가 법규를 위반하고 오염물질을 배출해 심각한 오염을 초래했거나 초래할 수 있는 경우, 현급 이상 인민 정부의 환경보호 주무 부처 및 기타 환경보호 모니터링 관리 담당 부서는 오염물질 배출 시설 및 설비를 차압·압류할 수 있도록 했다. 또한, 벌금을 부과 받고 시정명령을 받았으나 이를 시정하지 않은 경우, 법률에 의거 처벌 결정을 내린 행정기관은 시정명령을 내린 다음 날부터 기존 벌금을 기준으로 일수에 따라 연속 처벌할 수 있도록 했다. 이는 과거 위반 횟수에 따라 벌금을 부과하던 것에 비해 규제 권한과 벌금을 강화한 것이다.

둘째, 위반 기업에 대한 벌칙을 강화했다. 오염물질 배출 표준을 초과하거나 중점 오염물질 배출 총량 관리 지표를 초과해 오염물질을 배출한 경우, 현급 이상 인민 정부의 환경보호 주무 부처는 생산 제한, 조업 중단 등을 명령할 수 있다. 상황이 심각한 경우, 인민 정부의 비준을 거쳐 휴업, 폐업 명령을 내릴 수도 있다. 오염물질 배출 허가관리제도를 도입하여 위 제도가 적용되는 기업, 사업 단위 및 기타 생산 경영자는 오염물질 배출 허가증의 요구에 따라 오염물질을 배출하도록 하고, 법을 위반한 담당자나 책임자에게는 15일 이내의 구류에 처할 수 있도록 하였다.

셋째, 국민에 의한 감시를 강화하였다. 중앙정부는 중점 오염원 모니터링 정보 등 중대 환경정보를 통일적으로 발표하고, 지방정부는 환경 행정허가, 처벌, 부과금 징수 등의 현황을 공개하도록 하였으며, 중점 오염물질 배출 시설의 경우 주요 오염물질 명칭, 배출 방식, 배출 농도 및 총량, 초과 배출 상황, 오염방지시설 건설 및 운영 상황을 대외적으로 공개하도록 하였다.

넷째, 환경공익소송의 주체를 확대하였다. 환경오염, 생태계 훼손, 사회공공이익 침해행위에 대해 공익소송을 허용한 것이다. 환경공익소송의 주체는 시급 이상 인민 정부의 민정 부처에 등록되고, 환경보호 공익 활동 전문 종사 기간 5년 동안 위법 기록이 없는 경우 등 법으로 명확히 제한하였다.

2) 개정법 시행의 영향[10]

환경 분야 기본법인 환경보호법의 개정으로 오염 배출 허가증 관리 및 오염물질 배출 비용 징수 기준 상향조정, 정부와 기업의 환경정보 공개, 환경오염 책임업체에 대한 처벌 강화, 환경 민사공익소송제도 실시 및 환경오염 행위 신고 강화, 환경오염 강제 책임보험 가입, 기업 단위 돌발 환경 사고 관리 강화 등 환경 관련 하위법령들이 개정되었다.

개정법이 시행된 지 두 달이 지난 2015년 3월 2일 환경보호부는 당시 개정 환경보호법의 내용을 명확히 밝히고 환경 법치주의에 더 많은 관심을 기울일 것을 강조하는 기자회견을 열었다.[11] 기자회견에서 환경보호부 천지닝(陳志寧) 장관은 개정된 환경보호법이 신시대 환경보호 사업을 강화하기 위한 좋은 토대를 마련했으나 현재 당면한 문제는 법 집행이 약하고 많은 환경법 규정이 지켜지지 않고 있다는 점이라고 지적하면서 새로 개정된 환경보호법의 시행과 함께 여러 가지 전형적인 환경 위반 사례를 선별, 조사, 처벌 및 폭로하는 데 세심한 주의를 기울일 필요가 있다고 당부했다.

또한, 기업 및 지방자치단체 등이 법을 위반한 것에 대해 엄정한 조사와

10) 2015년 당시에는 환경보호부가 있었으나 2018년 3월 17일 제13차 중국인민대표대회에서 기존의 환경보호부를 대체하기 위해 생태환경부를 설립하게 되었다.

11) 생태환경부, 2015.3.2., "环境保护部通报新〈环保法〉生效以来进展情况, 新领导班子将更加重视环境法治", https://www.mee.gov.cn/gkml/sthjbgw/qt/201503/t20150302_296322.htm (최종 접속: 2024.8.31).

처리가 이뤄져야 하며, 환경 위반에 맞서 싸우기 위해 법률 및 규정을 위반한 단위 및 법정 대리인 명단, 상황의 처리와 시정 상황을 대중에게 공개하는 등 정보 공개를 적극 추진하고 여론을 강력히 조성하고 전 사회가 환경보호에 적극 참여하게 하여 기업의 법규 위반을 적극 감독하고 생태 환경을 보호하여야 한다고 강조하였다.

환경보호부는 새로운 법이 시행된 후 약 두 달 동안의 시행 결과를 밝혔는데, 여러 지역에서 총 15건의 일일 벌금이 부과되었으며 총 136건의 봉인 및 압수수색이 이루어졌고, 총 122건의 기업의 생산 제한 및 중단 사례가 시행되었으며, 총 107건이 행정구류로 이송되는 등 검찰과 법률이 적극적으로 개입하였다. 새로운 환경보호법이 시행된 이후, 지역 공안 기관들은 환경 위반에 책임이 있는 자들 중 일부를 구금하였고 최고인민검찰원은 중국공산당 제18기 중앙위원회 제4차 전체 회의 결정을 이행하기 위한 '지도 의견'을 발표하여 생태 환경에 대한 사법적 보호를 강화하고, 검찰기관의 공익소송 개시를 모색하며 각급 검찰기관이 환경자원 훼손에 대한 특별사건 접수 및 감독 활동을 실시하고 환경보호법의 집행기관과 소통 및 협력을 강화하며, 정보 및 의견 교환, 중대 사건 통보를 위한 메커니즘을 확립하고자 노력하였다.

개정법은 사법기관의 강력한 지지도 받았다. 최고인민법원은 전국 18개 주에 382개의 환경 법원, 공동 패널 또는 순회 법원을 설립하였고, 2015년 1월 허베이(河北)성 창저우(沧州)시 중급인민법원은 5개 현(县) 법원을 조직하고 지도하여 환경오염 범죄 9건에 대한 판결을 공개적으로 발표하고, 2015년 2월 후베이(湖北)성 황스(黄石)시 샤루(西果)구 법원은 비소가 함유된 폐가스를 대기 중으로 방출한 혐의로 6개 회사의 책임자 14명에게 실형을 선고하는 등 관련 판결을 내리기 시작하였다.

Ⅱ. 중국의 환경 관련 법령 현황[12)]

1. 법률: 제정기관–전인대상무위원회

법령 명칭	제·개정 공포일시
해양환경보호법	2023. 10. 24
티베트 고원의 생태보호법	2023. 4. 26
야생동물보호법	2022. 12. 30
황하보호법	2022. 10. 30
흑토보호법	2022. 6. 24
소음오염 방지통제법	2021. 12. 24
초원법	2021. 4. 29
습지보호법	2021. 12. 24
장강 보호법	2020. 12. 26
생물안전법	2020. 10. 17
고체폐기물오염환경예방통제법	2020. 4. 29
산림법	2019. 12. 28
환경영향평가법	2018. 12. 29
대기오염 방지통제법	2018. 10. 26
사막화 방지통제법	2018. 10. 26
토양오염 방지통제법	2018. 8. 31
원자력 안전법	2017. 9. 1
수질오염 방지통제법	2017. 6. 27

12) 중국법률법규데이터(国家法律法规数据库) 홈페이지 https://flk.npc.gov.cn/fl.html (2024.8. 31. 기준 유효한 법령을 적시한 것). 그 외 강광문·장혜진, “중국에서 규장(规章)의 법적 성격에 관한 고찰”, 「중국법연구」 제52호(2023), 3면.

수자원법	2016. 7 2
심해저 지역의 자원 탐사 및 개발법	2016. 2. 26
환경보호법	2014. 4. 24
토양 및 수질보존법	2010. 12. 25
재생가능에너지법	2009. 12 .26
방사능오염 방지통제법	2003. 6. 28

2. 행정법규: 제정기관–국무원

법령 명칭	제·개정 공포일시
물절약조례	2024. 3. 9
탄소배출권 거래에 관한 조례	2024. 1. 25
오존층 파괴물질 관리 조례	2023. 12. 29
지하수관리 조례	2021. 10. 21
오염배출허가관리 조례	2021. 1. 24
폐차 재활용 관리 방법	2019. 4. 22
멸종 위기에 처한 야생 동식물의 수출입 관리 조례	2019. 3. 2
폐전기전자제품의 재활용 및 처리에 관한 조례	2019. 3. 2
해안 엔지니어링건설 프로젝트에 의한 해양환경오염 및 피해의 예방통제 조례	2018. 3. 19
선박에 의한 해양환경 오염 방지 및 관리 조례	2018. 3. 9
산림법 실시 조례	2018. 3. 19
자연보호구역에 관한 조례	2017. 10. 7
야생동식물보호에 관한 조례	2017. 10. 7
건설 프로젝트의 환경 보호 관리 조례	2017. 7. 16
도시 외관 및 환경 위생 관리 조례	2017. 3. 1

선박파손에 의한 환경오염 방지 조례	2017. 3. 1
유해폐기물 허가증 관리 방법	2016. 2. 6
기상시설 및 기상조사의 환경보호조례	2016. 2. 6
육상 야생 동물 보호 조례	2016. 2. 6
농지의 산림전환에 관한 조례	2016. 2. 6
광산자원 개발등기 관리 방법	2014. 7. 29
유해화학약품 안전관리 조례	2013. 12. 7
수생 야생동물보호 실시조례	2013. 12. 7
장강 삼협 수자원 보존 프로젝트의 안전 및 보안에 관한 조례	2013. 9. 9
방사성폐기물 안전관리에 관한 조례	2011. 12. 20
태호유역 관리에 관한 조례(太湖流域管理条例)	2011. 9. 7
규제화학물질 관리에 관한 조례	2011. 1. 8
의료 폐기물 관리에 관한 조례	2011. 1. 8
화이화유역 물오염방지 및 통제 관한 조례(淮河流域水污染防治暂行条例)	2011. 1. 8
산림벌채 및 재생관리 방법	2011. 1. 8
환경영향평가 계획에 관한 조례	2009. 8. 17
산불예방에 관한 조례	2008. 12. 1
초원 화재 예방에 관한 조례	2008. 11. 29
황하 수량조정에 관한 조례(黄河水量调度条例)	2006. 7. 24
육상오염물질 및 해양환경피해 예방통제관리 조례	1990. 6. 21
산림 및 야생동물 종의 자연보호구역관리를 위한 방법	1985. 7. 6
해양 석유 탐사 및 개발을 위한 환경 보호 관리 조례	1983. 12. 29
수산 자원의 번식 보호에 관한 조례	1979. 2. 10

3. 사법해석(司法解释): 최고인민법원[13]

법령 명칭	제·개정 공포일시
생태환경침해 민사소송 증거에 관한 최고인민법원의 몇 가지 규정(最高人民法院关于生态环境侵权民事诉讼证据的若干规定)	2023. 8. 14
생태환경 침해책임 재판에서 법률 적용의 몇 가지 쟁점에 관한 최고인민법원의 해석(最高人民法院关于审理生态环境侵权责任纠纷案件适用法律若干问题的解释)	2023. 8. 14
환경오염 형사사건 처리에 있어 법률적용에 관한 몇 가지 문제에 대한 최고인민법원과 최고인민검찰원의 해석(最高人民法院,最高人民检察院关于办理环境污染刑事案件适用法律若干问题的解释)	2023. 8. 8
환경자원 재판에 전문 지식을 갖춘 인민 배심원의 참여에 관한 최고인민법원의 몇 가지 규정(最高人民法院关于具有专门知识的人民陪审员参加环境资源案件审理的若干规定)	2023. 7. 26
해양천연자원 및 생태환경공익소송 사건 처리에 관한 몇 가지 문제에 관한 최고인민법원 및 최고인민검찰원의 규정(最高人民法院, 最高人民检察院关于办理海洋自然资源与生态环境公益诉讼案件若干问题的规定)	2022.5.10
생태 및 환경침해분쟁 재판에서 징벌적 손해배상 적용에 관한 최고인민법원의 해석(最高人民法院关于审理生态环境侵权纠纷案件适用惩罚性赔偿的解释)	2022.1.12
환경 공익민사소송 재판에서 법률 적용의 몇 가지 문제에 대한 최고인민법원의 해석(最高人民法院关于审理环境民事公益诉讼案件适用法律若干问题的解释)	2020.12.29
생태 및 환경손해배상 재판에 관한 최고인민법원의 몇 가지 규정(最高人民法院关于审理生态环境损害赔偿案件的若干规定(试行))	2020.12.29
해양천연자원 및 생태환경 피해보상에 관한 분쟁 재판의 몇 가지 문제에 관한 최고인민법원의 규정(最高人民法院关于审理海洋自然资源与生态环境损害赔偿纠纷案件若干问题的规定)	2017.12.29

13) 중국의 사법해석은 최고인민법원의 법령해석으로 일반적으로 조문 형태로 제시된다. 우리나라에는 존재하지 않는 중국 고유제도이다. 중국은 사법해석에 법률적 효력을 부여하고 있어 일반 추상적 법령에 대한 보충입법과 유사하다고 볼 수 있다. 이하 상세한 내용은 정영진·강광문, 『중국법 강의』, 박영사, 2022, 417~432면.

4. 중국 환경법에 대한 주요 사법해석

몇 가지 사법해석 중에서 최근 발표된 중요한 사법해석 두 가지만 살펴보자. 제1회 전국 생태의 날인 2023년 8월 15일 최고인민법원이 「생태환경 침해책임 재판에서 법률 적용의 몇 가지 쟁점에 관한 해석」(이하 '해석') 및 「생태환경침해 민사소송 증거에 관한 몇 가지 규정」(이하 '규정')을 발표하였다.[14)]

최고인민법원은 위 해석과 규정은 생태 환경 사건 판결에 대한 법률 적용 규칙 체계를 개선하고 생태 환경과 관련된 판결의 발전을 촉진하는 것을 목표로 한다고 밝혔다.

1) 생태환경 침해책임 재판에서 법률적용의 몇 가지 쟁점에 관한 해석

위 해석은 29개 조항으로 구성되어 있다. 주로 생태 및 환경 침해 사건의 범위, 귀속에 관한 내용, 다수에 의한 침해, 책임의 대상, 책임의 추정 및 공소시효를 규정하고 있다. 최고인민법원은 생태환경침해가 통상적인 불법행위와 달리 귀속, 인과관계 입증 등의 측면에서 특수성을 가지며 적용 법리도 달라 생태환경침해 사건의 범위를 합리적으로 판단할 필요가 있어 위 해석을 내놓게 되었다고 밝혔다. 위 해석 제1조는 환경오염에는 폐수 및 폐가스와 같은 물질 오염뿐만 아니라 소음 및 진동에 의한 침해도 포함된다는 것을 명확히 하였으며 생태 훼손에는 불법 채굴, 무분별한 벌목, 기타 천연자원의 비합리적인 착취 및 이용으로 인한 생태 피해와 외래종의 불법 도입, 방류 및 폐기로 인한 생태 피해가 포함된다고 밝히고 있다.

또한, 생태환경 매체에 의해 직접적으로 발생한 인명 및 재산 피해, 직업활동상 근로자의 손해, 일상생활에서 상린관계 손해는 생태 및 환경 침해 사건의 범위에 속하지 않으며, 관련 민사책임은 다른 법률조항에 따라 판단

---

14) 생태환경부, "最高法发布〈关于审理生态环境侵权责任纠纷案件适用法律若干问题的解释〉,〈关于生态环境侵权民事诉讼证据的若干规定〉", 2023.8.16., https://www.mee.gov.cn/home/ztbd/2022/sthjpf/fgbzjd/202308/t20230818_1038883.shtml(최종 접속: 2024.8.31). 생태환경부, "谁主张谁举证! 最高法发布生态环境侵权证据规定", 2023. 8. 15., https://www.mee.gov.cn/home/ztbd/2022/sthjpf/fgbzjd/202308/t20230818_1038889.shtml(최종 접속: 2024.8.31).

할 수 있음을 명확히 하고 있다.

생태환경침해 사건에서 비교적 흔한 형태의 침해인 다수에 의한 침해에 대해서는 민법 불법행위책임 조항의 다수에 의한 침해에 관한 일반규정과 생태적·환경적 불법행위에 대한 책임의 귀속 원칙 및 사건의 특성을 종합하여 명확히 규정하고 있다. 환경오염에 대한 제3자에 의한 처리는 오염원이 합의한 대로 비용을 지불하고 환경용역업체에 오염 통제를 맡기는 새로운 시장 지향적 모델로, 환경오염 방안의 비중이 높아지고 있어 재판 실무와 관련된 불법행위책임의 문제와 관련하여 각 유형별로 상황을 구분하여 규정하는 등 생태환경 침해책임 분쟁 재판에서의 법률 적용에 대한 규칙을 제공한다.

2) 생태환경침해 민사소송 증거에 관한 몇 가지 규정

위 규정은 총 34개 조항으로 구성되어 있다. 주로 적용 범위, 입증책임, 조사, 증거 수집 및 보전, 공통 증거의 원칙, 전문가 증거, 문서 증거 제출 명령, 손해 및 비용의 재량적 결정 등을 포함한다. 특히 입증책임 조항은 원고와 피고의 입증책임을 열거하고 있다.

규정에 따르면, 원고의 입증책임은 세 부분으로 구성된다. 첫째, 생태환경 불법 행위 책임의 구성 요소에 따라 환경 오염 책임 분쟁 사건 및 생태 피해 책임 분쟁의 원고는 피고가 환경을 오염시키거나 생태계를 훼손하는 행위로 원고의 인명과 재산이 피해를 입었거나 손상될 위험이 있음을 입증할 책임이 있다. 둘째, 원고에게 입증책임을 배분하는 원칙에 따라 원고가 청구한 인명·재산피해배상비용 또는 민법(제1235조)에 규정된 손해배상비용에 대한 입증책임을 원고가 부담한다. 셋째, 원고가 소송을 제기하여 피고에게 환경오염 또는 생태 훼손에 대한 책임을 묻는 경우 소송남용을 방지하고 인과 관계 판단의 정확성을 높이기 위하여 피고의 행위와 손해의 관련성에 대한 증거를 제시하여야 한다.

피고의 입증책임과 관련, 환경오염 또는 생태훼손으로 인한 분쟁이 발생한 경우 피고는 자신의 행위와 손해 사이에 인과관계가 없다는 것을 입증할 책임을 진다는 점을 분명히 하고 있다. 인과관계는 생태적 환경 침해가 성립하는지 여부를 결정하는 데 가장 중요한 요소이며, 이 조항은 인과 관계가 존재하지 않는다는 입증책임을 피고에게 부여하여, 원래 피고가 증거를 제공할 수 있는 능력의 균형을 맞추고 침해 당사자가 적시에 효과적인 방식으로 사법적 구제를 받을 수 있도록 하는 것을 목표로 한다.

규정의 내용에 따르면 입증 기준에 미달하여 결정되지 않은 법적으로 유효한 형사판결 및 행정판결에 대하여, 환경오염 또는 생태훼손 행위로 인한 생태환경침해 민사소송에서는 인민법원이 관련 사실과 증거에 기초하여 증명할 사실의 존재가 매우 개연성이 있다고 확신하는 경우 그 사실의 존재를 결정해야 한다.

또한, 생태환경 침해 사건에서 사실 판단에 대해 전문가 증거 시스템을 적용하는데 핵심적이고 어려운 문제에 대한 포괄적 규정을 두고 있다. 생태 및 환경 침해 사건의 전문성과 복잡성으로 인해 사법 실무에서 "특성화하기 쉽지 않고 계량화하기는 더욱 어렵다."는 문제가 있는데 규정은 위 손실 및 비용의 계량 문제를 규정하는 등 생태환경침해의 민사소송의 증거에 대한 내용을 정한다.

제3절 중국 환경법의 기본원칙[15)]

Ⅰ. 예방원칙

위험 예방의 원칙은 초기에 주로 해양 환경보호 분야에 적용되었는데 1992년 유엔 환경 개발 회의 이후 위험 예방의 원칙은 일반 환경보호 분야에 완전히 적용되었다. 이론적으로 위험 예방의 원칙은 환경 위험에 대한 과학적 불확실성이 있는 경우 환경피해를 방지해야 할 의무라고 정의할 수 있다.

예방에 대한 강조는 환경보호 작업에서 개선보다 예방에 우선순위를 두는 것을 반영하며, 환경을 보호하고 개선하는 데 도움이 된다. 동시에 예방원칙에는 공권력 주체가 경제활동에 개입할 때 가치측정과 선택의 문제도

15) 汪劲, 『环境法学(第4版)』, 北京大学出版社, 2023年, 48~66页; 曹炜, "环境法典基本原则条款构建研究", 『中国法学』, 2022年第6期, 120~121页; 王远芳 · 王翔, "论新〈环境保护法〉的定位和基本原则", 『长江大学学报(社科版)』, 2015年第1期, 45~47页.

포함한다. 전통적인 사적 자치의 개념에 따라 국가는 개인이 자유롭게 경제활동을 수행하고 개인의 이익을 추구하도록 장려하며, 경제활동에서 발생하는 불확실한 위험과 예상치 못한 손해는 법이 허용하는 범위 내에서 이루어진다. 따라서 민간기업은 타인에게 피해를 주지 않도록 주의의무를 지고 신중하게 권리를 행사해야 하며, 공공기관은 경제활동에 과도하게 간섭하거나 예방적 통제 조치를 취하지 않는데, 이로 인해 많은 경우 위험이 피해자에게 전가되기도 한다.

예를 들어, 전통적인 사법 이론에서는 인접 관계에 있는 소유자, 계량할 수 없는 피해의 피해자, 환경 불법행위의 피해자, 공인 등에게는 타인에 대한 합당한 피해를 용인할 의무가 있었다. 하지만, 사회 규제가 강화되면서 국가가 경제활동에 개입하는 경우가 늘어나 경제활동에 사전 개입하는 예방원칙에 따라 민간기업이 환경피해를 방지하기 위해 더 많은 예방 의무를 지도록 요구한다. 이는 환경보호를 강화하는 데 도움이 될 뿐만 아니라 공익과 개인의 자유를 어느 정도 재정렬하는 데도 도움이 된다.

이와 같이 예방 우선 원칙은 환경보호의 객관적인 법칙을 구제화할 뿐만 아니라, 상충되는 이해관계의 가치를 재판단하고 환경법 고유의 가치가 지향하는 바를 반영하고 있는 원칙이다.

Ⅱ. 협조발전원칙

환경 문제를 다루기 위해서는 시스템 이론적 접근이 필요한데, 협조발전원칙은 환경보호에 있어서 시스템 이론의 개념을 반영하고 있다. 환경을 관리하기 위한 다양한 수단의 포괄적 사용과 협조는 환경보호 및 개선에 도움이 된다.

협조발전의 원칙은 종합적인 예방과 통제의 원칙, 즉 환경오염 전반의 예방과 통제의 원칙으로 정의하는 것이 바람직하며, 동시에 위 원칙은 환경영향평가제도, 오염물질배출 허가제도, 한시처리제도 등 중국 환경법의 해당 제도에도 적용된다.

Ⅲ. 원인자 부담 원칙

원인자 부담 원칙은 일반적으로 환경보호를 위한 정부 투자에 대한 대중의 회의론에서 비롯된 것이다. 회의론자들은 환경보호에 대한 국가의 막대한 투자가 실제로는 모든 납세자의 돈을 사용하여 개인에 의해 야기된 환경오염에 비용을 지불하고 있다고 믿는다. 이러한 점을 고려할 때, 오염을 통제하고 제거하는 데 드는 비용은 오염 원인 유발자들이 부담해야 한다. 또한, 오염자 부담 확대 원칙이 있어 오염 유발자가 위의 비용을 부담하고 환경오염을 겪은 주민에게 보상을 제공하도록 규정하고 있다.

오염자 부담 원칙은 '손해배상책임 원칙'으로도 알려져 있다. 환경보호법의 손해배상책임 원칙은 크게 두 가지 측면을 포함한다. 하나는 '손해'이고 다른 하나는 '책임'이다. 손해 측면에서 이러한 종류의 피해는 일반적인 의미에서 환경에 악영향을 미치는 행위뿐만 아니라 환경의 과도한 착취로 인해 환경을 치유할 수 없거나 악화시키는 행위도 포함한다. '책임'은 환경복원 및 생태 복원 비용에 대한 책임뿐만 아니라 환경오염으로 인해 피해를 입은 일반 대중에게 보상하는 책임도 포함한다.

즉, 환경을 오염시키고 생태계를 훼손하는 행위는 부정적 외부효과의 특성을 가지고 있어, 이로 인해 발생하는 이익은 환경을 오염시키고 생태계를 훼손하는 행위자에게 돌아가고 피해는 사회 전체가 부담하게 된다. 즉, 오염원인자를 식별할 수 없거나 긴급 상황이 발생하는 경우, 사회도 피해를 공유할 수 있다. 따라서, 환경 법규 준수의 관점에서 환경보호 관리는 원인자 부담으로 손해배상책임 원칙을 확립하여 환경보호의 실효성을 제고하고 "법 위반시 지불되는 비용은 작고 법을 준수하기 위해 지불되는 비용은 크다."는 비난 상황을 피해야 한다는 내용을 담는다.

위 원칙은 오염 원인자의 이익과 공공 및 민간 환경이익 간의 갈등 조정도 포함하며 위 상충되는 이해관계를 조정하고 공공 및 민간 이익에 필요한 보호를 제공함으로써 환경법이 구체적으로 지향하는 가치를 반영한다.

Ⅳ. 공공 참여 원칙

공공 참여 원칙은 국제적으로 널리 지켜지는 환경법의 기본 원칙으로 두 가지 관점에서 이해될 수 있다.

먼저, 환경보호의 객관적인 관점에서 볼 때, 공공 참여는 환경보호의 다원적 공동 거버넌스 개념의 구현이며, 이는 전문가의 합리성 부족을 보완하고 환경 의사결정의 과학적, 민주화를 촉진할 수 있다. 특히 환경 위험 관련 의사결정에 있어서 위험규제의 가치 선택과 목표 결정은 국민의 위험에 대한 지식을 바탕으로 이루어져야 하며, 이를 통해 행정기관의 위험규제 목표 결정에 대한 정당성 기반을 마련해야 한다.

둘째, 이해 균형과 가치판단의 관점에서 볼 때, 공공 참여 원칙을 환경법의 원칙으로 규정하는 것은 환경 의사결정과 감독 과정에서 산업적 이익의 집중과 분산된 공익 간의 갈등을 조정하는 데도 도움이 된다. 행정 과정에서 규제 이익 또는 보호 이익은 일반적으로 이해관계자에게 계속 이익을 주는 정책 편향을 초래하는 반면, 상대방인 규제 대상 기업은 공익을 위해 이익을 희생하고 달성할 수 없는 위치에 처하게 된다.

따라서, 공공 참여 원칙은 국민에게 알 권리와 환경 의사결정에 참여할 권리를 부여하는 것을 의미하며, 이는 환경에 대한 의사결정 및 감독 과정에서 산업계의 이해관계와 공익이 충돌할 때 갈등을 조정하는데 도움이 된다. 이와 같은 의미에서 공공 참여 원칙은 환경을 보호하고 개선하는데 도움이 될 뿐만 아니라, 산업적 이익과 공익의 갈등을 해결하는데 가치를 두고 있다.

제4절 중국의 환경공익소송과 생태손해배상소송

Ⅰ. 환경공익소송과 생태손해배상소송

우리나라에는 없는 소송제도로 중국에는 환경공익소송제도가 있고 행정기관이 생태손해에 대해 배상을 청구하는 생태손해배상소송이 있다. 환경법과 관련하여 우리나라에는 없는 생소한 분야라 간단히 소개하고자 한다.

1. 환경공익소송

2015년 1월 1일부터 시행된 개정 환경보호법은 환경 분야 공익소송을 확대하였다. 환경오염, 생태계 훼손, 사회공공이익 침해행위에 대해 공익소송을 허용한 것이다.

환경보호법 제58조, 민사소송법 제55조, 「환경공익 민사소송 재판에서 법률 적용의 몇 가지 문제에 대한 최고인민법원의 해석」(이하 '해석'),[16] 「중화인민공화국 민사소송법의 적용에 관한 최고인민법원 해석」 제284조부터 제291조까지에 의해 환경공익소송(주로 환경민사공익소송)이 확립되었다.

중국 행정소송법상 행정소송의 원고적격은 원칙적으로 공권력 행사에 의해 권리가 훼손된 자에게만 허용되고 있어, 공법상 권리구제 청구는 자신의 권리를 침해받은 자만이 가능하여, 개인적 이익의 침해가 수반되지 않는 경우 환경피해에 대한 책임을 사법적으로 통제하는 것이 불가능했다. 이와 같은 상황에서 행정기관의 위법한 공권력 행사에 의한 환경공익의 침해에 대하여 개인 또는 사회가 통제할 수 있는 법적 체계를 마련할 필요성이 제기되었다.[17]

이와 같은 상황에서 2015년 12월 16일 중국 최고인민검찰원은 「인민검찰원 공익소송 제기에 관한 시범사업 실시방법」(이하 '실시방법')[18]을 발표하여 검찰기관의 민사법상 공익소송, 행정법상 공익소송 제기에 관한 규정을 마련하였다.

검찰기관은 2015년부터 2년간 북경시, 길림성, 강소성, 내몽고자치구, 안휘성, 복건성 등 13개 성급 지방검찰청에서 행정공익소송 시범사업을 시범운영하였다. 위 실시방법은 검찰기관이 공익소송을 제기하려면 반드시 먼저 검찰 건의 절차를 거치도록 규정하고 있어, 검찰기관은 행정청의 위법한 공

---

16) 「最高人民法院关于审理环境民事公益诉讼案件适用法律若干问题的解释」

17) 김은환, "중국 행정소송법상 환경공익소송에 관한 연구", 「공법학연구」 제24권(2023), 177면.

18) 「人民檢察院提起公益訴訟試辦工作實施辦法」 2015년 공포.

권력의 행사 또는 부작위로 인해 환경공익 등 사회적 이익이 침해된 경우, 해당 행정청에 기간을 정하여 서면으로 시정을 명한 후 그 기간 내 이행하지 않는 경우에 한하여만 행정공익소송을 제기할 수 있다.

2017년 6월에는 행정소송법을 개정하여 검찰기관에 행정소송의 원고적격을 부여하였는데, 이로써 검찰기관이 개인의 권리 침해 유무와 상관없이 환경공익 보호를 위해 소를 제기할 수 있는 환경 행정공익소송제도를 도입하였다.

이와 같이 환경공익소송제도는 성격상 환경 민사소송제도와 환경 행정공익소송제도로 구분할 수 있는데, 환경 민사공익소송을 통하여 생태환경 손해 야기자에게 손해배상과 원상복구의 책임을 추궁하고, 환경 행정공익소송을 통하여 환경에 관하여 감독 지위의 행정기관에게 생태환경 손해에 대한 구제조치 채택을 촉구할 수 있게 되었다.[19)]

2. 생태손해배상소송

중공중앙반공청 및 국무원은 2015년 11월 「생태환경 손해배상제도 개혁과 시행에 관한 방안(生态环境损害赔偿制度改革试点方案)」을 발표하였다. 먼저 중국 지린성(吉林省) 등 7개 성시에서 생태환경 손해배상제도를 시범적으로 운영하였으며, 2017년 12월, 「생태환경 손해배상제도 개혁방안(生态环境损害赔偿制度改革方案)」을 발표하여 생태손해배상제도를 전국적으로 시행하였다.

II. 환경공익소송과 생태손해배상소송의 비교

1. 환경공익소송

1) 주체

환경공익소송의 주체로는 소송을 제기할 수 있는 당사자뿐만 아니라, 환

---

19) 광준(저) · 장지화(역), "검찰기관의 환경공익소송과 생태환경손해배상제도와의 연결", 「중국법연구」 제36집(2018), 400면.

경공익소송제도의 발전에 따라 사건과 관련되지 않은 시민, 법인, 기타 단체도 소송을 제기할 수 있다.

환경보호법 제58조에 의하면 "다음 조건을 충족하는 사회단체는 인민법원에 소송을 제기할 수 있다: ① 법률에 따라 구(区)급 이상의 인민 정부 민사부에 등록되어 있으며 ② 환경보호 공익 활동을 5년 이상 연속하여 전문적으로 하고 있고, 법령 위반 전력이 없는 자"라고 정하고 있다. 위 해석에서는 '사회단체', '구급 이상의 인민정부 민정부문(民政部门)', '환경보호 공익 활동 전문', '법률 위반 기록 없음' 등 법에 적시된 중요한 용어의 의미를 명확히 하고 있는데, 지방정부의 권한과 억지력을 최대한 발휘하는 동시에 환경단체의 소송 의지와 능력을 극대화하고자 하는 정책적 고려에 따른 것이다.

즉, 도 정부 또는 환경보호단체가 특정 생태 및 환경적 피해에 대해 소송을 제기할 수 있는데 환경공익소송은 환경보호단체가 최초로 제기한 소송에 적용된다. 소송이 제기된 후 다른 자격을 갖춘 법인이 일정 기간 내에 신청서를 제출할 수 있으며 법원이 검토하고 승인한 후 공동 원고로 소송에 참여할 수 있다.

환경 행정공익소송에 있어서는 행정소송법 제25조 제4항에 의해, 검찰기관의 직무수행 과정에서 자연환경과 자원의 보호 및 관리를 목적으로 하는 법규범에 위반한 경우에만 허용되며, 개인 또는 시민단체, 검찰기관 이외의 관련 행정기관 및 소속 공무원 등에 의한 고발 또는 신고를 배제한다. 또한 검찰건의 전치주의(检察建议前置主义)를 채택하여 행정소송 제기에 앞서 검찰기관이 행정청에 대해 우선 시정명령을 제안하여 먼저 위법한 행정처분의 시정을 구하고 그 기간 내에 이행하지 않는 경우에 한하여 환경 행정공익소송을 제기하도록 규정하고 있다.

2) 내용

환경공익소송은 환경과 관련된 사회의 공익에 대한 피해를 구제하는 것을 목적으로 한다. 이러한 취지는 "환경을 오염시키고 다수 소비자의 정당한 권익을 침해하는 등 공익을 해치는 행위"를 규정한 민사소송법 제55조, "환경을 오염시키고 생태계를 훼손하며 공익을 해칠 우려가 있는 행위"를 규정한 환경

보호법 제58조, "공익을 해쳤거나 해칠 우려가 있는 환경을 오염시키거나 생태계를 훼손하는 행위"를 적시한 해석 제1조에 직접적으로 구현되어 있다.

해석 제1조는 환경공익소송의 적용 범위를 확대한 것으로, 환경공익을 훼손하는 환경오염, 환경 공익을 해치는 생태 훼손, 환경의 공익을 현저히 해칠 우려가 있는 환경오염, 환경의 공익을 현저히 해칠 우려가 있는 생태 훼손의 네 가지 전형적 상황을 명확히 하고 있다.[20)]

환경 민사공익소송의 가장 두드러진 특징은 사후구제에 국한되지 않는다는 점이다. 환경피해의 우려가 현저한 행위도 환경 민사공익소송의 적용범위에 속하기 때문이다.

환경공익소송을 통해 법률 위반자를 대상으로 소송이 제기되고 위반자는 법률에 따라 처벌되며, 위반자는 벌금 부과, 훼손된 환경에 대한 복구 요구 등의 판결을 통해 피해를 구제해야 한다. 환경공익소송은 환경이 훼손되었을 때 법을 통해 침해자를 처벌할 수 있을 뿐만 아니라, 환경에 대한 피해를 최소화하고, 환경을 침해한 자에게 요구할 수 있는 법적 수단이라는 점에서 구제적 성격을 가진다. 즉 환경공익소송제도의 확립은 발생 가능성이 있는 환경침해 문제를 예방하고 환경침해 문제를 해결할 수 있을 뿐만 아니라, 훼손된 환경에 대한 구제책도 마련하게 된다.[21)]

2. 생태손해배상소송

1) 주체

행정집행권을 행사해야 할 '행정기관'이 소송당사자로서, 환경 훼손 가해자에게 상응하는 생태 복원 및 피해배상금을 지급하라는 명령을 법원에 요청하는 소송제도이다.

2) 내용

생태손해배상소송은 '행정 협의'를 사전 절차로 명확히 규정하고 있어

---

20) 程多威·王灿发, "论生态环境损害赔偿制度与环境公益诉讼的衔接", 『环境保护』, 2016年第2期, 40页.

21) 易佳佳, "我国环境公益诉讼制度的法理分析", 『黑龙江环境通报』, 2024年第37期, 148页.

보상권자와 채무자는 먼저 손해의 사실관계, 책임의 추정 및 보상액 등에 대해 협의해야 하며, 협의가 이루어지지 않는 경우에 한하여 생태손해배상소송의 단계로 진행할 수 있다.

위 소송의 목적은 생태환경피해가 발생한 후의 '구제'에 초점을 맞추고, 소송을 통해 발생한 피해를 보상하는 것이며, 생태환경피해의 회복을 위한 것으로 손해 배상의 원칙을 어느 정도 반영하고 있다.

3. 환경공익소송과 생태손해배상소송의 관계[22]

위 두 소송은 생태 환경오염 및 훼손 사례가 개인의 안전 및 재산에 직접적인 위협이 될 뿐만 아니라 생태 환경과 지속 가능한 경제 및 사회 발전에 큰 해를 끼치므로 엄격하게 규제해야 한다는 측면에서 동일한 목적을 가지고 등장한 소송 유형이다.

환경공익소송에서 환경 민사공익소송은 사회단체 및 검찰기관이 공익을 위해 법적 권리를 가지고 생태 및 환경 문제에 직접 관여하는 공익소송이며, 환경 행정공익소송은 행정기관이 생태 환경의 보호 의무를 이행하도록 촉구하기 위해 검찰기관이 법정 검찰권을 사용하는 소송 유형이다.

생태손해배상소송에서 행정기관은 권리자로서 생태 환경을 복원하기 위해 민사소송의 형식으로 채무자에게 손해배상책임을 청구한다. 구체적인 내용은 다르지만 두 가지 유형의 소송은 모두 생태 환경의 공익 보호, 즉 공공재인 생태계에 대한 불특정 다수의 요구를 만족시키고자 한다는 측면에서 동일한 목표를 가진다.[23]

이와 같은 상황에서 동일한 생태 환경 피해 사건에 대해 환경 민사공익소송과 생태손해배상소송간의 충돌 문제가 대두되기 시작하자 2019년 1월 최고인민검찰원, 각 기관 및 부처는 공동으로 「검찰 공익소송의 조정협력 강화와 법에 따른 오염방지통제전의 투쟁에 관한 의견」[24]을 발표하고, 환경공

---

22) 张瑞萍 · 刘宝睿, "环境公益诉讼与生态环境损害赔偿诉讼衔接的实现路径", 『兰州财经大学学报』, 网络首发 2024.3.19., 6~7页.

23) 徐金海 · 邢捷, "生态环境检察公益诉讼与生态环境损害赔偿诉讼之衔接探讨", 『环境保护』, 2024年第52期, 75页.

익소송과 생태손해배상소송의 관계에 대한 연구를 심화하고 연계할 필요가 있다고 지적하였다. 2020년 8월 발표된 「생태환경피해보상제도 개혁에 관한 몇 가지 구체적 쟁점에 관한 의견」[25]에 따르면, 보상권자는 관련 조사를 개시한 후 관련 사법 당국에 통보할 수 있으며, 인민법원은 환경 공익민사소송 사건을 접수한 후 환경 감독 담당 관련 부서에 신속하게 통보하여 관련 업무를 전달하고 조정해야 한다.

하지만, 이론적인 논의와 달리 실제 사법 실무에서는 환경공익소송과 생태손해배상소송의 우선순위 등과 관련된 사건의 수는 매우 적다. 생태환경부가 발표한 자료에 따르면, 2021년 말까지 전국에서 총 11,300건의 생태손해피해 배상이 이루어졌으나 온라인 검색을 통해 얻을 수 있는 환경 민사공익소송사건에 대한 자료와 자세한 정보는 매우 적고, 환경 행정공익소송과 관련된 사건은 더욱 찾기 어렵다. 또한, 사법 실무에서 생태손해배상소송 이전에 환경 민사공익소송이 제기되어 발생한 법리 충돌 사건에서 일부 법원은 재판을 병합하는 쪽을 택하였고, 일부 법원은 손해배상 사건의 재판을 우선 진행하는 등 유연한 판결을 하고 있어 아직까지 소송의 우선순위 문제는 완전히 해결되지 않고 있으나, 위의 「생태환경피해보상제도 개혁에 관한 몇 가지 구체적 쟁점에 관한 의견」 제17조에 따르면, 두 유형의 소송이 동시에 수리될 경우 환경 민사공익소송의 재판을 우선 중단해야 한다.

즉 생태손해배상소송이 우선인데 재판정지 조항이 민사소송 분야의 소송절차를 정지시키는 사유가 되는지에 대해서는 학계의 논의가 있어, 아직 완전히 해결되지는 않은 것으로 보인다.

---

24) 「关于在检察公益诉讼中加强协作配合依法打好污染防治攻坚战的意见」(2019년).

25) 「关于推进生态环境损害赔偿制度改革若干具体问题的意见」(2020년).

주요 참고문헌

강광문 · 장혜진 "중국에서 규장의 법적 성격에 관한 고찰", 「중국법연구」 제52호 (2023).

김은환, "중국 행정소송법상 환경공익소송에 관한 연구", 「공법학연구」 제24권(2023).

광준(저)/장지화(역), "검찰기관의 환경공익소송과 생태환경손해배상제도와의 연결", 「중국법연구」 제36집(2018).

汪劲, "从环境基本法的立法特征论我国〈环境保护法〉的修改定位", 北京大学法学院, 2014年 第4期.

尤明青, 王海晶, "我国碳排放权交易制度变迁的逻辑－兼评〈碳排放权交易管理暂行条例(征求意见稿)〉", 『吉首大学学报』, 2020年 第1期.

曹炜, "环境法典基本原则条款构建研究", 『中国法学』, 2022年 第6期.

정영진 · 강광문, 『중국법 강의』, 박영사, 2022년.

汪劲, 《环境法学》 第4版, 北京大学出版社, 2023年.

부 록

부록 1

중국의 법률제정·개정 연표 (2018~2023년)[1]

일시		법률명	비고[2]
2018년	3월 11일	**헌법 개정**	전국인민대표대회 입법
	3월 20일	감찰법 제정	전국인민대표대회 입법
	4월 27일	인민배심원법 제정	
	4월 27일	영웅열사보호법(英雄烈士保護法) 제정	
	8월 31일	전자상거래법 제정	
	8월 31일	토양오염방지법 제정	
	10월 26일	**회사법 개정**	
	10월 26일	**형사소송법 개정**	
	10월 26일	국제형사사법공조법 제정	
	10월 26일	**에너지절약법 개정**	
	10월 26일	**대기오염방지법 개정**	
	10월 26일	소방구조함조례(消防救援衔条例) 제정	
	12월 29일	경지점용세법(耕地占用税法) 제정	
	12월 29일	차량취득세법 제정	
	12월 29일	**환경영향평가법 개정**	

1) 이는 아래 전국인민대표대회의 공식 홈페이지 자료를 토대로 저자가 정리한 것이다. http://www.npc.gov.cn/c2/c183/.(최종 접속: 2024.8.1). 이 표에는 2018~2023년에 전국인민대표대회 및 전인대상무위원회가 새로 제정한 법률 및 본문에서 언급된 개정된 법률이 포함되었다. 본문에서 언급되지 않은 법률의 개정은 이 표에 넣지 않았다.

2) 중국의 현행 입법체제에서는 전국인민대표대회와 전인대상무위원회가 공동으로 국가입법권을 행사한다. 별도의 설명이 없는 경우 전인대상무위원회가 제정, 개정한 법률이다.

2019년	3월 15일	외상투자법(外商投资法) 제정	전국인민대표대회 입법
	4월 23일	**상표법 개정**	
	6월 29일	백신관리법 제정	
	8월 26일	자원세법(资源税法) 제정	
	10월 26일	암호법(密码法) 제정	
	12월 28일	지역사회교정법(社区矫正法) 제정	
	12월 28일	기본의료위생 및 건강증진법 제정	
2020년	4월 29일	**고체폐기물환경오염방지법 개정**	
	5월 28일	민법전 제정	전국인민대표대회 입법
	6월 20일	공직자정무처분법(公职人员政务处分法) 제정	
	6월 30일	홍콩특별행정구국가보안법 제정	
	8월 11일	도시유지보호건설세법(城市维护建设税法) 제정	
	8월 11일	부동산취득세법(契税法) 제정	
	10월 17일	수출통제법 제정	
	10월 17일	**특허법 개정**	
	10월 17일	생물안전법(生物安全法) 제정	
	11월 11일	**저작권법 개정**	
	11월 11일	퇴역군인보장법(退役军人保障法) 제정	
	12월 26일	**형법 개정**	전국인민대표대회 입법
	12월 26일	장강보호법(长江保护法) 제정	
2021년	1월 22일	해양경찰법 제정	
	1월 22일	**행정처벌법 개정**	
	4월 29일	식품낭비방지법(反食品浪费法) 제정	
	4월 29일	향촌진흥촉진법 제정	
	6월 10일	반외국제재법(反外国制裁法) 제정	
	6월 10일	군인지위와 권익보장법 제정	
	6월 10일	데이터보안법 제정	
	6월 10일	해남자유무역항법(海南自由贸易港法) 제정	
	6월 10일	인지세법 제정	
	8월 20일	감찰관법(监察官法) 제정	
	8월 20일	의사법(医师法) 제정	
	8월 20일	개인정보보호법 제정	

	8월 20일	법률원조법(法律援助法) 제정	
	10월 23일	육지경계법(陆地国界法) 제정	
	10월 23일	가정교육촉진법(家庭教育促进法) 제정	
	12월 24일	**민사소송법 개정**	전국인민대표대회 입법
	12월 24일	조직범죄방지법(反有组织犯罪法) 제정	
	12월 24일	습지보호법 제정	
	12월 24일	소음오염방지법 제정	
2022년	4월 20일	선물·파생상품법(期货和衍生品法) 제정	
	6월 24일	흑토보호법 제정	
	9월 2일	전신망사기방지법(反电信网络诈骗法) 제정	
	10월 30일	황하보호법(黄河保护法) 제정	
	12월 30일	예비역인원법(预备役人员法) 제정	
이상은 제13기 전국인민대표대회 기간(2018.3－2023.3)			
2023년 (제14기 전국인민대표대회)	3월 13일	**입법법 개정**	전국인민대표대회 입법
	4월 26일	칭장고원생태보호법(青藏高原生态保护法) 제정	
	6월 28일	대외관계법 제정	
	6월 28일	무장애환경건설법(无障碍环境建设法) 제정	
	9월 1일	**민사소송법 개정**	전국인민대표대회 입법
	9월 1일	외국국가면제법(外国国家豁免法) 제정	
	9월 1일	**행정심판법 개정**	
	10월 24일	**해양환경보호법 개정**	
	10월 24일	애국주의교육법 제정	
	12월 29일	**회사법 개정**	
	12월 29일	**형법 개정**	전국인민대표대회 입법
	12월 29일	식량안보법 제정	

부록 2-1[3)]

헌법 신구조문 대비표 (2018년 개정)

헌법 [2018년 개정 이전]	헌법 [2018년 개정 이후]
헌법 서문 (7번째 단락) 중국 각 민족의 인민은 계속하여 중국공산당의 영도 하에 마르크스레닌주의, 모택동사상, 등소평이론, '3개 대표'의 중요사상의 인도 하에.......사회주의 법제(法制)를 건전화하고.......물질문명, 정치문명, 정신문명의 조화로운 발전을 추진함으로써 우리나라를 부강·민주·문명의 사회주의국가로 건설한다.	헌법 서문 (7번째 단락) 중국 각 민족의 인민은 계속하여 중국공산당의 영도 하에 마르크스레닌주의, 모택동사상, 등소평이론, '3개 대표'의 중요사상, 과학발전관(科学发展观) 시진핑새시대중국특색사회주의사상(习近平新时代中国特色社会主义思想)의 인도 하에.......사회주의의 법치(法治)를 건전화하고 새로운 발전이념을 관철하고,......물질문명, 정치문명, 정신문명, 사회문명, 생태문명의 조화로운 발전을 추진함으로써 우리나라를 부강·민주·문명·화합·아름다운(和谐美丽) 사회주의현대화강국으로 건설하고 중화민족의 위대한 부흥을 실현한다.
(10번째 단락)장기간에 걸친 혁명, 건설의 과정에서.......모든 사회주의 노동자, 사회주의사업의 건설일꾼(建設者), 사회주의를 옹호하는 애국자, 조국통일을 옹호하는 애국자를 망라하는 광범위한 애국통일전선이 이미 결성되었으며......,	(10번째 단락)장기간에 걸친 혁명, 건설, 개혁의 과정에서.......모든 사회주의 노동자, 사회주의사업의 건설일꾼, 사회주의를 옹호하는 애국자, 조국통일을 용호하고 중화민족의 위대한 부흥을 위해 정진하는 애국자를 망라하는 광범위한 애국통일전선이 이미 결성되었으며......,

3) 이하 개정 전후 〈신구조문 대비표〉는 헌법, 입법법, 형법, 형사소송법, 민사소송법 및 회사법 순으로 배열하였다. 중국 행정심판법과 지적재산권 각 법률의 변화는 본문에 자세히 설명되어 있어 따라 대비표를 만들지 않았다. 환경법의 경우는 별도의 환경법 법전이 아직 제정되지 않은 관계로 부록의 대비표에서 제외하였다.

(11번째 단락)평등, 단결, 상호방조(互助)의 사회주의 민족관계가 이미 확립되었고 계속 강화될 것이다. (12번째 단락)중국의 혁명과 건설의 성과는 세계인민의 지지와 분리될 수 없다.......여러 국가와의 외교관계 및 경제, 문화의 교류를 발전시킨다.	(11번째 단락)평등 · 단결 · 상호방조 · 화합(和谐)의 사회주의 민족관계가 이미 확립되었고 계속 강화될 것이다. (12번째 단락)중국의 혁명, 건설, 개혁의 성과는 세계인민의 지지와 분리될 수 없다.......(중국은) 평화발전의 노선을 견지하고 호혜상생의 개방전략(互利共赢开放战略)을 견지한다. 여러 국가와의 외교관계 및 경제, 문화 교류를 발전시키고, 인류운명공동체(人类命运共同体) 구축을 추진한다.
제1조 사회주의 제도는 중화인민공화국의 근본제도이다.	**제1조** 사회주의 제도는 중화인민공화국의 근본제도이다. 중국공산당의 영도는 중국특색사회주의의 가장 본질적인 특징이다.
제4조 국가는 각 소수민족의 합법적 권리와 이익을 보장하고, 각 민족의 평등, 단결, 상호방조의 관계를 유지하고 발전시킨다.	**제4조** 국가는 각 소수민족의 합법적 권리와 이익을 보장하고, 각 민족의 평등 · 단결 · 상호방조 · 화합(和谐)의 관계를 유지하고 발전시킨다.
제24조 국가는 조국을 사랑하고 인민을 사랑하고 노동을 사랑하고 과학을 사랑하고 사회주의를 사랑하는 사회주의 공공도덕을 주창(倡导)한다.	**제24조** 국가는 사회주의핵심가치관(社会主义核心价值观)을 주창하고, 조국을 사랑하고 인민을 사랑하고 노동을 사랑하고 과학을 사랑하고 사회주의를 사랑하는 사회주의 공공도덕을 주창한다.
〈제27조 제3항 신설〉	**제27조 제3항** 국가공무원은 취임 시 법률규정에 따라 헌법선서를 공개적으로 하여야 한다.
제70조 전국인민대표대회는 민족위원회, ~~법률위원회,~~ 재정경제위원회, 교육과학문화위원회, 외사위원회, 화교위원회 및 기타 필요한 전문위원회를 설치한다.	**제70조** 전국인민대표대회는 민족위원회, 헌법과 법률위원회, 재정경제위원회, 교육과학문화보건위원회, 외사위원회, 화교위원회 및 기타 필요한 전문위원회를 설치한다.
제79조 제3항 중화인민공화국 국가주석과 부주석의 매번 임기(每届任期)는 전국인민대표대회의 매번 임기와 동일하고, ~~2기를 초과하여 연임할 수 없다.~~	**제79조 제3항** 중화인민공화국 국가주석과 부주석의 매번 임기는 전국인민대표대회의 매번 임기와 동일하다.
제89조 국무원은 다음과 같은 기능을 행사한다....... 6) 경제업무, 도시건설 및 도시와 농촌건설을 영도, 관리한다.	**제89조** 국무원은 다음과 같은 기능을 행사한다....... 6) 경제업무, 도시건설, 도시와 농촌건설 및 생태문명건설(生态文明建

	设)을 영도, 관리한다.
〈제100조 제2항 신설〉	제100조 제2항 구를 설치한 시의 인민대표대회와 그 상무위원회는 헌법, 법률, 행정법규 및 본 성, 자치구의 지방성법규와 저촉되지 않는 전제하에 법률 규정에 따라 지방성법규를 제정할 수 있고, 본 성, 자치구 인민대표대회상무위원회의 비준을 거쳐 시행한다'
〈감찰위원회 관련 5개 조항 신설〉	제123조 중화인민공화국 각급 감찰위원회는 국가의 감찰기관이다. 제124조 중화인민공화국은 국가감찰위원회와 지방 각급 감찰위원회를 설립한다. 감찰위원회는 아래와 같은 인원으로 구성한다. 주임, 부주임 약간 명, 위원 약간 명. 감찰위원회 주임의 임기는 해당 인민대표대회 임기와 동일하다. 국가감찰위원회 주임은 연속 2회를 초과하여 연임할 수 없다. 감찰위원회 조직과 직권은 법률이 규정하는 바에 따른다. 제125조 중화인민공화국 국가감찰위원회는 최고 감찰기관이다. 국가감찰위원회는 지방 각급 감찰위원회 업무를 영도하고, 상급 감찰위원회는 하급 감찰위원회의 업무를 영도한다. 제126조 국가감찰위원회는 전국인민대표대회와 전국인민대표대회상무위원회에 대하여 책임을 진다. 지방 각급 감찰위원회는 그를 있게 한 국가 권력기관과 상급 감찰위원회에 대하여 책임을 진다. 제127조 감찰위원회는 법률이 규정하는 바에 따라 독립적으로 감찰권을 행사하고 행정기관, 사회단체, 개인의 간섭을 받지 아니한다. 감찰기관은 직무위법과 직무범죄 사건의 처리에 있어서 재판기관, 검찰기관, 법집행기관과 상호 협력하고 상호 견제하여야 한다.
감찰제도의 개혁에 따라 국가감찰위원회 및 기타 감찰기구 관련 문구 추가	제3조 제3항, 제62조, 제63조, 제65조 제4항, 제67조, 제89조, 제101조 제2항, 제103조 제3항, 104조, 제107조 제1항

부록 2-2

입법법 신구조문 대비표 (2023년 개정)

입법법 [2023년 개정 이전]	입법법 [2023년 개정 이후]
第3조 입법은 ~~헌법의 기본원칙에 따라야 하고~~ 경제건설을 중심으로 ~~사회주의 방향을 견지하고 인민민주독재와~~ 중국공산당의 영도를 견지하여야 하고, 마르크스레닌주의, 모택동사상, 등소평이론을 견지하고 개혁개방을 견지하여야 한다.	第3조 입법은 중국공산당의 영도를 견지하여야 하고, 마르크스레닌주의, 모택동사상, 등소평이론, '3개 대표'의 중요사상과 과학발전관(科学发展观), 시진핑새시대중국특색사회주의(习近平新时代中国特色社会主义思想) 사상의 지도 하에 중국특색사회주의법치체계의 건설을 추진하고, 법치의 궤도에서 사회주의 현대화 국가를 전면적으로 건설할 것을 보장하여야 한다.
	第4조 입법은 경제건설을 중심으로 개혁개방을 견지하며 새로운 발전 이념을 관철하고 중국식 현대화를 통해 중화민족의 위대한 부흥을 전면적으로 추진하도록 보장해야 한다.
第4조 입법은 법에 정한 권한과 절차에 따라 국가 전체의 이익에서 출발하여 사회주의법제의 통일성과 존엄성을 수호해야 한다.	第5조 입법은 헌법의 규정, 원칙과 정신에 부합하고 법에 정한 권한과 절차에 따라 국가 전체의 이익에서 출발하여 사회주의법제의 통일성, 존엄성과 권위를 수호해야 한다.
〈제6조 제1항 신설〉	第6조 第1항 입법은 전 과정에서의 인민민주를 견지, 발전시키고 인권을 존중하고 보장하며, 사회의 공평과 정의를 보장하고 촉진하여야 한다.
〈신설〉	第8조 입법은 사회주의핵심가치관을 창도, 선양하여야 하고 의법치국과 이덕치

	국(以德治国)을 결합시켜야 하며 중화민족의 공동체의식을 구축하고 사회주의정신문명건설을 추진하여야 한다.
〈신설〉	**제9조** 입법은 반드시 개혁의 수요에 부응하여야 하고, 법치 하에서의 개혁 추진과 개혁 속의 법치 정비의 상호통일을 견지하고, 관련 개혁을 인도·추진·규범화하고 보장하며, 법치가 국가통치체계와 통치능력의 현대화에서 중요한 역할을 하도록 하여야 한다.
제7조 전국인민대표대회와 전인대상무위원회는 국가의 입법권을 행사한다. **〈제10조 제4항 신설〉**	**제10조** 전국인민대표대회와 전인대상무위원회는 헌법 규정에 따라 국가의 입법권을 행사한다. **제4항** 전국인민대표대회는 전인대상무위원회에 관련 법률을 제정하도록 수권할 수 있다.
제8조 다음 각 호의 사항은 오로지 법률만을 통해 정할 수 있다....... (2) 각급 인민대표대회, 인민정부, 인민법원, 인민검찰원의 설치, 조직 및 권한 (10) ~~소송과 중재 제도~~	**제11조** 다음 각 호의 사항은 오로지 법률만을 통해 정할 수 있다....... (2) 각급 인민대표대회, 인민정부, 감찰위원회, 인민법원, 인민검찰원의 설치, 조직 및 권한 (10) 소송제도와 중재 기본제도
제13조 전국인민대표대회와 전인대상무위원회는 개혁발전의 수요에 근거하여 ~~행정관리 등 영역의~~ 특정 사항에 관하여 ~~일정기간 동안, 부분 지역 내~~에서 법률 일부의 적용을 임시로 변경하여 적용하거나 임시로 그 적용을 정지시키는 결정을 내릴 수 있다. **〈제16조 제2항 신설〉**	**제16조** 전국인민대표대회와 전인대상무위원회는 개혁발전의 수요에 근거하여 특정 사항에 관하여 규정된 기한과 범위 내에서 법률 일부의 적용을 임시로 변경하여 적용하거나 임시로 그 적용을 정지시키는 결정을 내릴 수 있다. **제2항** 임시로 변경하여 적용하거나 임시로 그 적용을 정지시킨 사항에 관하여 실천이[실천을 통해] 그 가능성을 증명하였다면, 전국인민대표대회와 전인대상무위원회는 제때에 관련 법률을 개정한다. 법률개정의 조건이 아직 성숙되지 않을 경우 수권 기한을 연장하거나 또는 관련 법규정의 시행을 회복할 수 있다.
제17조 전인대상무위원회가 전국인민대표	**제20조** 전인대상무위원회가 전국인민대표

대회에 제청하여 심사하기로 결정한 법률안은 회의 개최 1개월 전에 대표에게 법률안 초안을 보내야 한다.	대회에 제청하여 심사하기로 결정한 법률안은 회의 개최 1개월 전에 대표에게 법률안 초안을 보내야 하며, 적절한 시기에 대표들을 조직하여 토론하고 대표들의 의견을 수렴할 수 있다.
第20条 전국인민대표대회 의사일정에 포함된 법률안에 대해 ~~법률위원회가~~ 각 대표단과 관련 전문위원회의 심사 의견에 따라 법률안에 대하여 통일적인 심사를 진행하고, 주석단에 그 심사결과보고서와 법률초안수정안을 제출한다. 법률안에 관한 중요한 이견(不同意見)은 심사결과보고서에 기재하여야 하고, 주석단회의의 심사 통과 후 회의에 배부한다.	**第23条** 전국인민대표대회 의사일정에 포함된 법률안에 대해 헌법과 법률위원회가 각 대표단과 관련 전문위원회의 심사 의견에 따라 법률안에 대하여 통일적인 심사를 진행하고, 주석단에 그 심사결과보고서와 법률초안수정안을 제출한다. 합헌성 문제와 법률안에 관한 중요한 이견은 심사결과보고서에 기재하여야 하고, 주석단회의의 심사 통과 후 회의에 배부한다.
第30条 전인대상무위원회회의 의사일정에 포함된 법률안에 대해 의견이 비교적 일치하는 경우, 2회의 상무위원회회의의 심의를 거쳐 표결에 부친다. 조정 사항이 비교적 단순하거나 부분적으로 수정하는 법률안에 대해 의견이 비교적 일치할 경우에는 1회의 상무위원회회의의 심의를 거쳐 표결에 부칠 수 있다.	**第33条** 전인대상무위원회회의 의사일정에 포함된 법률안에 대해 의견이 비교적 일치하는 경우, 2회의 상무위원회회의의 심의를 거쳐 표결에 부친다. 조정 사항이 비교적 단순하거나 부분적으로 수정하는 법률안에 대해 의견이 비교적 일치하거나 또는 상황이 긴급할 때에는(遇有緊急情形的) 1회의 상무위원회회의의 심의를 거쳐 표결에 부칠 수 있다.
第33条 전인대상무위원회회의 의사일정에 포함된 법률안에 대해서는, ~~법률위원회가~~ 전인대상무위원회 구성인원 및 관련 전문위원회의 심의 의견과 각 방면의 의견에 근거하여 법률안에 대해 통일적으로 심의하고 수정상황보고서 또는 심의결과보고서 및 법률초안수정안을 제출하여야 하며, 법률안에 관한 중요한 이견은 수정상황보고서 또는 심의결과보고서에 기재하여야 한다. 관련 전문위원회의 심의 의견이 반영되지 않은 경우 해당 전문위원회에 회신(反馈, 피드백) 하여야 한다. ~~법률위원회가~~ 법률안을 심의할 때는 관련 전문위원회의 위원을 회의에 초청하	**第36条** 전인대상무위원회회의 의사일정에 포함된 법률안에 대해서는, 헌법과 법률위원회가 전인대상무위원회 구성인원 및 관련 전문위원회의 심의 의견과 각 방면의 의견에 근거하여 법률안에 대해 통일적으로 심의하고 수정상황보고서 또는 심의결과보고서 및 법률초안수정안을 제출하여야 하며, 합헌성 문제 및 법률안에 관한 중요한 이견은 수정상황보고서 또는 심의결과보고서에 기재하여야 한다. 관련 전문위원회의 심의 의견이 반영되지 않은 경우 해당 전문위원회에 회신하여야 한다. 헌법과 법률위원회가 법률안을 심의할 때는 관련 전문위원회의 위원을 회의에

여 의견을 발표하도록 하게 할 수 있다.	초청하여 의견을 발표하도록 하게 할 수 있다.
第42条 전인대상무위원회회의 의사일정에 포함된 법률안에 대해 법률 제정의 필요성이나 실행가능성 등 중대한 문제에 관하여 각 방면의 의견 차이가 커서 2년 이상 심사를 보류하거나, 표결을 하지 않고 2년이 경과하여 전인대상무위원회회의의 의사일정에 다시 포함되지 않은 경우, ~~위원장회의는 전인대상무위원회에 보고하고 법률안에 대한 심사를 종료한다.~~	**第45条** 전인대상무위원회회의 의사일정에 포함된 법률안에 대해 법률 제정의 필요성이나 실행가능성 등 중대한 문제에 관하여 각 방면의 의견 차이가 커서 2년 이상 심사를 보류하거나, 표결을 하지 않고 2년이 경과하여 전인대상무위원회회의의 의사일정에 다시 포함되지 않은 경우, 위원장회의는 법률안에 대한 심의 종료를 결정하고 전인대상무위원회에 보고한다. 필요한 경우, 위원장회의는 심의 기간 연장을 결정할 수 있다.
第46条 국무원, 중앙군사위원회, 최고인민법원, 최고인민검찰원, 전국인민대표대회 각 전문위원회, 성, 자치구, 직할시 인민대표대회 상무위원회는 전인대상무위원회에 법률해석을 요구할 수 있다.	**第49条** 국무원, 중앙군사위원회, 국가감찰위원회, 최고인민법원, 최고인민검찰원, 전국인민대표대회 각 전문위원회는 전인대상무위원회에 법률해석을 요구하거나 관련 법률안을 제출할 수 있다. 성, 자치구, 직할시 인민대표대회 상무위원회는 전인대상무위원회에 법률해석을 요구할 수 있다.
〈신설〉	**第55条** 전국인민대표대회와 전인대상무위원회는 과학입법, 민주입법, 의법입법(依法立法)을 견지하고 법률의 제정, 개정, 폐지, 법률의 해석, 법전의 편찬 등 다양한 형식을 통해 입법의 체계성, 정체성(整体性), 협동성(协同性), 시효성(时效性)을 강화하여야 한다.
第52条 전인대상무위원회는 입법규획(立法规划), 연도 입법계획 등 형식을 통해 입법에 대한 계획적인 안배를 강화하여야 한다. 입법규획과 입법계획을 수립할 때 대표의 의안과 의견을 깊게 연구하고 의견을 널리 수렴하며 과학적으로 논증하고 평가하며 경제사회 발전과 민주법치 건설의 수요에 따라 입법 프로젝트를 수립하여 ~~입법의 적시성, 목적성, 체계성을 향상시킨다.~~ 입법규획과 입법계획은	**第56条** 전인대상무위원회는 입법규획, 연도 입법계획, 전문항목입법계획(专项立法计划) 등 형식을 통해 입법에 대한 계획적인 안배를 강화하여야 한다. 입법규획과 입법계획을 수립할 때 대표의 의안과 의견을 깊게 연구하고 의견을 널리 수렴하며 과학적으로 논증하고 평가하며 경제사회 발전과 민주법치 건설의 수요에 따라 중점영역, 신흥[산업]영역, 외국과의 관계 영역의 입법 강화 요구에 근거하

위원장회의 통과 후 사회에 공포한다. 전인대상무위원회 공작기구는 입법규획과 ~~연도~~입법계획을 수립하며 전인대상무위원회의 요구에 따라 입법규획과 연도 입법계획의 실행을 감독, 관리한다.	여 입법 프로젝트를 수립하여야 한다. 입법규획과 입법계획은 위원장회의 통과 후 사회에 공포한다. 전인대상무위원회 공작기구는 입법규획을 수립하고 입법계획을 제정하며 전인대상무위원회의 요구에 따라 입법규획과 입법계획의 실행을 감독, 관리한다.
제54조 법률안을 제출할 때는 법률 초안과 법률 초안에 대한 설명을 동시에 제출하고 필요한 참고 자료도 제공하여야 한다. 법률을 개정하는 경우에는 개정 전후의 대조표도 제출하여야 한다. 법률 초안에 대한 설명에는 법률 제정 또는 개정의 필요성, 실행가능성, 주요 내용 및 초안 작성 과정에서 중대한 이견에 대한 조정, 처리결과가 포함되어야 한다.	**제58조** 법률안을 제출할 때는 법률 초안과 법률 초안에 대한 설명을 동시에 제출하고 필요한 참고 자료도 제공하여야 한다. 법률을 개정하는 경우에는 개정 전후의 대조표도 제출하여야 한다. 법률 초안에 대한 설명에는 법률 제정 또는 개정의 필요성, 실행가능성, 주요 내용, <u>합헌성 문제에 관한 의견</u> 및 초안 작성 과정에서 중대한 이견에 대한 조정, 처리결과가 포함되어야 한다.
제58조 제2항 법률이 서명·공포된 후에는 즉시에 전인대상무위원회의 관보, 전국인민대표대회 홈페이지 및 전국적으로 발행되는 신문에 게재한다.	**제62조 제2항** 법률이 서명·공포된 후, <u>법률 텍스트, 법률 초안에 대한 설명, 심의결과보고서 등은</u> 즉시에 전인대상무위원회의 관보, 전국인민대표대회 홈페이지 및 전국적으로 발행되는 신문에 게재<u>하여야 한다.</u>
〈제65조 제4항 신설〉	**제65조 제4항** <u>전인대상무위원회 공작기구는 입법기술규범을 제정한다.</u>
〈신설〉	**제68조** <u>전국인민대표대회와 전인대상무위원회가 법률 문제에 대한 결정을 내릴 때는, 이 법의 관련 규정을 적용한다.</u>
〈신설〉	**제70조** <u>전인대상무위원회 공작기구는 실제 수요에 따라 기층입법연락처를 설치하고 법률 초안과 입법 업무에 대한 기층 군중과 유관 방면의 의견을 심도 있게 청취한다.</u>
〈신설〉	**제71조** <u>전인대상무위원회 공작기구는 입법업무에 대한 홍보를 강화하고 다양한 형태을 통해 입법 정보를 공개하고 상황</u>

	을 소개하며 [군중의] 관심에 호응한다.
제66조.......국무원의 연도입법계획의 법률항목은 전인대상무위원회의 입법규획 및 ~~연도~~입법계획과 서로 맞물려야 한다.......	**제73조** ....국무원의 연도입법계획의 법률항목은 전인대상무위원회의 입법규획 및 입법계획과 서로 맞물려야 한다.......
〈신설〉	**제79조** 국무원은 개혁발전의 수요에 따라 행정관리 등 영역의 특정 사항에 관하여 일정 기간 동안 일정 범위 내에서 행정법규의 일부 규정을 임시로 조정하여 적용하거나 임시로 그 적용을 정지하도록 결정할 수 있다.
제72조 제2항 구를 설치한 시의 인민대표대회와 그 상무위원회는 시의 구체적 상황과 실제 수요에 따라 헌법, 법률, 행정법규와 성, 자치구의 지방성법규에 저촉하지 않는 전제하에서 도시와 농촌의 건설 관리, ~~환경보호,~~ 역사문화 보호 등 방면의 사항에 관해 지방성법규를 제정할 수 있다. 구를 설치한 시에 대해 법률에서 별도로 정한 규정이 있는 경우, 그 규정에 따른다. 구를 설치한 시의 지방성법규는 성, 자치구 인민대표대회 상무위원회의 비준을 받아 시행한다. 성, 자치구 인민대표대회 상무위원회는 비준을 위해 제출된 지방법규의 적법성을 심사하고 헌법, 법률, 행정법규와 성, 자치구의 지방법규에 저촉되지 않는 경우 4개월 이내에 승인을 하여야 한다.	**제81조** 구를 설치한 시의 인민대표대회와 그 상무위원회는 시의 구체적 상황과 실제 수요에 따라 헌법, 법률, 행정법규와 성, 자치구의 지방성법규에 저촉하지 않는 전제하에서 도시와 농촌의 건설 관리, 생태문명건설, 역사문화 보호, 기층관리 등 방면의 사항에 관해 지방성법규를 제정할 수 있다. 구를 설치한 시에 대해 법률에서 별도로 정한 규정이 있는 경우, 그 규정에 따른다. 구를 설치한 시의 지방성법규는 성, 자치구 인민대표대회 상무위원회의 비준을 받아 시행한다. 성, 자치구 인민대표대회 상무위원회는 비준을 위해 제출된 지방법규의 적법성을 심사하고 헌법, 법률, 행정법규와 성, 자치구의 지방법규에 저촉되지 않는다고 판단되는 경우 4개월 이내에 승인을 하여야 한다.......
〈신설〉	**제83조** 성, 자치구, 직할시, 구를 설치한 시, 자치주의 인민대표대회와 그 상무위원회는 지역 간의 조화로운 발전의 수요에 따라 지방성법규를 협동 제정하고 관할 행정구역 또는 관련 지역 내에서 시행할 수 있다. 성, 자치구, 직할시, 구를 설치한 시, 자치주는 지역간 협동입법공작시스템을 구축할 수 있다.
〈제84조 제2항, 제3항 신설〉	**제84조 제2항** 상해시 인민대표대회와 상무

	위원회는 전인대상무위원회의 수권결정에 근거하여 포동신구의 법규를 제정하고 포동신구에서 시행한다. 제3항 하이난성 인민대표대회와 그 상무위원회는 법률 규정에 근거하여 하이난자유무역항의 법규를 제정하고 하이난자유무역항 범위에서 시행한다.
제79조 제1항 지방성법규, ~~자치구의~~ 자치조례와 단행조례는 공포 후, 즉시에 동급 인민대표대회 상무위원회 관보, 전국인민대표대회 홈페이지, 해당 인민대표대회 홈페이지 및 본 행정구역 범위 내에서 발행되는 신문에 게재하여야 한다.	제89조 제1항 지방성법규, 자치조례와 단행조례는 공포 후, 그 텍스트와 초안에 대한 설명, 심의결과보고서 등을 즉시에 동급 인민대표대회 상무위원회 관보, 전국인민대표대회 홈페이지, 해당 인민대표대회 홈페이지 및 본 행정구역 범위 내에서 발행되는 신문에 게재하여야 한다.
〈신설〉	제90조 성, 자치구, 직할시, 구를 설치한 시, 자치주의 인민대표대회 상무위원회는 실제 수요에 따라 기층입법연락처를 설립하고 지방성법규, 자치조례와 단행조례 초안에 대한 기층군중과 유관 방면의 의견을 주의 깊게 청취하여야 한다.
제80조 제1항 국무원 각 부, 위원회, 중국인민은행, 회계감사기구, 행정관리 기능을 가진 직속기구는 법률과 국무원의 행정법규, 결정, 명령에 근거하여 권한 범위 내에서 규장을 제정할 수 있다.	제91조 제1항 국무원 각 부, 위원회, 중국인민은행, 회계감사기구, 행정관리 기능을 가진 직속기구와 법률이 규정한 기구는 법률과 국무원의 행정법규, 결정, 명령에 근거하여 권한 범위 내에서 규장을 제정할 수 있다.
제82조 제3항 구를 설치한 시와 자치주의 인민정부는 본 조 제1항, 제2항에 따라 지방정부규장을 제정하는 경우, 도시와 농촌의 건설관리, ~~환경보호,~~ 역사 및 문화 보호 등의 사항에 국한한다. 이미 제정한 지방정부규장은 상기의 범위를 초과하였다고 하더라도 계속 유효하다.	제93조 제3항 구를 설치한 시와 자치주의 인민정부는 본 조 제1항, 제2항에 따라 지방정부규장을 제정하는 경우, 도시와 농촌의 건설관리, 생태문명건설, 역사 및 문화 보호, 기층관리 등의 사항에 국한한다. 이미 제정한 지방정부규장은 상기의 범위를 초과하였다고 하더라도 계속 유효하다.
제98조 제5항 수권에 근거하여 제정된 법규는 수권결정을 내린 기관에 보고하여 비안하여야 한다. 경제특구법규를 비안할 때는 법률, 행정법규, 지방성법규에	제109조 제5항 수권에 근거하여 제정된 법규는 수권결정을 내린 기관에 보고하여 비안하여야 한다. 경제특구법규, 포동신구법규, 해남자유무역항법규를 보고하여

대하여 변경한 상황을 설명하여야 한다.	비안할 때는 변경한 상황을 설명하여야 한다.
제99조 제1항 국무원, 중앙군사위원회, 최고인민법원, 최고인민검찰원과 각 성, 자치구, 직할시의 인민대표대회 상무위원회가 행정법규, 지방성법규, 자치조례와 단행조례가 헌법 또는 법률에 저촉된다고 여겨질 때는 전인대상무위원회에 서면으로 심사요구를 제출하고 ~~상무위원회 공작기구가 유관 전문위원회에 회부하여~~ 심사하고 의견을 제출한다.	**제110조 제1항** 국무원, 중앙군사위원회, 국가감찰위원회, 최고인민법원, 최고인민검찰원과 각 성, 자치구, 직할시의 인민대표대회 상무위원회가 행정법규, 지방성법규, 자치조례와 단행조례가 헌법 또는 법률에 저촉되거나 합헌성 또는 합법성에 문제가 있다고 여겨질 때는 전인대상무위원회에 서면으로 심사요구를 제출하고 전국인민대표대회 전문위원회와 전인대상무위원회 공작기구가 심사하고 의견을 제출한다.
제99조 제2항 전항 규정 이외의 다른 국가기관, 사회단체, 기업과 사업조직, 공민이 행정법규, 지방성법규, 자치조례와 단행조례가 헌법 또는 법률에 저촉된다고 여겨지는 경우, 전인대상무위원회에 서면으로 심사 건의를 제기할 수 있고 이에 대해 전인대상무위원회 공작기구가 ~~검토~~하며 필요한 경우 유관 전문위원회에 회부하여 심사하고 의견을 제출한다.	**제110조 제2항** 전항 규정 이외의 다른 국가기관, 사회단체, 기업과 사업조직, 공민이 행정법규, 지방성법규, 자치조례와 단행조례가 헌법 또는 법률에 저촉된다고 여겨지는 경우, 전인대상무위원회에 서면으로 심사 건의를 제기할 수 있고 이에 대해 전인대상무위원회 공작기구가 심사하며 필요한 경우 유관 전문위원회에 회부하여 심사하고 의견을 제출한다.
제99조 제3항 ~~관련 전문위원회와 상무위원회 공작기구는 비안을 위해 보내온 규범성문건에 대해 주동적으로 심사를 실사할 수 있다.~~	**제111조** 전국인민대표대회 각 전문위원회와 상무위원회 공작기구는 비안을 위해 보내온 행정법규, 지방성법규, 자치조례와 단행조례 등에 대하여 주동적으로 심사를 진행하고, 수요에 따라 전문항목심사(专项审查)를 실시할 수 있다. 국무원 비안심사공작기구는 비안을 위해 보내온 지방성법규, 자치조례, 단행조례, 부문규장과 성, 자치구, 직할시 인민정부가 제정한 규장에 대하여 주동적으로 심사를 진행하고, 수요에 따라 전문항목심사를 실시할 수 있다.
제100조 전국인민대표대회 전문위원회, 전인대상무위원회 공작기구는 심사~~, 검토~~과정에서 행정법규, 지방성법규, 자치조례, 단행조례가 헌법 또는 법률에 저촉된다고 여겨지는 경우, 제정기관에 서면	**제112조** 전국인민대표대회 전문위원회, 전인대상무위원회 공작기구는 심사과정에서 행정법규, 지방성법규, 자치조례, 단행조례가 헌법 또는 법률에 저촉되거나 합헌성이나 합법성에 문제가 있다고

심사의견과 ~~검토의견을~~ 제출할 수 있으며, 법률위원회와 유관 전문위원회, 전인대상무위원회 공작기구가 합동심사회의를 소집하고 제정기관에 회의 참석 및 상황 설명을 요구하고, 제정기관에 서면심사의견을 제출할 할 수 있다. 제정기관은 2개월 이내에 개정 여부에 대해 검토하고 의견을 제출하여야 하며, 전국인민대표대회 법률위원회 또는 유관 전문위원회나 전인대상무위원회 공작기구에 회신하여야 한다. 전국인민대표대회 법률위원회, 유관 전문위원회, 상무위원회 공작기구가 전항의 규정에 따라 제정기관에 심사의견~~과 검토의견~~을 제출하고, 제정기관은 그 의견에 따라 행정법규, 지방성법규, 자치조례와 단행조례를 개정하거나 폐지하는 경우 심사는 종료된다. 전국인민대표대회 법률위원회, 유관 전문위원회, 전인대상무위원회 공작기구의 심사~~와 검토~~ 결과 행정법규, 지방성법규, 자치조례, 단행조례가 ~~헌법이나 법률과 저촉되어 수정하여야 한다고 판단하나, 제정기관이 수정 하지 않을 경우~~ 위원장회의에 철회하는 안건과 의견을 제출하고 위원장회의에서 전인대상무위원회에 제청하여 심사를 받을지 여부를 결정한다.	여겨지는 경우, 제정기관에 서면심사의견을 제출할 수 있으며, 헌법과 법률위원회와 유관 전문위원회, 전인대상무위원회 공작기구가 합동심사회의를 소집하고 제정기관에 회의 참석 및 상황 설명을 요구하고, 제정기관에 서면심사의견을 제출할 할 수 있다. 제정기관은 2개월 이내에 개정 또는 폐지 여부에 대해 검토하고 의견을 제출하여야 하며, 전국인민대표대회 헌법과 법률위원회 또는 유관 전문위원회나 전인대상무위원회 공작기구에 회신하여야 한다. 전국인민대표대회 헌법과 법률위원회, 유관 전문위원회, 상무위원회 공작기구가 전항의 규정에 따라 제정기관에 심사의견을 제출하고, 제정기관은 그 의견에 따라 행정법규, 지방성법규, 자치조례와 단행조례를 개정하거나 폐지하는 경우 심사는 종료된다. 전국인민대표대회 헌법과 법률위원회, 유관 전문위원회, 전인대상무위원회 공작기구의 심사 결과 행정법규, 지방성법규, 자치조례, 단행조례가 헌법이나 법률과 저촉되거나 합헌성, 합법성 문제가 있어 수정 또는 폐지하여야 한다고 판단하나, 제정기관이 수정 또는 폐지하지 않을 경우 위원장회의에 철회하는 안건을 제출하고 위원장회의에서 전인대상무위원회에 제청하여 심사를 받을지 여부를 결정한다.
第101조 전국인민대표대회 각 전문위원회, 상무위원회 공작기구는 규정에 따라 심사~~, 검토~~ 상황을 심사를 건의한 국가기관, 사회단체, 기업과 사업조직 및 공민에게 회신하여야 하고, 사회에 공개할 수도 있다.	第113조 전국인민대표대회 각 전문위원회, 상무위원회 공작기구는 규정에 따라 심사 상황을 심사를 건의한 국가기관, 사회단체, 기업과 사업조직 및 공민에게 회신하여야 하고, 사회에 공개할 수도 있다.
〈신설〉	第115조 비안심사기관은 비안심사연결협동시스템(备案审查衔接联动机制)을 구축하고 체계화하여, 다른 기관에서 처리해

	야 할 심사요청이나 심사건의를 관련 기관에 제때에 이송하여 처리하도록 하여야 한다.
〈신설〉	**제116조** 법률, 행정법규, 지방성법규, 자치조례와 단행조례, 규장과 기타 규범성 문건에 대하여 각 제정기관은 법제통일성의 유지 원칙과 개혁발전의 수요에 따라 청산, 정리(清理)하여야 한다.
제103조 제2항 ~~중앙군사위원회 각 총부, 군병종(军兵种), 군구역(军区),~~ 중국인민무장경찰부대는 법률과 중앙군사위원회의 군사법규, 결정, 명령에 따라 권한 범위 내에서 군사규정을 제정할 수 있다.	**제117조 제2항** 중국인민해방군 각 군구, 각 군병종, 중국인민무장경찰부대는 법률과 중앙군사위원회의 군사법규, 결정, 명령에 따라 권한 범위 내에서 군사규정을 제정할 수 있다.
〈신설〉	**제118조** 국가감찰위원회는 헌법과 법률, 전인대상무위원회의 결정에 따라 감찰법규를 제정하고 전인대상무위원회에 비안한다.
감찰제도 개혁 및 국가감찰위원회의 도입에 따른 국가기관 관련 일련의 입법법 조항 수정(위에서 이미 언급한 조항 제외)	제17조, 제29조, 제49조
‘전국인민대표대회법률위원회(全国人民代表大会法律委员会)가 전국인민대표대회헌법과법률위원회(全国人民代表大会宪法和法律委员会)’로의 명칭 변경에 따른 일련의 입법법 조항 수정(위에서 이미 언급한 조항 제외)	제27조, 제32조, 제39조, 제41조, 제42조, 제44조, 제51조, 제64조,

부록 2-3

형법 신구조문 대비표 (2023년 개정)

형법 [2023년 개정 이전]	형법 [2023년 개정 이후]
제165조 국유 회사 및 기업의 이사, ~~경리가~~ 직무상의 편의를 이용하여 자신이 직접 또는 타인을 위해 자신이 소속된 회사나 기업과 동종의 영업을 경영하여 막대한 불법 이익을 취한 경우, 3년 이하의 유기징역 또는 구역에 처하며, 벌금을 병과하거나 단독으로 부과할 수 있다. 이익의 규모가 특히 막대한 경우에는 3년 이상 7년 이하의 유기징역에 처하고, 벌금을 병과한다.	제165조 국유 회사 및 기업의 이사, 감사, 고위관리인원이 직무상의 편의를 이용하여 자신이 직접 또는 타인을 위해 자신이 소속된 회사나 기업과 동종의 영업을 경영하여 막대한 불법 이익을 취한 경우, 3년 이하의 유기징역 또는 구역에 처하며, 벌금을 병과하거나 단독으로 부과할 수 있다. 이익의 규모가 특히 막대한 경우에는 3년 이상 7년 이하의 유기징역에 처하고, 벌금을 병과한다. 기타 회사 및 기업의 이사, 감사, 고급관리인원이 법률이나 행정법규를 위반하여 전항의 행위를 하여 회사나 기업의 이익에 중대한 손실을 끼친 경우, 전항의 규정에 따라 처벌한다.
제166조 국유 회사, 기업, 사업 단위의 직원이 직무상의 편의를 이용하여 다음과 같은 행위로 국가 이익에 중대한 손실을 끼친 경우, 3년 이하의 유기징역 또는 구역에 처하며, 벌금을 병과하거나 단독으로 부과할 수 있다. 국가 이익에 특히 중대한 손실을 끼친 경우에는 3년 이상 7년 이하의 유기징역에 처하고, 벌금을 병과한다: 1. 본 단위의 수익성 업무를 자신의 친인척에게 경영하도록 맡기는 행위	제166조 국유 회사, 기업, 사업 단위의 직원이 직무상의 편의를 이용하여 다음과 같은 행위로 국가 이익에 중대한 손실을 끼친 경우, 3년 이하의 유기징역 또는 구역에 처하며, 벌금을 병과하거나 단독으로 부과할 수 있다. 국가 이익에 특히 중대한 손실을 끼친 경우에는 3년 이상 7년 이하의 유기징역에 처하고, 벌금을 병과한다: 1. 본 단위의 수익성 업무를 자신의 친인척에게 경영하도록 맡기는 행위

2. 자신의 친인척이 경영하는 단위에서 명백히 시장가보다 높은 가격으로 상품을 구매하거나 명백히 시장가보다 낮은 가격으로 상품을 판매하는 행위 3. 자신의 친인척이 경영하는 단위에서 불합격 상품을 구매하는 행위	2. 명백히 시장가보다 높은 가격으로 자신의 친인척이 경영하는 단위에서 상품이나 서비스를 구매하거나, 명백히 시장가보다 낮은 가격으로 자신의 친인척이 경영하는 단위에 상품을 판매하거나 서비스를 제공하는 행위 3. 자신의 친인척이 경영하는 단위에서 불합격 상품이나 서비스를 구매하거나 받는 행위 기타 회사 및 기업의 직원이 법률이나 행정법규를 위반하여 전항의 행위를 하여 회사나 기업의 이익에 중대한 손실을 끼친 경우, 전항의 규정에 따라 처벌한다.
제169조 국유 회사, 기업 또는 그 상급 감독 부서의 직접 책임이 있는 관리자가 사적 이익을 위해 부정행위를 하여 국유 자산을 저가로 주식 전환하거나 저가로 판매하여 국가 이익에 중대한 손실을 끼친 경우, 3년 이하의 유기징역 또는 구역에 처한다. 국가 이익에 특히 중대한 손실을 끼친 경우, 3년 이상 7년 이하의 유기징역에 처한다.	**제169조** 국유 회사, 기업 또는 그 상급 감독 부서의 직접 책임이 있는 관리자가 사적 이익을 위해 부정행위를 하여 국유 자산을 저가로 주식 전환하거나 저가로 판매하여 국가 이익에 중대한 손실을 끼친 경우, 3년 이하의 유기징역 또는 구역에 처한다. 국가 이익에 특히 중대한 손실을 끼친 경우, 3년 이상 7년 이하의 유기징역에 처한다. 기타 회사 및 기업의 직접 책임이 있는 관리자가 사적 이익을 위해 부정행위를 하여 회사나 기업의 자산을 저가로 주식 전환하거나 저가로 판매하여 회사나 기업의 이익에 중대한 손실을 끼친 경우, 전항의 규정에 따라 처벌한다.
제387조 제1항 국가 기관, 국유 회사, 기업, 사업 단위, 인민 단체가 다른 사람으로부터 재물을 요구하거나 불법으로 수수하여 타인에게 이익을 제공하고, 그 정황이 심각한 경우, 해당 단체에 벌금을 부과하며, 그 단체의 직접 책임이 있는 관리자 및 기타 직접 책임자에 대해 ~~5년 이하의 유기징역 또는 구역에 처한다.~~	**제387조 제1항** 국가 기관, 국유 회사, 기업, 사업 단위, 인민 단체가 다른 사람으로부터 재물을 요구하거나 불법으로 수수하여 타인에게 이익을 제공하고, 그 정황이 심각한 경우, 해당 단체에 벌금을 부과하며, 그 단체의 직접 책임이 있는 관리자 및 기타 직접 책임자에 대해 3년 이하의 유기징역 또는 구역에 처한다. 정황이 특히 심각한 경우, 3년 이상 10년 이하의 유기징역에 처한다.
제390조 뇌물제공죄를 범한 자는 ~~5년 이~~	**제390조** 뇌물제공죄를 범한 자는 3년 이

~~하의 유기징역 또는 구역에 처하며, 벌금을 병과한다.~~ 부정한 이익을 도모하기 위해 뇌물을 주어 정황이 심각한 경우, 또는 국가 이익에 중대한 손실을 초래한 경우, ~~5년 이상 10년 이하의 유기징역에 처하고, 벌금을 병과한다.~~ 정황이 특히 심각한 경우, 또는 국가 이익에 특히 중대한 손실을 초래한 경우, 10년 이상의 유기징역 또는 무기징역에 처하며, 벌금 또는 재산 몰수를 병과한다. 뇌물제공자가 기소되기 전에 자발적으로 뇌물제공 행위를 자백한 경우, 형을 경감하거나 감경할 수 있다. 그 중 범죄가 비교적 가벼운 경우, 중대 사안의 수사 성공에 핵심적인 역할을 하였거나 중요한 공로가 있는 경우, 형을 감경하거나 면제할 수 있다.	하의 유기징역 또는 구역에 처하며, 벌금을 병과한다. 부정한 이익을 도모하기 위해 뇌물을 주어 정황이 심각한 경우, 또는 국가 이익에 중대한 손실을 초래한 경우, 3년 이상 10년 이하의 유기징역에 처하고, 벌금을 병과한다. 정황이 특히 심각한 경우, 또는 국가 이익에 특히 중대한 손실을 초래한 경우, 10년 이상의 유기징역 또는 무기징역에 처하며, 벌금 또는 재산 몰수를 병과한다. 다음과 같은 경우에는 가중 처벌한다: 1. 여러 차례 뇌물을 주거나 여러 사람에게 뇌물을 주는 경우 2. 국가 공무원에게 뇌물을 주는 경우 3. 국가의 중점 사업이나 대형 프로젝트에서 뇌물을 주는 경우 4. 직위나 직급의 승진, 조정을 위해 뇌물을 주는 경우 5. 감사, 행정 집행, 사법 직원에게 뇌물을 주는 경우 6. 생태 환경, 재정 금융, 안전 생산, 식품 약품, 재해 방지 및 구호, 사회 보장, 교육, 의료 등 분야에서 뇌물을 주어 불법 행위를 하는 경우 7. 불법 소득을 뇌물로 사용하는 경우 뇌물제공자가 기소되기 전에 자발적으로 뇌물제공 행위를 자백한 경우, 형을 경감하거나 감경할 수 있다. 그 중 범죄가 비교적 가벼운 경우, 조사 및 중대 사안의 수사 성공에 핵심적인 역할을 하였거나 중요한 공로가 있는 경우, 형을 감경하거나 면제할 수 있다.
제391조 제1항 부정한 이익을 도모하기 위해 국가 기관, 국유 회사, 기업, 사업 단위, 인민 단체에 재물을 제공하거나 경제 거래 중 국가 규정을 위반하여 다양한 명목으로 리베이트나 수수료를 제공한 경우, 3년 이하의 유기징역 또는 구류에 처하며, 벌금을 병과한다.	**제391조 제1항** 부정한 이익을 도모하기 위해 국가 기관, 국유 회사, 기업, 사업 단위, 인민 단체에 재물을 제공하거나 경제 거래 중 국가 규정을 위반하여 다양한 명목으로 리베이트나 수수료를 제공한 경우, 3년 이하의 유기징역 또는 구류에 처하며, 벌금을 병과한다. 정황이 심각한

	경우, 3년 이상 7년 이하의 유기징역에 처하며, 벌금을 병과한다.
제393조 단체가 부정한 이익을 도모하기 위해 뇌물을 공여하거나 국가 규정을 위반하여 국가 공무원에게 리베이트나 수수료를 제공하여 정황이 심각한 경우, 해당 단체에 벌금을 부과하고, 그 단체의 직접 책임이 있는 관리자 및 기타 직접 책임자에 대해 ~~5년 이하의 유기징역 또는 구류에 처하며, 벌금을 병과한다.~~ 뇌물을 통해 얻은 불법 소득이 개인에게 귀속된 경우, 본법 제389조 및 제390조의 규정에 따라 죄를 정하고 처벌한다.	**제393조** 단체가 부정한 이익을 도모하기 위해 뇌물을 공여하거나 국가 규정을 위반하여 국가 공무원에게 리베이트나 수수료를 제공하여 정황이 심각한 경우, 해당 단체에 벌금을 부과하고, 그 단체의 직접 책임이 있는 관리자 및 기타 직접 책임자에 대해 3년이하의 유기징역 또는 구류에 처하며, 벌금을 병과한다. 정황이 특별히 심각한 경우 3년이상 10년이하의 유기징역에 처하며 벌금을 병과한다. 뇌물을 통해 얻은 불법 소득이 개인에게 귀속된 경우, 본법 제389조 및 제390조의 규정에 따라 죄를 정하고 처벌한다.

부록 2-4

형사소송법 신구조문 대비표 (2018년 개정)

형사소송법 [2018년 개정 이전]	형사소송법 [2018년 개정 이후]
〈신설〉	제15조 범죄피의자·피고인이 자발적으로, 사실대로 자신의 범행을 진술하고 범죄사실을 시인하여 처벌받는 데 동의하는 경우에는 법에 따라 관대하게 처리할 수 있다.
제18조 제2항 ~~탐오뇌물범죄·국가공무원의 독직범죄·국가기관공무원이~~ 직권을 이용하여 행한 불법구금·형사고문·~~보복모해~~·불법수색 등 공민의 ~~신체~~권리를 침해하거나 ~~공민의 민주권리를 침해한 범죄에 대하여는~~ 인민검찰원이 입건하여 수사한다. 국가기관공무원이 직권을 이용하여 행한 기타 중대한 범죄사건에 대하여 인민검찰원이 직접 수리하여야 하는 때에는 성급 이상 인민검찰원의 결정에 따라 인민검찰원이 입건하여 수사할 수 있다.	제19조 제2항 인민검찰원은 소송활동에 대한 법률감독을 하는 중에 사법공무원이 직권을 이용하여 행한 불법구금·형사고문·불법수색 등 공민의 권리를 침해하거나 사법 공정성을 해하는 범죄행위를 발견한 때에는 인민검찰원이 입건하여 수사할 수 있다. 공안기관 관할인 국가기관 공무원이 직권을 이용하여 행한 중대한 범죄사건에 대하여 인민검찰원이 직접 수리하여야 하는 때에는 성급 이상 인민검찰원의 결정에 따라 인민검찰원이 입건하여 수사할 수 있다.
〈제33조 제3항 신설〉	제33조 제3항 공직에서 해임되었거나 변호사·공증인의 개업증서가 취소된 자는 변호인이 될 수 없다. 단 피의자·피고인의 후견인이나 가까운 친족인 경우에는 제외한다.
〈신설〉	제36조 법률구조기관(法律援助机构)은 인민법원·구치소 등 장소에 당직변호사(值班律师)를 파견할 수 있다. 피의자·피고인이 변호인을 선임하지 아니하고 법률

	구조기관이 변호사를 파견하여 변호하도록 하지 아니한 경우, 당직변호사는 피의자·피고인을 위하여 법률자문·절차선택에 대한 조언·강제조치 변경 신청·사건처리에 대한 의견 제시 등 법률적인 도움을 제공한다. 인민법원·인민검찰원·구치소는 피의자·피고인이 당직변호사와 접견할 권리가 있음을 고지하여야 하며, 피의자·피고인이 당직변호사를 접견하도록 편의를 제공하여야 한다.
제37조 제3항 국가안전에 위해를 가하는 범죄·테러활동범죄~~·특히 중대한 뇌물범죄 사건~~에 있어서 수사기간 중 변호사가 구속된 피의자와 접견할 시에는 수사기관의 허가를 받아야 한다. 위 사건에 대하여 수사기관은 사전에 구치소에 통지하여야 한다.	**제39조 제3항** 국가안전에 위해를 가하는 범죄·테러활동범죄 사건에 있어서 수사기간 중 변호사가 구속된 피의자와 접견할 시에는 수사기관의 허가를 받아야 한다. 위 사건에 대하여 수사기관은 사전에 구치소에 통지하여야 한다.
제73조 제1항 주거감시는 피의자·피고인의 거주하는 장소에서 집행한다. 고정적인 거주 장소가 없는 경우 거소를 지정하여 집행할 수 있다. 국가안전에 위해를 가하는 범죄·테러활동범죄, ~~특히 중대한 뇌물범죄 혐의가 있는 사건~~에 있어서 거주하는 장소에서 집행하는 것이 수사를 방해할 수 있다고 여겨지는 경우 한급 위의 ~~인민검찰원 혹은~~ 공안기관의 승인을 받아 지정된 거소에서 주거감시를 집행할 수 있다. 단, 유치장소, 전문적으로 사건을 처리하는 장소에서 집행해서는 아니된다.	**제75조 제1항** 주거감시는 피의자·피고인이 거주하는 장소에서 집행한다. 고정적인 거주 장소가 없는 경우 거소를 지정하여 집행할 수 있다. 국가안전에 위해를 가하는 범죄·테러활동범죄 사건에 있어서 거주하는 장소에서 집행하는 것이 수사를 방해할 수 있다고 여겨지는 경우 한급 위의 공안기관의 승인을 받아 지정된 거소에서 주거감시를 집행할 수 있다. 단, 유치장소, 전문적으로 사건을 처리하는 장소에서 집행하여서는 아니된다.
〈제81조 제2항 신설〉	**제81조 제2항** 구속 허가 내지 결정을 함에 있어서 피의자·피고인이 혐의를 받고 있는 범죄의 성격·정황 및 죄를 인정하고 벌을 받고자 하는 의사 등 상황을, 사회적 위험성 발생 가능성 여부를 고려하는 요소로 삼아야 한다.
제106조 이 법에서 각 용어의 뜻은 다음과 같다.	**제108조** 이 법에서 각 용어의 뜻은 다음과 같다.

(1) '수사'란 공안기관, 인민검찰원이 ~~사건을 처리하는 과정에서~~ 법률의 규정에 따라 ~~진행하는 전문조사업무와 이와 관련한 강제성 조치를 말한다.~~	(1) '수사'란 공안기관·인민검찰원이 형사사건에 대하여 법률의 규정에 따라 증거를 수집하고, 사건의 경위를 조사하는 업무와 이와 관련한 강제성 조치를 말한다.
제118조 제2항 수사자는 피의자 신문 시 피의자에게 사실대로 자신의 죄행을 진술하면 관대하게 처리될 수 있는 법률규정을 고지하여야 한다.	**제120조 제2항** 수사자는 피의자 신문 시 피의자에게 소송 권리와 자신의 죄행을 사실대로 진술하면 관대하게 처리될 수 있는 법률규정 및 인죄인벌(认罪认罚) 법률규정을 고지하여야 한다.
제148조 제2항 인민검찰원은 입건 후 ~~중대한 탐오범죄나 뇌물범죄에 해당되는 사건 및~~ 직권을 이용하여 공민의 신체권리를 심각히게 침해하는 중대한 범죄 사건에 대하여 범죄 수사의 필요성에 따라 엄격한 승인절차를 거쳐 기술적 수사 조치를 취할 수 있으며 규정에 따라 관련 기관에 인계하여 집행하여야 한다.	**제150조 제2항** 인민검찰원은 입건 후 직권을 이용하여 공민의 신체권리를 심각하게 침해하는 중대한 범죄 사건에 대하여 범죄 수사의 필요성에 따라 엄격한 승인절차를 거쳐 기술적 수사 조치를 취할 수 있으며 규정에 따라 관련 기관에 인계하여 집행하여야 한다.
〈제162조 제2항 신설〉	**제162조 제2항** 피의자가 자발적으로 죄를 인정하는 경우 사건기록에 기재하여 사건을 송치해야 하고 기소의견서에도 관련 상황을 명확하게 기재하여야 한다.
〈신설〉	**제170조** 인민검찰원은 감찰기관이 송치한 사건에 대하여 이 법과 감찰법의 관련 규정에 따라 심사하여야 한다. 인민검찰원은 심사 후 추가 확인이 필요하다고 여겨지는 경우 감찰기관에 환송하여 보충조사를 하도록 하여야 하고 필요한 경우 인민검찰원이 스스로 보충수사를 할 수 있다. 감찰기관이 송치하면서 유치(留置)조치를 취한 사건에 대하여 인민검찰원은 피의자를 먼저 구금(拘留)하고 이에 따라 유치조치는 자동으로 해제된다. 인민검찰원은 구금 이후 10일 이내 구속, 보석 또는 주기감시 여부를 결정해야 한다. 특별한 사정이 있는 경우, 결정 기간을 1일에서 4일 연장할 수 있다. 인민검찰원의 강제조치 결정기간은 기소를 심사하는

	기간에 포함되지 않는다.
제169조 제1항 인민검찰원은 공안기관이 송치한 사건에 대하여 1개월 이내 기소 여부 결정을 내려야 한다. 중대하고 복잡한 사건에 대해서는 15일 연장할 수 있다.	**제172조 제1항** 인민검찰원은 감찰기관·공안기관이 송치한 사건에 대하여 1개월 이내 기소 여부 결정을 내려야 한다. 중대하고 복잡한 사건에 대해서는 15일 연장할 수 있다. 피의자가 인죄인벌(认罪认罚)하고 속심절차(速裁程序) 요건에 부합되는 경우 10일 이내 결정을 해야 하며, 유기징역 1년 이상의 형을 받을 수 있는 경우에는 15일까지 연장할 수 있다.
제170조 인민검찰원은 시건을 심사할 때 피의자를 신문하고 변호인·피해자 및 그 소송대리인의 의견을 듣고 사건기록에 기록하여야 한다. 변호인·피해자 및 그 소송대리인이 서면 의견을 제출한 경우 사건기록에 이를 첨부하여야 한다. 제173조 제2항, 제3항 신설	**제173조** 인민검찰원은 사건을 심사할 때 피의자를 신문하고 변호인이나 당직변호사·피해자 및 그 소송대리인의 의견을 듣고 이를 사건기록에 기재하여야 한다. 변호인이나 당직변호사·피해자 및 그 소송대리인이 서면 의견을 제출한 경우 사건기록에 이를 첨부하여야 한다. **제2항** 피의자가 인죄인벌하는 경우 인민검찰원은 그에 소송권리와 인죄인벌 관련 법률 규정을 고지하고 피의자·변호인 또는 당직변호사·피해자 및 그 소송대리인의 다음과 같은 사항에 대한 의견을 듣고 기록하여야 한다. (1) 범죄사실·죄명 및 적용되는 법률 규정 (2) 형벌의 경감, 감경 또는 처벌 면제 등 관대한 처벌에 대한 제안 (3) 인죄인벌 사건 심리에 적용되는 절차 (4) 기타 의견 청취에 필요한 사항. **제3항** 인민검찰원은 전 2항의 규정에 따라 당직변 호사의 의견을 들어야 하는 경우 당직변호사가 사건 관련 상황을 이해하도록 사전에 필요한 편의를 제공하여야 한다.
〈신설〉	**제174조** 피의자가 자발적으로 죄를 인정하고 양형제안 및 절차의 적용에 동의하는 경우 변호인 또는 당직변호사가 동석한 상태에서 인죄인벌 서약서를 작성하고 이에 서명해야 한다. 피의자가 인죄인벌하고 다음 각 관 어느

	하나에 해당되는 경우 인죄인벌 서약서에 서명할 필요가 없다. (1) 피의자가 시각장애인·청각장애인·언어장애인이거나 자신의 행위를 식별하거나 통제할 수 있는 능력을 완전히 상실하지 않은 정신질환자인 경우 (2) 미성년자 피의자의 법정대리인·변호인이 미성년자의 인죄인벌에 대해 이의가 있는 경우 (3) 기타 인죄인벌 서약서에 서명할 필요가 없는 경우.
〈제176조 제2항 신설〉	제176조 제2항 피의자가 인죄인벌하는 경우 인민검찰원은 주형·부가형·집행유예 적용 여부에 대해 양형 제안을 하고 인죄인벌 서약서 등의 자료를 기록과 함께 이송해야 한다.
제173조 제3항.......불기소된 자에게 행정처벌, ~~행정~~처분을 내리거나 그 불법소득을 몰수해야 하는 경우, 인민검찰원은 검찰의견을 제출하고 관련 주관기관에 이송하여야 한다.......	제177조 제3항 ....불기소된 자에게 행정처벌, 처분을 내리거나 그 불법소득을 몰수해야 하는 경우, 인민검찰원은 검찰의견을 제출하고 관련 주관기관에 이송하여야 한다.......
〈신설〉	제182조 피의자가 자발적으로, 사실대로 범죄사실을 진술하여 중대한 공을 세우거나 연루된 사건이 국가의 중대한 이익에 해당되는 경우, 공안기관은 최고인민검찰원의 승인을 받아 사건을 취소할 수 있으며 인민검찰원은 불기소 결정을 내릴 수 있으며, 인민검찰원은 여러 혐의 중 한 개 또는 여러 개 혐의에 대해 불기소 결정을 내릴 수 있다. 전항의 규정에 따라 불기소하거나 사건을 취소한 경우 인민검찰원과 공안기관은 봉인·압수·동결한 재물과 관련 수익을 즉시 처리하여야 한다.
제178조 기층인민법원·중급인민법원은 제1심 재판을 진행할 때 심판원(审判员) 3인 또는 심판원과 인민배심원 ~~3인으로 구성~~된 합의부(合议庭)가 진행하여야 한	제183조 기층인민법원·중급인민법원은 제1심 재판을 진행할 때 심판원(审判员) 3인 또는 심판원과 인민배심원 3인 혹은 7인으로 구성된 합의부(合议庭)가 진행하

다. 그러나 기층인민법원이 약식절차를 적용하는 사건은 심판원 1인이 단독으로 재판할 수 있다. 고급인민법원·~~최고인민법원이~~ 제1심 재판을 진행할 때 심판원 3인 내지 7인 또는 심판원과 인민배심원 ~~3인 내지 7인으로 구성된~~ 합의부가 진행하여야 한다. ~~인민배심원이 인민법원에서 직무를 수행할 때 심판원과 동등한 권리를 가진다.~~ 인민법원이 상소재판과 항소재판을 진행할 때 심판원 ~~3인 내지 5인으로 구성된~~ 합의부가 진행하여야 한다. 합의부의 구성원 수는 홀수여야 한다. ~~합의부는 원장 또는 정장(庭长)이 지명하는 심판원 1인을 재판장으로 한다. 원장 또는 정장이 재판에 참가할 때 자신이 재판장을 맡는다.~~	여야 한다. 그러나 기층인민법원이 약식절차나 속심절차를 적용하는 사건은 심판원 1인이 단독으로 재판할 수 있다. 고급인민법원이 제1심 재판을 진행할 때 심판원 3인 내지 7인 또는 심판원과 인민배심원 3인 혹은 7인으로 구성된 합의부가 진행하여야 한다. 최고인민법원이 제1심 재판을 진행할 때 심판원 3인 내지 7인으로 구성된 합의부가 진행하여야 한다. 인민법원이 상소재판과 항소재판을 진행할 때에는 심판원 3인 혹은 5인으로 구성된 합의부가 진행하여야 한다. 합의부의 구성원 수는 홀수여야 한다.
〈제190조 제2항 신설〉	제190조 제2항 피고인이 인죄인벌하는 경우, 재판장은 피고인에게 소송권리와 인죄인벌에 관한 법률 규정을 고지하고 인죄인벌에 대한 자발성과 인죄인벌 서약서 내용의 진실성과 합법성을 심사하여야 한다.
〈신설〉	제201조 인죄인벌 사건에 대해 인민법원은 법에 따라 판결을 내릴 때 일반적으로 인민검찰원이 공소 제기한 죄명과 양형 제안을 받아들여야 한다. 다만 다음 중 하나에 해당하는 상황이 있는 경우는 제외한다. (1) 피고인의 행위가 범죄를 구성하지 아니하거나 형사책임을 추궁하지 말아야 하는 경우 (2) 피고인이 의사에 반하여 인죄인벌한 경우 (3) 피고인이 기소된 범죄사실을 부인하는 경우 (4) 기소된 죄명이 심리에서 인정한 죄명과 일치하지 아니한 경우 (5) 공정한 재판에 영향을 초래할 수 있

	는 기타 상황이 있는 경우 인민법원이 심리 후 양형 제안이 명백히 부적절하다고 판단되거나 피고인 또는 변호인이 양형 제안에 이의를 제기하는 경우 인민검찰원은 양형 제안을 조정할 수 있다. 인민검찰원이 양형 제안을 조정하지 아니하거나 양형 제안을 조정한 후에도 여전히 명백히 부당한 경우 인민법원은 법에 따라 판결하여야 한다.
〈신설〉(이하 제222조－제226조는 이번 개정에서 새로 추가된 '제3편제2장제4절 속심절차(速裁程序)' 관련 내용임)	**제222조** 기층인민법원이 관할하는 사건의 판결이 3년 이하의 유기징역을 선고할 가능성이 있는 사건에 있어서 범죄사실이 명백하고 증거가 확실하며 충분하고 피고인이 인죄인벌하는 데 동의하는 경우, 속심절차를 적용할 수 있으며 판사 1인이 단독으로 사건을 재판한다. 인민검찰원은 공소제기 시 인민법원에 속심절차를 적용할 것을 권고할 수 있다.
〈신설〉	**제223조** 다음 어느 하나에 해당되는 때에는 속심절차를 적용하지 아니한다. (1) 피고인이 시각장애인·청각장애인·언어장애인이거나 자신의 행위를 식별하거나 통제할 수 있는 능력을 완전히 상실하지 않은 정신질환자인 경우 (2) 피고인이 미성년자인 경우 (3) 사회에 중대한 영향을 초래하는 사건인 경우 (4) 공동범죄에 해당되는 사건에 있어서 일부 피고인이 범죄사실·죄명·양형 제안에 이의를 제기하거나 속심절차의 적용에 이의가 있는 경우 (5) 피고인과 피해자 또는 그 법정대리인이 부대민사소송에 따른 배상 등에 관하여 조정 또는 화해협정을 체결하지 아니한 경우; (6) 기타 속심절차를 적용하여 심리하는 것이 적절하지 아니한 경우.
〈신설〉	**제224조** 속심절차를 적용하여 사건을 심리하는 경우 이 장 제1절에서 규정된 송

	달기한의 제한을 받지 아니하며, 일반적으로 법정조사·법정변론을 진행하지 아니한다. 다만, 판결선고 전 변호인의 의견과 피고인의 최후진술을 들어야 한다. 속심절차를 적용하여 사건을 심리하는 경우, 당일선고를 하여야 한다.
〈신설〉	**第225조** 인민법원은 속심절차를 적용하여 사건을 심리하는 경우 사건을 접수한 후 10일 이내에 심리를 종결하여야 한다. 1년 이상의 유기징역에 처할 가능성이 있는 경우 15일까지 연장할 수 있다.
〈신설〉	**第226조** 인민법원은 심리 과정에서 피고인의 행위가 범죄를 구성하지 아니하거나 형사책임을 추궁해서는 아니되는 상황에 해당되거나, 피고인이 의사에 반하여 인죄인벌하거나, 피고인이 범죄 사실을 부인하거나 기타 속심절차를 적용하기에 적합하지 않은 상황을 발견하는 경우 이 장 제1절 또는 제3절의 규정에 따라 다시 심리하여야 한다.
第250조 第2항 사형집행유예 2년을 선고받은 범인이 사형 집행유예기간 중 고의적 범죄가 없고 사형 집행유예 기간이 경과되어 감형되어야 하는 경우 집행기관은 고급인민법원에 서면으로 의견을 제출하여 재정(裁定)을 요청해야 한다. 고의적 범죄를 저지르고 그것이 사실로 확인되어 사형을 집행하여야 하는 경우 고급인민법원은 최고인민법원에 요청하여 승인을 받아야 한다.	**第261조 第2항** 사형집행유예 2년을 선고받은 범인이 사형 집행유예기간 중 고의적 범죄가 없고 사형 집행유예 기간이 경과되어 감형되어야 하는 경우 집행기관은 고급인민법원에 서면으로 의견을 제출하고 재정을 요청해야 한다. 고의적 범죄를 저지르고 그 정황이 악랄하며 그것이 사실로 확인되어 사형을 집행하여야 하는 경우 고급인민법원은 최고인민법원에 요청하여 승인을 받아야 한다. 고의적 범죄에 대해 사형을 집행하지 아니하는 경우 사형 집행유예기간을 다시 계산하여 최고인민법원에 보고하여 비안(备案)하여야 한다.
第260조 벌금형을 선고받은 범인이 기간이 만료된 후에도 벌금을 납부하지 아니한 경우 인민법원은 강제 납부하여야 하며, 불가항력적인 재난재해로 벌금 납부	**第271조** 벌금형을 선고받은 범인이 기간이 만료된 후에도 벌금을 납부하지 아니한 경우 인민법원은 강제 납부하여야 하며, 불가항력적인 재난재해 등의 사유로

가 확실히 곤란한 경우 벌금을 감액 또는 면제받을 수 있다.	벌금 납부가 확실히 곤란한 경우 인민법원의 재정을 거쳐 납부 기간을 연장하거나, 정상을 참작하여 벌금을 감액 또는 면제받을 수 있다.
〈신설〉(이하 제291조－제297조는 이번 개정에서 새로 추가된 '제5편제3장 불출석재판절차(缺席审判程序)' 관련 내용임)	제291조 탐오뇌물범죄사건 및 적시에 재판이 필요한 최고인민검찰원의 승인을 받은 국가안보를 심각하게 위협하는 범죄사건이나 테러범죄사건의 경우 피의자·피고인이 국경 밖에 있고 감찰기관·공안기관이 사건을 인민검찰원에 송치한 때 인민검찰원은 범죄사실이 명백하고 증거가 확실하고 충분하며 법에 따라 형사책임을 추궁하여야 한다고 판단되는 경우 인민법원에 공소를 제기할 수 있다. 인민법원은 심사 후 공소장에 범죄사실이 명확하고 불출석재판절차의 적용 요건에 부합되는 경우 개정하여 심판할 것을 결정하여야 한다.전항 사건의 경우 범죄지나 피고인이 출국하기 전 거주지 또는 최고인민법원이 지정한 중급인민법원에서 합의부를 구성하여 심리하여야 한다.
〈신설〉	제292조 인민법원은 관련 국제 조약의 규정 또는 외교적인 경로를 통해 제안된 사법협조방식이나 피고인의 소재지 법률이 허용하는 기타 방식을 통해 소환장과 인민검찰원의 공소장 부본을 피고인에게 송달하여야 한다. 소환장과 공소장 부본을 송달한 후 피고인이 요구에 따라 출정하지 않은 경우 인민법원은 개정하여 심리하고 법에 따라 판결하여야 하며 위법소득 및 그밖에 사건에 관련된 재산을 처리하여야 한다.
〈신설〉	제293조 인민법원의 불출석재판에 대하여 피고인은 변호인을 선임할 권리가 있으며 피고인의 가까운 친족이 변호인을 선임할 수 있다. 피고인 및 그 가까운 친족이 변호인을 선임하지 아니한 경우 인민법원은 법률구조기관에 통지하여 변호사

	를 지정하여 피고인에게 변호를 제공하도록 하여야 한다.
〈신설〉	제294조 인민법원은 판결문을 피고인 및 그 가까운 친족·변호인에게 송달하여야 한다. 피고인 또는 그 가까운 친족이 판결에 불복할 경우 한급 위의 인민법원에 항소할 권리가 있다. 변호인은 피고인 또는 가까운 친족의 동의를 얻어 항소할 수 있다. 인민검찰원은 인민법원의 판결에 확실히 착오가 있다고 여기는 경우 한급 위의 인민법원에 항소하여야 한다.
〈신설〉	제295조 사건심리 과정에서 피고인이 자수하거나 체포된 경우 인민법원은 다시 심리하여야 한다. 범인이 판결이나 결정의 법적효력이 발생된 이후 출두하는 경우 인민법원은 형 집행하도록 범인을 인도하여야 한다. 형벌을 집행하기 전 인민법원은 범인에게 판결이나 결정에 대해 이의신청할 권리가 있음을 고지하여야 한다. 범인이 판결이나 결정에 대해 이의신청을 한 경우 인민법원은 다시 심리하여야 한다. 효력이 발생된 판결이나 결정에 따라 처리된 재산에 확실히 오류가 있는 경우 반환·배상하여야 한다.
〈신설〉	제296조 피고인이 심각한 질병을 앓고 있어 법정에 출석하지 아니하고 6개월 이상 심리가 중단되었으나 여전히 법정에 출석할 수 없는 경우 피고인 및 그 법정대리인·가까운 친족이 심리의 재개를 신청하거나 이에 동의하는 경우 인민법원은 피고인이 법정에 출석하지 않은 상태에서 불출석심리를 하여 법에 따라 판결을 내릴 수 있다.
〈신설〉	제297조 피고인이 사망한 경우 인민법원은 심리종료 결정을 내려야 한다. 다만 피고인의 무죄 입증을 할 증거가 있고 인

	민법원이 불출석심리를 하여 무죄가 확인되는 경우 법에 따라 판결을 내려야 한다. 인민법원이 재판감독절차에 따라 재심한 사건에서 피고인이 사망한 경우 인민법원은 불출석심리를 하여 법에 따라 판결을 내릴 수 있다.
부칙 제290조 **〈제308조 제2항 신설〉** **제290조 제3항** 군대보위부·교도소가 형사사건을 처리하는 경우 이 법의 관련 규정을 적용한다.	**부칙 제308조 제2항** 중국 해경국은 해상권리 수호에 대한 법집행의 직무를 수행하고, 해양에서 발생한 형사사건에 대한 수사권을 행사한다. **제308조 제4항** 군대보위부·중국 해경국·교도소가 형사사건을 처리하는 경우 이 법의 관련 규정을 적용한다.

부록
2-5

민사소송법 신구조문 대비표 (2023년 개정)

민사소송법 [2023년 개정 이전]	민사소송법 [2023년 개정 이후]
제40조 인민법원이 제1심 민사사건을 심리하는 경우, 심판원, ~~배심원이~~ 공동으로 합의정(合议庭)을 구성하거나 심판원으로 합의정을 구성한다....... ~~배심원은 배심의 직무를 집행함에 있어,~~ 심판원과 동등한 권리·의무를 가진다.	**제40조** 인민법원이 제1심 민사사건을 심리하는 경우, 심판원, 인민배심원이 공동으로 합의정을 구성하거나 심판원으로 합의정을 구성한다. 인민배심원은 심판활동에 참가함에 있어, 법률에 기타 규정이 있는 경우를 제외하고, 심판원과 동등한 권리·의무를 가진다.
제47조 제4항 전 3항의 규정은, 서기, 통역인, 감정인, 검증인(勘验人)에 적용된다.	**제47조 제4항** 전 3항의 규정은, 판사보(法官助理), 서기, 사법기술인원, 통역인, 감정인, 검증인에 적용된다.
제115조 당사자 간 악의적으로 소통하여 소송, 조정 등 방식을 통하여 타인의 합법적인 권익을 침해한 경우, 인민법원은 해당 청구를 기각하고, 사정에 따라 벌금 또는 구속하여야 한다. 범죄를 구성하는 경우, 법에 의하여 형사책임을 추궁한다. 〈제115조 제2항 신설〉	**제115조** 당사자 간 악의적으로 소통하여 소송, 조정 등 방식을 통하여 국가이익, 사회공공이익 또는 타인의 합법적인 권익을 침해한 경우, 인민법원은 해당 청구를 기각하고, 사정에 따라 벌금 또는 구속하여야 한다. 범죄를 구성하는 경우, 법에 의하여 형사책임을 추궁한다. **제2항** 당사자가 일방적으로 민사사건의 기본사실을 날조하여 인민법원에 소송을 제기하여 국가이익, 사회공공이익 또는 타인의 합법적인 권익을 침해하는 경우, 전항의 규정을 적용한다.
제130조 제2항 당사자가 관할권 이의를 제기하지 않고, 응소·답변한 경우, 사건을	**제130조 제2항** 당사자가 관할권 이의를 제기하지 않고, 응소·답변하거나 반소를

수리한 인민법원에 관할권이 있는 것으로 본다. 다만, 심급관할과 전속관할의 규정을 위반하는 경우는 제외한다.	제기하는 경우, 사건을 수리한 인민법원에 관할권이 있는 것으로 본다. 다만, 심급관할과 전속관할의 규정을 위반하는 경우는 제외한다.
제140조 제2항 법정 심리 시, 심판장 또는 단독 심판원은 당사자를 확인하고, 사건 유형을 선포하며, 심판인원, 서기의 명단을 선포하고, 당사자에게 관련 소송 권리·의무를 고지하며, 당사자에게 회피신청을 할 것인지 묻는다.	**제140조 제2항** 법정 심리 시, 심판장 또는 단독 심판원은 당사자를 확인하고, 사건 유형을 선포하며, 심판인원, 판사보, 서기 등의 명단을 선포하고, 당사자에게 관련 소송 권리·의무를 고지하며, 당사자에게 회피신청을 할 것인지 묻는다.
제184조 인민법원이 선거인 자격 사건, 실종선고 또는 사망선고 사건, 공민의 민사행위무능력 또는 민사행위능력의 제한을 인정하는 사건, 재산의 무주(無主)를 인정하는 사건, 조정합의 확인 사건 및 담부물권 실현 사건을 심리하는 경우 본 장의 규정을 적용한다. 본 장에 규정이 없는 경우, 본법과 기타 법률의 관련 규정을 적용한다.	**제184조** 인민법원이 선거인 자격 사건, 실종선고 또는 사망선고 사건, 유산관리인 지정 사건, 공민의 민사행위무능력 또는 민사행위능력의 제한을 인정하는 사건, 재산의 무주(無主)를 인정하는 사건, 조정합의 확인 사건 및 담부물권 실현 사건을 심리하는 경우 본 장의 규정을 적용한다. 본 장에 규정이 없는 경우, 본법과 기타 법률의 관련 규정을 적용한다.
〈신설〉(이하 제194조~제197조는 이번 개정에서 새로 추가된 '제2편제15장제4절 유산관리인지정사건(指定遗产管理人案件)' 관련 내용임)	**제194조** 유산관리인의 확정에 대한 분쟁에서, 이해관계인이 유산관리인 지정을 신청하는 경우, 피상속인의 사망 시 주소지 또는 주된 유산의 소재지 기층 법원에 제기하여야 한다. 신청서에는 피상속인의 사망시간, 신청사유와 구체적인 청구를 명확히 써야 하며, 피상속인 사망에 관한 증거를 첨부하여야 한다.
〈신설〉	**제195조** 인민법원은 신청을 수리한 후, 심사하여 확인하여야 하고, 유산관리에 유리한 원칙에 따라 유산관리인을 판단·지정하여야 한다.
〈신설〉	**제196조** 지정된 유산관리인의 사망, 민사행위능력의 정지, 상실 또는 기타 유산관리인의 식책을 계속하여 이행할 수 없는 사정이 있는 경우, 인민법원은 이해관계인 또는 본인의 신청에 근거하여 다시 유산관리인을 지정할 수 있다.

〈신설〉	제197조 유산관리인이 유산관리의 직책을 위반하여, 상속인, 수유증자 또는 채권자의 합법적인 권익을 엄중하게 침해하는 경우, 인민법원은 이해관계인의 신청에 근거하여 해당 유산관리인의 자격을 박탈하고, 법에 의하여 새로운 유산관리인을 지정할 수 있다.
제272조 계약분쟁 또는 기타 재산권 분쟁으로 인하여, 중화인민공화국 영역 내에 주소가 없는 피고를 상대로 제기하는 소송에서, 만약 계약이 중화인민공화국 영역 내에서 체결 또는 이행되었거나, 소송목적물이 중화인민공화국 영역 내에 있거나, 피고가 중화인민공화국 영역 내에 압류가능한 재산을 두고 있거나, 피고가 중화인민공화국에 대표기관을 두고 있다면, 계약체결지, 계약이행지, 소송목적물 소재지, 압류가능한 재산의 소재지, 불법행위지 또는 대표기관 주소지의 인민법원이 관할할 수 있다. 〈제276조 제2항 신설〉	제276조 섭외민사분쟁으로 인하여, 중화인민공화국 영역 내에 주소가 없는 피고를 상대로 제기하는 신분관계 이외의 소송에서, 만약 계약체결지, 계약이행지, 소송목적물 소재지, 압류가능한 재산의 소재지, 불법행위지, 대표기관 주소지가 중화인민공화국 영역 내에 있다면, 계약체결지, 계약이행지, 소송목적물 소재지, 압류가능한 재산의 소재지, 불법행위지, 대표기관 주소지의 인민법원이 관할할 수 있다. 제2항 전항의 규정 외에, 섭외민사분쟁이 중화인민공화국과 기타 적당한 관련이 있는 경우, 인민법원이 관할할 수 있다.
〈신설〉	제277조 섭외민사분쟁의 당사자들이 서면합의로써 인민법원의 관할을 선택한 경우, 인민법원이 관할할 수 있다.
〈신설〉	제278조 당사자가 관할 이의를 제기하지 않고, 응소·답변 또는 반소를 제기하는 경우, 인민법원에 관할권이 있는 것으로 본다.
제273조 중화인민공화국에서 중외합자경영기업계약, 중외합작경영기업계약, 중외합작자연자원탐사개발계약을 이행하는 것에 관한 분쟁으로 인하여 제기된 소송은 중화인민공화국 법원이 관할한다.	제279조 아래의 민사사건은, 인민법원이 전속적으로 관할한다. (1) 중화인민공화국 영역 내에서 설립된 법인 또는 기타 조직의 설립, 해산, 청산 및 해당 법인 또는 기타 조직의 결의의 효력 등 분쟁으로 인하여 제기된 소송 (2) 중화인민공화국 영역 내에서 심사·수여한 지식재산권의 유효성에 관한 분

	쟁으로 인하여 제기된 소송 (3) 중화인민공화국 영역 내에서 중외합자경영기업계약, 중외합작경영기업계약, 중외합작자연자원탐사개발계약을 이행하는 것에 관한 분쟁으로 인하여 제기된 소송
〈신설〉	제280조 당사자 간의 동일한 분쟁에서, 일방 당사자가 외국법원에 소를 제기하고 다른 일방 당사자가 인민법원에 소를 제기하거나, 일방 당사자가 외국법원에 소를 제기하고 인민법원에도 소를 제기하는 경우, 인민법원이 본 법에 의하여 관할권이 있다면, 수리할 수 있다. 당사자들이 전속적 관할합의로써 외국법원의 관할을 선택한 경우, 본 법의 전속관할에 관한 규정을 위반하지 않고, 중화인민공화국의 주권, 안전 또는 사회공공이익과 관련되지 않는다면, 인민법원은 재정으로써 불수리할 수 있다. 이미 수리한 경우, 재정으로써 소를 각하한다.
〈신설〉	제281조 인민법원이 전조의 규정에 의하여 사건을 수리한 후, 당사자가 외국법원에서 인민법원보다 먼저 수리하였음을 이유로, 서면으로 인민법원에 소송의 중지를 신청한 경우, 인민법원은 재정으로써 소송을 중지할 수 있다. 다만, 아래의 어느 하나에 해당하는 경우에는 그러지 아니하다. (1) 당사자들이 합의로써 인민법원의 관할을 선택한 경우, 또는 분쟁이 인민법원의 전속관할에 속하는 경우 (2) 인민법원이 심리하는 것이 명백히 더 편리한 경우 외국법원이 사건의 심리에 필요한 조치를 하지 아니하는 경우, 또는 합리적인 기한 내에 심리를 종결하지 아니하는 경우, 인민법원은 당사자의 서면 신청에 의하여 심리를 계속하여야 한다. 외국법원에서 선고한 효력이 발생한 판

	결·재정이 인민법원에서 전부 또는 부분적인 승인을 받았고, 당사자들이 승인을 받은 부분에 대하여 인민법원에 재차 소를 제기하는 경우, 재정으로써 불수리한다. 이미 수리한 경우, 재정으로써 소를 각하한다.
〈신설〉	**第282조** 인민법원이 수리한 섭외민사사건에서, 피고가 관할 이의를 제기하고, 또한 아래의 상황에 동시에 해당하는 경우, 재정으로써 소를 각하하고, 원고에게 더 편리한 외국법원에 소를 제기하도록 고지할 수 있다. (1) 사건 분쟁의 기본 사실이 중화인민공화국 영역 내에서 발생하지 않아, 인민법원이 사건을 심리하고 당사자가 소송에 참여하는 것에 모두 명백한 불편함이 있는 경우 (2) 당사자 간에 인민법원의 관할을 선택하는 합의가 존재하지 아니하는 경우 (3) 사건이 인민법원의 전속관할에 속하지 아니하는 경우 (4) 사건이 중화인민공화국의 주권, 안전 또는 사회공공이익과 관련되지 아니하는 경우 (5) 외국법원이 심리하면 더 편리한 경우 재정으로써 소를 각하한 후, 외국법원이 분쟁에 대한 관할권의 행사를 거부하거나, 사건의 심리에 필요한 조치를 하지 아니하거나, 합리적인 기한 내에 심리를 종결하지 아니하는 경우, 당사자가 재차 인민법원에 소를 제기한다면, 인민법원은 수리하여야 한다.
第274조 인민법원은 중화인민공화국 영역 내에 주소가 없는 당사자에게 재판문서를 송달하는 경우, 아래의 방식을 취할 수 있다. (1) 수송달자의 소재국과 중화인민공화국이 체결 또는 공동으로 참가한 국제조약에서 규정한 방식에 의하여 송달한다.	**第283조** 인민법원은 중화인민공화국 영역 내에 주소가 없는 당사자에게 재판문서를 송달하는 경우, 아래의 방식을 취할 수 있다. (1) 수송달자의 소재국과 중화인민공화국이 체결 또는 공동으로 참가한 국제조약에서 규정한 방식에 의하여 송달한다.

(2) 외교적 경로를 통하여 송달한다.	(2) 외교적 경로를 통하여 송달한다.
(3) 중화인민공화국 국적을 가진 수송달자에 대하여, 수송달자 소재국 주재 중화인민공화국 대사관·영사관에 위탁하여 대리 송달할 수 있다.	(3) 중화인민공화국 국적을 가진 수송달자에 대하여, 수송달자 소재국 주재 중화인민공화국 대사관·영사관에 위탁하여 대리 송달할 수 있다.
(4) 수송달자가 ~~위임한 대리하여 송달을 받을 수 있는~~ 소송대리인에게 송달한다.	(4) 수송달자가 본안에서 위임한 소송대리인에게 송달한다.
(5) 중화인민공화국 영역 내에서 설립된 수송달자의 대표기구 ~~또는 송달을 받을 권한이 있는 지점, 업무대행인~~에게 송달한다.	(5) 중화인민공화국 영역 내에서 설립된 수송달자의 독자기업, 대표기구, 지점 또는 송달을 받을 권한이 있는 업무대행인에게 송달한다.
(6) 수송달자 소재국의 법률이 우편송달을 허용하는 경우, 우편으로 송달할 수 있다. 우편송부일로부터 만 3개월 동안 송달증명을 받지는 못하였으나, 각종 상황으로부터 보아 송달이 되었다고 인정하기에 충분한 경우, 기간 만기일에 송달된 것으로 본다.	(6) 외국인, 무국적자인 수송달자가 중화인민공화국 영역 내에서 설립된 법인 또는 기타 조직의 법정대표인 또는 주요 책임자를 맡고 있고, 또한 해당 법인 또는 기타 조직과 공동피고인 경우, 해당 법인 또는 기타 조직에 송달한다.
(7) ~~팩스, 전자우편 등~~ 수송달자가 받아보았음을 확인할 수 있는 방식으로 송달한다.	(7) 수송달자가 외국법인 또는 기타 조직인 경우, 그 법정대표인 또는 주요 책임자가 중화인민공화국 영역 내에 있다면, 그 법정대표인 또는 주요 책임자에게 송달한다.
(8) 상술한 방식으로 송달할 수 없는 경우, 공시송달한다. ~~공시일로부터 만 3개월이~~ 경과되면 송달된 것으로 본다.	(8) 수송달자 소재국의 법률이 우편송달을 허용하는 경우, 우편으로 송달할 수 있다. 우편송부일로부터 만 3개월 동안 송달증명을 받지는 못하였으나, 각종 상황으로부터 보아 송달이 되었다고 인정하기에 충분한 경우, 기간 만기일에 송달된 것으로 본다.
	(9) 수송달자가 받아보았음을 확인할 수 있는 전자적 방식으로 송달한다. 다만, 수송달자 소재국 법률이 금지하는 경우는 제외한다.
	(10) 수송달자가 동의하는 기타 방식으로 송달한다. 다만, 수송달자 소재국 법률이 금지하는 경우는 제외한다.
	상술한 방식으로 송달할 수 없는 경우, 공시송달한다. 공시가 발부된 날로부터 60일이 경과되면 송달된 것으로 본다.

〈신설〉	**제284조** 당사자가 인민법원에 신청하여 조사·수집하고자 하는 증거가 중화인민공화국 영역 외에 있는 경우, 인민법원은 증거 소재국과 중화인민공화국이 체결 또는 공동으로 참가한 국제조약에서 규정한 방식에 의하여, 또는 외교적 경로를 통하여 조사·수집할 수 있다. 소재국 법률이 금지하지 않는 전제 하에, 인민법원은 아래의 방식에 따라 조사·수집할 수 있다: (1) 중화인민공화국 국적의 당사자·증인에 대하여는, 당사자·증인의 소재국 주재 중화인민공화국 대사관·영사관에 위탁하여 대리 증거조사를 할 수 있다. (2) 쌍방 당사자의 동의를 거쳐, 즉시통신도구를 통하여 증거를 조사한다. (3) 쌍방 당사자가 동의한 기타 방식으로 증거를 조사한다.
제287조 제2항 ~~중화인민공화국 섭외중재기관이 내린~~ 법적 효력이 발생한 중재판정에 대하여, 당사자가 집행을 청구하는 경우, 피집행인 또는 그 재산이 중화인민공화국 영역 내에 없다면, 당사자는 관할권이 있는 외국법원에 ~~직접 승인 및 집행을 신청하여야 한다.~~	**제297조 제2항** 중화인민공화국 영역 내에서 법에 의하여 내려진 법적 효력이 발생한 중재판정에 대하여, 당사자가 집행을 청구하는 경우, 피집행인 또는 그 재산이 중화인민공화국 영역 내에 없다면, 당사자는 관할권이 있는 외국법원에 직접 승인 및 집행을 신청할 수 있다.
제288조 외국법원이 내린 효력이 발생한 판결·재정을 ~~중화인민공화국~~ 인민법원에서 승인 및 집행하고자 하는 경우, 당사자가 관할권이 있는 ~~중화인민공화국~~ 중급인민법원에 직접 승인 및 집행을 신청할 수도 있고, 외국법원이 그 국가와 중화인민공화국이 체결 또는 참가한 국제조약의 규정에 의하여, 또는 호혜의 원칙에 따라, 인민법원에 승인 및 집행을 청구할 수도 있다.	**제298조** 외국법원이 내린 효력이 발생한 판결·재정을 인민법원에서 승인 및 집행하고자 하는 경우, 당사자가 관할권이 있는 중급인민법원에 직접 승인 및 집행을 신청할 수도 있고, 외국법원이 그 국가와 중화인민공화국이 체결 또는 참가한 국제조약의 규정에 의하여, 또는 호혜의 원칙에 따라, 인민법원에 승인 및 집행을 청구할 수도 있다.
제289조 인민법원은 승인 및 집행이 신청 또는 청구된 외국법원이 내린 효력이 발생한 판결·재정에 대하여, 중화인민공화국이 체결 또는 참가한 국제조약에 의하	**제299조** 인민법원은 승인 및 집행이 신청 또는 청구된 외국법원이 내린 효력이 발생한 판결·재정에 대하여, 중화인민공화국이 체결 또는 참가한 국제조약에 의하

여, 또는 호혜의 원칙에 따라 심사한 후, 중화인민공화국 법률의 기본원칙에 위배되지 ~~않거나 또는~~ 국가 주권, 안전, 사회공공이익을 해하지 않는다면, 재정으로써 그 효력을 승인할 수 있다. 집행이 필요한 경우, 집행령을 발부하여, 본 법의 관련 규정에 의하여 집행한다. ~~중화인민공화국 법률의 기본원칙 또는 국가 주권, 안전 사회 공공이익을 위반하는 경우 승인 및 집행을 하지 아니한다.~~	여, 또는 호혜의 원칙에 따라 심사한 후, 중화인민공화국 법률의 기본원칙에 위배되지 않고 또한 국가 주권, 안전, 사회공공이익을 해하지 않는다면, 재정으로써 그 효력을 승인할 수 있다. 집행이 필요한 경우, 집행령을 발부하여, 본 법의 관련 규정에 의하여 집행한다.
〈신설〉	제300조 승인 및 집행이 신청 또는 청구된 외국법원이 내린 효력이 발생한 판결·재정에 대하여, 인민법원은 심사를 거쳐, 아래의 상황 중 어느 하나에 해당하는 경우, 재정으로써 승인 및 집행을 거부한다. (1) 본 법 제301조의 규정에 의하면, 외국법원이 관할권이 없는 경우 (2) 피신청인이 합법적인 소환을 받지 못하였거나, 합법적인 소환을 거쳤지만 합리적인 진술·변론의 기회를 얻지 못하였거나, 소송행위능력이 없는 당사자가 적당한 대리를 받지 못한 경우 (3) 판결·재정이 사기의 방식을 통하여 취득된 것인 경우 (4) 인민법원이 동일한 분쟁에 대하여 이미 판결·재정을 내렸거나, 제3국의 법원이 동일한 분쟁에 대하여 선고한 판결·재정을 이미 승인한 경우 (5) 중화인민공화국 법률의 기본원칙을 위반하거나 국가 주권, 안전, 사회공공이익을 해하는 경우
〈신설〉	제301조 아래의 상황 중 어느 하나에 해당하는 경우, 인민법원은 해당 외국법원에 관할권이 없는 것으로 인정하여야 한다. (1) 외국법원이 그 국가의 법률에 의하면 사건에 대한 관할권이 없거나, 그 법률에 의하여 관할권을 가지더라도 사건에서

	문제된 분쟁과 적당한 관련이 없는 경우. (2) 본 법의 전속관할에 관한 규정을 위반한 경우. (3) 당사자들의 전속적 법원 선택 관할합의를 위반한 경우.
〈신설〉	**제302조** 당사자가 인민법원에 외국법원이 내린 효력이 발생한 판결·재정의 승인 및 집행을 신청한 경우, 동 판결·재정에서 문제된 분쟁과 인민법원이 심리 중인 분쟁이 동일한 분쟁에 속하는 경우, 인민법원은 재정으로써 소송을 중지할 수 있다. 외국법원이 내린 효력이 발생한 판결·재정이 본 법에서 규정한 승인요건에 부합하지 않는 경우, 인민법원은 재정으로써 승인 및 집행을 거부하고, 중지하였던 소송을 계속한다. 본 법에서 규정한 승인요건에 부합하는 경우, 인민법원은 재정으로써 그 효력을 승인한다. 집행이 필요한 경우, 집행령을 발부하여, 본 법의 관련 규정에 의하여 집행한다. 이미 중지한 소송에 대하여는 재정으로써 소를 각하한다.
〈신설〉	**제303조** 당사자가 승인 및 집행, 또는 승인 및 집행을 거부하는 재정에 불복하는 경우, 재정이 송달된 날로부터 10일 내로 직속 상급 인민법원에 재심의를 신청할 수 있다.
제290조 ~~외국 중재기관의 중재판정을 중화인민공화국~~ 인민법원에서 승인 및 집행하고자 하는 경우, 당사자는 피집행인 주소지 또는 그 재산소재지의 중급인민법원에 직접 ~~신청하여야 한다~~. 인민법원은 중화인민공화국이 체결 또는 참가한 국제조약에 의하여, 또는 호혜의 원칙에 따라 처리하여야 한다.	**제304조** 중화인민공화국 영역 밖에서 내려진 법적 효력이 발생한 중재판정을 인민법원에서 승인 및 집행하고자 하는 경우, 당사자는 피집행인 주소지 또는 그 재산소재지의 중급인민법원에 직접 신청할 수 있다. 피집행인의 주소지 또는 그 재산소재지가 중화인민공화국의 영역 내에 없는 경우, 당사자는 신청인의 주소지 또는 판정에서의 분쟁과 적정한 관련이 있는 곳의 중급인민법원에 신청할 수 있다. 인민법원은 중화인민공화국이 체결

	또는 참가한 국제조약에 의하여, 또는 호혜의 원칙에 따라 처리하여야 한다.
〈신설〉	제305조 외국국가와 관련된 민사소송에는, 중화인민공화국의 외국국가 주권면제에 관한 법률의 규정을 적용한다. 관련 법률에 규정이 없는 경우, 본 법을 적용한다.

부록 2-6

회사법 신구조문 대비표 (2023년 개정)[4]

회사법 [2023년 개정 이전]	회사법 [2023년 개정 이후]
〈신설〉	제6조 회사는 자기의 명칭이 있어야 한다. 회사명칭은 국가의 관련 규정에 부합되어야 한다. 회사의 명칭은 법적 보호를 받는다.
제13조 회사 법정대표자(法定代表人)는 회사정관의 규정에 따라 이사~~장, 집행이사 또는~~ 경리가 맡을 수 있으며 ~~법에 따라 등기하여야 한다. 회사의 법정대표자가 변경되면, 변경 등기를 하여야 한다.~~ 〈제10조 제2항, 제3항 신설〉	제10조 회사의 법정대표자는 회사정관의 규정에 따라 회사를 대표하여 회사 업무를 집행하는 이사 또는 경리가 담당한다. 제2항 법정대표자로 재임하는 이사, 경리가 사임하는 경우, 법정대표자의 직을 사임하는 것으로 간주한다. 제3항 법정대표자가 사임하는 경우 회사는 사임일로부터 30일 내에 새로운 법정대표자를 확정해야 한다.
〈신설〉	제11조 법정대표자가 회사 명의로 민사행위를 하는 경우 회사는 해당 민사행위의 법적인 결과에 대해 책임을 부담한다. 회사정관 또는 이사회를 통해 법정대표자의 직권을 제한하는 경우 선의의 제3자에게 대항하지 못한다. 법정대표자가 직무 수행으로 인해 타인

4) 이번 중국 회사법 개정은 2005년 이후 이루어진 대폭 수정(修訂)으로 많은 조항들이 바뀌었다. 책의 분량을 고려하여 이 표에서는 모든 조항을 열거·대조하지 않고, 저자가 비교적 중요하다고 판단한 조문만 제시하였다. 또한 이번 개정을 통해 삭제된 내용보다는 신설된 내용을 중점적으로 소개하고자 하였다.

	에게 손해를 끼친 경우, 회사가 민사책임을 부담한다. 회사는 민사책임을 부담한 후 법률 또는 회사정관의 규정에 따라 과실이 있는 법정대표자에게 구상할 수 있다.
〈신설〉	**제20조** 회사는 경영 활동 과정에서 직원, 소비자 등 이해관계자의 이익과 생태 환경 보호 등 사회적 공익을 고려해야 하며 사회적 책임이 있다. 국가는 회사가 사회적 공익 활동에 참여하도록 장려하고 사회적 책임 보고서를 발표한다.
제20조 회사 주주는 법률, 행정법규와 회사정관을 준수하고 법에 따라 수수 권리를 행사해야 하며, 주주 권리를 남용하여 회사 또는 기타 주주의 이익에 손해를 끼쳐서는 아니 된다. ~~회사법인의 독립적인 지위와 주주의 유한책임을 남용하여 회사 채권자의 이익에 손해를 끼쳐서는 아니 된다.~~ **제2항** 회사 주주가 주주 권리를 남용하여 회사 또는 기타 주주에게 손해를 초래한 경우, ~~법에 따라~~ 배상책임을 부담해야 한다.	**제21조** 회사 주주는 법률, 행정법규와 회사정관을 준수하고 법에 따라 주주 권리를 행사해야 하며, 주주 권리를 남용하여 회사 또는 기타 주주의 이익에 손해를 끼쳐서는 아니 된다. 회사 주주가 주주 권리를 남용하여 회사 또는 기타 주주에게 손해를 끼친 경우, 배상책임을 부담해야 한다.
제20조 제3항 회사 주주가 회사법인의 독립적인 지위와 주주의 유한책임을 남용하여 채무를 도피하고 회사 채권자의 이익에 심각한 손해를 끼친 경우, 회사 채무에 대하여 연대책임을 부담해야 한다. 〈제23조 제2항 신설〉 **제63조** ~~1인 유한회사(一人有限责任公司)와~~ 주주가 회사 재산이 주주 자신의 재산과 독립되어 있음을 증명할 수 없는 경우, 회사 채무에 대하여 연대책임을 부담해야 한다.	**제23조** 회사 주주가 회사법인의 독립적인 지위와 주주의 유한책임을 남용하여 채무를 도피하고 회사 채권자의 이익에 심각한 손해를 끼친 경우, 회사 채무에 대하여 연대책임을 부담해야 한다. **제2항** 주주가 그가 지배하는 2개 이상의 회사를 이용하여 전항에서 규정한 행위를 하는 경우, 각 회사는 모든 다른 각 회사의 채무에 대하여 연대책임을 부담해야 한다. **제3항** 주주가 1인인 회사의 경우(只有一个股东的公司), 주주가 회사의 재산이 주주 자신의 재산과 독립되어 있음을 증명할 수 없는 경우, 회사 채무에 대하여 연대책임을 부담해야 한다.

〈신설〉	**제24조** 회사 주주회, 이사회, 감사회는 전자통신 방식으로 의결할 수 있다. 회사정관에 별도의 규정이 있는 경우는 예외로 한다.
제22조 제2항 회사 주주회(股东会) ~~또는 주주총회(股东大会)~~, 이사회의 소집절차 및 의결방식이 법률, 행정법규, 회사정관에 위반되는 경우 또는 의결 내용이 회사정관에 위반되는 경우 주주는 결의일부터 60일 내에 인민법원에 취소를 청구할 수 있다. ~~**제22조 제3항** 주주가 전항 규정에 따라 소송을 제기하는 경우, 인민법원은 회사의 청구에 따라 해당 주주에게 담보제공을 요구할 수 있다.~~ 〈제26조 제2항 신설〉	**제26조** 회사 주주회, 이사회의 소집절차 및 의결 방식이 법률, 행정법규, 회사정관에 위반되는 경우 또는 의결 내용이 회사정관에 위반되는 경우 주주는 결의일부터 60일 내에 인민법원에 취소를 청구할 수 있다. 단 주주회, 이사회의 소집절차 또는 의결 방식에 경미한 하자가 있고 결의에 실질적인 영향이 없는 경우는 예외로 한다. **제2항** 주주회 참석 통지를 받지 못한 주주는 주주회 결의가 이루어졌다는 사실을 인지한 날 또는 이를 인지해야 하는 날로부터 60일 내에 인민법원에 취소를 청구할 수 있다. 단 결의일부터 1년 내에 취소권을 행사하지 아니하는 경우 취소권은 소멸된다.
〈신설〉	**제27조** 다음 경우의 하나에 해당하는 경우 회사 주주회, 이사회의 결의는 성립되지 아니한다. (1) 주주회, 이사회를 소집하지 않고 결의하는 경우 (2) 주주회, 이사회의 결의 사항에 대하여 의결하지 않은 경우 (3) 회의 출석 인원수 혹은 의결권 보유자수가 이 법 또는 회사정관에서 규정한 인원수나 의결권 보유자수에 미달한 경우 (4) 결의 사항에 찬성하는 인원수 혹은 의결권 보유자수가 이 법 또는 회사정관에서 규정한 인원수나 의결권 보유자수에 미달한 경우.
제22조 제4항 ~~회사가 주주회 또는 주주총회, 이사회의 결의에 따라 이미 변경등기를 마친 사항에 대해 인민법원이 해당 결의의 무효 또는 철회를 판결한 경우, 회사는 회사등기기관에 변경등기 철회를 신청해야 한다.~~	**제28조** 인민법원이 주주회, 이사회의 결의를 무효, 취소 또는 불성립으로 선고한 경우 회사는 해당 결의를 근거로 이미 처리한 등기를 회사등기기관에 취소 신청해야 한다.

〈제28조 제2항 신설〉	제2항 인민법원이 주주회, 이사회의 결의를 무효, 취소 또는 불성립으로 선고한 경우 회사가 해당 결의를 근거로 선의의 제3자와 형성한 민사법률 관계에 영향을 미치지 아니한다.
제29조 ~~주주가 회사정관에 규정한 출자를 납입 후 전체 주주가 지정한 대표 또는 공동으로 위임한 대리인이 회사등기기관에 회사등기신청서,~~ 회사정관 등 서류를 제출하여 설립등기를 신청한다. 〈제30조 제2항 신설〉	제30조 회사 설립을 신청하는 경우 설립등기신청서, 회사정관 등 서류를 제출해야 하며 제출한 관련 서류는 사실에 부합되고 합법적이며 유효해야 한다. 제2항 신청 서류가 미비하거나 법적 형식에 부합되지 않을 경우 회사등기기관은 보완해야 할 서류를 한 번에 고지해야 한다.
제6조 제3항 ~~대중(公衆)은 회사등기기관에 회사등기사항을 조회할 수 있다. 회사등기기관은 조회서비스를 제공해야 한다.~~	제32조 회사 등기사항에는 다음이 포함된다. (1) 명칭 (2) 주소 (3) 등록자본금 (4) 경영범위 (5) 법정대표자의 성명 (6) 유한회사 주주, 주식회사 발기인의 성명 또는 명칭 회사등기기관은 전항에서 규정한 회사등기사항을 국가기업신용등기공시시스템에 공시하여 사회에 공개해야 한다.
〈제33조 제3항 신설〉	제33조 제3항 회사등기기관은 전자 영업허가증을 발급할 수 있다. 전자 영업허가증과 종이 영업허가증은 동등한 효력을 가진다.
제32조 제3항 ~~회사는 주주의 성명 또는 명칭을 회사등기기관에 등기해야 한다.~~ 등기사항에 변경이 발생할 경우, 변경등기를 하여야 한다. ~~등기 또는 변경등기를 하지 않은 사항은~~ 제3자에게 대항할 수 없다.	제34조 등기사항에 변경이 발생하는 경우 법에 따라 변경등기를 해야 한다. 회사가 등기사항을 등기하지 아니하였거나 변경등기를 하지 아니한 경우 선의의 제3자에게 대항할 수 없다.
〈신설〉	제35조 회사가 변경등기를 신청하는 경우 회사등기기관에 법정대표자가 서명한 변경등기신청서, 법에 따라 작성한 변경 결의서, 결정문 등의 문서를 제출해야 한다. 회사 변경등기가 정관 개정과 관련된 경

	우 개정 후의 정관을 제출해야 한다. 회사가 법정대표자를 변경하는 경우 변경 후의 법정대표자가 변경등기신청서에 서명한다.
〈신설〉	제37조 회사가 해산, 파산선고 또는 기타 법적사유로 등기를 종결해야 하는 경우 법에 따라 회사등기기관에 등기 말소를 신청하고 종결 등기를 공고하여야 한다.
〈신설〉	제39조 등록자본금을 허위로 신고하거나 허위의 자료 또는 기타 기만의 수단으로 중요한 사실을 은폐하여 회사설립등기를 취득한 경우에, 회사등기기관은 법률, 행정법규의 규정에 따라 [등기를] 취소해야 한다.
〈신설〉	제40조 회사는 규정에 따라 국가기업신용정보공시시스템에 다음 각 항의 사항을 공시해야 한다. (1) 유한회사 주주의 인수 자본금과 납입 자본금, 출자 방식과 출자 일자, 주식회사 발기인의 인수 주식수 (2) 유한회사 주주, 주식회사 발기인의 주권, 주식 변경 정보 (3) 행정 허가의 취득, 변경, 말소 등 정보 (4) 법률, 행정법규에서 규정하는 기타 정보 회사는 전항에서 공시한 정보가 사실에 부합되고 정확하며 완전해야 한다.
〈신설〉	제41조 회사등기기관은 등기 처리 절차를 개선하고 등기 효율을 제고해야 한다. 정보화 건설을 강화하고 온라인 처리 등 편이 방식을 추진하며 회사 등기 절차를 간소화해야 한다. 국무원 시장감독관리부서는 이 법과 관련 법률, 행정법규에 따라 회사 등기 및 등록 관련 구체적인 방법을 제정한다.
제23조 ~~유한회사의 설립은 아래 조건을 구비해야 한다. (1) 주주가 법정 인수에 부합한다. (2) 회사 정관에서 규정한 전~~	

~~채 주주가 인수(认缴)한 출자액에 부합한다. (3) 주주가 공동으로 회사 정관을 재정한다. (4) 회사의 명칭이 있고 유한회사의 요구에 부합하는 조직구조를 수립한다. (5) 회사의 주소가 있다.~~	
제24조 유한회사는 50인 이하의 주주가 출자하여 설립한다.	제42조 유한회사는 1인 이상 50인 이하의 주주가 출자하여 설립한다.
〈신설〉	제43조 유한회사를 설립 시의 주주는 설립 계약을 체결하여 회사 설립 과정에서 발생하는 각자의 권리와 의무를 명시할 수 있다.
〈신설〉	제44조 유한회사 설립 시의 주주가 회사를 설립하기 위하여 민사행위를 하는 경우 회사가 해당 민사행위의 결과에 대해 책임진다. 회사가 설립되지 아니한 경우 설립 당시의 주주가 법적 결과에 대해 책임진다. 설립 시의 주주가 2인 이상인 경우 연대채권을 보유하고 연대채무를 부담한다. 설립 시의 주주가 회사를 설립하기 위하여 자신의 명의로 민사행위를 하여 발생한 민사책임에 관하여 제3자는 회사 또는 회사 설립 당시의 주주에게 책임을 부담할 것을 청구할 수 있다. 설립 시의 주주가 회사의 직무를 이행함으로 인해 타인에게 손해를 초래한 경우 회사 또는 과실이 없는 주주가 배상한 후 과실이 있는 주주에게 구상할 수 있다.
제26조 유한회사의 등록자본금은 회사등기기관에 등기한 모든 주주의 인수 출자액이다. 법률, 행정법규 및 국무원 결정에서 유한회사의 등록자본금의 실제 납입, 최소한도금액에 별도의 규정이 있는 경우 해당 규정에 따른다.	제47조 유한회사의 등록자본금은 회사등기기관에 등기한 모든 주주의 인수 출자액이다. 주주 전체의 인수 출자액은 회사 정관의 규정에 따라 주주가 회사 설립일부터 5년 내에 전액 납입해야 한다. 법률, 행정법규 및 국무원 결정에서 유한회사 등록자본금의 실제 납입, 최소한도금액, 주주 출자 기한 등에 별도의 규정이 있는 경우 해당 규정에 따른다.

제27조 제1항 주주는 화폐로 출자할 수도 있고 현물, 지적재산권, 토지사용권 등 화폐로 가격을 산정할 수 있으며, 법에 따라 양도가 가능한 비화폐재산으로 출자할 수도 있다. 단, 법률, 행정법규가 출자할 수 없다고 규정한 자산은 예외로 한다.	**제48조 제1항** 주주는 화폐로 출자할 수도 있고 현물, 지적재산권, 토지사용권, 지분권, 채권 등 화폐로 가격을 산정할 수 있으며 법에 따라 양도가 가능한 비화폐재산으로 출자할 수도 있다. 단, 법률 및 행정법규에 출자할 수 없다고 규정된 자산은 예외로 한다.
제28조 제2항 주주가 ~~전항의 규정에 따라 출자금을 납입하지 않을 경우~~, 회사에 출자금 전액을 납입해야 하며, ~~기한에 따라 출자금을 완납한 주주에 대하여 위약책임을 부담해야 진다~~.	**제49조 제2항** 주주가 정해진 기한 내에 출자금을 완납하지 않을 경우 회사에 출자금 전액을 납입해야 하며 출자금 미납으로 인해 회사에 초래한 손실에 대하여 배상책임을 부담해야 한다.
제30조 유한회사 ~~설립 후 회사 설립을 위해 출자한~~ 비화폐재산의 실제 가액이 회사정관에서 정한 금액보다 현저하게 낮은 것을 발견한 경우, ~~해당 출자를 납부한 주주가 그 차액을 보충하여야 한다~~. 회사를 설립할 때의 다른 주주는 이에 대하여 연대책임을 부담한다.	**제50조** 유한회사 설립 시 주주가 회사정관에 규정된 출자금을 실제로 납입하지 아니하거나 실제로 출자한 비화폐재산의 실제 가액이 납입한 출자액보다 현저히 낮은 경우, 설립 당시의 다른 주주와 해당 주주는 부족한 출자액의 범위 내에서 연대책임을 부담한다.
〈신설〉	**제51조** 유한회사 설립 이후 이사회는 주주의 출자 상황에 대하여 검증해야 하며 주주가 정해진 기한 내에 회사정관에 규정된 출자액을 납입하지 않은 것을 발견한 경우, 회사는 해당 주주에게 서면으로 납입독촉서(催缴书)를 발부하여 납입을 독촉해야 한다. 전항에 규정된 의무를 적시에 이행하지 아니하여 회사에 손해를 끼친 경우 책임 있는 이사는 손해 배상책임을 부담해야 한다.
〈신설〉	**제52조** 주주가 회사정관에 규정된 출자일자에 출자액을 납입하지 않은 경우 회사는 제51조 제1항의 규정에 따라 서면으로 납입독촉서를 발부하고 납입을 독촉하며 출자 유예기간을 명시할 수 있다. 출자 유예기간은 회사가 납입독촉서를 발부한 날로부터 60일 이상으로 한다. 출자 유예기 간이 만료되었으나 주주가 출

	자 의무를 이행하지 않은 경우 회사 이사회는 결의를 통해 해당 주주의 권리 상실을 통지할 수 있다. 통지서는 서면으로 발송한 다. 통지서를 발송한 날로부터 해당 주주는 출자액을 납입하지 아니한 지분권을 상실한다. 전항의 규정에 따라 지분권을 상실한 경우 법에 따라 양도하거나 상응하는 등록 자본금을 감소하고 해당 지분을 말소해야 한다. 6개월 내에 양도 또는 말소하지 않을 경우 회사의 다른 주주가 출자 비율에 따라 출자액을 완납한다. 주주가 권리 상실에 대해 이의가 있는 경우 권리 상실 통지서를 수신한 날로부터 30일 내에 인민법원에 소송을 제기해야 한다.
제35조 회사 설립 후 주주는 출자를 불법 회수하여서는 아니 된다. 〈제53조 제2항 신설〉	**제53조** 회사 설립 후 주주는 출자금을 불법 회수하여서는 아니 된다. **제2항** 주주가 전항의 규정을 위반한 경우, 주주는 불법으로 회수한 출자금을 반환해야 한다. 회사에 손실을 끼친 경우 책임이 있는 이사, 감사, 고급관리인원은 해당 주주와 연대배상책임을 부담해야 한다.
〈신설〉	**제54조** 회사가 만기 채무를 상환하지 못하는 경우, 회사 또는 만기 채권의 채권자는 납입기한이 만료되었으나 납입하지 않은 주주에게 출자금을 조기 납입하도록 요구할 수 있다.
제33조 주주는 회사정관, 주주회 회의록(会议记录), 이사회 회의결의서(会议决议), 감사회 회의결의서 및 재무회계보고를 열람, 복사할 권리가 있다. **제2항** 주주가 회사의 회계장부의 열람을 요구할 수 있다. 주주가 회사의 회계장부 열람을 요구할 경우, 서면으로 회사에 청구하고 그 목적을 설명해야 한다. 회사는 주주의 회계장부 열람 목적이 부당하여 회사에 손해를 끼칠 수 있다고 판단되는	**제57조** 주주는 회사정관, 주주명부, 주주회 회의록, 이사회 회의결의서, 감사회 회의결의서와 재무회계보고서를 열람, 복사할 권리가 있다. **제2항** 주주는 회사의 회계장부, 회계증빙서류의 열람을 요구할 수 있다. 주주가 회사의 회계장부 및 회계증빙서류의 열람을 요구할 경우 서면으로 회사에 청구하고 그 목적을 설명해야 한다. 회사는 주주의 회계장부 및 회계증빙서류 열람

합리적인 사유가 있는 경우, 주주의 열람을 거부할 수 있으며, 주주가 서면 청구를 제기한 날로부터 15일 내에 서면으로 회신하여 거부 사유를 설명해야 한다. 회사가 주주의 열람 청구를 거절할 경우 주주는 ~~회사가 열람을 제공하도록 인민법원에 청구할 수 있다~~. 〈제57조 제3항, 제4항, 제5항 신설〉	의 목적이 부당하여 회사에 손해를 끼칠 수 있다고 판단되는 합리적인 사유가 있는 경우, 주주의 열람을 거부할 수 있으며, 주주가 서면 청구를 제기한 날로부터 15일 내에 서면으로 회신하여 거부 사유를 설명해야 한다. 회사가 열람을 거부할 경우 주주는 인민법원에 소송을 제기할 수 있다. **제3항** 주주는 전항에서 규정한 자료를 열람할 때 회계법인, 법무법인 등 중개 기관에 위탁하여 진행할 수 있다. **제4항** 주주 및 그가 위탁한 회계법인, 법무법인 등 중개기관이 관련 자료를 열람, 복사하는 경우 국가 기밀, 영업 비밀, 개인 사생활, 개인정보 등을 보호하는 관련 법률 및 행정법규를 준수해야 한다. **제5항** 주주가 회사의 완전자회사 관련 자료에 대해 열람 및 복사를 요구하는 경우 제57조 제1항, 제2항, 제3항, 제4항의 규정을 적용한다.
제37조 제1항 주주회는 다음의 직권을 행사한다. ~~(1) 회사의 경영방침과 투자계획을 결정~~ ~~(2) 직원대표가 아닌~~ 이사, 감사의 선임 및 교체, 이사, 감사의 보수 관련 사항을 결정....... (4) 감사회 ~~또는 감사의~~ 보고를 심의 비준 (5) ~~회사의 연도재무예산안, 결산안을 심의 비준~~....... 〈제59조 제2항 신설〉	**제59조** 주주회는 다음의 직권을 행사한다. (1) 이사, 감사의 선임 및 교체, 이사, 감사의 보수 관련 사항을 결정 .... (3) 감사회 보고를 심의 비준....... **제2항** 주주회는 회사채 발행에 대한 결의를 이사회에 수권할 수 있다.
제46조 이사회는 ~~주주총회에 책임지며~~ 다음 직권을 행사한다........~~(4) 회사의 연도재무예산, 결산안을 재정~~.......(11) 회사정관에 규정된 기타 직권 〈제67조 제2항 신설〉	**제67조** 유한회사는 이사회를 설치하며, 이 법 제75조에 별도의 규정이 있는 경우는 예외로 한다. **제2항** 이사회는 다음의 직권을 행사한다.......(10) 회사정관에 규정되거나 또는 주주회에서 부여한 기타 직권 **제3항** 회사정관에서 규정한 이사회 직권

	에 대한 제한은 선의의 상대방에게 대항할 수 없다.
제44조 제1항 유한회사에서 이사회를 설치하되 그 구성원은 3인~~에서 13인이다. 단, 이 법 제50조에 별도의 규정이 있는 경우는 제외한다.~~ **제2항** ~~2개 이상의 국유기업 또는 2개 이상의 기타 국유투자주체가 투자하여 설립한 유한회사의 이사회 구성원에 회사 직원대표를 포함해야 하고, 기타 유한회사 이사회 구성원에 회사 직원대표를 둘 수 있다.~~ 이사회의 직원대표는 회사 직원이 직원대표대회, 직원대회 또는 기타 형식의 민주 선거를 통해 선출한다	**제68조 제1항** 유한회사의 이사회는 3인 이상으로 구성하되 직원대표를 포함할 수 있다. 직원수가 300명 이상인 유한회사는, 법에 따라 감사회를 설립하고 감사회에 직원대표가 포함되어 있는 경우는 제외하고, 이사회에 직원대표를 포함해야 한다. 이사회의 직원대표는 회사 직원이 직원대표대회, 직원대회 또는 기타 형식의 민주 선거를 통해 선출한다.
〈신설〉	**제69조** 유한회사는 회사정관의 규정에 따라 이사회 내부에 회계감사위원회를 설치하여 이 법에서 규정한 감사회의 직권을 행사하도록 할 수 있으며, 감사회나 감사를 설치하지 않을 수 있다. 회사의 이사회 구성원 중 직원대표는 회계감사위원회 구성원이 될 수 있다.
〈신설〉	**제71조** 주주회는 이사의 해임을 결의할 수 있으며 결의일부터 해임 효력이 발생한다. 임기 만료 전에 정당한 사유없이 이사가 해임되는 경우 해당 이사는 회사에 손해배상을 청구할 수 있다.
〈제73조 제2항 신설〉 **제48조 제3항** 이사회의 표결은 1인 1표제로 ~~한다.~~	**제73조 제2항** 이사회 회의는 과반수의 이사가 출석해야 개최될 수 있다. 이사회의 결의는 전체 이사 중 과반수의 동의로 가결된다. **제3항** 이사회의 표결은 1인 1표제로 하여야 한다.
제49조 유한회사는 경리를 둘 수 있으며 이사회가 그 선임 또는 해임을 결정한다. 경리는 이사회에 대하여 책임지며~~, 아래의 직권을 행사한다.~~	**제74조** 유한회사는 경리를 둘 수 있으며 이사회가 경리의 선임과 해임을 결정한다. 경리는 이사회에 대하여 책임지며, 경리는 회사정관의 규정 또는 이사회에서 부

~~(1) 회사의 생산경영관리업무를 주재하며 이사회 결의를 조직 실시 (2) 회사의 연도경영계획과 투자 방안을 조직 실시 (3) 회사의 내부관리기구 설치방안을 작성 (4) 회사의 기본관리제도를 작성 (5) 회사의 구체적 규정을 제정 (6) 회사의 부경리, 재무책임자를 선임 또는 해임할 것을 제출 (7) 이사회가 선임 또는 해임하여야 할 인원을 제외한 기타 책임관리인원을 선임 또는 해임 (8) 이사회가 부여한 기타 직권을 행사~~ ~~회사정관에 경리의 직권에 대하여 별도의 규정이 있는 경우, 그 규정에 따른다.~~ 경리는 이사회 회의에 배석한다.	여한 권한에 따라 직권을 행사한다. 경리는 이사회 회의에 배석한다.
제50조 ~~주주 수가 적거나 규모가 작은~~ 유한회사는 ~~집행~~이사 1인을 두고, 이사회를 설치하지 않을 수 있다. ~~집행~~이사는 회사 경리를 겸임할 수 있다. ~~집행이사의 직권은 회사정관의 규정에 따른다.~~	**제75조** 규모가 작거나 또는 주주 수가 적은 유한회사는 이사회를 설치하지 않고 이사 1인을 두고, 법에서 규정한 이사회의 직권을 행사하도록 할 수 있다. 해당 이사는 회사 경리를 겸임할 수 있다.
제150조 제2항 이사, 고급관리인원은 감사회 ~~또는 감사회가 설치되지 않은 유한회사의 감사~~에 사실대로 관련 상황 및 자료를 제공하여야 하며, 감사회 또는 감사의 직권행사를 방해해서는 아니 된다.	**제80조** 감사회는 이사, 고급관리인원에게 업무 집행보고서를 제출하도록 요구할 수 있다. 이사, 고급관리인원은 감사회에 관련 상황 및 자료를 사실대로 제공해야 하며 감사회 또는 감사의 직권 행사를 방해해서는 아니 된다.
제55조 제3항 감사회 결의는 ~~반수 이상 감사의~~ 동의로 가결된다. **〈제81조 제4항 신설〉**	**제81조 제3항** 감사회 결의는 전체 감사의 과반수 동의로 가결된다. **제4항** 감사회 결의의 표결은 1인 1표제로 한다.
제51조 제1항 ~~유한회사가 감사회를 설치하는 경우 그 구성원은 3인보다 적어서는 아니 된다. 주주 인수가 적거나 규모가 작은 유한회사는 1－2인의 감사를 두고, 감사회를 설치하지 않을 수 있다.~~	**제83조** 규모가 작거나 인원수가 적은 유한회사는 감사회를 설치하지 않고 1인의 감사를 두어 이 법에서 정한 감사회의 직권을 행사하도록 할 수 있으며, 전체 주주의 만장일치로 감사를 두지 않을 수도 있다.
1인유한회사(一人有限責任公司) 관련 특별규정 7개 조항(제57조－제63조) 모두 삭제	

제71조 제2항 주주가 주주 이외의 자에게 지분을 양도하는 경우, ~~다른 주주의 과반수의 동의를 거쳐야 한다. 주주는 지분 양도 사항을 서면으로 기타 주주에게 통보하여 동의를 구해야 하며, 다른 주주가 서면통지를 접수한 날로부터 만 30일 내에 회신하지 아니하는 경우 양도에 동의한 것으로 간주한다. 다른 주주 과반수 이상이 양도에 동의하지 않는 경우, 동의하지 않는 주주는 해당 양도한 주주권을 매수하여야 한다. 매수하지 않을 경우, 양도에 동의한 것으로 간주한다.~~ **제71조 제3항** ~~주주의 동의를 거쳐 양도하는 지분은~~ 동등한 조건에서 다른 주주가 우선매수권을 가진다. 2 인 이상의 주주가 우선매수권을 행사하는 경우, 협상을 통해 각자의 매수비율을 정한다. 협상이 타결되지 아니하는 경우 양도 당시 각자의 출자비율에 따라 우선매수권을 행사한다.	**제84조 제2항** 주주가 주주 이외의 자에게 지분을 양도하는 경우, 양도하는 지분의 수량, 가격, 지급 방식, 지급 기한 등을 서면으로 다른 주주에게 통지해야 한다. 다른 주주는 동등한 조건에서 우선매수권을 가진다. 주주가 서면 통지를 수신한 날로부터 30일 내에 회신하지 아니하는 경우 우선매수권을 포기하는 것으로 간주한다. 2인 이상의 주주가 우선매수권을 행사하는 경우 협상을 통해 각자의 매수비율을 결정한다. 협상이 타결되지 아니하는 경우 양도 당시 각자의 출자비율에 따라 우선매수권을 행사한다.
〈신설〉	**제86조** 주주가 지분을 양도하는 경우 서면으로 회사에 통지해야 하며 주주명부 변경을 요청해야 한다. 변경등기가 필요한 경우 회사는 회사등기기관에 변경등기를 신청한다. 회사가 이를 거부하거나 적절한 기한 내에 회신하지 않을 경우 양도인, 양수인은 법에 따라 인민법원에 소송을 제기할 수 있다. 지분 양도 시 양수인은 주주명부에 본인을 기재한 시점부터 회사에 주주 권리의 행사를 주장할 수 있다.
〈신설〉	**제88조** 주주가 출자액을 납입하기로 하였으나 납입기한이 만료되지 않은 지분을 양도하는 경우, 양수인이 해당 출자액을 납부할 의무를 부담한다. 양수인이 기한 내에 출자액을 완납하지 않은 경우, 양도인은 양수인이 기한 내에 납부하지 아니한 출자금에 대하여 보충책임

	을 부담한다. 회사정관에 정한 출자일에 따라 출자하지 않거나, 출자한 비화폐재산의 실제 가치가 납입하기로 한 출자액보다 현저하게 낮게 출자한 주주가 지분권을 양도하는 경우, 양도인과 양수인이 부족한 출자액의 범위 내에서 연대책임을 부담한다. 양수인이 상기 상황이 존재함을 인지하지 아니하였거나 인지할 수 없는 경우 양도인이 책임을 부담한다.
〈제89조 제3항, 제4항 신설〉	**제89조 제3항** 회사의 지배주주가 주주권리를 남용하여 회사나 다른 주주의 이익에 심각한 손해를 끼친 경우 다른 주주는 합리적인 가격으로 해당 지분을 매수할 것을 회사에 청구할 수 있다. **제4항** 회사는 제1항, 제3항의 상황이 발생하여 자기주식을 매입하는 경우 법에 따라 6개 월 내에 양도 또는 말소해야 한다.
제76조 주식회사의 설립은 ~~아래 조건을 구비해야 한다. (1) 발기인이 법정 인수에 부합한다. (2) 회사 정관의 규정에 부합한 전체 발기인이 인수(认购)한 주식 총액 또는 실제 회수한 주식 총액이 존재한다. (3) 주식의 발행, 관련 사항이 법률 규정에 부합한다. (4) 발기인이 회사 정관을 재정한다. 모집방식으로 설립 시에는 설립대회에서 통과해야 한다. (5) 회사의 명칭이 있고 주식회사의 요구에 부합하는 조직구조를 수립한다. (6) 회사의 주소가 있다.~~	
제78조 주식회사를 설립할 경우 ~~2인~~ 이상 200인 이하의 발기인이 있어야 하며, 그 중 반수 이상의 발기인이 ~~중국~~ 국내에 주소를 두어야 한다.	**제92조** 주식회사를 설립할 경우 1인 이상 200인 이하의 발기인이 있어야 하며 반수 이상의 발기인이 중화인민공화국 국내에 주소를 두어야 한다.
〈신설〉	**제94조** 주시회사를 설립 시에는 발기인이 공동으로 회사정관을 제정해야 한다.
제80조 주식회사가 ~~발기설립 방식을 채택~~	**제96조** 주식회사의 등록자본금은 회사등

~~하는 경우,~~ 등록자본금은 회사등기기관에 등기된 ~~전체 발기인이 인수한 주식자본 총액(股本总额)이다.~~ 발기인이 인수한 주식을 완납하기 전에 다른 자를 대상으로 주식을 모집해서는 아니 된다. ~~주식회사가 모집설립 방식을 채택하는 경우, 등록자본금은 회사등기기관에 등기한 납입 주식자본 총액이다.~~ 법률, 행정법규 및 국무원의 결정에 주식회사의 ~~납입 등록자본금,~~ 최저 한도액에 관해 별도의 규정이 있는 경우 해당 규정에 따른다.	기기관에 등기한 기 발행 주식의 주식자본 총액으로 한다. 발기인이 인수한 주식을 완납하기 전에 다른 자를 대상으로 주식을 모집해서는 아니 된다. 법률, 행정법규 및 국무원의 결정에 주식회사의 최저 한도액에 관해 별도의 규정이 있는 경우 해당 규정에 따른다.
제97조 주주는 회사정관, 주주명부, ~~회사채권 발행명세서,~~ 주주총회 회의록, 이사회 회의결의서, 감사회 회의결의서, 재무회계보고서를 열람할 수 있는 권리와 회사의 경영에 대해 건의하거나 질의할 수 있는 권리가 있다. 〈제110조 제2항, 제3항, 제4항 신설〉	**제110조** 주주는 회사정관, 주주명부, 주주회 회의록, 이사회 회의결의서, 감사회 회의결의서, 재무회계보고서를 열람 및 복사할 수 있는 권리와 회사의 경영에 대해 건의하거나 질의할 수 있는 권리가 있다. **제2항** 연속 180일 이상 단독 혹은 공동으로 100분의 3 이상의 주식을 보유한 주주가 회사의 회계장부, 회계증빙 열람을 요구하는 경우 이 법 제57조 제2항, 제3항, 제4항 규정을 적용한다. 회사정관에 주식 보유 비율을 더 낮게 설정한 규정이 있는 경우 해당 규정에 따른다. **제3항** 주주가 회사의 완전자회사 관련 자료에 대해 열람 및 복사를 요구하는 경우 상기 두 항의 규정을 적용한다. **제4항** 상장회사 주주가 관련 자료를 열람 및 복사하는 경우 『중화인민공화국증권법』 등 법률, 행정법규의 규정을 준수해야 한다.

이번 회사법 개정에서 주식회사의 **'股东大会(주주총회)'**를 **'股东会(주주회)'**로 명칭 변경함. 이에 따라 주식회사와 유한회사는 전부 '주주회'로 통일됨. 본문은 구독의 편의를 위해 전부 '주주총회'로 표현하였고, 부록은 구법과 비교하기 위해 '주주회'로 둠.

〈제114조 제3항 신설〉	**제114조 제3항** 단독으로 또는 합계 회사의 100분의 10 이상 주식을 가지고 있는 주주가 임시주주회(临时股东会) 회의의 개최를 요구할 경우, 이사회, 감사회는 청

	구를 받은 후 10일 이내에 임시주주회회의 개최여부를 결정하고 서면으로 주주에게 회신해야 한다.
제102조 주주총회를 소집하는 경우 주주총회 일시, 장소, 심의 사항을 주주총회 소집일 20일 전에 각 주주에게 통지해야 한다. 임시주주총회는 15일 전에 각 주주에게 통지해야 한다. ~~무기명주권을 발행하는 경우, 회의소집 30일 전에 회의 장소, 일시 및 심의사항을 공고하여야 한다.~~ 단독 또는 합계로 회사의 ~~100분의 3~~이상의 주식을 보유한 주주는 주주총회 소집 10일 전에 임시 제안을 서면으로 이사회에 제출할 수 있다. 이사회는 제안을 수신한 후 2일 내에 다른 주주에게 통지해야 하며 해당 임시 제안을 주주총회에 제출하여 심의해야 한다. ~~단, 임시 제안의 내용이 주주총회의 권한 범위에 속해야 하며, 명확한 의제와 구체적인 결의사항이 있어야 한다.~~ 주주총회는 상기 제1항과 제2항의 통지에 명시하지 않은 사항에 대해서는 결의할 수 없다. ~~무기명주권 소지자가 주주총회에 출석할 때는 회의를 소집하기 5일전부터 주주총회가 폐회될 때까지 주권을 회사에 공탁하여야 한다.~~	**제115조** 주주회를 소집하는 경우 주주회 일시, 장소, 심의 사항을 주주회 소집일 20일 전에 각 주주에게 통지해야 한다. 임시주주회는 15일 전에 각 주주에게 통지해야 한다. 단독 또는 공동으로 회사 주식의 100분의 1 이상을 보유하는 주주는 주주회 10일 전에 임시 제안을 서면으로 이사회에 제출할 수 있다. 임시 제안에 의제와 구체적인 결의 사항을 명시해야 한다. 이사회는 제안을 수신한 후 2일 내에 다른 주주에게 통지해야 하며 해당 임시 제안을 주주회에 제출하여 심의한다. 단, 임시 제안이 법률, 행정법규 또는 회사정관의 규정에 위배되거나 주주회의 직권 범위에 속하지 아니하는 경우는 예외로 한다. 회사는 임시 제안을 제출하는 주주의 주식보유 비율을 높여서는 아니 된다. 공개적으로 주식을 발행한 회사는 공고방식으로 제1항 및 제2항에서 규정하는 통지를 해야 한다. 주주회는 통지에 명시하지 않은 사항에 대해서는 결의할 수 없다.
제108조 주식회사는 이사회를 설치하며 ~~그 구성원은 5명 내지 19명으로 한다.~~ 이사회 구성원 중에는 회사 직원대표가 있을 수 있다. 이사회의 직원대표는 회사 직원이 직원대표대회, 직원대회 또는 기타 형식의 민주 선거를 통하여 선출한다. 이 법 제45조 유한회사의 이사 임기에 관한 규정은 주식회사의 이사에 적용된다. 이 법 제46조 유한회사의 이사회 직권에 관한 규정은 주식회사의 이사회에 적용된다.	**제120조** 주식회사는 이사회를 설치하며, 이 법 제128조에 별도의 규정이 있는 경우는 예외로 한다. 이 법 제67조, 제68조 제1항, 제70조, 제71조의 규정은 주식회사에 적용된다.
〈신설〉	**제121조** 주식회사는 회사정관의 규정에

	따라 이사회에 이사로 구성된 회계감사위원회를 설치하여 이 법에서 정한 감사회의 직권을 행사하도록 할 수 있으며, 감사회나 감사를 설치하지 않을 수도 있다. 회계감사위원회는 3인 이상으로 구성된다. 과반수의 구성원은 회사에서 이사 외 다른 직무를 담당해서는 아니 되며 독립적이고 객관적인 판단에 영향을 줄 수 있는 관계를 회사와 맺어서도 아니 된다. 회사 이사회의 구성원 중 직원대표는 회계감사위원회의 구성원이 될 수 있다. 회계감사위원회의 결의는 회계감사위원 과반수의 동의로 가결된다. 회계감사위원회의 결의는 1인 1표제로 한다. 회계감사위원회의 의사 결정 방식과 표결 절차에 대해 이 법 외에 회사정관을 통해 규정한다. 회사는 정관에 따라 이사회에 다른 위원회를 둘 수 있다.
第113조 주식회사는 경리를 둔다. 이사회에서 [경리의] 임용과 해임을 결정한다. ~~이 법 제49조의 유한회사 경리 직권에 관한 규정은 주식회사 경리에게 적용된다~~.	**第126조** 주식회사는 경리를 둔다. 이사회에서 [경리의] 임용과 해임을 결정한다. 경리는 이사회에 대하여 책임지며 회사정관의 규정 또는 이사회의 수권에 따라 직권을 행사한다. 경리는 이사회 회의에 배석한다.
〈신설〉	**第128조** 규모가 작거나 주주 수가 적은 주식회사는 이사회를 설치하지 않고 1인 이사를 두어 이 법에서 규정한 이사회의 직권을 행사할 수 있다. 해당 이사는 경리를 겸임할 수 있다.
第119조 제3항 감사회의 결의는 ~~반수 이상~~의 감사의 동의로 가결된다. 〈132조 제4힝 신설〉	**第132조 제3항** 감사회의 결의는 전체 감사의 과반수 동의로 가결된다. 감사회의 결의는 1인 1표제로 한다.
〈신설〉	**第133조** 규모가 작거나 주주 수가 적은 주식회사는 감사회를 두지 않고 감사 1인을 두어 이 법에서 규정한 감사회의

	직권을 행사할 수 있다.
〈신설〉	제137조 상장회사의 이사회에 회계감사위원회를 두는 경우 이사회는 다음 각 항을 결의하기 전에 회계감사위원회 과반수의 동의를 얻어야 한다. (1) 회사의 회계 감사를 담당하는 회계사사무소를 선임 및 해임 (2) 재무담당자를 선임 및 해임 (3) 재무회계보고서를 공시 (4) 국무원 증권감독관리기구가 규정한 기타 사항
〈신설〉	제140조 상장회사는 법에 따라 주주 및 실제지배인의 정보를 공시해야 하며 관련 정보는 사실에 부합되고 정확해야 하며 누락이 있어서는 아니 된다. 법률, 행정법규의 규정을 위반하여 상장회사의 주권(股票)을 대리 보유하는 행위는 금지한다.
〈신설〉	제141조 상장회사의 지주 자회사는 상장회사의 주식을 취득해서는 아니 된다. 상장회사의 지주 자회사가 합병, 질권 행사 등의 사유로 인하여 상장회사의 주식을 보유하는 경우 주식 보유에 상응하는 의결권을 행사해서는 아니 되며 관련 상장회사의 주식을 즉시 처분해야 한다.
제125조 제1항 주식회사의 자본은 주식으로 분할하며, 주식 1주의 금액은 동일하다. 제125조 제2항 회사의 주식은 주권의 형식을 취한다. 주권은 회사가 발급한 주주가 주식을 소지하고 있음을 증명하는 증빙이다(개정 후 제147조 제1항으로 이동). 〈제142조 제2항, 제3항 신설〉	제142조 주식회사의 자본은 주식으로 분할한다. 회사의 모든 주식은 회사정관에 따라 액면주식 또는 무액면주식 중 선택할 수 있다. 액면주식을 선택하는 경우, 주식 1주의 금액은 동일하다. 제2항 회사는 정관에 따라 기 발행한 액면주식 일체를 무액면주식으로 전환하거나 무액면주식 일체를 액면주식으로 전환할 수 있다. 제3항 무액면주식을 선택하는 경우 발행주식으로 얻는 주금의 2분의 1 이상을 등록자본금으로 산입해야 한다.
제131조 ~~국무원은 회사가 이 법에서 규정~~	제144조 회사는 회사정관의 규정 따라 보

~~한 것 이외의 기타 종류의 주식의 발행에 대해 별도로 규정할 수 있다.~~	통주와 권리가 다른 다음 각 항의 종류주식을 발행할 수 있다. (1) 이익 배당 또는 잔여 재산 배당 우선주 또는 후배주 (2) 1주의 의결권 수가 보통주보다 많거나 적은 주식 (3) 양도 시 회사의 동의를 받아야 하는 등 양도가 제한된 주식 (4) 국무원이 규정한 기타 종류주식 주식을 공개 발행하는 회사는 전항 제(2)호, 제(3)호에 규정된 종류주식을 발행해서는 아니 된다. 단, 공개 발행 전에 이미 종류주를 발행한 경우는 예외로 한다. 회사가 제1항 제2호에서 규정한 종류주식을 발행하는 경우 감사 또는 회계회계 감사위원회 구성원의 선출과 교체에 대하여 종류주식과 보통주 각 1주의 의결권 수는 동일하다.
〈신설〉	제145조 종류주식을 발행하는 회사는 회사정관에 다음 사항을 명기해야 한다. (1) 종류주식의 이익배당 또는 잔여재산의 배당 순서 (2) 종류주식의 의결권 수 (3) 종류주식의 양도 제한 (4) 중소주주의 권익을 보호하는 조치 (5) 주주회에서 필요하다고 규정한 기타 사항
〈신설〉	제146조 종류주식을 발행하는 회사는 이 법 제116조 제3항에서 규정한 사항 등 종류주식의 주주의 권리에 영향을 미칠 가능성이 있는 경우, 제116조 제3항의 규정에 따라 주주회 결의를 거치는 외에 종류주식 주주회에 출석한 주주가 보유한 의결권의 3분의 2 이상 동의를 얻어 가결해야 한다. 회사정관은 종류주식 주주회 결의를 거쳐야 하는 기타 사항에 대하여 규정할 수 있다.
제129조 회사가 발행하는 주권은 기명주권일 수도 있고 ~~무기명주권일 수도 있다.~~	제147조 회사의 주식은 주권의 형식을 취한다. 주권은 회사가 발급한 주주가 주식

~~회사가 발기인, 법인에게 발행하는 주권은 기명주권이어야 하고, 해당 주권에는 발기인, 법인의 명칭 또는 성명을 기재하여야 하며, 별도 호명으로 하거나 대표자의 성명으로 기명하여서는 안 된다.~~	을 소지하고 있음을 증명하는 증빙이다. 회사가 발행한 주권은 기명주권이어야 한다.
〈신설〉	**제148조** 액면주 주권의 발행가격은 액면가액으로 할 수도 있고 액면가액을 초과할 수도 있다. 단, 액면가액보다 낮아서는 아니 된다.
〈신설〉	**제152조** 회사정관 또는 주주회를 통해 3년 내에 기 발행 주식의 100분의 50 이하의 주식 발행을 결정하도록 이사회에 수권할 수 있다. 단 비화폐재산으로 출자하는 경우 주주회에서 결의해야 한다. 전항의 규정에 따라 이사회가 주식 발행을 결정하여 회사의 등록자본금, 기 발행 주식수에 변경사항이 발생하는 경우 회사정관에 기재된 해당 사항을 수정하되 다시 주주회에서 의결할 필요가 없다.
〈신설〉	**제153조** 회사정관 또는 주주회를 통해 신주 발행을 결정하도록 이사회에 수권할 경우 이사회는 전체 이사 3분의 2 이상의 동의로 가결해야 한다.
제137조 주주는 보유 주식을 법에 따라 양도할 수 있다.	**제157조** 주식회사의 주주는 보유 주식을 다른 주주에게 양도할 수도 있고, 주주 이외의 자에게 양도할 수도 있다. 회사정관에 주식 양도 제한에 관한 규정이 있는 경우 주식의 양도는 회사정관의 규정을 따른다.
제140조 ~~무기명주권의 양도는, 주주가 해당 주권을 양수인에게 교부 후 즉시에 양도의 효력을 발생한다.~~	
제141조 제1항 ~~발기인이 보유한 당해 회사의 주식은 회사 설립일로부터 1년 내에 양도할 수 없다.~~ 회사가 주권을 공개 발행하기 전의 기 발행 주식은, 회사 주식이 증권거래소에 상장되어 거래된 날로	**제160조** 회사가 주식을 공개 발행하기 전의 기 발행한 주식은, 회사 주권이 증권거래소에 상장되어 거래된 날로부터 1년 내에 양도할 수 없다. 법률, 행정법규 또는 국무원 증권감독관리기구가 상장회사

부터 1년 내에 양도할 수 없다. 〈제160조 제3항 신설〉	의 주주, 실제지배인이 보유한 주식의 양도에 대하여 별도의 규정이 있는 경우, 그 규정에 따른다. 제3항 주식이 법률, 행정법규 규정한 양도를 제한하는 기간 내에 주식에 질권을 설정한 경우, 질권자는 양도 제한 기간 내에 질권을 행사해서는 아니 된다.
〈신설〉	제161조 다음 각 항의 어느 하나에 해당할 경우 주주회 결의에 반대하는 주주는 해당 지분을 합리적인 가격으로 매수할 것을 회사에 청구할 수 있다. 단, 주식을 공개 발행한 회사는 예외로 한다. (1) 회사에 5년 연속 흑자가 발생하였고 이 법의 이익배당 규정에 부합하나 5년 연속 주주에게 이익을 배당하지 아니한 경우 (2) 회사가 주요 자산을 양도하는 경우 (3) 회사정관에 규정된 영업기한이 만료되거나 정관에 규정된 기타 해산 사유가 발생한 경우 주주회에서 결의를 통해 정관을 개정하여 회사를 존속시킨 경우 주주와 회사가 주주회 결의일부터 60일 내에 지분매수계약을 체결하지 못한 경우 주주는 결의일부터 90일 내에 인민법원에 소송을 제기할 수 있다. 제1항에서 규정한 상황으로 인하여 회사가 자기주식을 취득하는 경우 법에 따라 6개월 내에 양도하거나 소각해야 한다.
〈신설〉	제163조 회사는 타인이 본 회사 또는 모회사의 주식을 취득함에 증여, 대출, 담보 및 기타 재정적 지원을 제공해서는 아니 된다. 단 직원 스톡옵션 계획을 실시하는 경우는 예외로 한다. 주주회 결의를 거치거나 이사회가 회사 정관 또는 주주회로부터 수권 받아 결의하여 회사의 이익을 위해 타인에게 회사 또는 모회사의 주식을 제공하여 재정적 지원을 제공할 수 있다. 단, 재정적 지원

<table>
<tr><td></td><td>의 누계 총액은 기 발행 주식총액의 100분의 10을 초과하여서는 아니 된다. 이사회는 전체 이사 3분의 2 이상의 동의로 가결해야 한다.
상기 제1항 및 제2항을 위반하여 회사에 손해를 끼친 경우 이사, 감사, 고급관리인원은 손해배상책임을 져야 한다.</td></tr>
<tr><td colspan="2">기존의 제2장제4절 국유독자회사 관련 조항(제64조－제70조)을 개정하여, 제7장 국가출자회사 각 규정으로(제168조－177조) 이동</td></tr>
<tr><td>第64조 ~~국유독자회사의 설립과 조직기구는 본 절의 규정을 적용한다. 본 절에 규정이 없는 경우 본 장의 제1절, 제2절의 규정을 적용한다.~~
이 법에서 ~~국유독자회사라 함은 국가가 단독으로 출자하고 국무원 또는 지방인민정부가 본급 정부의 국유자산 감독관리기관이 출자 직책을 이행하도록 권한을 위임한 유한회사를 말한다.~~</td><td>第168조 국가출자회사의 조직기구는 본 장의 규정을 적용한다. 본 장에 규정이 없는 경우 이 법의 다른 규정을 적용한다.
이 법에서 국가출자회사라 함은 국가가 출자한 국유독자회사, 국유자본지배회사(国有资本控股公司)를 가리키며, 이에는 국가가 출자한 유한회사와 주식회사를 포함한다.</td></tr>
<tr><td>〈신설〉</td><td>第169조 국가출자회사는 국무원 또는 지방인민정부가 각각 국가를 대표하여 출자인의 직무를 수행하며 출자인의 권익을 갖는다. 국무원 또는 지방인민정부는 국유자산관리감독기구 또는 기타 부서, 기관에 수권하여 동급 인민정부를 대표하여 국가출자회사의 출자인 직무를 이행하도록 할 수 있다.
동급 인민정부를 대표하여 출자인 직무를 이행하는 기관, 부서를 이하 '출자인 직무 이행 기관'(履行出资人职责的机构)이라 한다.</td></tr>
<tr><td>〈신설〉</td><td>第170조 국가출자회사의 중국공산당 조직은 중국 공산당 정관에 따라 영도적인 역할을 발휘하고, 회사의 중대한 경영관리 관련 사안을 연구, 논의하고 회사의 조직기구가 법에 따라 직권을 행사하도록 지원한다.</td></tr>
<tr><td>第67조 ~~국유독자회사는 이사회를 설치하~~</td><td>第173조 국유독자회사의 이사회는 이 법</td></tr>
</table>

~~구,~~ 이 법 ~~제46조, 제66조의~~ 규정에 따라 직권을 행사한다. ~~이사의 매 임기는 3년을 초과할 수 없다.~~ 이사회 구성원에는 회사 직원대표가 포함되어야 한다. 이사회 구성원은 ~~국유자산감독관리기관이~~ 파견한다. 단, 이사회 구성원 중 직원대표는 직원대표대회에서 선출한다. 이사회는 이사장 1인을 두어야 하며, 부이사장을 둘 수 있다. 이사장, 부이사장은 ~~국유자산감독관리기관이~~ 이사회 구성원 중에서 지정한다.	의 규정에 따라 직권을 행사해야 한다. 국유독자회사의 이사회 구성원 중 과반수는 외부 이사로 구성해야 하고, 회사 직원대표가 포함되어야 한다. 이사회 구성원은 출자인직책(出资人职责)을 이행하는 기구가 파견한다. 단, 이사회 구성원 중 직원대표는 직원대표대회에서 선출한다. 이사회는 이사장 1인을 두어야 하며, 부이사장을 둘 수 있다. 이사장, 부이사장은 출자인직책을 이행하는 기구가 이사회 구성원 중에서 지정한다.
〈신설〉	제176조 국유독자회사는 이사회에 회계감사위원회를 설치하여 이 법에서 규정한 감사회의 직권을 행사하도록 하는 경우 감사회나 감사를 두지 않아도 된다.
〈신설〉	제177조 국가출자회사는 법에 따라 내부 감독 관리와 리스크 통제 제도를 구축하고(建立健全) 내부 준법 관리를 강화해야 한다.
제147조 이사, 감사, 고급관리인원은 법률, 행정법규와 회사정관을 준수해야 하며 회사에 대하여 충실의무와 근면의무가 있다. ~~이사, 감사, 고급관리인원은 직권을 이용하여 뇌물 기타 불법 수입을 수수하여서는 아니 되며, 회사의 재산을 횡령하여서도 아니 된다.~~	제179조 이사, 감사, 고급관리인원은 법률, 행정법규와 회사정관을 준수해야 한다. 제180조 이사, 감사, 고급관리인원은 회사에 대하여 충실의무가 있고 자신의 이익과 회사의 이익이 충돌하지 않도록 해야 하며, 직권을 이용하여 부당이익을 도모해서는 아니 된다. 이사, 감사, 고급관리인원은 회사에 대하여 근면의무가 있으며 직무를 이행할 때 회사의 최대 이익을 위해 일반적인 관리자의 합리적인 주의를 기울여야 한다. 회사의 지배주주 및 실제지배인이 이사를 역임하지 아니하나 회사의 사무를 집행하는 경우 상기 제1항과 제2항을 적용한다.
제148조 이사, 고급관리인원은 다음의 행위를 하여서는 아니 된다.	제181조 이사, 감사, 고급관리인원은 다음 각 항의 행위를 해서는 아니 된다.

(1) 회사자금 유용 (2) 회사의 자금으로 자신의 개인명의 또는 기타 개인의 명의로 통장을 개설하여 저축하는 경우 ~~(3) 회사정관의 규정을 위반하고 주주회, 주주총회 또는 이사회의 동의를 거치지 않고 회사자금을 타인에게 대출하거나 회사재산으로 타인에게 담보를 제공하는 경우 (4) 회사정관의 규정을 위반하거나 주주회, 주주총회의 동의를 거치지 않고 본 회사와 계약을 체결하거나 거래를 진행하는 경우 (5) 주주회 또는 주주총회의 동의를 거치지 않고 직무상 편이를 이용하여 자기 또는 타인을 위하여 회사에 귀속되는 상업기회(商业机会)를 도모하거나, 회사 동종 업무를 스스로 경영하거나 타인을 위해 경영하는 경우~~........ ~~이사, 고급관리인원이 전항의 규정을 위반하여 얻은 수익은 회사의 소유로 귀속되어야 한다.~~	(1) 회사재산 침점 또는 회사자금 유용 (2) 회사의 자금으로 자신의 개인명의 또는 기타 개인의 명의로 통장을 개설하여 저축하는 경우 (3) 직권을 이용하여 뇌물을 수수하거나 불법 소득을 수수하는 행위....... **제186조** 이사, 감사, 고급관리인원이 이 법 제181조에서 제184조의 규정을 위반하여 얻은 소득은 회사로 귀속되어야 한다.
제148조 제1항 이사, 고급관리인원은 다음의 행위를 하여서는 아니 된다. (4) ~~회사정관의 규정을 위반하거나~~ 주주회, 주주총회의 동의를 거치지 않고 본 회사와 계약을 체결하거나 거래를 진행하는 경우........ 〈제182조 제2항신설〉	**제182조** 이사, 감사, 고급관리인원이 직간접적으로 회사와 계약을 체결하거나 거래하는 경우 관련 사항을 이사회 또는 주주회에 보고해야 하며 회사정관의 규정에 따라 이사회 또는 주주회의 결의를 거쳐야 한다. 이사, 감사, 고급관리인원 또는 이사, 감사, 고급관리인원의 친근족이 직간접적으로 기업을 지배하는 경우와 이사, 감사, 고급관리인원과 기타 관련관계(关联关系)가 있는 관계자가 회사와 계약을 체결하거나 거래하는 경우 전항의 규정을 적용한다.
제148조 제1항 이사, 고급관리인원은 다음의 행위를 하여서는 아니 된다. (5) 주주회 또는 주주총회의 동의를 거치지 않고 직무상 편이를 이용하여 자기 또는 타인을 위하여 회사에 귀속되는 상업기회를 도모하거나, 회사 동종 업무를 스스로 경영하거나 타인을 위해 경영하	**제183조** 이사, 감사, 고급관리인원은 직무상의 편의를 이용하여 회사의 상업기회를 자기 또는 타인을 위하여 이용해서는 아니 된다. 단, 다음 각 항의 상황은 예외로 한다. (1) 이사회 또는 주주회에 보고하였으며 회사정관에 따라 이사회 또는 주주회에

는 경우........	서 가결한 경우 (2) 법률, 행정법규, 회사정관에 따라 회사가 해당 사업기회를 이용할 수 없는 경우
	第184조 이사, 감사, 고급관리인원은 이사회 또는 주주회에 보고되지 않았으나 회사정관에 이사회 또는 주주회에서 가결되어야 한다고 규정하는 경우 회사와 동종의 업무를 스스로 경영하거나 타인을 위해 경영해서는 아니 된다.
〈신설〉	**第185조** 이사회에서 제182조 내지 제184조에 규정된 사항을 결의하는 경우 관련 이사는 의결에 참여해서는 아니 되며, 해당 의결권은 의결권총수에 산입되지 아니한다. 이사회 회의에 출석한 비 관련 이사가 3인 이하인 경우 해당 사항은 주주회에서 심의해야 한다.
第151조 이사, 고급관리인원이 ~~이 법 제149조에서 정한 상황이 있는 경우,~~ 유한회사의 주주, 주식회사의 연속 180일 이상 단독으로 또는 합계로 회사의 100분의 1 이상의 주식을 소유한 주주는 감사회 ~~또는 감사회를 설치하지 않은 유한회사의 감사에게~~ 인민법원에 소송을 제기할 것을 서면으로 청구할 수 있다. 감사가 ~~이 법 제149조에서 정한 상황이 있는 경우,~~ 앞에서 서술한 주주는 이사회 ~~또는 이사회를 설치하지 않은 유한회사의 집행이사에게~~ 인민법원에 소송을 제기할 것을 서면으로 청구할 수 있다. 감사회, ~~감사회를 설치하지 않은 유한회사의 감사,~~ 또는 이사회~~, 집행이사~~가 전항에서 규정한 주주의 서면 청구를 받은 후 기소를 거절하거나, 청구를 받은 날로부터 30일 내에 소송을 제기하지 않거나, 상황이 긴급하거나 즉시 소송을 제기하지 않으면 회사 이익에 보전할 수 없는 손해를 끼치게 될 경우, 전항에서 규정한 주주는 회사 이익을 위하여 자기 명의로 직접	**第189조** 이사, 고급관리인원이 전 조에서 규정한 상황이 있는 경우, 유한회사의 주주, 주식회사의 연속 180일 이상 단독 또는 합계로 회사의 100분의 1 이상의 주식을 보유한 주주는 인민법원에 소를 제기할 것을 감사회에 서면으로 청구할 수 있다. 감사가 전 조에서 규정한 상황이 있는 경우, 상기 주주는 인민법원에 소송을 제기할 것을 이사회에 서면으로 청구할 수 있다. **제2항** 감사회나 이사회가 전항에서 규정한 주주의 서면 청구를 받은 후 소송 제기를 거부하거나, 청구를 받은 날로부터 30일 내에 소송을 제기하지 않거나, 또는 상황이 긴급하거나 즉시 소송을 제기하지 않으면 회사 이익에 보전할 수 없는 손해를 끼치게 될 경우, 전항에서 규정한 주주는 회사 이익을 위하여 자기 명의로 직접 인민법원에 소송을 제기할 수 있다....... **제4항** 회사의 완전자회사의 이사·감사·고급관리인원이 전조에 규정한 상황이 있는 경우 또는 타인이 완전자회사의 합

인민법원에 소송을 제기할 수 있다....... 〈제189조 제4항 신설〉	법적인 권익을 침해하여 손해를 끼친 경우 유한회사의 주주, 주식회사의 연속 180일 이상 단독 또는 합계로 회사의 100분의 1 이상의 주식을 보유한 주주는 제1항, 제2항과 제3항의 규정에 따라 인민법원에 소송을 제기할 것을 완전자회사의 감사회, 이사회에 서면으로 청구하거나 자기 명의로 직접 인민법원에 소송을 제기할 수 있다.
〈신설〉	제191조 이사, 고급관리인원의 직무 수행으로 인해 타인에게 손해를 끼친 경우 회사는 배상책임을 부담해야 한다. 이사, 고급관리인원이 고의 또는 중대과실이 있는 경우, 배상책임을 부담해야 한다.
〈신설〉	제192조 회사의 지배주주, 실제지배인이 이사, 고급관리인원에게 회사 또는 주주의 이익에 손해를 끼치는 행위를 하도록 지시한 경우, 해당 이사, 고급관리인원과 연대책임을 부담한다.
〈신설〉	제193조 회사는 이사의 재임 기간 중 이사의 회사직무 집행으로 부담해야 하는 배상책임을 위하여 책임보험을 들 수 있다. 회사가 이사를 위하여 책임보험을 들거나 보험을 연장하는 경우, 이사회는 주주회에 대하여 책임보험의 보험금액, 보장범위 및 보험료 등 내용을 보고해야 한다.
제153조 이 법에서 회사채라 함은 회사가 ~~법정 절차에 따라~~ 발행한 후 ~~일정한 기간~~ 내에 원리금을 상환하기로 약정하는 유가증권을 말한다. 회사의 회사채 발행은 『중화인민공화국 증권법』 규정에 부합되어야 한다.	제194조 이 법에서 회사채라 함은 회사가 발행한 후 약정한 기간 내에 원리금을 상환하기로 약정하는 유가증권을 말한다. 회사채는 공개적으로 발행할 수 있고 비공개로 발행할 수도 있다. 회사채의 발행과 거래는 『중화인민공화국증권법』 등 법률, 행정법규의 규정에 부합되어야 한다.
제161조 ~~상장회사는~~ 주주총회의 결의를 거쳐 주권으로 전환 가능한 회사채를 발행할 수 있으며, ~~회사채 모집 방법에서~~ 구체적인 전환 방법을 규정한다. ~~상장화~~	제202조 주식회사는 주주회의 결의, 회사정관 또는 주주회로부터 수권 받은 이사회의 결의를 거쳐 주식으로 전환 가능한 회사채를 발행할 수 있으며 구체적인 전

~~사가~~ 주권으로 전환 가능한 회사채를 발행하는 경우 국무원 증권관리감독기구에 제출하여 ~~비준을 받아야 한다~~. 주권으로 전환 가능한 회사채를 발행하는 경우 전환사채라는 문구를 표시해야 하고 ~~회사채원부~~에 전환사채의 수량을 기재해야 한다.	환 방법을 규정한다. 상장회사가 주권으로 전환 가능한 회사채를 발행하는 경우 국무원 증권관리감독기구에 <u>등록해야 한다.</u> 주권으로 전환 가능한 회사채를 발행하는 경우 전환사채라는 문구를 표시해야 하고 <u>회사채 소지자명부</u>에 전환사채의 수량을 기재해야 한다.
〈신설〉	**第204조** <u>회사채를 공개적으로 발행하는 경우 같은 기한 내의 사채권자 집회를 구성하여야 하고 채권 모집 방법에서 사채권자 집회의 소집 절차, 회의 규칙, 기타 주요 사항에 대해 규정해야 한다. 사채권자집회는 사채권자의 이해관계 관련 사항에 대해 결의할 수 있다.</u> <u>회사채 모집 방법에 별도의 약정이 있는 경우를 제외하고 사채권자 집회는 같은 기한 내 모든 사채권자에 대해 구속력이 있다.</u>
〈신설〉	**第205조** <u>회사채를 공개적으로 발행하는 경우 발행인은 사채권자를 위하여 채권 수탁 관리인을 선임할 수 있다. 해당 채권 수탁 관리인은 청산 사채 보전 사채 관련 소송 및 채무인 파산절차 등 관련 사항을 처리한다.</u>
〈신설〉	**第206조** <u>채권 수탁 관리인은 근면하게 책임을 다 해야 하고 공정하게 수탁 관리 직무를 이행해야 하며 사채권자의 이익에 손해를 끼쳐서는 아니 된다.</u> <u>채권 수탁 관리인과 사채권자 사이에 이익 충돌이 발생하여 사채권자의 이익에 손해를 끼칠 가능성이 있는 경우 사채권자 집회는 수탁 관리인의 변경을 결의할 수 있다.</u> <u>채권 수탁 관리인이 법률, 행정법규, 사채권자 집회의 결의를 위반하여 사채권자의 이익에 손해를 끼친 경우 손해배상 책임을 부담해야 한다.</u>

제166조 제4항 결손을 보전하고 적립금을 적립한 후 남은 세후 이익은 유한회사의 경우 ~~본 법 제34조 규정에 따라 배당하고,~~ 주식회사의 경우 주주가 보유한 주식 비율에 따라 배당하되, ~~주식회사정관에 주식비율에 따라 배당하지 않도록 규정한 경우는 예외로 한다.~~ **제5항** ~~주주회 또는 주주총회, 이사회가 전항의 규정을 위반하여, 회사의 결손을 보전하고 법정적립금을 적립하기 전에 주주에게 이익을 배당할 경우~~, 주주는 규정을 위반하여 배당 받은 이익을 회사에 반환해야 한다.	**제210조 제4항** 결손을 보전하고 적립금을 적립한 후 남은 세후 이익은 유한회사의 경우 주주가 실제로 납입한 출자 비율에 따라 이익을 배당하며, 전체 주주가 출자비율에 따라 이익을 배당하지 아니하기로 약정한 경우는 예외로 한다. 주식회사의 경우 주주가 보유한 주식 비율에 따라 이익을 배당하되 회사의 정관에 별도의 규정이 있는 경우는 예외로 한다. **제211조** 회사가 이 법의 규정을 위반하여 주주에게 이익을 배당한 경우, 주주는 규정을 위반하여 배당 받은 이익을 회사에 반환해야 한다. 회사에 손해를 끼친 경우, 주주 및 책임이 있는 이사, 감사, 고급관리인원은 배상책임을 부담해야 한다.
〈신설〉	**제212조** 주주회에서 이익 배당을 결의하는 경우 이사회는 주주회 결의일부터 6개월 내에 이익배당을 해야 한다.
제168조 제1항 회사의 적립금은 손실 보전, 생산 경영의 확장 또는 회사 자본금 증액의 전환에 사용된다. ~~단, 자본적립금은 회사의 손실 보전에 사용할 수 없다.~~ 〈제214조 제2항 신설〉	**제214조** 회사의 적립금은 손실 보전, 생산 경영의 확장 또는 회사 등록자본금 증액의 전환에 사용된다. **제2항** 적립금으로 회사의 손실을 보전하는 경우 임의적립금과 법정적립금을 우선 사용해야 한다. 임의적립금과 법정적립금을 사용한 후에도 손실을 보전할 수 없는 경우 규정에 따라 자본적립금을 사용할 수 있다.
〈신설〉	**제219조** 회사와 해당 회사의 주식을 100분의 90 이상 보유한 회사가 합병하는 경우 피합병회사는 주주회를 통해 결의할 필요가 없다. 단, 다른 주주에게 통지해야 하며 다른 주주는 해당 지분권 또는 주식을 합리적인 가격으로 인수할 것을 회사에 청구할 수 있다. 회사 합병을 위해 지불하는 금액은 회사 순자산의 100분의 10을 초과하여서는 아니 되고, 주주회 결의를 거치지 않을 수 있다. 단, 회사정관에 별도의 규정이 있

	는 경우는 예외로 한다. 앞의 제1항 및 제2항에 따라 회사가 합병 시 주주회 결의를 거치지 않을 경우 이사회 결의를 거쳐야 한다.
〈제224조 제3항 신설〉	제224조 제3항 회사가 등록자본금을 감액하는 경우 주주가 출자 또는 보유한 주식 비율에 따라 출자액 또는 주식을 감소해야 한다. 법률에 별도의 규정이 있거나 유한회사의 주주 전체가 별도의 약정이 있는 경우, 또는 주식회사 정관에 별도의 규정이 있는 경우는 예외로 한다.
〈신설〉	제225조 회사가 이 법 제214조 제2항의 규정에 따라 손실을 보전한 후에도 손실이 있는 경우 등록자본금을 감액하여 손실을 보전할 수 있다. 등록자본금을 감액하여 손실을 보전하는 경우 회사는 주주에게 배당을 하거나 주주의 출자금 또는 주금 납입 의무를 면제해서는 아니 된다. 전항의 규정에 따라 등록자본금을 감액하는 경우 전 조 제2항의 규정을 적용하지 아니한다. 단, 주주회에서 등록자본금 감액을 결의한 날로부터 30일 내에 신문 또는 국가기업신용정보시스템에 공시해야 한다. 상기 제1항 및 제2항에 따라 등록자본금을 감액한 후 법정적립금과 임의적립금의 누적액이 회사 등록자본금의 100분의 50이 되기 전까지 이익을 배당하지 아니한다.
〈신설〉	제226조 이 법을 위반하여 등록자본금을 감액하는 경우 주주는 수령한 자금을 반환해야 하며, 주주의 출자를 감면한 경우 이를 원상복구해야 한다. 회사에 손실을 끼친 경우 주주와 책임 있는 이사, 감사, 고급관리인원은 손해배상책임을 부담해야 한다.
제34조 주주는 실제 납입한 출자 비율에 따라 이익을 배당 받으며, 회사에서 ~~새로~~	제227조 유한회사가 등록자본금을 증액하는 경우 주주는 동등한 조건에서 실제

증자하는 경우 출자 비율에 따라 우선적으로 출자할 수 있다. 단, 전체 주주가 출자비율에 따라 이익을 배당하지 않기로 약정하거나 ~~출자비율에 따라 우선적으로 출자금을 인수하지 않기로 한~~ 경우는 예외로 한다.	납입한 출자 비율에 따라 우선적으로 출자할 수 있는 권리가 있다. 단, 모든 주주가 출자비율에 따라 출자금을 인수하지 않기로 약정한 경우는 예외로 한다. 주식회사가 등록자본금 증액을 위해 신주를 발행하는 경우, 주주는 우선매수권이 없다. 단, 회사정관에 별도의 규정이 있거나 주주회에서 주주가 우선매수권을 갖는 것으로 결의한 경우는 예외로 한다.
제179조 ~~회사의 합병, 분립으로 등기사항에 변경이 생기면 법에 따라 회사등기기관에 변경등기를 해야 한다. 회사가 해산한 경우 법에 따라 회사말소등기를 해야 한다. 새 회사를 설립 시에는 법에 따라 설립등기를 해야 한다.~~ ~~회사가 등록자본금을 증가하거나 감소할 경우 법에 따라 회사등기기관에 변경등기를 해야 한다.~~	
제180조 회사는 다음 각 항의 사유로 인해 해산한다....... (2) 주주회 ~~또는 주주총회가~~ 해산을 결의한 경우....... (5) 인민법원에서 ~~제182조에~~ 따라 해산하도록 한 경우 〈제229조 제2항 신설〉	**제229조** 회사는 다음 각 항의 사유로 인해 해산한다....... (2) 주주회가 해산을 결의한 경우 (5) 인민법원에서 제231조에 따라 해산하도록 한 경우 **제2항** 전항에서 규정한 해산 사유가 발생한 경우, 회사는 10일 내에 해산 사유를 국가기업정보공시시스템에 공시하여야 한다.
제183조 회사가 본 법 제181조 제(1)호, 제(2)호, 제(4)호, 제(5)호에 해당하여 해산하는 경우, 해산사유가 발생한 날로부터 15일 이내에 청산조(清算组)를 구성하여 청산을 시작하여야 한다. ~~유한회사의 청산조는 주주로 구성되고, 주식회사의 청산조는 이사 또는 주주총회에서 확정한 인원으로 구성된다.~~ 기간을 도과하여 청산조를 구성하여 청산하지 않을 경우, ~~채권자는~~ 인민법원에 관련 인원을 지정하여 청산조를 구성하여 청산할 것을 청	**제232조** 제229조 제1항 제(1)호, 제(2)호, 제(4)호, 제(5)호의 규정에 따라 회사가 해산하는 경우 청산해야 한다. 이사는 회사의 청산의무자이며(清算义务人), 해산사유가 발생한 날로부터 15일 내에 청산조를 구성하여 청산을 진행해야 한다. **제2항** 청산조는 이사로 구성하되, 회사정관에 별도의 규정이 있거나 주주회에서 다른 자를 선임하기로 결의하는 경우는 예외로 한다. 청산의무자가 적시에 청산의무를 이행하

구할 수 있다. 인민법원은 해당 신청을 접수해야 하며 즉시 청산조를 구성하여 청산시켜야 한다. 〈제232조 제2항 신설〉 〈제233조 제2항 신설〉	지 않아 회사나 채권자에게 손해를 끼친 경우, 배상책임을 부담해야 한다. **제233조** 회사는 전조 제1항의 규정에 따라 청산해야 하는 상황에서 기간을 도과하여 청산조를 구성하여 청산하지 않거나 청산조를 구성한 후 청산하지 않은 경우, 이해관계자는 인민법원에 관련 인원을 지정하여 청산조를 구성하여 청산을 하도록 신청할 수 있다. 인민법원은 해당 신청을 접수해야 하며 즉시 청산조를 조직하여 청산시켜야 한다. **제2항** 회사가 이 법 제229조 제1항 제4호의 규정에 따라 해산하는 경우, 영업허가증의 말소, 영업정지 명령 또는 영업 취소 명령을 내린 부서 또는 회사등기기관은 인민법원에 관련 인원을 지정하여 청산조를 구성하여 청산하도록 신청할 수 있다.
제189조 청산조의 구성원은 ~~직무에 충실하며 법에 따라 청산의무를 수행해야 한다.~~ ~~청산조 구성원이 직권을 이용하여 뇌물 또는 기타 불법 소득을 수수하여서는 아니 되며 회사재산을 침점해서는 아니 된다.~~ 청산조 구성원이 고의 또는 중대 과실로 인해 ~~회사나~~ 채권자에게 손실을 끼친 경우 배상책임을 부담해야 한다.	**제238조** 청산조의 구성원은 청산 직무를 수행해야 하며, 충실의무와 근면의무를 부담한다. 청산조의 구성원이 청산 직무에 태만하여 회사에 손해를 끼친 경우 배상책임을 부담해야 하고, 고의 또는 중대 과실로 인해 채권자에게 손해를 끼친 경우 배상책임을 부담해야 한다.
〈신설〉	**제240조** 회사 존속 기간 동안 채무가 발생하지 않았거나 또는 채무 일체를 상환한 경우, 전체 주주의 확약을 받은 후 규정에 따라 간이절차를 통해 회사 등기를 말소할 수 있다. 간이절차를 통해 회사 등기를 말소하는 경우 국가기업정보공시시스템에 공고해야 하며, 공고 기간은 20일 이상이어야 한다. 공고기간이 만료된 후 이의가 없으면, 회사는 20일 내에 회사등기기관에 회사 등기 말소를 신청할 수 있다.

	회사가 간이절차를 통해 회사 등기를 말소할 때, 제1항에 규정된 내용에 대한 주주의 확약이 사실에 부합되지 않은 경우, 주주는 말소 등기 전의 채무에 대하여 연대책임을 부담해야 한다.
〈신설〉	제241조 회사가 영업허가증이 말소되거나 영업정지 명령 또는 영업 취소 명령을 받은 후 3년 동안 회사 등기기관에 회사 등기 말소를 신청하지 아니한 경우 회사 등기기관은 국가기업신용정보공시시스템에 60일 이상 공고할 수 있다. 공고 기간이 만료된 후 이의가 없는 경우 회사 등기기관은 등기를 말소할 수 있다. 전항의 규정에 따라 회사 등기를 말소하는 경우, 기존 회사의 주주, 청산의무자의 책임에는 영향이 없다.
〈신설〉	제251조 회사가 이 법 제40조의 규정에 따라 관련 정보를 공시하지 않거나 사실대로 공시하지 않는 경우 회사등기기관이 시정을 명령하고, 1만 위안 이상 5만 위안 이하의 벌금을 부과한다. 정상이 심각한 경우 5만 위안 이상 20만 위안 이하의 과태료를 부과하고, 직접 책임을 지는 주관인원과 기타 직접 책임자에게는 1만 위안 이상 10만 위안 이하의 과태료를 부과한다.
제218조 ~~이 법은 2006년 1월 1일부터 시행한다.~~ 〈제266조 제2항 신설〉	제266조 이 법은 2024년 7월 1일부터 시행한다. 제2항 이 법을 시행하기 전에 기 설립 등기를 완료한 회사의 출자 기한이 이 법에서 규정한 기한을 초과한 경우 점차적으로 이 법에서 규정하는 기한 내로 변경해야 한다. 단, 법률, 행정법규, 국무원에서 별도로 규정한 경우는 예외로 한다. 출자기한, 출자액에 명백히 비정상적인 경우 회사 등기기관은 법에 따라 즉시 조정하도록 요구할 수 있다. 구체적인 시행 방법은 국무원이 정한다.

사항색인

[ㅂ]

[ㅅ]

[ㅇ]

집필진 약력

강광문(편저자, 제1장, 제2장)
서울대학교 법학전문대학원 교수
중국 변호사
동경대학 법학 석사/박사
중국정법대학 법률 석사
북경대학 국제정치학 학사

김영미(제3장)
감사원 산업금융감사국 감사관/변호사
前 법제처 사회문화법령해석과장
前 대한변호사협회 사무차장
前 서울대학교 법학전문대학원 법무지원실장
서울대학교 법학전문석사/박사

김혜숙(연표와 부록)
SKC주식회사 중국변호사
중국 동북사범대학 법학 학사

민수현(제5장)
중국 옌타이대학교 법학원 전임강사
중국 산동신스밍 법률사무소 변호사
서울대학교 법학 박사

이연(제6장)
화동정법대학 국제법학원 강사
중국 사법시험 통과
서울대학교 법학 석사/박사
중국정법대학 법학 학사

임춘광(제8장)
서울대학교 법학전문대학원 연구펠로우
서울대학교 법학대학원 박사과정 수료

장지화(제4장)
김앤장 법률사무소 중국 변호사
숭실대학교 겸임교수
고려대학교 법학 박사
중국 국립 화동이공대 법학 석사
중국 국립 연변대학교 법학 학사

장혜진(제9장)
법무법인(유한)강남 변호사
서울대학교 법학전문대학원 전문박사과정 수료

황리나(제7장)
중국 경천공성 법률사무소 변호사
서울대학교 법학 석사
중국 북경대학 법학 학사, 경제학 학사 (복수 전공)

서울대학교 아시아태평양법 총서 5

중국법의 새로운 변화

초판발행 2025년 5월 30일

지은이 강광문 · 김영미 · 김혜숙 · 민수현 · 이연 ·
임춘광 · 장지화 · 장혜진 · 황리나
펴낸이 안종만 · 안상준

편 집 이승현
기획/마케팅 조성호
표지디자인 BEN STORY
제 작 고철민 · 김원표

펴낸곳 (주) 박영사
서울특별시 금천구 가산디지털2로 53, 210호(가산동, 한라시그마밸리)
등록 1959. 3. 11. 제300-1959-1호(倫)
전 화 02)733-6771
f a x 02)736-4818
e-mail pys@pybook.co.kr
homepage www.pybook.co.kr
ISBN 979-11-303-4969-5 93360

정 가 28,000원